▶ **bachelor-wissen**

Neuere deutsche Literaturgeschichte

W0025568

bachelor-wissen

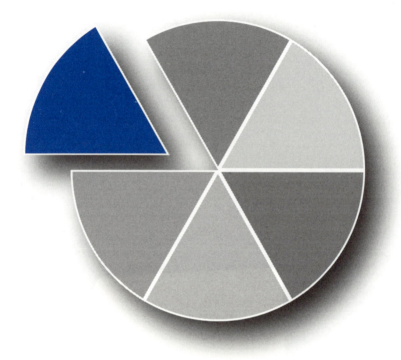

bachelor-wissen ist die Reihe für die modularisierten Studiengänge

- die Bände sind auf die Bedürfnisse der Studierenden abgestimmt
- der grundlegende Stoff wird allgemein verständlich präsentiert
- die Inhalte sind anschlussfähig für die Module in den Master-Studiengängen
- auf www.bachelor-wissen.de finden Sie begleitende und weiterführende Informationen zum Studium und zu diesem Band

bachelor-wissen

Benedikt Jeßing

Neuere deutsche Literaturgeschichte

Eine Einführung

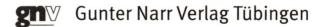 Gunter Narr Verlag Tübingen

PD Dr. Benedikt Jeßing lehrt Neuere deutsche Literaturwissenschaft am Germanistischen Institut der Ruhr-Universität Bochum.

Idee und Konzept der Reihe: Johannes Kabatek, Lehrstuhl für Romanische Sprachwissenschaft an der Eberhard-Karls-Universität Tübingen.

Bibliografische Information der Deutschen Nationalbibliothek

Die Deutsche Natinoalbibliothek verzeichnet diese Publikation in der Deutschen Nationalbibliografie; detaillierte bibliografische Daten sind im Internet über <http://dnb.d-nb.de> abrufbar.

© 2008   Narr Francke Attempto Verlag GmbH + Co. KG
Dischingerweg 5 · D-72070 Tübingen

Das Werk einschließlich aller seiner Teile ist urheberrechtlich geschützt. Jede Verwertung außerhalb der engen Grenzen des Urheberrechtsgesetzes ist ohne Zustimmung des Verlages unzulässig und strafbar. Das gilt insbesondere für Vervielfältigungen, Übersetzungen, Mikroverfilmungen und die Einspeicherung und Verarbeitung in elektronischen Systemen.
Gedruckt auf chlorfrei gebleichtem und säurefreiem Werkdruckpapier.

Internet: http://www.bachelor-wissen.de
E-Mail: info@narr.de

Satz: Informationsdesign D. Fratzke, Kirchentellinsfurt
Druck und Bindung: fgb freiburger graphische betriebe
Printed in Germany

ISSN 1864-4082
ISBN 978-3-8233-6392-7

Inhalt

Vorbemerkung		1
Was ist eigentlich Literaturgeschichte?		3
1.	Kategorien der Literaturgeschichtsschreibung	3
2.	Der Objektbereich der Literaturgeschichte	5
3.	Darstellungsoptionen von Literaturgeschichte	6
4.	Literaturgeschichte am „Werk"	9
5.	Literaturgeschichtliche Projekte	12
6.	Literatur	15
16. Jahrhundert: Reformation und Gegenreformation		17
1.	Literatur in der frühneuzeitlichen Stadt	17
	1.1 Meistersang	18
	1.2 Fastnachtsspiel	21
	1.3 Schwank	24
2.	Humanistische Gelehrtenliteratur	27
3.	Reformation	34
4.	Prosaromane	42
5.	Literatur	49
17. Jahrhundert: Barock		51
1.	Dreißigjähriger Krieg	51
2.	Folgen des Krieges	55
3.	Frömmigkeit	56
4.	Poetik – Martin Opitz	58
5.	Formen der Literatur	62
	5.1 „Lyrik"	62
	5.1.1 Geistliche Dichtung	62
	5.1.2 Gelegenheitsdichtung	66
	5.1.3 Gegenstände lyrischen Sprechens	68
	5.1.4 Andreas Gryphius	73
	5.2 Drama	74
	5.2.1 Schul- und Jesuitentheater	74
	5.2.2 Das barocke Trauerspiel	76
	5.3 Die Komödie oder das „Schimpff"- oder Scherz-Spiel	84
	5.4 Prosa	88
	5.4.1 Der hohe Barockroman	89

V

	5.4.2	Der niedere Barockroman.	92
6.		Literatur	95

18. Jahrhundert: Aufklärung ... 97

1.		Sozialgeschichte, Mediengeschichte, Ideengeschichte	97
2.		Poetik und Ästhetik.	104
	2.1	Johann Christoph Gottsched	105
	2.2	Bodmer und Breitinger	107
	2.3	Gotthold Ephraim Lessing	110
	2.4	Genieästhetik	111
	2.5	Klassizismus: Autonomieästhetik	112
3.		Gattungen.	123
	3.1	Lyrik.	123
	3.2	Drama	125
	3.3	Epik	137
4.		Literatur	146

19. Jahrhundert: Romantik bis Ästhetizismus ... 149

1.	Niedergang des Heiligen Römischen Reiches, Befreiungskriege, Restauration, März 1848, Reichsgründung, Kaiserreich	150
2.	Literarische Kommunikation: Literarischer Markt, Zeitschriften, Mediensystem	156
3.	Romantik	160
4.	Abseits der Programme	168
5.	Restaurationsepoche: Biedermeier, Junges Deutschland, Vormärz	171
6.	Realismus	176
	6.1 Lyrik.	179
	6.2 Drama	180
	6.3 Roman, epische Kleinformen – und Zeitschriftenliteratur	181
7.	Naturalismus	185
8.	Abkehr vom Naturalismus	189
9.	Ästhetizismus.	191
10.	Literatur	195

20. Jahrhundert: Vom Expressionismus bis zur Gegenwart ... 199

1.	Erster Weltkrieg – Weimarer Republik – Nationalsozialismus – Exil.	199
	1.1 Expressionismus.	201
	1.2 Dada.	205
	1.3 Neue Sachlichkeit.	207

1.4	Kabarett, Satire, Kritik	209	
1.5	Volksstück	210	
1.6	Literatur der Arbeitswelt, Arbeiterliteratur	211	
1.7	Politisches Theater: Bertolt Brecht	212	
1.8	Kriegsliteratur	213	
1.9	Abseits der Programme: Prosaerzählungen und Romane	214	
1.10	Nationalsozialismus	219	
1.11	Innere Emigration	220	
1.12	Exil	221	
2.	Nach 1945: BRD – Schweiz – Österreich – DDR	223	
2.1	BRD – Schweiz – Österreich	225	
2.2	DDR	234	
3.	1989 und die Folgen	241	
4.	Literatur	244	

Ausblick: Mit welchem Ziel studiert man im Bachelor
Neuere deutsche Literaturgeschichte? 245

Personenregister 248

Vorbemerkung

Die flächendeckende Einführung der Bachelor-Studiengänge an den deutschen Universitäten hat wünschenswerter Weise sehr zügig dazu geführt, dass die Studierenden innerhalb ihres Studiums – zumindest in so „großen" Fächern wie der Germanistik – relativ flexibel eigene Schwerpunkte innerhalb des Gesamtfaches oder auch innerhalb einer Fachabteilung (etwa der Neueren deutschen Literaturwissenschaft) setzen können. Gerade in der Neueren deutschen Literaturgeschichte sind die modularisierten Lehrangebote meistenteils exemplarisch ausgerichtet: Literarhistorische Vorlesungen bieten überblicksartig einen größeren oder kleineren Zeitraum der Literaturgeschichte dar, zu dem Seminare an Einzeltexten vertiefend arbeiten. Die (interessen-, angebots- oder personen-abhängige) Konzentration des Studiums auf einen oder wenige kleine Abschnitte der Neueren deutschen Literaturgeschichte ist die notwendige Folge dessen – und das bedeutet im Umkehrschluss: Studierende können gar nicht anders, als einen großen Teil der Literarhistorie auszublenden.

Nichtsdestoweniger ist ein grundlegendes Überblickswissen über den gesamten Zeitraum der deutschen Literaturgeschichte seit etwa 1500 notwendig, um überhaupt das exemplarisch Vorgeführte oder Erarbeitete in größeren historischen Zusammenhängen verstehen zu können. Der vorliegende Band möchte eben dieses Überblickswissen bereitstellen. Dass dabei sehr streng – vor allem aus der Menge an Texten, Autoren, Strömungen und literarischen Gruppierungen des 20. Jh. – ausgewählt werden muss, ist nicht zu vermeiden. In einem gewissen Sinne resultieren Auswahl und Darstellungsperspektive natürlich auch aus individuellen Lese- oder Wahrnehmungsinteressen (was aber auch wohl unvermeidbar ist). Neben einer Einführung in die grundsätzliche Reflexion von Literaturgeschichtsschreibung wird in aller gebotenen Kürze die Geschichte der deutschsprachigen Literatur zwischen Luther und der Gegenwart erzählt.

Weiterführende Informationen zu einzelnen Aspekten, Texten und Kontexten, Textbeispiele und Arbeitsaufgaben werden nach und nach auf der Internetseite www.bachelor-wissen.de bereitgestellt. Leserinnen und Leser können so dasjenige, was hier nur knapp und oft nur unter Nennung eines Texttitels bezeichnet werden kann, in genaueren Augenschein nehmen und gegebenenfalls sogar durch die Bearbeitung der Aufgaben das Wissen vertiefen und absichern.

Ich danke ganz herzlich den studentischen und wissenschaftlichen Mitarbeitern Mareike Hunfeld, Beate Golla, Sabine Sülberg und Thomas Ulrich für ihre Mitarbeit an diesem Band, für die verlässliche Vorbereitung meiner Arbeit an den einzelnen Kapiteln, die (aus studentischer Perspektive wichtige!) Durchsicht aller Kapitel hinsichtlich notwendiger Ergänzungen und Gestaltungselemente und selbstverständlich auch für die abschließenden Korrekturdurchgänge.

Bochum, im Februar 2008   *Benedikt Jeßing*

Was ist eigentlich Literaturgeschichte?

Und so wird denn unsere Übersicht der Literatur eine *charakteristische* sein in Beziehung auf die Nationen, Autoren und Werke, eine *chronologische* in Beziehung auf den Geist der Literatur in seinem Gang nach Epochen und eine *geographische* gleichsam in Beziehung auf den Grundriß, die Theorie der verschiedenen Formen und Gattungen der Poesie und Philosophie, welche eine Skala des menschlichen Geistes gewissermaßen, die ewig seine Stelle anweist in dem großen Reiche des Bewußtseins. (Friedrich Schlegel [1803/04] 1958, 12)

Kategorien der Literaturgeschichtsschreibung | 1

Der Text, aus dem das voranstehende Motto dieser einleitenden Kapitel entstammt, steht gleichsam zu Beginn der (im neueren Sinne) wissenschaftlichen Erforschung der Geschichte der Literatur. Friedrich Schlegel benennt mit den hervorgehobenen wie erklärungsbedürftigen Kategorien einer notwendigen Literaturgeschichtsschreibung drei Dimensionen von Literaturgeschichte, die es einerseits grundsätzlich zu berücksichtigen gilt, die andererseits aber auch die weiten Grenzen des literaturgeschichtlichen Feldes umgrenzen. *Charak-* | Charakteristik
teristisch soll die Übersicht über die Geschichte der Literatur sein insofern, als sie Merkmale nationaler Kultur, eines Autors und seines Werks oder auch eines einzelnen literarischen Textes hervorzuheben bestrebt sein muss. *Chronologie* versteht Schlegel als Beschreibungskriterium für den ‚Gang des | Chronologie Geistes der Literatur' – er versteht den Begriff aber nicht als bloße Aneinanderreihung von Jahreszahlen und Entstehungsdaten literarischer Texte; vielmehr ist Chronologie das ganzheitliche Konzept einer Entwicklungsbewegung, die sogar von einem wie auch immer einheitlichen Subjekt (dem Geist der Literatur) über verschiedene Stufen, die Epochen, vollzogen werde. Drittens ist *Geographie* metaphorisch zu verstehen: Es geht Schlegel um die ‚Landschaft' | Geographie der Gattungen und Formen der Literatur (also der Poesie und der Philosophie), die selbst wiederum ein Teil sei „in dem großen Reiche des Bewußtseins". Auch hier eine Ganzheits- oder Zusammengehörigkeitsbildlichkeit, die Schlegels spezifischen Blick auf die Geschichte der europäischen Literatur prägt.

Die aber in sich höchst problematisch ist: Nationalkulturelle Merkmale, solche eines Autors, seines Gesamtwerks oder eines einzelnen Textes, chronologische Ordnung und gattungsspezifische Differenzierung sind einerseits

WAS IST EIGENTLICH LITERATURGESCHICHTE?

Konstruiertheit zentraler literaturwissenschaftlicher Kategorien

unverzichtbare Momente literarhistorischer Darstellung, andererseits aber sind der Autor selbst, sein (sogenanntes Gesamt-) Werk, die Gattung, die Epoche und v. a. die Einwicklungsgeschichte des literarischen Geistes Konstruktionen, die selbst wieder hinterfragt werden müssen.

Objektbereich der Literaturgeschichte

Nichtsdestoweniger können die von Schlegel emphatisch ins Gespräch gebrachten Beschreibungskategorien der Literarhistorie dazu dienen, wichtige Fragen über die Literaturgeschichte und Literaturgeschichtsschreibung überhaupt zu diskutieren. Zunächst muss die Frage nach dem Objektbereich der Literaturgeschichte gestellt werden: Nach dem Begriff von Literatur selbst, nach demjenigen, was außerhalb der Literatur an Kontexten mit in Bezug zur Geschichte der Literatur gesetzt werden muss, und schließlich, inwieweit das (Kommunikations-) System Literatur insgesamt in den Blick des Literarhisto-

Darstellung von Literaturgeschichte

rikers genommen werden soll. Sodann muss die Frage nach der Darstellung von Literaturgeschichte ins Zentrum gestellt werden: Es sind grundsätzlich unterscheidbare Darstellungstypen von Literaturgeschichte vorstellbar, deren Leistungen und Defizite reflektiert werden müssen; Geschichte ist immer das Ergebnis von Selektion und Hierarchisierung einzelner Ereignisse und Konstruktion eines (scheinbar) kausalen Zusammenhanges und verwendet terminologische Hilfskonstruktionen, deren Hilfsstatus oft hinter der angeblichen Faktizität des terminologisch Fixierten verschwindet. Damit ist Geschichtsschreibung selbst eine Form kultureller Praxis, die wiederum historisch codiert und determiniert – aber letztlich (noch) nicht (oder begrenzt) historisch reflektiert werden kann.

Frage nach dem Textbezug

Literaturgeschichte ist sichtbar zu machen am Text, ist in Bezug zu setzen zu einzelnen Texten, literarischen Reihen, Gattungen, zu stoffgeschichtlichen Bezügen, wird im Text durch Spuren eines Paradigmenwechsels oder auch durch explizite Bezüge auf (aus heutiger Sicht) epochale Merkmale anderer, vorgängiger Texte sichtbar. Poetiken sind (teilweise) interpretierbar als Markierungsversuche für Epochengrenzen – wie noch zu zeigen sein wird.

Frage nach der Geschichtlichkeit der Literaturgeschichtsschreibung

Literaturgeschichte hat ihre eigene Geschichte – sowohl ihre Vorgeschichte in der Wissenschaftslandschaft des 18. Jh. als auch ihre Entstehung und Verlaufsgeschichte seit dem letzten Drittel desselben Jahrhunderts.

Literaturgeschichte hat damit auch unterschiedlichste „Projekte" ausgeprägt – d. h. die z. T. unreflektierten Kontextualisierungsperspektiven werden in den Literarhistorien der letzten zwei Jahrhunderte sichtbar zu machen sein.

Frage nach der kulturellen Funktion der Literaturgeschichtsschreibung

Schließlich ist Literaturgeschichte zu bestimmen in ihrem **Verhältnis zu anderen Teildisziplinen der Literaturwissenschaft** und in ihrer fundamentalen **Funktion innerhalb der kulturellen Praxis einer Gesellschaft**.

Für Schlegel war klar: Literarhistorie markiert das als überzeitlich, „ewig" interpretierte Gelände von Poesie und Philosophie „in dem großen Reiche des Bewußtseins". Weniger emphatisch gedeutet, muss sich heute dennoch eine letztlich funktionale Bestimmung für Literaturgeschichte finden lassen.

Der Objektbereich der Literaturgeschichte | 2

Wenn man sich die Fragen stellt, was eigentlich Literaturgeschichte sei, welche Darstellungsmöglichkeiten sie habe, welches terminologische Instrumentarium und welches notwendige Kontextwissen sie aufbieten müsse – so sollte man zunächst klären, was eigentlich Literatur sei, wie der Begriff der „Literatur" seine heutige Bedeutung im engeren Sinne bekommen hat. Erst dann lassen sich historisch Konzepte der Literaturgeschichte in einem weiteren und schließlich einem engeren, fachwissenschaftlichen Sinne erörtern.

Literaturbegriff

Mit der Ausdifferenzierung der „Schönen Wissenschaften", die gegen die strengen Wissenschaften der Mathematik, der Naturwissenschaften, der Medizin und auch der Rechtswissenschaften abgesetzt wurden, führte Johann Friedrich Bertram 1725 diejenigen Wissenschaften in einer Gruppe zusammen, die im weiteren Sinne mit kulturellen Artefakten umgehen: Grammatik, Rhetorik, Poesie und Geschichte. Der Begriff der „Literatur" bezeichnete in der zweiten Hälfte des 18. Jh. die Gesamtheit der gelehrten Texte; diejenigen Texte, die von den „Schönen Wissenschaften" hergestellt werden, hießen „Schöne Literatur".

Diese Gruppe von Texten allerdings war immer noch größer als dasjenige, was schon früher mit dem Begriff der Poesie bezeichnet worden war: Texte, die zumeist in geformter Sprache, in Versen und unter Verwendung poetischer Ausdrucksmittel verfasst waren, die nicht faktual, also an Fakten, Tatsachen gebunden, sondern fiktional waren. Die Einengung des Literaturbegriffs auf die poetische Literatur ist ein Ergebnis der Begriffsgeschichte im 19. Jh.: Als Literatur gelten fixierte Texte, die fiktional und durch künstlerische Sprachverwendung gekennzeichnet sind (vgl. dazu Schneider 2007, 2 ff.). Dass die Kriterien Fiktionalität, Fixierung und künstlerische Sprachverwendung mittlerweile nicht immer im gleichen Maße bzw. nicht alle drei zur Anwendung gebracht werden müssen, zeigen Gattungen wie die literarische Reportage oder die Autobiographie. Literaturgeschichte operiert also mit einem erweiterten Literaturbegriff, der neben den kanonischen Texten der ‚hohen' Literatur ebenfalls Gattungen der Trivialliteratur oder journalistisch-literarische bzw. autobiographische Textsorten mit einbezieht.

Enger und erweiterter Literaturbegriff

Literaturgeschichte aber kann niemals nur die Geschichte der als Literatur aufgefassten Texte sein. Die Entstehung von Texten ist eingefügt in eine Fülle von Kontextbedingungen, die sowohl bei der Interpretation der Texte als auch bei ihrer literarhistorischen Verortung benannt und reflektiert werden müssen: Die gesellschaftsgeschichtlichen Rahmenbedingungen, aus denen heraus ein Text entsteht oder auf die er inhaltlich verweist, gehören ebenso zu diesen Kontexten wie der Autor oder die Autorin, deren sozialer Ort, Erfahrungs-, Bildungs- und Lebenshorizont sich in den Text mit einschreibt. Die religions-, philosophie- und weltanschauungsgeschichtlichen Kontexte beeinflussen Autor und Textentstehung; jeder Text steht in einem reichen Gefüge ande-

Kontextualisierungsnotwendigkeit

Sozialgeschichte

Ideengeschichte

5

Was ist eigentlich Literaturgeschichte?

Gattungsgeschichte

Diskursgeschichte

Mediengeschichte

Geschichte literarischer Kommunikation

rer, früherer Texte, auf die der Text sich bewusst bezieht (etwa im Sinne einer Gattungsorientierung) oder deren Sprachformen, Zugriffe auf bestimmte Themen, sprachlichen Tabus o. ä. er gleichsam unbewusst reproduziert und fortschreibt – oder ihnen zuwiderhandelt.

Jeder Text ist Teil eines historisch spezifischen literarischen Kommunikationssystems: Einerseits nutzt und reflektiert er die medialen Bedingungen literarischer Kommunikation (Handschrift, Buchdruck, elektronische Medien usw.), andererseits ist die Geschichte der Alphabetisierung, des Buchdrucks, des Buchhandels und des Verlagswesens, der Leihbibliotheken, Lesegesellschaften und der Vermittlungsinstitutionen (Literaturkritik, Literaturunterricht, Literaturwissenschaft) Bestandteil dieses Kommunikationszusammenhangs. Selbst die gesellschaftlichen Anforderungen an Literatur – dass sie etwa, wie in der Frühaufklärung, ‚nutzen und erfreuen' sollte – oder auch der schließliche Verzicht auf externe Anforderungen (Autonomie) gehören mit in die Kontextdimension der Literatur: Literaturgeschichte ist immer auch die Geschichte der Literatur im gesamtgesellschaftlichen Kommunikationszusammenhang.

3 | Darstellungsoptionen von Literaturgeschichte

Literaturgeschichte muss in Hinsicht auf zwei Darstellungsmodi sichtbar gemacht werden: als Ereignisgeschichte und als Rezeptions- oder Kanonisierungsgeschichte.

Skizze aus Dr. E. Brenner, Deutsche Literaturgeschichte, Wunsiedel, Wels, Zürich, ¹³1952). Die wellenförmige Darstellung der deutschen Kulturgeschichte stammt aus einer schon vor 1933 entworfenen, aber bis in die 1950er Jahre gebräuchlichen Literaturgeschichte für den Gymnasialunterricht

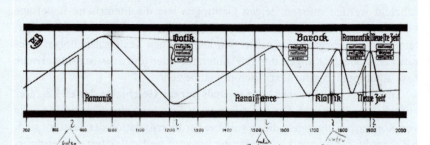

Ereignisgeschichte

Als Ereignisgeschichte ist Literaturgeschichte gleichsam eine mehr oder weniger ausführlich kommentierte (oder kontextualisierte) Tabelle oder Aufzählung von Autoren, Werken, Lebens- und Entstehungsdaten. Diese werden z. B. in sozial-, ideen- oder gattungsgeschichtliche Kontexte gestellt, aufeinander

Einleitung

DARSTELLUNGSOPTIONEN VON LITERATURGESCHICHTE

bezogen, in Gruppen chronologisch segmentiert, ggf. hierarchisiert – jede „Ereignisgeschichte", die mehr ist als eine chronologisch geordnete Tabelle aller (!) literarischen Texte, ist schon das Ergebnis von Rezeption und letztlich Kanonisierung.

Literaturgeschichte geht (wie jede Geschichtsschreibung) immer selektiv mit dem historischen ‚Datenmaterial' um: Autoren und Texte werden hierarchisiert, bestimmte Texte herausgehoben aus der unüberschaubaren Masse aller literarischen Texte, viele, ja die meisten, aus der Überlieferung ausgeschlossen. D. h., das Ereignis (‚Entstehung des Werks X vom Autor Y im Jahr Z') ist immer eine synthetische Kategorie, ist das Ergebnis von Selektion und Hierarchisierung. Darüber hinaus aber verfährt der Literarhistoriker konstruktiv: Die Zusammenhänge, die er stiftet zwischen einzelnen Ereignissen, zwischen literarischen Texten, Autoren, Strömungen oder Gattungen, sind nicht grundsätzlich im Datenmaterial enthalten; sie sind gestiftete Sinnzusammenhänge oder das Ergebnis von Interpretation.

Darstellungsverfahren: Selektion, Hierarchisierung, Ereigniskonstitution, Sinnstiftung

Das terminologische Instrumentarium, das dabei zur Anwendung kommt, ist ebenso konstruiert wie gewaltsam: Epochenbegriffe sind in fast allen Fällen Hilfskategorien, mit denen der Literaturgeschichtsschreiber versuchsweise eine chronologische Gruppierung in die Masse der überlieferten Texte einbringt. Das Wort ‚Epoche' stammt vom griechischen *epoché*, das ‚Einschnitt, Hemmung' heißt – und in diesem Sinne wurde das Fremdwort auch bis ins 19. Jh. hinein meist verwendet: Ein bestimmtes Ereignis wird als ‚Epoche' bezeichnet, als Abschluss eines Zeitraums bzw. als Beginn eines neuen. Erst im Verlaufe des 19. Jh. setzte sich die heutige Bedeutung des Begriffes durch: Er bezeichnet den Raum zwischen zwei Einschnitten oder Daten. Um einen Zeitraum überhaupt als Epoche bezeichnen zu können, ist man also auf zwei Daten angewiesen – Epochenbezeichnungen können deswegen nur im Rückblick vergeben oder erwogen werden, die eigene Gegenwart ist als Epoche unbestimmbar.

Epochenbegriffe

Über die beiden (meist gar nicht so genau definierbaren) Eckdaten hinaus setzen literaturgeschichtliche Epochenbegriffe Gemeinsamkeiten einer bestimmten Textgruppe in einem bestimmten Zeitraum voraus, Merkmale, die ermöglichen, die Texte dieses Zeitraums von denen der angrenzenden Zeiträume unterscheiden zu können. Dabei ist natürlich nur eine Teilmenge der Merkmale epochenspezifisch, andere wiederum bilden stilistische, gattungspoetologische o. a. Kontinuitäten. Die Problematik liegt auch darin, dass ein guter Teil der literarischen Texte, die innerhalb eines als Epoche aufgefassten Zeitraums entstanden sind, den vorausgesetzten Kriterien nicht entspricht – und insofern aus der literaturgeschichtlichen Überlieferung hinausdefiniert werden kann. Zudem überschneiden sich sogenannte „Epochen", laufen parallel zueinander – die Epochenbegriffe erlauben schon für das 18. Jh. keine genaue Trennung zwischen Zeiträumen. Das gilt umso stärker für das 19. und 20. Jh., in denen die literarische Produktion ungeheuer anstieg,

Problematik der Epochenbegriffe

7

in denen innerhalb des Feldes der Literatur eine große Binnendifferenzierung einsetzte. Vor allem für die letzten beiden Jahrhunderte kann man insofern eigentlich nur noch von Gruppierungen oder Strömungen innerhalb dieses Feldes sprechen, die dann natürlich auf einer historischen Zeitachse eingeordnet werden können.

Ableitung der Epochenbegriffe

Die Kriterien, nach denen in der Literaturgeschichtsschreibung Epochen voneinander abgegrenzt werden, sind ganz unterschiedlicher Herkunft – insofern verfährt die Epocheneinteilung der Literatur nach höchst inhomogenen Kriterien:

Sozialgeschichte

► politik- oder sozialgeschichtliche Unterscheidungskriterien werden auf die Literaturgeschichte übertragen: die Literatur zwischen 1830 und 1848 etwa wird u. a. als „Vormärz" bezeichnet, d. h. sie ist vor der Märzrevolution 1848 entstanden; die Literatur zwischen 1871 und 1918 heißt grob zusammengefasst „Literatur des Kaiserreichs", nach 1945 spricht man von der Literatur der BRD bzw. der DDR;

Ideengeschichte

► philosophie-, ideen- oder auch religionsgeschichtliche Epochenbezeichnungen werden literarhistorisch abgebildet: Literatur des Humanismus, der Reformation oder der Aufklärung;

Poetik- oder Stilgeschichte

► neben diesen beiden literaturexternen Periodisierungskatalogen werden auch literaturinterne Kriterien zur Epochengliederung genutzt: poetikgeschichtliche, ästhetisch-programmatische oder stilistische Konzepte oder Unterscheidungsmerkmale. „Barock" ist ein Stilbegriff, der aus der Kunstgeschichte auf die Literatur des 17. Jh. übertragen wird, „Ästhetizismus" bzw. „Hermetik" sind stilistische Konzeptionen um 1900 bzw. nach dem 2. Weltkrieg;

Kanonisierungs- geschichte

► Epochenbegriffe können auch aus den Wertschätzungen viel späterer Zeiten resultieren, Literaturgeschichtsschreibung dokumentiert immer die Kanonisierungsgeschichte der Literatur: So ist etwa der Begriff der „Weimarer Klassik" eine Erfindung der zweiten Hälfte des 19. Jh., der nicht so sehr aus den Texten Goethes und Schillers zwischen 1788 und 1805 selbst abgeleitet wird, sondern aus der Stilisierung und Verklärung vor allem der Autoren resultiert.

Darstellungsver- fahren: Zusammen- fassung

Literaturgeschichte hebt aus der unüberschaubaren Masse aller Daten wenige Ereignisse heraus,

► die, indem sie hervorgehoben werden, schon Ergebnis eines Selektions- und Hierarchisierungsvorgangs sind,

► die, indem sie in Kontexte gesetzt werden, schon Ergebnis eines Zuschreibungsprozesses, einer Konstruktion sind,

► die, wenn sie in Zusammenhänge miteinander gestellt werden, Ergebnis eines historischen Sinnstiftungsprozesses sind

> und deren Zuordnung zu Epochen zwar eine hilfreiche Ordnung schafft, die aber nur zum Preis der Abstraktion von den individuellen Eigenschaften eines Textes zugunsten von typischen, zum Preis des Ausschlusses von vielen untypisch erscheinenden Texten zu haben ist.

Der kleinste, exklusivste Bereich ‚hoher‘ Literatur – also die vielleicht 50 oder 200 literarischen Texte, die im Verhältnis zu den etwa 600.000 Texten seit dem Jahre 1500 herausgehoben werden – ist der Kanon, dessen Kenntnis gleichsam für das kulturelle Selbstverständnis eines Volkes für unverzichtbar erachtet wird. Literaturgeschichtsschreibung ist sich der oben geltend gemachten Selektions-, Hierarchisierungs- und Konstruktionsprozesse bewusst. Indem sie vieles von demjenigen benennt, kommentiert und kontextualisiert, was längst aus dem kleinsten Kanon etwa des Literaturunterrichts oder der Literaturkritik herausgefallen ist, schreibt sie, in mehr oder weniger großem Umfang, an einer „Art Kollektivgedächtnis [mit], in dem vergangene Traditionsbestände aufbewahrt, in temporale Sequenzen angeordnet und so gelegentlichem Wiedererinnern verfügbar gehalten werden" (Müller 1982, 195).

Kanon

Gegen den Kanon: Erinnerungsfunktion von Literaturgeschichte

Literaturgeschichte am „Werk"

|4

Die Problematik literaturgeschichtlicher Einordnung einzelner Texte in Epochenkonzepte kann häufig am einzelnen Text sichtbar gemacht werden; der Abstand zwischen den Abstraktionen, die die Typisierung des Epochenbegriffs notwendig macht, und den individuellen Merkmalen eines literarischen Textes ist oft so groß, dass einzelne Texte trotz einer Vielzahl von Kriterien, die sie einer „Epoche" zuzuordnen lassen, aus dieser herauszufallen scheinen. Die Texte wissen ja nichts oder nur wenig über ihre erst viel später bestimmbare oder konstruierte Position in Literatur- oder Gattungsgeschichte.

Sichtbarkeit „epochaler" Differenzen am einzelnen Text

Beispielsweise ist *Der sterbende Cato* (1732) des rationalistischen Aufklärungspoetikers Johann Christoph Gottsched einerseits als Musterbeispiel für die Tragödie der Aufklärung gedacht, andererseits weist aber gerade dieser Text einen konzeptionellen Bruch auf, der von der Poetik der Aufklärungstragödie in Gottscheds eigenem *Versuch einer Critischen Dichtkunst* (1730) nicht gedeckt ist: Cato wird modelliert im Stile eines Helden, wie er eher in einem barocken Märtyrerdrama zu erwarten gewesen wäre und der stoische Ideale wie Standfestigkeit bis zum eigenen Tode verteidigt. Allerdings aber widerspricht dem entschieden der Selbstmord des Protagonisten; die Arsene-Portia-Handlung um Catos Tochter (s. S. 126) weist sogar schon Züge eines rührenden, bürgerlichen, auf Mitleid abzielenden Trauerspiels auf. Der Titelheld kann damit als „Übergangsfigur" (Alt 1996, 198) zwischen Märtyrer und dem Helden der Aufklärungstragödie interpretiert werden, das Drama insge-

Beispiel 1: Gottscheds Sterbender Cato *– barockes Märtyrertrauerspiel, Aufklärungstragödie, bürgerliches Trauerspiel?*

samt treibt die konzeptionelle Heterogenität mit Blick auf die Nebenhandlung um Arsene noch weiter.

Beispiel 2: J. E. Schlegels Hermann *und* Canut *– „Interessante" Figuren als Vorgriff auf Sturm-und-Drang-Individuen?*

Auch der Gottschedschüler Johann Elias Schlegel, der sich in seiner dramentheoretischen Ausrichtung ohnehin von seinem Lehrer entfernt, legt Dramen vor, die sich einer eindeutigen Zuordnung zu Epochenkonzepten nahezu verweigern. In seinem *Hermann* (1743) wie in seinem *Canut* (1746) sind die Titelhelden gar keine problematischen Figuren, sondern solche, an denen ideale Eigenschaften verbildlicht werden: am dänischen König Canut etwa diejenigen des aufgeklärt-absolutistischen Herrschers. Unter den wichtigen Nebenfiguren sind aber solche, die weit in die Literaturgeschichte vorauszugreifen scheinen: Canuts Gegenspieler Ulfo ist viel interessanter als der König, ist in gewissem Sinne ein Selbsthelfer, ein starkes Individuum – wie etwa Götz von Berlichingen in Goethes frühem Drama –, nur dass Selbsthelfertum, Autonomie und anarchische Stärke hier noch anders bewertet werden.

Johann Christoph Gottsched: Versuch einer Critischen Dichtkunst, *Titelblatt der Erstausgabe 1730*

Goethes *Torquato Tasso* (1789) – um noch ein Beispiel zu nennen – ist der Form und der Komposition von Figuren- und Raum-Konstellationen nach ein klassizistisches Drama. Die Lösung aus dem Dilemma, in das der Widerstreit über die Position des Dichters in Gesellschaft und am Hof den Titelhelden gebracht hat, überschreitet jede klassizistische Poetik aber bei weitem. Tasso entwickelt ein neues Konzept dichterischer Identität. Aus seinem Schmerz schließt er: „Und wenn der Mensch in seiner Qual verstummt, / Gab mir ein Gott zu sagen, wie ich leide" (V. 3432 f.). Der Verlust des Bewusstseins vom eigenen Selbst („Ich bin mir selbst entwandt") wird letztlich produktiv gewendet ins Bekenntnis, in die sprachliche und dichterische Umsetzung des als katastrophal empfundenen Erlebnisses. Dichterische Rede dient allein noch der ästhetischen Aufarbeitung und Sublimation subjektiver Katastrophenerfahrung – eine Konzeption, die von klassizistischer Ästhetik nicht gedeckt wird.

Beispiel 3: Goethes Tasso *– Reflexion und Dementi klassizistischer Poetik*

Sichtbare Veränderungen in literarischen Reihen

Literaturgeschichte wird aber nicht nur in solchen scheinbaren Inhomogenitäten am Text sichtbar – die ja nur die Ungenauigkeit der nachträglich konstruierten Epochenkonzepte im Verhältnis zum einzelnen Text augenfällig machen. Dadurch, dass literarische Texte sich u. U. aufeinander beziehen und damit Differenzen in der formalen Lösung eines Darstellungsmusters oder -problems bzw. eines inhaltlichen Konfliktes deutlich werden lassen, werden sie, in einer literarischen Reihe, lesbar als Dokumente einer Veränderung.

Diese ist allerdings auf keinen Fall „als gerichteter Prozeß [zu] interpretieren, bedeutet weder Fortschritt im Sinne zunehmender Vollkommenheit noch Entfaltung einer vorweg angelegten Substanz noch auch einsinnige und folgerichtige Ausarbeitung ästhetischer Konzepte. Literaturgeschichte setzt komplexere Evolutionsmodelle voraus" (Müller 1982, 199).

Im Sinne des hier angemahnten Komplexitätsgrades müssen solcherart Veränderungen wahrgenommen und gleichsam polykontextural erörtert werden: Etwa die Modifikation, die der monologische Briefroman *Die Leiden des jungen Werthers* (1774) gegenüber den dialogischen, polyperspektivischen Vorgängermodellen entwickelt, oder die mannigfache Variationsbreite literarischer Gestaltungen des Motivs künstlicher Menschen- oder Frauengestalten (Galatea, Olimpia usw.). Literaturgeschichte wird so, ohne dass ein teleologischer Prozess überhaupt angenommen werden darf, an Texten sichtbar als Gattungsgeschichte, als Geschichte der literarischen Formen oder, thematologisch, als Geschichte der Stoffe, Themen und Motive.

<small>Gattungsgeschichte, Formgeschichte, Stoffgeschichte</small>

Insbesondere wird ein solcher Bezug eines Textes auf vorherige literarhistorisch relevant, wenn Kriterien oder Aspekte möglicher „Epochenkonzepte" in einem literarischen Text kritisch oder polemisch reflektiert werden. Goethes wachsende Differenz zu seinen radikal-empfindsamen Figuren, Texten und Stilformen wird vielfältig im späteren eigenen literarischen Werk offensichtlich: In seinem Singspiel *Der Triumph der Empfindsamkeit* (1778) spottet er fast grob über die gerade drei oder vier Jahre zurückliegende (auch eigene) übertriebene Empfindsamkeit: Neben Millers *Siegwart* (1776) und Rousseaus *Nouvelle Heloïse* (1761) wird auch der eigene empfindsame Briefroman der Lächerlichkeit preisgegeben. Zumindest die Vermutung, dass zwischen dem *Werther* und dem *Triumph* eine historische Veränderung vorgegangen sein mag, liegt hier nahe. Vollends sichtbar wird ein gleichsam „epochaler" Wandel dann in Jean Pauls Roman *Titan* (1800–1803), wo ein Werther-Nachahmer letztlich auf offener Bühne Selbstmord begeht und so das empfindsame Werther-Modell beerdigt wird.

<small>Explizite Abgrenzung von früheren ästhetischen Konzepten</small>

<small>Johann Martin Miller (1750–1814)</small>

Scharfe literarhistorische Grenzen scheinen zuweilen Poetiken zu ziehen: Martin Opitz verabschiedete die als provinziell und antiquiert aufgefasste volkssprachliche Literatur des 16. Jh., um mit der Orientierung an der Antike und an der großen europäischen Renaissance-Dichtung der deutschsprachigen Literatur eine neue, eigene Würde zu geben. Gottsched wandte sich, im Zeichen der Vernunft, scharf ab von der Schwulst-Dichtung des sogenannten deutschen Barock, Figuren und Gattungskonzepte etwa der vorgängigen Volksliteratur (der Hanswurst als lustige Person auf der Bühne) werden abgelehnt. Dass solche Schnitte schärfer aussehen (wollen), als sie tatsächlich sind, zeigt etwa der oben angedeutete Blick auf Gottscheds *Cato*. Nichtsdestowe-

<small>Poetiken als „Epochen"-Marker</small>

niger ist die Wirkung solcher Abschluss- und Neuanfangsgesten in Poetiken wirkungsmächtig, insofern sie von der Literaturgeschichtsschreibung gerne aufgegriffen und tradiert werden.

5 | Literaturgeschichtliche Projekte

Historia literaria

In der Frühen Neuzeit existierte unter dem Namen *historia literaria* eine wissenschaftliche Textgattung, die mit der Literaturgeschichtsschreibung der letzten anderthalb Jahrhunderte nichts zu tun hatte. Hier wurden – und zwar aus dem gesamten Feld wissenschaftlicher Textproduktion – die Titel lateinischer, griechischer, hebräischer, später auch deutscher Schriften chronologisch geordnet; späterhin wurden die exzerpierten Titel den Autoren zugeordnet – an die Stelle der reinen Chronologie trat also die biographische Ordnung. Sinn des Ganzen war keinesfalls eine Abbildung der Geschichte der (wissenschaftlichen) Literatur, sondern lediglich ihre akkumulative Zusammenstellung. Die literarhistorischen Darstellungen der Geschichte der einzelnen Gattungen in Gottscheds *Critischer Dichtkunst* können einerseits schon als historische Lesarten der Literatur verstanden werden, andererseits dienten sie lediglich der Herausstellung der Antike als überragendem Zeitalter. Ebenfalls im 18. Jh. entstand eine Darstellungsform, die – letztlich noch nicht literarhistorisch im Sinne der Konstruktion eines Gesamtzusammenhangs – Dichterbiographie und Werkgeschichte darstellte (z. B. Karl August Küttner: *Charaktere teutscher Dichter und Prosaisten*, 1781).

Entwicklung literarhistorischer Modelle im 18. Jahrhundert und der Romantik

Jacob Friedrich Reimmann: *Historia Literaria*, Frontispiz und Titelblatt

LITERATURGESCHICHTLICHE PROJEKTE | **Einleitung**

Der Geschichtsbegriff Johann Gottfried Herders und vor allem die Arbeiten der romantischen Ästhetiker Friedrich und August Wilhelm Schlegel waren ohne Zweifel die wichtigsten Schritte auf dem Weg zu einer Literaturgeschichte im annähernd modernen Sinne; die Bemühungen von Jacob und Wilhelm Grimm, von Joseph Görres und anderen um die ‚Literaturdenkmäler' des deutschen (Spät-)Mittelalters und die Entstehung der modernen Textphilologie beförderten entschieden sowohl eine Vorstellung von der Historizität literarischer Formen als auch das Interesse daran, den Gesamtzusammenhang nationaler literarischer Überlieferung zu erarbeiten.

Georg Gottfried Gervinus war der erste, der, auch aus Gründen politischer Begeisterung für das Gemeinsam-Nationale bei durch den Wiener Kongress restaurierter Kleinstaaterei, Literaturgeschichte im Sinne einer Hebung nationalkultureller Überlieferung versteht. Seine *Geschichte der poetischen National-Literatur der Deutschen* (5 Bde., 1835–1842) legte einen deutlichen antifeudalistischen Akzent auf die Volksdichtung und stilisierte, eine folgenreiche Einschätzung, die Literatur um 1800 als ‚Deutsche Klassik' zum Höhepunkt der nationalkulturellen Entwicklung, allen voran die Texte Goethes und Schillers. Als national-konservatives Gegenstück zu Gervinus' Literaturgeschichte publizierte August Friedrich Christian Vilmar 1845 die *Geschichte der deutschen Nationalliteratur*, die bis zum 1. Weltkrieg in unzähligen Auflagen erschien. Die Geschichte der Literatur wird hier entpolitisiert, die „Weimarer Klassik" zum Zeitlos-Gültigen verklärt.

Große Literaturgeschichten des 19. Jahrhunderts: Gervinus, Vilmar

Georg Gottfried Gervinus (1805–1871)

Mit Wilhelm Scherer vollzog sich im Zeichen des Positivismus eine Wende der Literaturgeschichtsschreibung hin zu wissenschaftlicher Exaktheit im Sinne von Textphilologie und Quellenkritik (*Geschichte der deutschen Dichtung im elften und zwölften Jahrhundert*, 1875; *Geschichte der deutschen Litteratur*, 1883). Nationalsozialistische Kultur- und Rassenpolitik vorwegnehmend interpretierte Joseph Nadler in seiner *Literaturgeschichte der deutschen Stämme und Landschaften* (1912–1928) die deutsche Literatur vornehmlich unter völkischen oder gar rassischen Gesichtspunkten; Hermann August Korffs *Geist der Goethezeit* (1923–1953) konzentriert seine literarhistorische Perspektive auf das große Individuum, das im Sinne einer kulturellen Diesseitsreligion fast Erlöserstatus zugeschrieben bekommt.

Positivismus, völkische Literaturgeschichte, das große Individuum

Wilhelm Scherer (1841–1886)

Nach dem 2. Weltkrieg waren es Helmut de Boor und Richard Newald, die das für lange Zeit wichtigste literaturgeschichtliche Projekt der Bundesrepublik auf den Weg brachten: Der erste Band ihrer *Geschichte der deutschen Literatur von den Anfängen bis zur Gegenwart* (7 Bände in 11 Teilbänden, 1949 ff.) erschien schon 1949, die Einzelbände aber wurden einerseits immer wieder überarbeitet und aktualisiert oder aber durch ganz neu geschriebene Bände, sogar in neu bemessenen Epochenschritten, ersetzt. Diese Literaturgeschichte bietet, v. a. in den neueren Bänden, die umfassendste und auch für die avancierteren Forschungsvorhaben ausreichende Informationsfülle. Die Literaturgeschichtsschreibung bei de Boor/Newald argumentiert ideengeschichtlich,

Ideengeschichtliche Kontextualisierung

13

d. h., sie versucht, literarische Phänomene auf dem Hintergrund großer philosophischer, ideengeschichtlicher Bewegungen – Aufklärung, Empfindsamkeit, Philhellenismus z. B. – oder religiöser Strömungen – etwa Gegenreformation, Pietismus o. Ä. – darzustellen (vgl. dazu auch Werner Kohlschmidt (Hrsg.): *Geschichte der deutschen Literatur von den Anfängen bis zur Gegenwart*. 5 Bde, 1965–1990).

Sozialgeschichtliche Kontextualisierung

Die neben der Ideengeschichte ebenso wichtige Kontextperspektive auf die Literatur liefert schon Arnold Hausers *Sozialgeschichte der Kunst und Literatur* (1953). Extensiv sozialgeschichtlich ist die Darstellung dann in *Hansers Sozialgeschichte der deutschen Literatur vom 16. Jahrhundert bis zur Gegenwart* (Hrsg. von Rolf Grimminger, 12 Bde., 1980 ff.). Literarische Phänomene werden hier eben nicht auf einem philosophischen, ideen- oder religionsgeschichtlichen Hintergrund erläutert, Literatur wird vielmehr zurückgebunden an gesellschaftliche Ereignisse und Bewegungen, an Sozialstrukturen und Ideologien. Das heißt natürlich, dass hier ganz andere Informationen über Autorin oder Autor, über den Text und die einschlägige Forschung und damit auch ganz andere bibliographische Hinweise zu erlangen sind: Aufsätze und Bücher über die großen ökonomischen und sozialgeschichtlichen Hintergrundbewegungen der Literatur in ihrer Geschichte. Neben *Hansers Sozialgeschichte* ist auch auf Horst Albert Glasers *Deutsche Literatur. Eine Sozialgeschichte* (10 Bde. 1980 ff.) hinzuweisen. Die historisch-materialistische Literaturgeschichte der DDR-Germanistik liefern Klaus Gysi, Kurt Böttcher u. a. (Hrsg.) mit ihrer *Geschichte der deutschen Literatur von den Anfängen bis zur Gegenwart* (12 Bde., 1960 ff.).

Systemtheoretische Evolutionsgeschichte der Literatur

Ein aufsehenerregendes Projekt ist Gerhard Plumpes *Epochen moderner Literatur* (1995): Streng aus systemtheoretischer Perspektive beobachtet Plumpe die Literatur vor etwa 1770 als eine, die heteronom bestimmt sei und ihre Funktion aus den Zuschreibungen anderer gesellschaftlicher Systeme empfange; erst mit ihrer Autonomsetzung in Genie-Ästhetik, Klassizismus und Romantik differenziere sich Literatur als eigenständiges System heraus, dessen Evolution im Hinblick auf die Relation von System Literatur und Umwelt und durch Einbeziehung verschiedener binärer Codes beschreibbar sei (Medium/Form, interessant/langweilig). Das Projekt kommt zu einer von der traditionellen Epochengliederung scharf abweichenden terminologischen Zuordnung, die aber den Vorteil hat, dass die Epochenbegriffe nicht aus den Bereichen der politischen oder Ideen-Geschichte entlehnt werden müssen.

Sozialgeschichte des Lesens

Jost Schneider entwickelte 2004 eine umfassende *Sozialgeschichte des Lesens. Zur historischen Entwicklung und sozialen Differenzierung der literarischen Kommunikation in Deutschland*. Zugunsten einer differenzierten Darstellung der sozialen Bedingungen literarischer Kommunikation in Ständen, Klassen und Milieus der verschiedenen historischen Zustände verschwinden hier die einzelnen Texte; auch die Differenzierung zwischen Kanon und Nicht-Kanon, zwischen sogenannter hoher und sogenannter trivialer Literatur hat hier keinen Platz – allenfalls als Moment milieuspezifischer Imagepflege.

Literaturgeschichte als große Erzählung, die Gesamtzusammenhänge darstellte, die Entwicklungslinien aufzeigte, die einen großen Bereich kultureller Überlieferung ordnete und so erinnernd sicherte, die literarische Texte in ihren vielfältigen Kontextdimensionen erörterte und immer die Konstruiertheit ihrer eigenen Kategorien und Terminologie reflektierte – eine solche Literaturgeschichte kann als nicht darstellbar aufgefasst werden. Gerade angesichts einer Einführung kann einerseits nur auf die notwendigen Reflexionsbedingungen literarhistorischen Schreibens hingewiesen werden, andererseits müssen aber als grundsätzlich erachtete Daten – Texte, Autoren, ideen-, sozial-, medien- und kommunikationsgeschichtliche Kontexte – „erzählt" werden. Dabei ist natürlich eine strenge Auswahl aus der Überlieferung der deutschsprachigen Literatur notwendig. Die hier markierten oder benannten Texte umreißen vermutlich nur den engsten Kanon dessen, was ein/e Studierende/r der Neueren deutschen Literaturwissenschaft wenigstens namentlich kennen, besserenfalls historisch einordnen können, bestenfalls gelesen haben sollte. Darüber hinaus kann eine solche Einführung nicht den Anspruch erheben, eine neue Theorie der Literaturgeschichtsschreibung zusammen mit der Erzählung dieser Geschichte liefern zu wollen. Daher wird diese Darstellung trotz der grundlegenden Einwände gegen inhomogene und als historisches Ordnungskriterium teilweise funktionsunfähige Epochenbegriffe zum einen an den traditionellen Begriffen festhalten. Zum anderen wird im Einzelfall ein besonders fragwürdig gewordener Begriffsgebrauch problematisiert, um die Schwierigkeiten der historischen Ordnung der Literatur deutlich zu machen. Die grundsätzliche Ordnung der folgenden Darstellung nach Jahrhunderten ist mechanisch-annalistisch – allerdings auch kontextneutral und erschien daher geboten.

Literatur | 6

Alt, Peter-André: *Aufklärung*. Stuttgart und Weimar 1996.

Bein, Thomas: „Praxis und Theorie der Literaturgeschichtsschreibung". In: *Forschungsberichte zur internationalen Germanistik* 2003, 9–53.

Fohrmann, Jürgen: „Literaturgeschichte als Stiftung von Ordnung. Das Konzept der Literaturgeschichte bei Herder, August Wilhelm Schlegel und Friedrich Schlegel". In: *Kontroversen, alte und neue. Akten des VII. Internationalen Germanisten-Kongresses, Göttingen 1985*. Hrsg. von Albrecht Schöne. Bd. 11: *Historische und aktuelle Konzepte der Literaturgeschichtsschreibung. Zwei Königskinder? Zum Verhältnis von Literatur und Literaturwissenschaft*. Hrsg. von Wilhelm Voßkamp u. a. Tübingen 1986, 75–84.

Fohrmann, Jürgen: *Das Projekt der deutschen Literaturgeschichte. Entstehung und Scheitern einer nationalen Poesiegeschichtsschreibung zwischen Humanismus und Deutschem Kaiserreich.* Stuttgart 1989.

Glaser, Horst Albert (Hrsg.): *Deutsche Literatur. Eine Sozialgeschichte.* 10 Bde. Reinbek bei Hamburg 1980 ff.

Grimminger, Rolf (Hrsg.): *Hansers Sozialgeschichte der deutschen Literatur vom 16. Jahrhundert bis zur Gegenwart.* 12 Bde., München 1980 ff.

Gysi, Klaus/Böttcher, Kurt u. a. (Hrsg.): Geschichte der deutschen Literatur von den Anfängen bis zur Gegenwart. 12 Bde., Berlin/Ost 1960 ff.

Hauser, Arnold: *Sozialgeschichte der Kunst und Literatur.* München 1953.

Kohlschmidt, Werner (Hrsg.): *Geschichte der deutschen Literatur von den Anfängen bis zur Gegenwart.* 5 Bde., Stuttgart 1965–1990.

Marsch, Edgar (Hrsg.): *Über Literaturgeschichtsschreibung. Die historisierende Methode des 19. Jahrhunderts in Programm u. Kritik.* Darmstadt 1986.

Müller, Jan-Dirk: „Literaturgeschichte/Literaturgeschichtsschreibung". In: Harth, Dietrich/ Gebhardt, Peter (Hrsg.): *Erkenntnis der Literatur.* Stuttgart 1982, 195–227.

Plumpe, Gerhard: *Epochen moderner Literatur. Ein systemtheoretischer Entwurf.* Opladen 1995.

Schlegel, Friedrich: *Wissenschaft der europäischen Literatur. Vorlesungen, Aufsätze und Fragmente aus der Zeit von 1795–1804.* Mit Einl. u. Komm. hrsg. v. Ernst Behler. München, Paderborn, Wien 1958 (Kritische Friedrich-Schlegel-Ausgabe Bd. 11.2: Schriften aus dem Nachlaß).

Schneider, Jost: „Literatur und Text". In: Anz, Thomas (Hrsg.): *Handbuch Literaturwissenschaft.* Band 1: *Gegenstände und Grundbegriffe.* Stuttgart und Weimar 2007, 1–23.

Schneider, Jost: *Sozialgeschichte des Lesens. Zur historischen Entwicklung und sozialen Differenzierung der literarischen Kommunikation in Deutschland.* Berlin 2004.

Werber, Niels: *Literatur als System. Zur Ausdifferenzierung literarischer Kommunikation.* Opladen 1992.

16. Jahrhundert:
Reformation und Gegenreformation

Die Literatur in den deutschen Ländern des 16. Jh. war von einer deutlich unübersichtlichen, komplexen Gemengelage gekennzeichnet, die aus aufbrechenden konfessionellen Differenzen, aus dem Fortleben mittelalterlicher, v. a. städtischer Literaturtraditionen und dem verstärkten Aufkommen humanistisch-neulateinischer Einflüsse, aus starken regionalen Differenzen und der grundlegenden Dynamisierung der Ständeordnung im Heiligen Römischen Reich Deutscher Nation resultierte. Insofern müssen im Folgenden, je nachdem, in welchem sozialen oder intellektuellen Bereich sich die Darstellung bewegt, die unterschiedlichen geistes- und bildungs-, religions-, technik- sowie sozialgeschichtlichen Strömungen und Tendenzen erörtert werden, die alle ihre Auswirkungen auf den Bereich der literarischen Kultur haben: Renaissance, Humanismus, Reformation, Buchdruck und gesellschaftliche Umwälzung der spätmittelalterlichen Gesellschaftsordnung.

Literatur in der frühneuzeitlichen Stadt

| 1

Stadtentwicklung und Entstehung neuartiger bürgerlicher Lebensformen und Lebensverläufe sind die wichtigsten sozialgeschichtlichen Voraussetzungen bzw. Bedingungen für die (v. a. volkssprachige) Literatur des 16. Jh. Das 15. und 16. Jahrhundert sind fundamental gekennzeichnet durch die Dynamisierung der Ständeordnung und ermöglichen damit vor allem in den sich herausbildenden Städten Fortschrittserfahrungen: Neuerungen auf dem Gebiet der landwirtschaftlichen und technischen Produktionsmittel und die Entwicklung von Märkten sowie eine verstärkte Geldwirtschaft leiten diesen Wandel ein. Die starre horizontale Gliederung mittelalterlicher Gesellschaft wird im Spätmittelalter zunehmend durchlässig für vertikale Bewegungen, für den Auf- oder Abstieg einzelner Individuen.

Gerade im Bereich der frühneuzeitlichen Städte kann ein einzelner Mensch oder eine Familie den Aufstieg aus bäuerlicher Herkunft ins Handwerks- oder gar Handelsbürgertum schaffen. Damit wird im Rückblick auf das eigene Leben oder auf die zwei oder drei mitlebenden Generationen der Familie Veränderung, Fortschritt, Aufstieg sichtbar – der Ewigkeitsanspruch der mittelalterlichen Ständehierarchie verliert seine Legitimität. Aus dieser Dynamisierung der Ständeordnung resultiert ein neuer Begriff des Individuums: Definierte das Individuum mittelalterlicher Prägung sich immer über die

Dynamisierung der
Ständeordnung
und Betonung des
Individuums

Zugehörigkeit zu einer Gruppe, zu einem Stand (innerhalb dessen alle mehr oder weniger gleich erschienen), erscheint es jetzt als Einzelner, der in der Absonderung vom früheren Stand hervortritt, gar in der Absonderung von allen anderen, da ja die eigene Individualität durch die je anders- und einzigartige Lebensgeschichte erzählbar wurde.

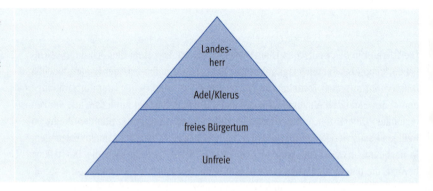

Die starre horizontale Gliederung („Stratifikation") der mittelalterlichen Gesellschaft

Meistersang, Schwank und Fastnachtsspiel als die volkssprachlichen literarischen Formen des Spätmittelalters

Die spätmittelalterliche bzw. frühneuzeitliche Stadt bildete mit dem *Meistersang*, dem *Schwank* und dem *Fastnachtsspiel* ihre repräsentativen volkssprachigen literarischen Formen aus, die tief in der ständischen bzw. zunftartigen Verfassung der Stadtkultur verankert waren.

1.1 | Meistersang

Meistersang als zunftmäßig organisierte, handwerkliche Liedkunst

Der Meistersang war eine von Meistersingern zunftmäßig organisierte, handwerkliche Liedkunst, deren Urheber mitnichten Berufsdichter waren, sondern dichtende, in Städten ansässige Handwerker. Ihre Kunst orientierte sich an den fahrenden (d. h. wandernden!) Spruchdichtern des 13. und 14. Jh., den ‚Meistern' Frauenlob und Heinrich von Mügeln, denen mit Muskatplüt und Michael Beheim die ersten Meistersinger folgten (die beide aber noch fahrende Berufsdichter waren). Die berühmtesten Meistersänger lebten und arbeiteten beide in Nürnberg, Hans Folz vorwiegend im 15., Hans Sachs im 16. Jh. Frauenlob soll um 1315 in Mainz die erste Meistersingerschule gegründet haben, die Spruchdichter des Hochmittelalters (u. a. Walther von der Vogelweide und Wolfram von Eschenbach) – insgesamt zwölf – wurden als die alten Meister der Kunst verehrt.

Hans Sachs (1494–1576)

Meistersangstrophe: Aufgesang aus zwei identisch gebauten Stollen und Abgesang

In formaler Hinsicht lehnte sich der Meistersang einerseits an die Spruchdichtung an, einer mittelhochdeutschen Dichtungsart, die ohne Stropheneinteilung in vierhebigen Reimpaaren abgefasst war und häufig sprichwörtliche, lehrhaft-moralisierende Absicht hatte. Die Meistersangstrophe war andererseits eine aus dem Minnesang übernommene Strophe aus einem Aufgesang, der aus zwei identisch gebauten Stollen bestand, und einem Abgesang, der vom ersten in Metrum, Reimendungen und Melodie unterschieden war. Dem

Abgesang wurde meist noch ein Stollen angehängt, so dass das Aufbauschema der Strophe AA/BA lautet. Das Meistersingerlied musste aus mindestens drei solcher Strophen bestehen. Der Meistersang prägte eine eigene Begrifflichkeit aus: Das Reimschema nannte man „Gebänd", die Strophe „Gesätz" und das ganze Lied „Bar".

Die Meistersänger waren hauptberuflich städtische Handwerker, die als Dichter ebenso wie als Handwerker zunftmäßig organisiert waren in sogenannten „Singschulen". Streng gegen die städtische Öffentlichkeit abgeschlossene Singveranstaltungen waren einmal das zeremonielle „Hauptsingen" im kirchlichen Rahmen, von dem das eher gesellig-unterhaltende „Zechsingen" im Wirtshaus zu unterscheiden ist. Funktion dieser Singveranstaltungen war, die eigene Kunstfertigkeit im Dichten auf einem überlieferten „Ton" zu beweisen, also die Erfüllung der poetischen Norm in Metrum, Reimschema, Melodie usw., wie sie von den alten Meistern überkommen war und in der sogenannten „Tabulatur" festgehalten wurde. Erst mit Hans Folz wurde zum Ende des 15. Jh. hin eine Neuerung eingeführt: Meister in der Singschule konnte nur derjenige werden, der einen neuen „Ton" erfunden hatte.

Zunftmäßige Organisation der Meistersänger in Singschulen

Der „Ton" als Erfüllung der poetischen Norm

Die Zunft der Meistersinger war streng hierarchisch gegliedert: Die unterste Stufe bildeten die „Singer", die ausschließlich existierende Texte reproduzierten; diejenigen, die zu überlieferten Tönen neue Texte verfassten, waren die „Dichter", „Meister" diejenigen, die einen neuen Ton erfunden hatten; oberhalb dieser überwachten die „Merker" als Kontrollinstitution der Zunft die Einhaltung der in der Tabulatur niedergelegten Töne und Regeln.

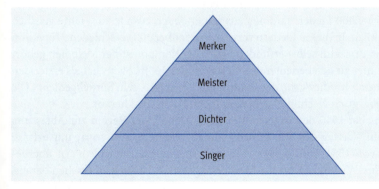

Strikt hierarchisch gegliederte Zunft der Meistersinger

Die Übergänge in eine höhere Stufe waren in strengen Zeremonien festgelegt. – Die Einhaltung dieser Regeln war oberstes Ziel jeder Singschule, nicht Originalität, nicht stoffliche Innovation. Zwar wurden die geistlichen Stoffe nach und nach durch erste weltliche ergänzt, dem galt aber nicht das vorrangige Interesse. Bei den Singveranstaltungen standen die Sänger auf dem kanzelartigen Singstuhl, die Merker saßen in einem abgeschlossenen Verschlag, dem sogenannten „Gemerk", und zählten die Verstöße des Dichters gegen die vorgegebenen Regeln des Wettsingens: Verstöße wurden mit „Silben" genann-

Strenge Hierarchie

ten Fehlerpunkten gezählt – wer sieben erreicht hatte, schied aus. Wer den Dichterwettstreit gewann, erhielt das sogenannte „Schulkleinod", das häufig Kronengestalt hatte oder eine Nachbildung des biblischen Sängers König David war.

Ideale der Meistersängerkunst

Die Ideale der Meistersängerkunst waren formal gesehen kunstvolle, reine Reime mit unverstümmelten, grammatisch korrekt verwendeten Wörtern, die Einhaltung metrischer Schemata und bestimmter Strophenlängen, ein gekonnter, verständlicher Vortrag und die Verwendung einer vorbildlich und sinnvoll gesetzten deutschen Sprache; inhaltlich orientierte man sich einerseits an gelehrter Bildung, andererseits achtete der Merker auch immer darauf, dass nichts Anstößiges, dem biblischen Wort Widersprechendes gesagt wurde.

Philipp Hager als Meistersinger während einer Singschule – an der Wand hinten die Preise für den Gewinner des Wettsingens, ein Kranz und eine Silberkette

Zentren des Meistersangs waren süd- und südwestdeutsche Städte: Von Mainz als Gründungsort übernahm Nürnberg den Rang der führenden Meistersingerstadt (v. a. durch Hans Folz und Hans Sachs), etwa in Augsburg, Freiburg im Breisgau, Colmar und Steyr bestanden Singschulen.

Hans Sachs als Höhepunkt in der Kunst des Meistersangs

Hans Sachs stellt den unbestrittenen Höhepunkt der Kunst des Meistersangs dar, etwa 4.400 Lieder stammen aus seiner Feder, etwa je zur Hälfte geistlich und weltlich. In diesen Liedern verwendete er über 300 verschiedene Töne, von denen er dreizehn selbst erfunden hatte. Als Komponist der Melodien gehört er auch hier zu den bedeutenden Gestalten des 16. Jh. Sachs hat als erster den Meistersang für die Sache der Reformation genutzt – sein Spruchgedicht „Die Wittembergisch Nachtigal" geht aus einem Meisterlied hervor.

Sachs hat 1540 den sogenannten „Schulzettel", der Regeln zur Abfassung und zum Vortrag des Meisterlieds enthält, angeregt, evtl. sogar mitverfasst; er war von 1551–1561 selber „Merker", sein „Gemerkbüchlein" ist überliefert. Seine Wichtigkeit für die Meistersängerzunft ist auch zu ersehen daraus, dass er nur kurze Zeit nach seinem Tod auf der Nürnberger Gedenktafel als dreizehnter den zwölf alten Meistern hinzugefügt wurde. – Nach seinem Tod begann schon der Niedergang des Meistersangs; Nürnberg wurde 1770 aufgelöst, einzelne Schulen bestanden allerdings bis ins 19. Jahrhundert weiter. In gewissem Sinne dürfen die im 19. Jahrhundert entstehenden Männergesangvereine als Erben dieser Tradition eingestuft werden.

Der Meistersang ist eine grundsätzlich zeitbedingte Dichtung der Frühen Neuzeit, streng gebunden an die sozialen und kommunikativen Strukturen der Stadt; gekennzeichnet durch ein hohes Maß an überindividueller, typisierter literarischer Rede und zum Teil handwerklich-banale Reimbastelei, muss er dennoch als spezifische, metrisch gebundene Äußerungsform von Laien zumeist über theologische Sachverhalte, als Darbietung moralischer, theologischer oder später unterhaltender Stoffe ernstgenommen werden. Der Meistersang ist also eine bürgerlich-handwerkliche Kunst abseits aller humanistischen Antike-Wiederentdeckung: Er vermischt Traditionen aus dem literarischen Mittelalter mit frühneuzeitlich-handwerklichen Organisationsformen, ist gebunden an die Singschulen-Zunft als exklusivem Produktions-, Performations- und Rezeptionsort. Bei der Beurteilung der Meisterlieder geht jeder Maßstab neuzeitlicher Expressions- oder Autonomieästhetik fehl – aber auch jeder mittelaltertümlich-spätromantisch-nationalistische Gestus wie der Richard Wagners!

Meistersang als eine bürgerlich-handwerkliche Kunst abseits aller humanistischen Antike-Wiederentdeckung

Fastnachtsspiel

|1.2

In den aufstrebenden Städten bildete sich etwa um 1430 mit dem Fastnachtsspiel der spezifische Typus des weltlichen Theaters in der Volkssprache aus. Fastnachtsspiele wurden auf improvisierten Bühnen in Gasthäusern oder auf Marktplätzen, seltener in Bürgershäusern im zeitlichen Zusammenhang mit den Fastnachtsumzügen aufgeführt; aus Lübeck, aus dem böhmischen Eger, aus verschiedenen Orten in Tirol und der Schweiz sind über verschiedenste Dokumente wie Ratsprotokolle Aufführungen einer größeren Anzahl von Fastnachtsspielen nachweisbar, textlich überliefert sind die meisten Stücke jedoch aus der Stadt Nürnberg. Wie der Meistersang war die Aufführung des Fastnachtsspiels an das Handwerk gebunden – ohne jedoch in Zünften organisiert zu sein: Die Schauspieler rekrutierten sich aus der Handwerksgesellschaft. Eine kleine Gruppe, angeführt vom Präcursor, der Spielleiter und Prologsprecher in einem war, zog oftmals von einer Gastwirtschaft zur nächsten, die Bühne wird hier oder auf dem Marktplatz mit wenigen Brettern aufgeschlagen, kommt ohne Kulisse und Requisiten aus. Der Prologsprecher versucht zunächst, die Aufmerksamkeit des zufälligen Publikums zu gewinnen, und stellt Rollen und Inhalt des Spiels kurz vor. Die Aufführungen waren eingebunden in die Fest- und Kommunikationsstrukturen der Fastnacht und mündeten nicht selten in Tanz o. ä. Unterhaltungen. Die Texte sind zunächst sehr kurz (bis zu 300 Verse lang), in der Regel jedoch nicht überliefert, in den meisten Fällen ist nicht einmal ein Autor identifizierbar.

Fastnachtsspiel als spezifische Form des weltlichen Theaters in der Volkssprache

Im 16. Jh. aber wird das Fastnachtsspiel sowohl formal als auch im Blick auf Text und Gegenstand anspruchsvoller: Der Ausgangspunkt der Gattung im 15. Jh. war das Reihenspiel, eine nummern- oder revueartige Folge von Vorträgen, Erzählungen, im besten, entwickelteren Fall von gespielten witzigen Situationen oder Schwänken. Das Reihenspiel bietet keine geschlossene Spielsituation, zwischen den Erzählungen oder Szenen wird höchstens eine kurze Überleitungsmoderation eingeschaltet, in der das Wort von einem zum

Gattungen des Fastnachtsspiels: Reihenspiel und Handlungsspiel

andern Sprecher übergeben wird. Im Gegensatz dazu werden im Handlungsspiel geschlossene fiktive Handlungszusammenhänge, Geschichten also, tatsächlich gespielt, szenisch dargestellt.

Beispiel: Jörg Wickrams Narrengießen (1537/38)

Dass beide Formen auch kunstvoll gemischt werden konnten, zeigt etwa *Das Narrengießen* (1537/38) des Colmarer Autors Jörg Wickram: In der Rahmenhandlung beklagt ein alter Narr, dass seine Zunft aussterbe, und wendet sich an einen Narrengießer-Meister, der „ein pfundt affenschmaltz / Und auch ein fierdung dippelsaltz, / Ein halben zentner eselsoren!" schmelzen lässt, um daraus Narrensucher zu gießen, die in aller Welt nach verbliebenen Narren suchen sollen. Mit dem Auftritt der dann gefundenen insgesamt fünfzehn Narren beginnt eine Art Reihenspiel: Berufsvertreter wie Bergherr, Handwerker, Astronom und Kaufmann treten neben Lasterhaften wie Buhler, Trinker, Spieler, Gotteslästerer und Hoffärtiger nach der Reihe vor und charakterisieren spöttisch die Narrheit des jeweils vor ihm Aufgetretenen. Effekt des Ganzen ist, dass in moralisierender Absicht die bürgerlich-städtische Welt mit ihren Lastern und Sünden selbst als Narrenansammlung deutlich gemacht wird. Wickram schließt aber nicht – anders als zeitgleich Hans Sachs – mit einer wohlformulierten Schlussmoral, sondern überlässt die Narren wie auch deren Deutung dem Publikum in einem offenen Schluss.

Die Verspottung der verschiedensten gesellschaftlichen Gruppen ist eine der wesentlichen inhaltlichen Bestimmungen des Fastnachtsspiels: Geistliche, Adlige, Frauen, Ärzte, Richter, Juden, v. a. Bauern werden in oft drastischer Rede, die vor Obszönität und Fäkalsprache niemals zurückscheut, bloßgestellt – ihre verallgemeinernde Verspottung als ‚Narren' bei Wickram, Hans Sachs u. a. greift zurück auf Sebastian Brants Verssatire *Das Narren Schyff* (1494), in dem er 111 Berufsstände und andere gesellschaftliche Gruppen als töricht bloßstellt.

Albrecht Dürers Illustration für den Umschlag von Sebastian Brants Narren Schyff (1494)

Inhalte und Themen der Fastnachtsspiele sind breit gestreut: Spott über andere gesellschaftliche Gruppen steht neben ernsthaften sozialen oder politischen Themen, v. a. im Kontext der Reformationsauseinandersetzungen werden kirchen- oder Luther-kritische Themen häufiger. Im Kommunikationskontext der frühneuzeitlichen Stadt kommt dem Fastnachtspiel auf jeden Fall die Funktion der Abfuhr negativer, aggressiver affektiver Energien im gesellschaftlich starren Gefüge der Ständegesellschaft zu: Die Karnevalszeit bietet die (begrenzte) Lizenz zur enthemmten Überschreitung ständischer Grenzen und moralischer Tabus.

Themen des Fastnachtspiels

Funktion des Fastnachtspiels

Mit Wickram, Hans Sachs und Burkard Waldis, mit Pamphilus Gengenbach und Niklaus Manuel gewinnt die Gattung sowohl inhaltlich neuartige Ernsthaftigkeit als auch formale Qualität: Die beiden Schweizer nutzen das Fastnachtspiel für scharfe Gesellschaftskritik und reformierte Polemik gegen die Papstkirche (Gengenbach: *Klag über die Totenfresser*, 1521; Manuel: *Von Babst und siner priesterschafft*, *Unterscheid zwischen dem Bapst und Christum*, 1522; *Der aplaß kremer*, 1525). Waldis im baltischen Riga stellt sich mit seiner *Parabell vam verlorn Szon* (1527) zwar einerseits noch in die Tradition des Genres, teilt aber die Handlung programmatisch in zwei Akte (erstmals in einem deutschsprachigen Stück) und adaptiert für die Anordnung des Schauspiels Struktur und Botschaft des protestantischen Wortgottesdienstes. Er liefert eine sehr luthernahe Deutung des biblischen Gleichnisses vom verlorenen Sohn, der erste Akt zeigt den Werkheiligen, den daheimgebliebenen Sohn, der zweite den verlorenen, der durch seinen Glauben der Gnade des Vaters teilhaftig geworden ist (*sola fide*). Die Akte werden gerahmt von Bibellesung und Choralgesang, das Fastnachtspiel ist hier ganz in den Dienst der reformatorischen Schriftauslegung getreten. Waldis distanziert sich eindeutig von der humanistischen Komödienrezeption: Biblische, christliche Stoffe sollten und könnten nicht in terentianischer oder plautinischer Kunstfertigkeit, sondern müssten in schlichtem Stil dargeboten werden.

Fastnachtspiel als scharfe Gesellschaftskritik, Reformationspolemik und -propaganda

Niklaus Manuel (Selbstbildnis, um 1530)

Hans Sachs, der insgesamt 85 Fastnachtspiele verfasste, entwickelte aus dem Reihenspiel das durchkomponiertere Handlungsspiel; in Nürnberg – wo schon mit Hans Rosenplüt und Hans Folz namhafte Autoren gelebt hatten – etablierte er für die Aufführungen einen festen Spielort mit einer Bühne (die allerdings immer noch Neutralbühne ohne Kulisse war). Sachs behält zwar Kürze und Einaktigkeit des Spiels bei, verabschiedet sich aber grundsätzlich von der obszön-fäkalen Sprachsphäre und nutzt die Gattung zur Verhandlung reformatorischer Theologie und religiös-bürgerlicher Moral. Das Fastnachtspiel ist bei Sachs bereits Schauspiel: Das Publikum schaut zu, wird nicht über Improvisation oder den Übergang des Spiels in allgemeinen Tanz einbezogen, sondern ist Adressat von Belehrung und Erbauung.

Fastnachtspiel bei Hans Sachs

Sachs adaptiert für seine Fastnachtspiele neben biblischen auch viele Stoffe aus der literarischen Tradition. So geht *Der schwanger pawr* (1544) auf eine Novelle aus Giovanni Boccaccios *Decamerone* (1350 ff.) zurück – und reiht

Figurengestaltung in den Fastnachtspielen

sich ein in die Verspottung des Bauernstandes: Einem geizigen und einfältigen Bauern wird eine Schwangerschaft als Krankheit so glaubhaft eingeredet, dass es den Nachbarn gelingt, mit List auf die ihm zugefallene Erbschaft zuzugreifen. Neben Einfalt und Geiz des Opfers aber moralisiert der Text ebenfalls gegen die Geldgier und Rücksichtslosigkeit der Täter. Wie in allen Fastnachtsspielen ist die Figurengestaltung typisierend, nicht individualisierend, bei Sachs wie bei Wickram und Waldis werden diese Typen allerdings mehr und mehr realistisch dargestellt – das übertrieben Vulgäre wird zurückgenommen.

Jakob Ayrer

Mehr als eine Generation später als Hans Sachs führte Jakob Ayrer, nach einem theologischen und juristischen Studium Kaiserlicher Notar und Gerichtsprokurator in Nürnberg, die Tradition des volkssprachlich weltlichen Spiels fort. Er war ähnlich wie Sachs unglaublich produktiv: Von 106 meist umfänglicheren Theaterstücken sind 69 überliefert, 30 davon haben ernsten, 39 komödiantischen Charakter. Die Stoffe entnimmt er der antiken Mythologie, der römischen Geschichte und deutschen Volksbüchern, Schwänken und Dramen (Macropedius, Frischlin, der *Eulenspiegel*, das *Decamerone*, die *Gesta Romanorum*) und vor allem, über die Vermittlung englischer Wandertheatertruppen, den Werken William Shakespeares. Eine Auswahl seines Theaterschaffens erschien als *Opus Theatricum* (posthum 1618). Stilistisch hielt er streng am Knittelvers fest, dramaturgisch allerdings zeigen sich seine Stücke stark von der englischen Tradition beeinflusst: So weisen sie vielfach eine fest mit der Dramenhandlung verbundene Narrenrolle auf, zuweilen wird sogar, wie in Shakespeares *Sommernachtstraum* (1595/96), eine doppelte Handlungsstruktur (adliger und bäuerlicher Szenenstrang) eingeführt (*Comedia von der Schönen Sidea*, 1605).

1.3 | Schwank

Kleinere Erzähllitera-
tur der stadtbürgerli-
chen Sphäre

Die epische Variante des Fastnachtsspiels ist der Schwank. Er gehört einerseits noch ins Mittelalter – und setzt sich andererseits jedoch in scharfer Form davon ab. Der mittelalterliche Ausgangspunkt epischer Dichtung ist der Hof – der Schwank entstammt der stadtbürgerlichen Sphäre. Parallel zur hohen höfischen Literatur existierte eine zweite, volkssprachige Texttradition: die der mündlich überlieferten, meist kürzeren Erzähltexte. Schon im hohen Mittelalter darf eine weit differenzierte Formenvielfalt vermutet werden – ohne dass sie jedoch ganz nachzuvollziehen wäre, da nur die wenigsten Texte dieser sogenannten ‚niederen' Literatur überhaupt schriftlich fixiert wurden oder dann überlebt haben.

Angesiedelt war diese Literatur einerseits im Bauernstand – Sagen und Mären etwa gehören in den ländlichen Rahmen – oder im stadtbürgerlichen Handwerkerstand. Der Schwank zählt im weitesten Sinne zur bürgerlichen Kultur, genauer: Er gehört ursprünglich in die aufstrebende Stadt der frühen Neuzeit. Es handelt sich jedoch nicht um ‚bürgerliche' Literatur etwa im modernen Sinne – d. h. um die Verhandlung individueller Ich-Entwürfe oder die Darstellung einer Psychologie des Einzelnen –, bürgerlich ist diese Literatur eher in einem distinktiven, ständische Unterscheidung leistenden Sinne: Nicht adlige oder bäuerliche Identitäten werden verhandelt, sondern die Figuren – und die Autoren (!) – stammen weitgehend aus dem städtischen Bürgertum.

Der Schwank (und mit ihm das Fastnachtsspiel) sind *die* städtischen Literaturformen unterhaltenden Charakters. Der Schwank greift auf eine bis in die Antike reichende Genre-Tradition zurück, die auch noch in der spätlateinischen Zeit als *facetia* zu den Vorläufern des Schwanks beitrug. „Das komische Genre des Schwanks entstammt keiner genuin literarischen Form, sondern einer allgemeinmenschlichen Lust auf Entspannung, Witz, Satire und Ironie. Der Schwank ist mit dem Märchen, der Anekdote, der Fabel, dem Witz, dem Exempel, der Humoreske verwandt. [...] Im Rahmen der sich entwickelnden Kleinepik verselbständigt sich der Schwank und wird zu einer eigenständigen Erzählform, die von der Pointe bestimmt ist" (Beutin [6]2001, 45).

In Grimms *Deutschem Wörterbuch* wird der Schwank als „lustiger streich und erzählung eines solchen" definiert – zentrales Strukturmerkmal des Schwanks ist also, dass jemand einem oder mehreren anderen Streiche versetzt – im buchstäblichen wie im übertragenen Sinne: Erzählerischer Spott also wird mit dem Schaden des einen, mit dem Hohn des anderen getrieben. Der Schwank spielt fast ausschließlich im klerikalen oder dörflich-städtischen Lebensbereich – das Höfische bleibt als Sphäre ausgespart, wenngleich Ritter, adlige Damen, Bischöfe o. Ä. zuweilen die Opfer der Erzählung ausmachen. Zentrale Motive des Schwanks sind elementare Lebensvollzüge: Essen, Trinken, Verdauung, Sexualität. Die Schwankliteratur darf allerdings nicht als die realistischere angesehen werden gegenüber derjenigen, die diese vitalen Bereiche ausspart. Vielmehr wird in der Schwankerzählung gerade durch den offenen Tabubruch zum Lachen gereizt – wodurch das Tabu und damit die Grenze, die es bezeichnet, indirekt bestätigt und festgeschrieben wird. Die Schwänke des ausgehenden Mittelalters sind gewissermaßen literarischer Karneval: Sie erlauben, wie das Fastnachtsspiel, das Unerlaubte, das Tabuisierte, das Verschwiegene unsanktioniert auszusagen, sind also bloßes Ventil und dienen mittelbar der Aufrechterhaltung alter Tabus und Ordnungen.

Die Strukturen des Genres sind relativ festgelegt: Die Figurenkonstellation stellt zwei Mitglieder unterschiedlicher Stände oder Geschlechter konflikthaft einander gegenüber, wobei (in den häufigsten Fällen) der normalerweise Schwächere durch List über den eigentlich Stärkeren triumphiert oder ihm zumindest ebenbürtig wird. Neben diesem ‚Ausgleichstyp' des Schwanks gibt es noch den Steigerungs- und den Spannungstyp: Im ersten Fall misslingt die List des Schwächeren, die Macht des Stärkeren wird gefestigt und gesteigert; im zweiten Fall bleibt die Spannung bestehen, das Ende offen. Wie im Fastnachtsspiel sind die Ebenen des Sexuellen, der Fäkalsprache und oft brutale

---

Marginalien:

Schwank und das Fastnachtsspiel als *die* städtischen Literaturformen unterhaltenden Charakters

Motive des Schwanks: Elementare Lebensvollzüge wie Essen, Trinken, Verdauung, Sexualität

Funktionen des Schwanks

Holzschnitt-Illustration in Hermann Botes Dyl Ulenspiegel *(um 1510)*

Handlungsdrastik Kennzeichen des Schwanks.

In der Frühen Neuzeit werden Schwänke in der Regel in Sammlungen zusammengestellt – die wichtigsten sind Johannes Paulis *Schimpf und Ernst* (1522), Jörg Wickrams *Rollwagenbüchlein* (1555) und Hans Wilhelm Kirchhofs *Wendunmuth* (1563). Eine Sonderform der Schwanksammlung liegt vor, wenn die Einzelerzählungen auf eine kohärente soziale Gruppe oder eine Zentralfigur hingeordnet werden, wie es etwa in Philipp Frankfurters *Geschichte des Pfarrers vom Kalenberg* (1473), Hermann Botes *Dyl Ulenspiegel* (um 1510) und im *Lalebuch* (1597) der Fall ist.

Meistersang, Fastnachtsspiel und Schwank als die volkssprachigen literarischen Formen des Spätmittelalters und der Neuzeit

	Meistersang	Fastnachtsspiel	Schwank
Definition	In Singschulen zunftmäßig organisierte, handwerkliche Liedkunst	Spezifische Form des weltlichen Theaters in der Volkssprache	Epische Variante des Fastnachtsspiels
Urheber	In Städten ansässige Handwerker (Meistersinger)	Handwerksgesellschaften	Autoren weitgehend aus dem städtischen Bürgertum
Funktion	Beweis der eigenen Kunstfertigkeit auf einem überlieferten „Ton" (ab 15. Jh. Erfindung eines eigenen „Tons")	Spott über andere gesellschaftliche Gruppen oder ernsthafte soziale oder politische Themen	Erzählerischer Spott (Opfer meist Ritter, adlige Damen, Bischöfe); Zentrale Motive: elementare Lebensvollzüge: Essen, Trinken, Verdauung, Sexualität
Bekannte Verfasser	Hans Sachs	Hans Sachs; Jörg Wickram; Burkard Waldis; Pamphilus Gengenbach; Niklaus Manuel; Jakob Ayrer	Johannes Pauli; Jörg Wickram; Hans Wilhelm Kirchhof

Humanistische Gelehrtenliteratur | 2

Die Literaturgeschichte der Frühen Neuzeit ist – in den Städten – bestimmt von den volkssprachigen Traditionen des Meistersangs, des Fastnachtsspiels und des Schwanks bzw. der bürgerlichen Prosaerzählung. Diese volkssprachigen Gattungen aber stellen nur einen Bruchteil der tatsächlichen literarischen Produktion in den deutschsprachigen Ländern dar – der weitaus größere Anteil wird in lateinischer Sprache verfasst. Die lateinischsprachige literarische Kultur ist in ihren ästhetischen Ansprüchen und Formen nur verstehbar vor dem Hintergrund der gesamteuropäischen Bewegungen von *Renaissance* und *Humanismus*.

Als Renaissance wird die von Italien seit der Mitte des 14. Jh. auf viele Länder Europas ausstrahlende Bewegung einer ‚Wiedergeburt' (ital. *rinascimento*) der Antike bezeichnet, die hauptsächlich durch gelehrte bürgerliche Schichten der oberitalienischen Städte getragen wurde. Ein wesentlicher Bestandteil der Renaissance-Gelehrsamkeit war die präzise philologische Bemühung. Der italienische Gelehrte und Dichter Francesco Petrarca identifizierte die sprachlichen Differenzen zwischen dem spätmittelalterlichen Gebrauchslatein der Kirche und der Gelehrten und dem der Antike als Verfall und leitete eine Wiederentdeckung des klassischen Lateins und seiner literarischen Dokumente ein, der die Wiederaneignung der älteren, griechischen Literatur und Philosophie folgte. Ein zentraler literatur- und kulturgeschichtlicher Impuls der italienischen Renaissance war die Nachahmung antiker Architektur, Skulptur und Literatur, die zum ästhetischen Ideal erhoben wurde.

> Renaissance als Wiedergeburt (ital. *rinascimento*) der Antike

Die Renaissance ist auch begründet durch die allmähliche Herauslösung des spätmittelalterlichen Individuums aus dem starren Korsett mittelalterlicher Welt- und Gesellschaftsordnung. Die Orientierung an eben nicht biblischen, kirchlich kanonisierten Autoritäten dokumentiert diese Widerständigkeit gegen die traditionellen Ordnungsmuster ebenso wie die Aufwertung des Individuums und die Hinwendung zum Diesseits oder auch zum alltäglichen Leben des Einzelnen, wie Autobiographien und Reisetagebücher der Zeit zeigen.

Die gelehrten und die ästhetischen Ambitionen der Renaissance werden auch unter dem Begriff des Humanismus aufgefasst, worunter eine viele Länder Europas erfassende Bildungsbewegung verstanden wird, die die Pflege antiker Sprachen und Kulturen zu ihrem Programm erhob. Italienische Humanisten waren es, die die ersten philologisch genauen Ausgaben lateinischer und griechischer Schriftsteller herausbrachten, die antike Dichtungen und philosophische Texte übersetzten und kommentierten. Sie waren es, die eine neue Literatur in vor allem lateinischer Sprache schufen (Neulatein); moderne Poesie sollte aus einer produktiven Nachahmung von Werken der Antike hervorgehen. Allerdings eröffnen gerade humanistische Gelehrte wie Petrarca und Boccaccio später auch einer neuartigen volkssprachlichen Dichtung den Weg.

> Humanismus als Bildungsbewegung

Der an der Antike orientierte Klassizismus der Renaissance entsprang einem spezifischen Geschichtsbewusstsein: Die Antike überragte alles, die Gegenwart erschien als ein Zwerg, der auf den Schultern eines Riesen stand. – Kennzeichen des europäischen Humanismus ist eine weitgreifende Gelehrten- und Kommunikationskultur: Das Lateinische stand allen als Umgangssprache zur Verfügung, in Briefwechseln und Diskussionszirkeln tauschte man sich aus.

Bildungs- oder Geistesadel anstelle des Geburtsadels

An den humanistisch ausgerichteten Universitäten etablierte sich im Verlaufe des 15. Jh. bereits eine weltliche Gelehrtenkultur, die sich (v. a. im deutschsprachigen Raum) auf die philologische Arbeit, die Entdeckung, Lek-

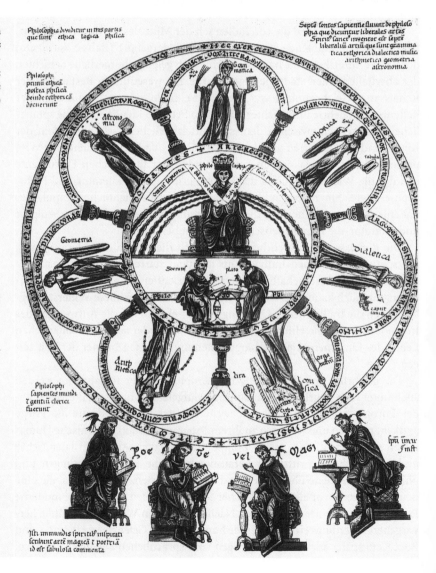

Die sieben freien Künste (*septem artes liberales*), aus: Herrad von Landsberg: *Hortus deliciarium* (um 1180)

türe und Neuherausgabe antiker Schriften konzentrierte. Der Gelehrtenstand ermöglichte Menschen aus unterprivilegierten Ständen den Aufstieg in eine ehrenhafte Gruppe: Das Studium der alten Sprachen und Literaturen (der *Humaniora*), die Fähigkeit, sich mündlich und schriftlich in der lateinischen Sprache wie in einer Alltagssprache zu bewegen, verhalfen dieser Gruppe zu großer Exklusivität – Bildungs- oder Geistesadel trat hier an die Stelle des Geburtsadels.

Die Universitäten organisierten humanistische Bildung in der sogenannten Artistenfakultät – bevor die drei Hauptfakultäten (Kirchenrecht, weltliches Recht, Medizin) studiert werden konnten, mussten die sieben freien Künste (*septem artes liberales*) studiert werden: im *Trivium* (dem einfacheren, ‚trivialen' „Dreiweg") Grammatik, Rhetorik und Dialektik, im *Quadrivium* (dem anspruchvolleren „Vierweg") Arithmetik, Geometrie, Musik und Astronomie. Dieses engere, noch mittelalterliche Fächerspektrum wurde im Verlaufe des 15. und 16. Jh. um spezifisch vom Humanismus angeregte neue „Fächer" ergänzt: Geschichte, Moralphilosophie, (antike) Literatur – an vielen Universitäten wird erstmals ein Lehrstuhl für Poetik eingerichtet. Damit wurden die *artes liberales*, die im Mittelalter vollständig theologisch dominiert waren, zunehmend verweltlicht, der Humanismus wurde ein „weltanschauliches Konkurrenzunternehmen zur offiziellen Theologie, das sich aus den Quellen der Antike speiste und sich je nach Einstellung des einzelnen Humanisten mit der Theologie in Einklang oder zu ihr in Widerspruch bringen ließ" (Kemper 1987, 65). Vor allem für den deutschsprachigen Raum war einer solchen weltlichen Blüte der humanistischen Gelehrsamkeit an den Universitäten nur kurze Zeit beschieden: Bald nach 1500 etablierte sich im Kontext der Reformationsauseinandersetzungen das theologische Weltdeutungsmonopol.

> Artistenfakultät

Als wichtigste Tendenzen humanistischer Gelehrsamkeit lassen sich folgende Aspekte benennen:

1. Die Wiederentdeckung der Antike brachte einen faszinierenden kulturellen Raum zur Kenntnis, der noch frei war von christlicher Weltdeutung und gleichzeitig dennoch Bestandteil der eigenen Geschichte war; allerdings kann nicht von einer homogenen Antikevorstellung, -rezeption und -adaption im Humanismus gesprochen werden: Lektüre und Aneignung der antiken Überlieferung verliefen weitgehend unsystematisch und nach zufälligen Kriterien.

> Wiederentdeckung der antiken Kultur

2. Antike Autoren und Texte werden nach und nach im Sinne einer neuartigen Lebensorientierung interpretiert, die das Diesseits als Raum menschlicher Glückserfüllung versprach – was natürlich im strengsten Gegensatz zum christlichen Menschen- und Weltbild stand.

> Diesseits als Raum menschlicher Glückserfüllung

3. Das Diesseits wird aufgewertet ebenfalls als Objekt künstlerischer Nachahmung: Kunst und Literatur der Renaissance schließen sich der *imitationaturae*-Forderung antiker Ästhetik an.

> Nachahmung der Natur

16. Jahrhundert: Reformation und Gegenreformation

Albrecht Dürer: *Selbstportrait* im Pelzrock als Christus-Analogie (1500)

Menschenbild

Welt und Gesellschaft als Ort menschlicher Selbstverwirklichung

Diesseitig-historisches Bewusstsein

Toleranz gegenüber anderen Religionen

4. Daraus resultiert ein insgesamt neues Menschenbild: Die Gottesebenbildlichkeit des Menschen (gemäß dem Schöpfungsbericht) lässt ihn als Deuter und Akteur der Schöpfung erscheinen; Individualität und Biographie des Einzelnen werden radikal aufgewertet (wie sich etwa im Selbstportrait Albrecht Dürers von 1500 zeigt, in welchem er sich in deutlichen Christus-Analogien darstellt.

5. Wenn der Mensch Vollender der Schöpfung ist, soll er, auf der Basis des biblisch geoffenbarten Wissens, theoretische Neugierde entwickeln, Entdeckungen in der geographischen und kosmischen Welt machen, technische Entwicklungen vorantreiben: Welt und Gesellschaft werden zum Ort menschlicher Selbstverwirklichung.

6. Das christlich-heilsgeschichtliche Weltdeutungsmuster wird zunehmend durch ein diesseitig-historisches Bewusstsein ersetzt: Der italienische Humanist Pico della Mirandola stellt in seiner oratio *De hominis dignitate* (*Über die Würde des Menschen*, posthum 1496) erstmals die Behauptung auf, alles Wissen über Natur und Welt sei von den Barbaren über Griechen und Römer in die Gegenwart überliefert worden, komme also nicht von Gott bzw. seinem Wort, der Bibel; allerdings waren die humanistischen Gelehrten nichts weniger als Agnostiker: Antike-Beschäftigung und christliche Weltdeutung wurden immer in einem gemeinsamen Zusammenhang behandelt.

7. Gleichwohl relativiert die Hochschätzung der antiken Kultur die eigene christliche: Im Humanismus kommt es erstmals zur Ausprägung eines Toleranzgedankens gegenüber anderen Weltdeutungen und Religionen.

Anonyme *Dunkelmännerbriefe* als Angriff auf Reuchlins Gegner

Exkurs
Toleranz in der Auseinandersetzung – Der Pfefferkorn-Reuchlin-Streit

Zu Beginn des 16. Jh. demonstriert eine scharfe Auseinandersetzung den Stellenwert des humanistischen Toleranzgedankens. Der Humanist Johannes Reuchlin war einer der ersten Humanisten, der neben lateinischen und griechischen Quellen auch den Stellenwert der hebräischen Schriften erkannte. In Köln trat im Jahr 1510 Johannes Pfefferkorn, ein zum Katholizismus konvertierter Jude, bei Kaiser Maximilian I. dafür ein, alle hebräischen Schriften als ketzerisch zu verbrennen. Unterstützung erhielt er v. a. durch die kölnische theologische Fakultät und ihren Großinquisitor und Ketzermeister Jacob van Hochstraten. Reuchlin wagte es, dem entgegenzutreten und die hebräischen Schriften wie *Talmud* und *Kabbala* zu den heiligen Urtexten jüdisch-christlicher Überlieferung und zum notwendigen Gegenstand philologischer und theologischer Bemühungen zu machen. Scharfe Auseinandersetzungen zwischen beiden Fraktionen waren die Folge. Reuchlin traten bald fast alle Humanisten zur Seite (Luther und Melanchthon greifen etwa bei ihrer Bibelübersetzung immer wieder auf hebräische und aramäische Dokumente zurück. Im Kontext dieser Auseinandersetzung entstanden 1515 (Fortsetzung 1517) die anonymen *Dunkelmännerbriefe* (*epistolae obscurorum virorum*):

Der Pfefferkorn-Reuchlin-Streit. Ausschnitt aus dem Titelholzschnitt von Thomas Murners *History von den fier Ketzren Prediger ordens* (1521); am linken Bildrand sind Reuchlin, von Hutten und Luther zu sehen, in der Bildmitte van Hochstraten und Murner

Den Gegnern Reuchlins wird hier in genialer, aber heute kaum noch lesbarer Satire im Stil eines katastrophal schlechten Kirchen- und Latrinen-Lateins, in welchem sie einander diese Briefe geschrieben haben sollen, eine völlig rückständige, verschwörerische und mit der Inquisition verbündete Position in den Mund gelegt. Die lateinische Satire *Eckius dedolatus*, die in die ersten Auseinandersetzungen um die Reformation eingreift (s. S. 37), speist sich zum Teil aus den *Dunkelmännerbriefen*.

Titelblatt der *Dunkelmännerbriefe* (Fortsetzung, 1517)

8. Effekt der Aufwertung des Individuums und v. a. des ästhetischen Anschlussversuchs an die antike Kunst war die Hochschätzung der Poesie, die sich zumal im nachantik-griechischen Brauch der Dichterkrönung manifestierte: Petrarca bekam 1341 den Lorbeerkranz, Conrad Celtis wurde 1487 als erster deutscher Dichter (der natürlich Latein schrieb) durch Kaiser Friedrich III. gekrönt, Maximilian I. ehrte schließlich sogar 40 Dichter. Die Krönung umfasste eine aufwendige Zeremonie, einen Eid

Dichterkrönungen

auf den Kaiser, Überreichung von Lorbeerkranz, Ring, Kuss und Urkunde und bedeutete ein rechtlich begründetes Treueverhältnis zum Kaiser, den der Dichter in einem Festgedicht zu loben sich verpflichtete. Der Dichter wurde mit diesem Geistes-Adels-Prädikat dem Doktor gleich, er erhielt die *venia legendi* (Lehrbefugnis) für Rhetorik und Poetik. Dass diese Auszeichnung nur an neulateinische Dichter vergeben wurde, trug zur Geringschätzung volkssprachlicher Literatur durch die Gelehrten bei.

Poeta doctus Allerdings muss das Dichterideal der neulateinischen Gelehrtendichtung von der heutigen Vorstellung scharf unterschieden werden. Der Typus des *gelehrten Dichters* (*poeta doctus*) setzt grundsätzlich nicht auf eigenschöpferische Tätigkeit und Kreativität. Vielmehr soll der Autor sein umfangreiches Wissen in die literarische Arbeit einbringen. Dieses Wissen umfasst zunächst die Gegenstände seines Schreibens: Mythologie, biblische Geschichte, Religion, Geographie, Naturkunde und vieles andere mehr stellten den Wissensschatz dar, aus dem der Autor sich schreibend bedienen musste. *Inventio*, die erste Stufe der Produktion literarischer Rede (gemäß der antiken Rhetorik), war nicht die *Er*findung einer fiktiven Welt, sondern die *Auf*findung des literarischen Gegenstandes im kollektiven Wissen der gelehrten Welt. Damit wurde Literatur immer auch zum Magazin eines breiten Wissens. Das ideale wie auch umfangreichste Exempel solcher „Wissens"-Literatur sind die höfisch-historischen Romane des Barockzeitalters, in denen auf breitestem Raum und in enzyklopädischer Darstellungsabsicht Weltwissen in die fiktive Handlung eingebaut wurde.

Regelwissen der Poetik Das Wissen des gelehrten Dichters umfasste darüber hinaus auch das *Wie* des Schreibens: Die Regeln der Poetik, streng orientiert an antiken Mustern, mussten strikt befolgt werden. Das Konzept des *poeta doctus* gilt im 16. Jh. eigentlich nur für die meist neulateinische Gelehrtenliteratur; die volkssprachliche und -tümliche Dichtung kennt noch gar keinen Begriff von Autorschaft – die oft anonyme Erscheinungsweise der Texte weist darauf hin. Dass volkssprachliche Schriftsteller wie Hans Sachs allerdings am Ende ihres Lebens selbstbewusst eine Gesamtausgabe ihres eigenen Schaffens vorlegen, hat mit der Renaissance-typischen Aufwertung des Individuums zu tun.

Süddeutsche Städte als Zentren humanistischer Gelehrsamkeit Wenn auch die Ausstrahlungen der Renaissance erst mit einiger Verspätung in Ländern und Regionen des Heiligen Römischen Reiches Deutscher Nation wirksam wurden, wuchsen in der zweiten Hälfte des 15. Jh. v. a. süddeutsche Städte zu Zentren humanistischer Gelehrsamkeit heran: etwa Nürnberg, Augsburg, Straßburg und Wien. Hier wie andernorts entsprang dem Renaissance-Humanismus in Deutschland eine reichhaltige neulateinische Dichtung, die den größten wie auch angesehensten Teil der literarischen Produktion des Zeitalters ausmachte. Orientiert an den italienischen Vorbildern Petrarca und Boccaccio richtete die neulateinische Literatur des Humanismus sich zunächst an antiken Formen aus, sie war damit eine klassizistische Strömung. Formen der Institutionalisierung wie Poetik-Lehrstühle oder Dichterkrönungen verhalfen dieser Literatur zu großem Gewicht.

Das Gattungsrepertoire der neulateinischen Gelehrtenpoesie wies in hohem Maße die in der Antike angewandten kanonischen Formen literarischer Rede auf: Ode, Elegie und Epos sind wichtige Beispiele, neulateinische Schauspiele vor allem im Stile der Tragödien des Seneca oder auch der Komödien von Plautus und Terenz waren eine der wichtigsten Formen des Schultheaters im 16. Jh. Zwar entwickelte die neulateinische Dichtung in Ansätzen auch neuartige literarische Formen (v. a. im Kontext der Reformation), blieb aber insgesamt der antiken Rhetorik und Poetik, Cicero, Quintilian und Horaz treu.

Gattungen der Gelehrtenpoesie

Conrad Celtis war der vielleicht bedeutendste neulateinische Dichter – nicht nur, weil er als erster Deutscher zum *poeta laureatus* gekrönt wurde, nicht nur, weil er, als Leiter der Regensburger Domschule, als Lehrer der Söhne des Kurfürsten in Heidelberg und als Professor für Poetik und Rhetorik in Rostock, Erfurt, Leipzig, Regensburg, Heidelberg und schließlich Wien die klassizistische Programmatik der neulateinischen Humanistenpoesie explizit gemacht (*Ars versificandi et carminum*, 1486) und antike Literatur nach Deutschland vermittelt hat (z. B. Edition von Senecas Tragödien, 1487), sondern v. a., weil er – in lateinischer Sprache – Geographie, Kultur und Identität Deutschlands literarisch verarbeitete. Seine Beschreibung der Stadt Nürnberg (1502) ist einer der ersten neuzeitlichen Versuche, die deutsche Geschichte zu erforschen; für eines seiner großen (allerdings nicht vollendeten) Projekte, seine *Germania illustrata*, sammelte er etwa auf einer Reise durch Böhmen 1504 reichhaltiges Material. – In seinen *Vier Büchern Liebeselegien* (1502) und den *Vier Büchern Oden; mit einem Epodenbuch und einem Lied zur Jahrhundertfeier* (1513 posthum) schreitet er „Deutschland" geographisch und kulturell ab: Vier fiktive Geliebte, die an vier Hauptflüssen des Reiches, Weichsel, Elbe, Rhein und Donau, wohnen, sind Adressatinnen der Elegien. Bei den Oden wiederholt Celtis dieses Zuordnungsprinzip. In seinen Epigrammen (1881 posthum), Oden und Elegien sowie in den Adaptionen anderer antiker Genres (Hexameter-Gedichte, Festspiele usf.) gelangen Celtis Texte, die in idealer Weise sowohl antiker Poetik als auch den eigenen Ansprüchen genügen konnten.

Conrad Celtis als *poeta laureatus*

Sebastian Brant, Doktor beider Rechte, später Rechtsprofessor in Basel, Stadtschreiber in Straßburg und Berater des Kaisers, verfasste moralische Schriften und lateinische wie volkssprachige Gedichte (*Varia carmina*, 1498), seine bedeutendste Dichtung aber ist die Satire *Das Narren Schyff*, 1494 in deutscher Sprache mit Holzschnitten von Dürer erstmals gedruckt (s. Abbildung auf S. 22), 1497 ins Lateinische übersetzt. Brant geißelt hier in moralischer Absicht die Fehler und Laster aller Menschen und Stände – die Weisheit (der Lotse *sapientia*) einzig kann dem Schiff den besseren Weg weisen.

Hans Burgkmair d. Ä.: *Bildnis des Sebastian Brant* (um 1508)

Erhard Schön:
Ulrich von Hutten
(um 1522)

Ulrich von Hutten steht wie Sebastian Brant zwischen neulateinischer und volkssprachiger Literatur. Von 1512 an führte er über Jahre ein studentisches Wanderleben v. a. in Deutschland und Italien – wo er an den Universitäten in engen Kontakt zu Humanistenkreisen kam. Er gilt mit Johannes Reuchlin als einer der Urheber der *Dunkelmännerbriefe* und stellt insbesondere im Genre des Prosadialogs in beiden Sprachen seine literarische Kompetenz in den Dienst der Kritik an der Papstkirche und der Reformation (*Vadiscus sive trias Romana*, 1519). Dass er die Reformation viel weniger als konfessionell-theologische, sondern vielmehr als politische Reichsreform begriff, drückt sich besonders stark in seinem Pfaffenkrieg-Kampflied „Ich habs gewagt mit sinnen" („Ain new lied herr Ulrichs von Hutten") aus.

Lukas Cranach d. Ä.:
Philipp Melanchthon
(um 1560)

Philipp Melanchthon, Neffe von Johannes Reuchlin, einer der gelehrtesten Kenner der alten Sprachen (einschließlich des Hebräischen) und Reformer des Hoch- und Lateinschulwesens im Gefolge der Reformation, ist gewiss der wichtigste Vertreter des weltoffenen Humanismus auf der Seite Luthers. Er begleitete diesen zur Leipziger Disputation (1519) und publizierte einige der wichtigsten Programmschriften der Protestanten: Die *Loci communes rerum theologicarum* (erstmals 1521), das Augsburgische Bekenntnis (1530) und die Schrift *Tractatus de potestate papae* (1537). Melanchthon war es aber auch, der mit den humanistischen Dichtern und Gelehrten Eobanus Hessus und Joachim Camerarius den Niedergang eines an der Antike orientierten Humanismus im Lichte jetzt bloß reformierter Theologie sah und beklagte.

3 | Reformation

Kritik an Kommerzialisierung und Formalisierung der Kirche

Die humanistische Loslösung von den meist kirchlich verbürgten Autoritäten sowohl der Gesellschaftsordnung als auch der Weltdeutung bildet eine wichtige Voraussetzung der Reformation. Deren Ausgangspunkt war nämlich die nicht nur durch Martin Luther geäußerte harsche Kritik an einer Kommerzialisierung und bloßen Formalisierung der Kirche. Luthers ‚Thesen'-Anschlag von 1517 richtete sich zunächst gegen den päpstlichen Ablasshandel; darüber hinaus aber machten sie grundsätzliche Differenzen in theologischen Auffassungen gegenüber der Papstkirche deutlich. Luther griff den philologischen Impuls des Renaissance-Humanismus auf und erarbeitete aus den griechischen und lateinischen Quellen der biblischen Überlieferung eine Übertragung der Heiligen Schrift in die deutsche Volkssprache. Diese Übersetzung war (für damalige Verhältnisse) philologisch beispielhaft exakt – und unterschied sich an entscheidenden Stellen von der überlieferten Auslegung der Bibel durch die Papstkirche. Gegen die Auffassung der Papstkirche, die das Seelenheil durch äußere Werke als erreichbar ansah (in eigenem materiellen Interesse), setzt Luther entschieden eine individualisierte, das Gewissen und den persönlichen Glauben betonende Position: *sola fide*, „allein durch den Glauben" könne der

Martin Luther als
Junker Jörg (1522)

Mensch selig werden. Damit wird die hierarchisch gegliederte Institution der Amtskirche, die sich als Mittler zwischen dem Gläubigen und seinem Gott sah, außer Funktion gesetzt. Der einzelne Mensch steht unmittelbar zu Gott, mit seinem Gewissen selbst verantwortlich für seine Taten – und er wird selbst in die Lage versetzt, den biblischen Text zu deuten.

Voraussetzung dafür war die *übersetzte* Bibel. Bibelkenntnisse der vorreformatorischen Zeit waren Herrschaftswissen einer sehr kleinen Elite, die luthersche Übersetzung demokratisierte dieses Wissen. Allein die Übersetzung der Bibel in die Volkssprache hätte keine Wirkung entfalten können, wenn nicht der Mainzer Drucker Johannes Gutenberg in der Mitte des 15. Jh. den Druck mit beweglichen Lettern erfunden und damit die massenweise Herstellung von Büchern und Flugschriften ermöglicht hätte. Der Buchdruck erst verhalf der Reformation zum Erfolg. Er machte die deutsche Bibelübersetzung einem größeren Publikum zugänglich, Bücher wurden in einem gewissen Rahmen erschwinglicher. Allerdings darf man das 16. Jh. nicht als ein neues Lesezeitalter verklären: Auf den Kauf eines Bibelexemplars musste ein städtischer Handwerker lange hinsparen, auch war zu Beginn der Reformation der Anteil der Analphabeten ungeheuer groß (weniger als 10 % der Bevölkerung konnten fließend lesen). Dass die Reformation allerdings vor allem in den Städten Erfolg hatte, hat auch mit der dort weitaus höheren Lesefähigkeit zu tun: Das städtische Handels- und Handwerksbürgertum war eine weitgehend alphabetisierte Schicht, da es für den Beruf zumindest über grundlegende Lese- und Schreibfähigkeiten verfügen musste.

Die Bibelübersetzung Luthers stellt einen sprach- und damit auch indirekt literaturgeschichtlich entscheidenden Wendepunkt dar: Die Sprache, in die Luther den biblischen Text übersetzte, war die so genannte ‚sächsische Kanzleisprache', sprachgeschichtlich das ‚Ostmitteldeutsche', die Luther allerdings mit Begriffen, Ausdrücken und Wendungen der alltäglichen Umgangssprache so verschmolz, dass der biblische Text in dieser Gestalt selbst volkstümlich wurde. Damit erlangt die Bibelübersetzung eine sprachnormierende Kraft: Sie wird zum Modell der (frühneu-)hochdeutschen Schriftsprache.

Vornehmlich volkssprachlich war die Literatur, die sich im Kontext der Reformation entwickelte.

1. Zunächst sind Luthers Lieddichtungen im Dienst des neuartigen Gottesdienstes zu nennen. Luther verfasste insgesamt 36 geistliche Lieder, von denen 24 schon 1524 im sogenannten *Chorgesangbüchlein* des Wittenberger Komponisten Johann Walter veröffentlicht wurden, viele aber zunächst als Einzeldrucke und Flugschriften; 1543 werden Luthers Lieder im Wittenberger Gesangbuch vollständig abgedruckt. Luther schöpfte aus verschiedenen Quellen: Einerseits übersetzte er zentrale Texte der Gottesdienstliturgie aus dem Lateinischen: „Wyr gleuben all an eynen Gott" – als das „Credo"; andererseits dichtete er biblischen Texten nach – etwa den

---

Luthers Position: *sola fide*, „allein durch den Glauben" kann der Mensch selig werden

Luthers Bibelübersetzung

Frontispiz der Lutherbibel

Bibelübersetzung als Modell der (frühneu-)hochdeutschen Schriftsprache

Lieddichtung zu zentralen Texten der Gottesdienstliturgie und Bibelnachdichtungen

Zehn Geboten: „Mensch willst du leben seliglich" oder einzelnen Psalmen: Der Psalm 130 („De profundis") wird zum Lied „Auß tieffer not schrey ich zu dir" umgedichtet; am Beispiel des Psalm 46 („Gott ist unsere Zuversicht und Stärke") lässt sich die dichterische Freiheit ausmessen, die Luther nutzt, wenn er hier das wichtigste „Kampflied" der Reformationszeit schreibt: „Ein feste Burg ist unser Gott". Darüber hinaus übertrug Luther gregorianische Hymnik in die Volkssprache: „Media vita in morte sumus" – „Mitten wyr im leben sind / mit dem tod umbfangen" oder „Veni redemptor gentium" – „Nun komm der Heiden Heiland". Selten sind echte Neuschöpfungen wie die geistliche Ballade „Nu frewt euch lieben Christen gmeyn" oder das allseits bekannte „Vom Himmel hoch da komm ich her", mit dem Luther an weihnachtliche Bräuche anschließt. Nicht zu gottesdienstlicher Nutzung, sondern als Reaktion auf eine gegnerische Untat darf „Eynn hübsch Lyed von denn zcweyen Myrteren Christi, zu Brüssel von den Sophisten zyu Louen verbrandt" gelten.

Lied als Form protestantischer „Pädagogik"

Form und Sprache der Lieder Luthers waren programmatisch: Die Nähe zum Volkslied ermöglichte einerseits, dass in den Liedern zentrale biblische oder theologische Inhalte verständlich dargestellt wurden, andererseits, dass die Lieder eingängig, auch für das weitgehend des Lesens und Schreibens unkundige Publikum leicht zu erlernen waren. Die Einübung der Lieder für den Gottesdienst war damit wesentlicher Anteil der konfessionellen Pädagogik Luthers.

Natürlich war Luther nicht der einzige Lieddichter der frühen Reformationszeit. Auf protestantischer Seite muss mindestens noch Michael Weiße genannt werden, der, Prediger in der Unität der Böhmischen Brüder, Psalmen, liturgische Texte oder Eigenschöpfungen auf kirchenjahreszeitliche oder sonstige Gelegenheiten „jnn deutsche reym bracht / die sillaben wort und gesetz also gestelt / daz sich ein jeglichs vnder seinem zugeschriebenen thon fein singen lest" – so heißt es in der Vorrede seines *New Geseng buchlen* (1531), von dessen 157 Liedern er selber 137 gedichtet hatte.

Auf katholischer Seite adaptierte vor allem Michael Vehe, Dominikaner, Kanzler der Hallenser Universität und Inquisitor beim Augsburger Reichstag 1530, die Ausrichtung auf das deutschsprachige Gemeindelied im Luthertum. Das *New Gesangbüchlein Geystlicher Lieder* (1537) weist 52 Liedtexte und 47 Melodie-Kompositionen von Vehe auf. Dass er den Psalm 130 (*De profundis*) nicht wie Luther mit „Auß tieffer not schrey ich zu dir" überträgt, sondern mit *Auß hertzens grundt*, deutet an, dass hier eine stärkere Spiritualisierung oder sogar Psychologisierung der theologischen Inhalte vorliegt.

Hans Sachs' „Wittembergisch Nachtigal" als allegorische Reformationspolemik

2. Neben Luthers Liedern hatte vor allem ein Gedicht eine fanalartige Wirkung für die frühe Reformation: Hans Sachs' „Wittembergisch Nachtigal". Hans Sachs hatte als Dichter unmittelbar nach der Auslösung der Reformation durch den Thesenanschlag zunächst mehrere Jahre geschwiegen –

vermutlich aufgrund eines Selbstklärungsprozesses in Konfessionsfragen und wegen vorsichtigen Abwartens hinsichtlich der Positionierung der Stadt Nürnberg gegenüber dem Reich. Mit dem Meisterlied „Das Walt got", einem religiösen Tagelied, hatte Sachs die Reformation Martin Luthers gefeiert als Erwachen der Menschheit aus der Nacht der Sünden zum Licht des Glaubens. Da aber für Meisterlieder ein Veröffentlichungsverbot galt, arbeitete er den Text zum viel umfangreicheren Spruchgedicht um: Martin Luther ist die Nachtigall aus Wittenberg, die den Anbruch eines neuen Menschheitstages verkündet, gleichzeitig das Ende einer Umnachtung, in der die Menschen vom Löwen (Papst Leo) beherrscht und in die Irre geführt wurden; dem Löwen sind eine Menge Tiere zugeordnet, in denen der Zeitgenosse satirisch-böse Anspielungen auf viele Gegner Luthers erkennen konnte. Sachs bietet hier eine breit angelegte Allegorie und ihre reformationspolemische Auslegung.

3. Neben vielen kleineren Gattungen der Flugschriftenliteratur entfaltete der Prosadialog eine große Wirkung im ersten Jahrzehnt der Reformation, da hier konträre Positionen scharf einander gegenübergestellt werden konnten. Der Prosadialog hat bei Plato, bei Cicero und Lukian mustergültige antike Vorbilder – und wird ab 1520 in neulateinisch und volkssprachlich geführter Auseinandersetzung benutzt. 1520 greift zunächst der lateinische *Eckius dedolatus* (*Der gehobelte Eck*) auf persönlich verunglimpfende Weise Luthers Leipziger Disputationsgegner Johann Eck scharf an: Dem Theologen werden nicht nur Trunksucht, Völlerei, Hurerei und Hexenbündlerei angedichtet, im Verlaufe der von einem Henker vollzogenen Kur werden ihm sämtliche theologischen Irrlehren, Laster und Fehler brutal extrahiert oder ausgeprügelt, schließlich wird er entmannt und der Lächerlichkeit preisgegeben. Nichtsdestoweniger ist der *Eckius*, der möglicherweise auf den Nürnberger Humanisten Willibald Pirckheimer zurückgeht (es war angesichts der Inquisitionsgerichte klug, eine derartige Autorschaft hochgeheim zu halten), eine genial gemachte Satire, die sprachlich sowohl auf die *Dunkelmännerbriefe* wie auch auf eine reichhaltig genutzte lateinische und griechische Literatur zurückgeht.

Prosadialoge

Bildnismedaillon des Willibald Pirckheimer (1470–1530)

Ulrichs von Hutten noch lateinisch verfasste *Dialogi septem festive candidi* (1520/21) deuteten den Freiheitsanspruch der Reformation nicht nur gegenüber der römischen Kirche, sondern politisch und gleichsam „national", gegenüber dem römischen „Joch": Der Kaiser sollte politisch eigenständig gegenüber Rom agieren können. In der Volkssprache polemisiert Hutten dann im *Gesprächbüchlein* (ebenfalls 1520/21) in Form quasimedizinischer Diagnostik in das *erst und ander Feber* (Fieber) gegen die schmarotzerhaften römisch-katholischen Geistlichen, denen er die Syphilis an den Hals wünscht. Der dritte Dialog, der *Vadiscus*, ist der längste, wichtigste, schärfste, artikuliert er doch offene Anklage gegen das gesamte Herrschaftssystem der Kirche, das er als widerchristlich kennzeichnet. Vadiscus ist die fiktive Figur

Ulrich von Hutten: Politische Papst- und Kirchenkritik

16. Jahrhundert: Reformation und Gegenreformation

eines Gewährsmannes, der angeblich viele Jahre in Rom verbracht habe und aus dem Nähkästchen plaudert: In knappen Sentenzen wird die Kritik auf den Punkt gebracht: „Drey ding seind in grosser verachtung zuo Rom: armuot, gotts forcht, vnd gerechtikeit" (Hutten [1520/21] 1972, 142); im vierten Dialog, *Die Anschawenden*, legt Hutten dann die politischen, nicht theologischen Absichten seiner Auseinandersetzung mit dem Papst offen.

Karsthans

Der Prosadialog *Karsthans* (Straßburg anonym 1521, verboten und immer wieder gedruckt) ist eine Auseinandersetzung zwischen einem Bauern (Karst ist die Hacke des Bauern) und einem der versiertesten Luthergegner, Thomas Murner – der, wie üblich unter Verballhornung seines Namens (Murrnarr) als Mönch mit Katzengesicht dargestellt wird (s. auch Abb. S. 31). Der Bauer siegt hier in Bibelauslegung und Diskussion gegen den Theologen, die Papstkirche soll die Bibel als Waffe in der Hand des einfachen Mannes fürchten lernen – der wichtigste Grund für den großen Erfolg des Textes, der sich auch in den bald erscheinenden Fortsetzungen anzeigt.

Hans Sachs: Prosadialoge

In Nürnberg erschienen 1524 in kurzer Folge vier Prosadialoge von Hans Sachs – die allerdings schon einen Wandel anzeigen: Die ersten beiden richten sich noch polemisch gegen die römische Kirche und ihre Vertreter, die letzten beiden selbstkritisch nach innen: Die *Disputation zwischen einem chorherren und schumacher* zeigt einen Schuster, der gegen seinen Kunden, einen in Trägheit lebenden Chorherrn, in Bibelfestigkeit und theologischem Disput siegt; im *Gesprech von den scheinwercken der gaystlichen und ihren gelübden* diskutieren zwei Handwerker, Peter und Hans, mit einem Bettelmönch über den angeblichen sozialen Nutzen seines Standes: Luthers Kritik am Mönchstum als parasitärer Lebensform wird hier artikuliert, allerdings aus der Sicht des Kleinbürgertums. Das *Argument der Römischen wider das Christlich heüflein, den geytz ... betreffend* äußerst Selbstkritik: Ein Romanist (also katholischer Christ) klagt über die Lutherischen, dass sie zwar mit dem Ablass und anderem kirchlichen Missbrauch Schluss gemacht hätten, die Ausbeutung der Armen durch Handel, Betrug, niedrige Löhne usw. aber fortsetzten. Anstelle der Reformationspropaganda treten Selbstkritik und Mahnung zu vorbildlichem christlichem Verhalten; schließlich setzt das *Gesprech eines Evangelischen Christen mit einem Lutherischen* diese Selbstkritik fort: „Lutherisch" sei ein bloßer Deckmantel, um Eigennutz und Unschicklichkeit zu kaschieren, dagegen wird die moralisch durchdrungene Bibelorientierung des Evangelischen gesetzt. – Hans Sachs, selbst Handwerker und theologischer Laie, inszeniert hier gekonnt den bürgerlichen Autor als Ausleger der Schrift: Allein in der Existenz dieser Texte drückt sich wachsendes Selbstbewusstsein des gemeinen Mannes und entstehendes Autorbewusstsein aus. Das Laienpredigertum, das in der theologischen Versiertheit des *Karsthans* wie auch beim Handwerker Hans Sachs aufscheint, ist ebenfalls Gegenstand in *Ein schöner Dialogus von einem Schneider und einem Pfarrer*, der zeitgleich

Handwerker als Ausleger der Schrift: Wachsendes Selbstbewusstsein des Individuums

mit Sachs' Dialogen möglicherweise aus der Feder von Johann Eberlin von Günzburg erscheint.

4. Das volkssprachige Drama entwickelte sich in den ersten Jahrzehnten von Reformation und Gegenreformation sowohl zu einem wichtigen Vermittlungsort theologischen und biblischen Wissens als auch zu einem Austragungsort der konfessionellen Auseinandersetzungen.

Mitten in den Rigaer Auseinandersetzungen um die Einführung der Reformation veröffentlichte Burkard Waldis sein mittelniederdeutsches Bibeldrama *De Parabell vam vorlorn Szohn* (1527). Waldis hatte in Rom Aufführungen antiker Komödien in Humanistenkreisen gesehen – und lehnte seinen *Verlorenen Sohn* zumindest insofern an das antike Drama an, als er den Stoff auf zwei Akte aufteilte. Nichtsdestoweniger wandte er sich gegen die humanistische Adaption antiker Formen für die deutsche Literatur: Sprache, Bilder, Formen seien zu artifiziell für das deutsche Publikum, das in einfacherer Sprache leichter zu erreichen sei. Der biblische Stoff, Jesu Gleichnis vom verlorenen Sohn (Lk 15, 11–32), wird hier ergänzt um Alltagsszenen und in zwei Episoden aufgeteilt: Der erste Akt gilt dem Älteren, der allein auf seine Werke und Dienste vertrauend den Gnadenakt des Vaters negativ beurteilt, der zweite Akt befasst sich mit dem jüngeren Sohn, der sein Erbe verprasst und reumütiggläubig unter die Gnade des Vaters zurückkehrt. Die Werkgerechtigkeit der alten Kirche wird hier Luthers Gnadentheologie gegenübergestellt, welcher letzteren der jüngere, der verlorene Sohn entspricht. „Der religiöse Gegensatz zwischen Pharisäer und Sünder, Gesetz und Gnade, Hochmut und Demut, […] altem und neuem Glauben, wurde hier zum Baugesetz einer fallenden und wieder steigenden Handlung, deren Wendepunkt zugleich mit jener unsichtbaren Mittelachse identisch ist, welche durch die hinter die Bühne verlegte Bekehrung des jüngeren Sohnes […] gebildet ist." (Könneker 1975, 161) – Waldis plant sein Stück mitnichten für eine weltliche Bühne: Den Auftakt machen Choralgesang und Bibellesung, zwischen den beiden Akten ist eine Predigt eingefügt, der Schlusssegen lässt das Drama vollends als eine strukturelle Adaption des protestantischen Wortgottesdienstes für das Theater deutlich werden.

Rembrandt Harmensz. van Rijn: *Rückkehr des verlorenen Sohns* (um 1662)

Der Lutherschüler Paul Rebhun hat die am weitesten gehenden Versuche veranstaltet, das deutschsprachige Bibeldrama an die antike Tradition anzuschließen. Zwei Dramen sind überliefert: *Die Hochzeit zu Cana* und *Ein geistlich Spiel von der gotfürchtigen und keuschen Frauen Susannen*. Die *Susanna* wurde 1536 uraufgeführt und gestaltet eine Episode aus einem apokryphen Zusatz zum Buch Daniel über eine schöne und gottesfürchtige Jüdin in Babylon, deren Glauben und eheliche Liebe sie letztlich vor den Nachstellungen zweier Richter und der Todesstrafe bewahren. Formal ist Rebhuns Drama eng an die römischen Vorlagen angelehnt – die er aber wohl nicht aus eigener Antike-Erarbeitung, sondern vielmehr aus der Rezeption des niederländisch-humanistischen Schuldramas (Georgius Macropedius u. a.) erlernt: Fünf Akte, deren Szenen jeweils lateinisch überschrieben sind, ein weithin gelungener Versuch, antike Versmaße in deutscher Sprache nachzuahmen, kommentierende mehrteilige Chöre nach jedem Akt. Theologisch ist das Drama ein protestantischer Verkündigungstext, allerdings stark bereichert um eine Alltags-, Ehe- und Familienethik bürgerlicher Gesellschaft (die sich etwa mit der von Hans Sachs in den letzten beiden Prosadialogen berührt) und einen interessanten sprachlichen Realismus: Rebhun versucht etwa, Kindersprache literarisch nachzuahmen.

Sachs: *Tragedien* und *Comedien*

Unter den etwa 130 *Tragedien* und *Comedien* (so die damalige Schreibweise) von Hans Sachs sind viele, die einerseits biblische Stoffe verarbeiten, andererseits eindeutig im Dienst der Propaganda für die protestantische Sache bzw. für eine neue bürgerlich-christliche Ethik stehen. Sachs, dessen Dramen als Meistersinger-Dramen in einer spezifisch-nürnbergischen Öffentlichkeit in der Marthakirche oder im Refektorium des Predigerklosters aufgeführt wurden, arbeitet große Stoffkomplexe der Bibel zu Tragedien um (Passion, Jüngstes Gericht), widmet sich aber auch vielfach in sogenannten Comedien kleineren Episoden aus prophetischen Büchern des *Alten Testaments* (z. B. *Die Auffopferung Isaacs*) oder Gleichnissen des *Neuen* (*Der verlorn sohn*, 1556). Darüber hinaus nutzt Sachs aber auch Stoffe der antiken Mythologie oder Geschichtsschreibung für dramatische Bearbeitungen (Klytemnästra, Odysseus) – ohne allerdings die moralische Belehrung im Sinne bürgerlich-protestantischer Ethik aufzugeben. Die biblischen und weltlichen Stoffe werden stark mit Alltagsszenen aus dem spätmittelalterlichen Nürnberg angereichert. Vor allem dort, wo Sachs die eigene Arbeit an lateinischen Vorlagen orientiert, importiert er gleichsam unbewusst auch antike Dramenästhetik. Die Vermischung von protestantischer Theologie, Alltagsdarstellung und neuer dramatischer

Übertragung neulateinisch-klassizistischer Dramatik: Sachs' *Hecastus*

Form wird beispielhaft deutlich an Sachs' Bearbeitung des Jedermann-Dramas *Hecastus* (1539) des niederländischen Reformkatholiken Georgius Macropedius. Der Reiche, ohne Gottbezug lebend, schafft es, vor seinem plötzlichen Tode nur noch kürzeste Frist zur Verfügung habend, durch gemeinsame Anstrengungen von Tugend und Glauben dem Teufel zu entkommen: Luthers Gnadentheologie (*sola fide*) wird hier in Reinform umgesetzt. – Der *Hecastus*-Stoff ist ursprünglich allerdings nicht genuin

REFORMATION · **16. Jahrhundert**

protestantisch: In der englischen wie auch in der niederländischen Version aus den 1480er Jahren hatten die guten Werke den Jedermann gerettet, der Stoff wird von katholischer (*Homulus* 1536 u. ö.) und protestantischer Seite modelliert (Thomas Naogeorgs neulateinischer *Mercator*, 1540, und dessen Übersetzungen haben die Fabel stark erweitert), der *Cenodoxus* (1602) von Jacob Bidermann übersetzt sie ins jesuitische Weltbild.

Dass die volkssprachige Literatur nicht nur auf Seiten der Reformation stand, zeigt am eindrucksvollsten Thomas Murners Satire *Von dem großen Lutherischen Narren* (1522). Murner stammte aus dem Elsass, war Franziskaner und gehörte zu den gebildetsten Humanisten seiner Zeit. Er war schon vor dem Einsetzen der Reformation in verschiedene intellektuelle Auseinandersetzungen eingebunden und reagierte auf Luthers Thesen und die antikatholische Polemik mit seiner ungeheuren Narrensatire: Murner selbst begegnet auf einem Schlitten ein riesiger Narr, aus dem eine Fülle von kleineren, aber gefährlichen Narren (die allesamt auf Personen oder Strömungen der protestantischen Seite verweisen) ausgetrieben werden müssten, ein lutherisches Riesenheer, das sich aus den Narren formt, berennt erfolglos die katholischen Festungen und Kirchen, Luther bietet zum Vergleich Murner die eigene Tochter an (die Murner als „erbgrindig" ablehnt, womit er Luther verspottet), Luther muss daraufhin ohne alle Sakramente sterben – der große Narr fällt schließlich in sich zusammen und Murner bleibt mit einer Narrenkappe in den Händen zurück. Der umfangreiche und schwierig-geniale Text, der durch die Narren- und die Kriegshandlung völlig inkohärent bleibt, rechnet mit Murners Gegnern namentlich ab (mit Luther, Eberlin von Günzburg u. a.), vor allem aber mit ihren sozialen und kirchenpolitischen Vorstellungen: Murner artikulierte tiefe Sorge und eindringliche Mahnung vor dem sozialen Sprengsatz, der in den reformatorischen Ideen schlummerte, sah einen Zusammenhang zwischen Reformation und bäuerlicher Revolution, klarsichtig wie fast keiner. Er hat damit die Reformation begriffen als den Aufbruch zu einem neuen Zeitalter, das Ende eines Zeitalters, dessen bisherige Normen und Bindungen nicht mehr Gültigkeit hätten, die Menschen aus ihrer Sicherheit und Vertrautheit herausrissen – und eine neue gesellschaftliche Sicherheit noch nicht erkennen ließen.

Reformation und Gegenreformation schlagen sich, auch später als unmittelbar nach dem Einsetzen der Reformation, sichtbar im literarischen Feld nieder: Von den Folgen der inneren Spaltungen des protestantischen Lagers betroffen war etwa der sprachreformerisch tätige Paul Melissus Schede. Er neigte selbst eher dem Calvinismus zu, einige seiner „Umzüge" sind den häufigen Wechseln der jeweiligen Landeskonfession geschuldet. Er ist einer der bedeutendsten humanistischen Dichter des späteren 16. Jh., seine neulateinische Dichtung ist kunstvoll, er gehört zu denjenigen, die das Sonett als lyrisches Genre in die

Thomas Murner: Von dem großen Lutherischen Narren (1522)

Scharfe Polemik gegen Luther und seine Parteigänger

Paul Melissus Schede: Sonett-Dichtung; Reform der deutschen Schriftsprache

deutsche Literatursprache einführen. Seine *Introductio in linguam Germanicam* (nach 1570) und auch ein Wörterbuch (*Dictionarium Germanicum*) zeigen seine Bemühungen um die Reform der deutschen Schriftsprache an, seine Übersetzung einer Genfer Psalmen-Ausgabe in französischer Sprache, des sogenannten Genfer oder Hugenottenpsalters (*Di Psalmen Davids in Teutsche gesangreymen nach Französischer melodeien und sylben art mit sönderlichem fleise gebracht*, 1572), ist zwar Fragment geblieben, auch konnten die Melodien sich nicht durchsetzen – doch stellen sie ein bedeutendes Dokument nachlutherscher protestantischer Bibeldichtung dar.

Zeitgleich unternahm der Königsberger Rechtsprofessor Ambrosius Lobwasser eine Übersetzung des Genfer Psalters, die 1573 unter dem Titel *Der Psalter des Königlichen Propheten David* publiziert wurde. Lobwassers Psalmen bestimmten für zwei Jahrhunderte den reformierten Gottesdienst sowie die geistliche Alltagskultur – noch in Goethes *Wilhelm Meisters Wanderjahre* (1829, Spielzeit ca. 1780) kommen Textilhandwerkerinnen vor, die unter der Arbeit die Bibeldichtungen singen.

Der humanistisch gebildete Johann Fischart kämpfte einerseits in Streitschriften gegen die Gegenreformation und die katholischen Orden der Franziskaner, Dominikaner und der Jesuiten (*Der Barfüsser Secten und Kuttenstreit*, 1577; *Von S. Dominici ... und S. Francisci ... Leben*, 1570–71), verfasste andererseits aber bürgerlich ausgerichtete Moralsatiren sowie gelegentlich geistliche Lieder im Sinne calvinistischer Konfession („Inn deim Namen", „O Hoher Gott"). Am bekanntesten ist er als Autor der sprachschöpferisch meisterhaften Adaption von François Rabelais' *Gargantua*, seiner *Affentheurlich Naupengeheurliche Geschichtklitterung* (1575), einem Werk, das, so der Untertitel der Ausgabe von 1590, berichtet von

> Thaten und Rhaten der vor kurtzen langen unnd je weilen Vollenwolbeschreiten Helden und Herren Grandgoschier Gorgellantua und deß deß Eiteldurstlichen Durchdurstlechtigen Fürsten Pantagruel von Durstwelten, Königen in Vtopien, Jederwelt Nullatenenten vnd Nienenreich, Soldan der Neuen Kannarien, Fäumlappen, Dipsoder, Dürstling, vnd OudissenInseln: auch Großfürsten im Finsterstall, vnd Nubel NibelNebelland, Erbvögt auff Nichilburg, vnd Niderherren zu Nullibingen, Nullenstein und Niergendheym. (Titelblatt)

4 | Prosaromane

Historia von D. Johann Fausten (1587): eine reformatorische Kampfschrift

Selbst das Genre erzählender Prosa steht, in einigen Beispielen, im Dienst der Reformation: Die berühmte *Historia von D. Johann Fausten*, anonym erstmals 1587 erschienen, ist eine scharfe reformatorische Kampfschrift und gleichzeitig einer der frühen deutschen Prosaromane, der die verschiedenen Versatzstücke erzählender Literatur im 16. Jh. repräsentiert. Der „historische" Faust, angeblich um 1480 in Knittlingen geboren, wurde schnell berühmt und berüchtigt als Arzt, Quacksalber, Zauberer, Schwarzkünstler und Teufelsbündler. Den schon zu seinen Lebzeiten grassierenden Gerüchten zufolge sei Faust eines schrecklichen Todes gestorben, dessen Begleitumstände eher auf ein missglücktes chemisches Experiment hindeuteten, den aber der Volksmund auf den Teufelsbund hin auslegte. Die *Historia von D. Johann Fausten* wurde schnell einer der ersten Bestseller in der Ära des gedruckten Buches. – Strukturell zeigt die Geschichte vom Dr. Faust Züge biographischen Erzählens, der Text scheint einerseits auf den ersten Blick ein einheitliches Figuren- und Erzählkonzept zu haben. Der dritte Teil des *Faust* allerdings übernimmt andererseits eine Fülle von Schwankerzählungen aus der literarischen Überlieferung, deren Held jeweils in Faust umgetauft wird. Das scheinbar einheitliche Konzept wird disparat, bricht auf.

Titelblatt der *Historia von D. Johann Fausten* (Ausgabe von 1588)

Die Schwanksammlungen waren, etwa im *Ulenspiegel* oder auch im *Lalebuch* auf eine Heldenfigur oder eine Örtlichkeit und soziale Gruppe fokussiert, frühe Formen des Prosaromans im 16. Jh. gewesen. Dieser war inhaltlich weniger stark auf die konfessionellen Auseinandersetzungen nach 1517 ausgerichtet; vielmehr verhandelte er in unterschiedlichster Weise Formen bürgerlicher Identität und Sozialität.

Schwanksammlungen als frühe Formen des Prosaromans

Einer der frühesten Prosaromane war der 1509 erstmals erschienene *Fortunatus* (anonym Augsburg). Der Protagonist dieses frühbürgerlichen Prosaromans ist nicht mehr primär von einer höfischen Welt umgeben, er ist Kaufmann, seine Welt ist die des Geldes und der Reisen. Folgerichtig ist der Erscheinungsort des Prosaromans auch der Hauptsitz der Finanzwirtschaft im frühneuzeitlichen süddeutschen Raum: Augsburg. Der Held, Sohn eines ehemals reichen, wegen seines verschwenderisch-adligen Lebenswandels aber verarmten Bürgers auf Zypern, begibt sich auf eine Europa-Reise. Er ist frühneuzeitlicher Abenteurer und Reisender, der sich, ein warnendes Exempel, ohne Wissen seiner Eltern von Zypern aus

Fortunatus (1509)

Titelblatt des Romans *Fortunatus* (1509)

Fortunatus und die Jungfrau; Holzschnitt-Illustration (1509)

auf den Weg in die weite Welt macht, der, in Nacheiferung adliger Lebensweise zunächst in Flandern erfolgreich ein Turnier besteht, dann aber, auf der Flucht vor Anschlägen in London in böse Gesellschaft gerät, dort all sein Geld vertut und sich wiederum auf die Flucht begeben muss – und sich erst jetzt, auf der tiefsten Stufe menschlicher Existenz, in einem „großen wilden wald" verirrt und angstvoll und von Bären angegriffen auf Bäumen nächtigen muss. Auf diesem Tiefstpunkt ereilt ihn die Erwählung: „Ain iunkfraw / die da gewaltig was des glücks begabet", stellt ihn vor die Wahl: Aus den Himmelsgaben „weyßhait / Reichthumb / Stercke / Gesundthait / Schoene / und langs leben" soll er sich eine aussuchen – er: „so beger ich reichthumb" (Fortunatus [1509] 1981, 46). Die Jungfrau formuliert in der Folge die Regeln der Sozialverpflichtung des Privateigentums – sozialgeschichtlich höchst interessant. Der Wahl des Helden folgt keine *âventiure*-Reihe, sondern eine Kette von Reisestationen, die natürlich immer auch abenteuerlichen Charakter haben: Fortunatus muss zunächst lernen, mit dem Geld so umzugehen, dass nicht der mörderische Neid seiner Mitlebenden geweckt wird. Er bereist Europa, schon nach der ersten Station zusammen mit einem neu gewonnenen Freund, Lüpoldus: Nantes in der Bretagne, Irland, Venedig und Konstantinopel. Dann aber erfolgt die (erste) Rückkehr nach Zypern: Er baut einen Palast, freit eine junge Frau, hält Hochzeit. Fortunatus lebt in der Imitation adliger Lebensformen, aus seinem Reichtum resultiert auch sein Problem: die „soziale Isolation, denn niemand darf die Quelle seines Einkommens kennen" (Cramer 1995, 303). Nach zwölfjährigem Aufenthalt in Zypern (zwei Söhne werden geboren: Ampedo und Andolosia) will er allerdings mehr Länder und Königreiche kennenlernen. Die zweite Abenteuer- und Reise-Kette führt ihn nach Alexandria, Indien, Kairo: Dort raubt er das Wunschhütlein des Sultans, mit dem er nach Zypern zurückkehrt. In der Nachgeschichte verspielen die Söhne Ampedo und Andolosia beide Wundergaben (die ohnehin nur noch für ihre Generation Wirkung haben können) mitsamt dem ererbten Vermögen des Fortunatus und sterben verarmt; nach dem insgesamt positiven Exempel, das die Titelfigur im ersten Teil darstellte, werden jetzt die negativen Energien, die aus übermäßigem Geldbesitz resultieren können, illustriert: Egoismus, Habgier, Neid, Prahlerei.

Der Roman darf einerseits in hohem Maße als „realistischer" Text der Frühen Neuzeit angesehen werden: Er liefert eine detaillierte Schilderung des neuartigen sozialen Umfelds der Stadt und des kaufmännischen Bürgertums. Geldwährungen, Fernhandel und Handelsrouten, Rechtsverhältnisse und Politik spielen eine zentrale Rolle. Andererseits werden allerdings der unermessliche Reichtum sowie die kaufmännische Reisetätigkeit im Roman märchenhaft verklärt: Säckel und Wunschhütlein sind gleichsam mythische Bilder für wichtige, noch nicht rationalisierbare Merkmale der neuen Zeit. – Eine zentrale Rolle im Motivgeflecht des Romans nimmt Fortuna ein, in der Antike Göttin von Schicksal, Glück und Unglück: Der Vater des Helden verarmt, Fortunatus selbst kommt zu märchenhaftem Reichtum, die Söhne wiederum verarmen. Fortuna wird hier zur Figuration des Zufalls, der im modernen Marktgeschehen eine entscheidende Rolle einnimmt: Die entschlossenen, kalkulierenden, den eigenen Vorteil klug einschätzenden Figuren setzen sich vielfach durch – in Erzähler- und zuweilen Figurenkommentar. Der Held muss sich als Kaufmann bewähren – sowohl im Umgang mit der Gelegenheit (Fortuna) als auch im Umgang mit Geld.

Fortunatus als realistisches Dokument des kaufmännischen Bürgertums der Frühen Neuzeit

Darüber hinaus bestimmt die Reflexion des Helden auf die ‚bessere' Wahl der Weisheit den Roman; auch richtig angewandt, vorsichtig, kalkulierend und die Sozialverpflichtung des Eigentums realisierend, verschafft der große Besitz niemals ein ruhiges Gemüt. Fortunatus wünscht, er könne die eigene Entscheidung im Waldabenteuer revidieren, Weisheit rangiert vor Reichtum – allerdings stellt sich diese Erkenntnis zu spät ein. Der Roman kann als Lebens- und Handlungsanweisung für den frühneuzeitlichen bürgerlichen Menschen gelesen werden, dem modellhaft der gesellschaftlich verantwortbare, vorsichtig-kluge Umgang mit großem Besitz vorgeführt wird, dem gleichzeitig aber die erbauliche Ermahnung mit auf den Weg gegeben wird, dass über dem Reichtum mindestens die Weisheit stehe. Darüber hinaus liefert der Roman ein Modell biographischen Erzählens. Die Lebenszeit des Helden wird ganz ausgemessen, die biographische Chronologie bestimmt die narrative Ordnung. Allerdings verfügt der Held gleichsam nur über eine eindimensionale Vergangenheit: Die Erinnerung der Figur kommt immer wieder nur auf den Zeitpunkt des Feenabenteuers zurück, eigene Biographie als erinnerte Kontinuität einer Ereignisfolge existiert nicht.

Der Roman als Lebens- und Handlungsanweisung für den frühneuzeitlichen bürgerlichen Menschen

Auch von Jörg Wickram, dem wichtigsten Romanautor des 16. Jh., ist eine Schwanksammlung überliefert: das *Rollwagenbüchlein* (1555). Unter seinen Romanen, zwischen dem *Ritter Galmy* (1539) und dem *Goldtfaden* (1557), finden sich ritterliche Erzählungen, die an die spätmittelalterliche Prosa-

Titelholzschnitt aus Jörg Wickrams Schwanksammlung *Das Rollwagenbüchlein* (1555)

Entwicklung neuer Erzählverfahren bei Wickram

übertragung von Versepen anschließen, sowie echt bürgerliche Romane, die etwa Nachbarschaftskonflikte, soziale Tugenden und bürgerliche Ethik zum Gegenstand haben. Hier ist, im Unterschied zur *Faust-Historia,* tatsächlich ein übergreifendes Erzählkonzept erkennbar. Wickram bildet in entscheidender Weise die wesentlichen Bestandteile literarischen Erzählens heraus, die für die gesamte Neuzeit bestimmend blieben (Zeitgestaltung, Erzählerverhalten usf.).

Beispielhaft sei herausgegriffen die *Schoene vnd doch klägliche History von dem sorglichen Anfang und erschrocklichenUßgang der brinnenden Liebe: Gabriotto und Reinhart* (1551). Wickram gestaltet hier einen ritterlichen Stoff: Die edlen Jünglinge Gabriotto und Reinhart, Söhne eines Emigranten, der vor einem französischen Tyrannen geflüchtet und über Portugal nach England gekommen ist, wissen sich am englischen Königshof zu bewähren und werden vom König zu Rittern geschlagen. Gabriotto allerdings verliebt sich in Philomela, die Schwester des englischen Königs (Motiv unstandesgemäßer Liebe), Reinhart in die Grafentochter Rosamunda. Beide werden auch von den Frauen wiedergeliebt. Nach verschiedenen Heimlichkeiten, Abenteuern und schließlich Bedrohungen – der König etwa versucht, die nicht standesgemäßen Ehekandidaten ermorden zu lassen – müssen Gabriotto und Reinhart das Land wieder verlassen. Die Trennung geht jedoch allen vier Liebenden so nahe, dass sie in kürzester Zeit an gebrochenem Herzen sterben.

In *Gabriotto und Reinhart* wird das Schema des hellenistischen Romans (Heliodor: *Aithiopika*) aufgegriffen – hier allerdings in der Variante mit unglücklichem Ausgang –, der dann von Opitz zum Vorbild des höfisch-historischen Romans gekürt wurde, aber schon hier als Genre rezipiert wird. Zwei Liebende aus einer Generation werden durch Angehörige der Elterngeneration aus Standes- oder dynastischen Erwägungen verfolgt – eine Motivik, die schon in der klassischen Mythologie in der Sage von Pyramus und Thisbe vorgeprägt und in der Renaissance (vgl. Shakespeares *Romeo und Julia*) aufgegriffen wurde. Bei Wickram erweist sich, renaissancetypisch, der individuelle Anspruch auf Glückserfüllung, hier in der Liebe, als Gegenkraft gegen ständische Ordnungen – die letztlich aber obsiegen, Erotik und Liebesanspruch bringen Unruhe in die ruhige, ständisch gegliederte Welt. Ständische Nebenfiguren wie der König oder verschiedene Höflinge erscheinen typisiert, doch die Protagonisten sind auf dem Weg zur Individualisierung – eine literarische Modellierung, die Wickram vor allem durch ausgreifende Innenweltdarstellung gelingt: Figurengedanken, -sehnsüchte, -wünsche und -erinnerungen machen die Figuren plastischer, mehrdimensionaler. Ein wichtiger Aspekt des Romans ist auch die im *Goldtfaden* dann zentral werdende Konzeption des Tugendadels, der an die Stelle des Geburtsadels zu treten sich anschickt: eigene, zähl- und erzählbare Leistung konstituieren die Identität des Einzelnen.

Deutliche Individualisierung der Figuren durch größere Innenweltdarstellungen in Wickrams Gabriotto und Reinhart

Ein Blick auf die Zeitordnung im literarischen Text bei Wickram macht einen Vergleich zu früheren Texten notwendig. Zwei völlig unterschiedliche Bilder bieten sich im Blick auf die Prosaliteratur des 16. Jh.: Prosaromane wie *Fortunatus* (1509), *Ulenspiegel* (1515), aber auch noch die *Historia von D. Johann Fausten* (1587) erscheinen schon auf den ersten Blick episodisch reihend: Konsequent der natürlichen Zeitordnung folgend werden einzelne Episoden hintereinander erzählt. Allen drei Texten ist allerdings eines gemeinsam: Sie gestalten biographische Zeit – die Ordnung der Episoden ist am „Faden des Heldenlebens" orientiert. – In völligem Gegensatz zu dieser Raumordnung des Geschehens im Kontext natürlicher Zeit steht die Erzählweise Jörg Wickrams. Seine Prosaromane zeichnen sich durch ein sehr dichtes Netz von temporalen Bestimmungen, Zeitlichkeitspartikeln, Vorgänge u. ä. anzeigenden Verben usf. aus. Im Unterschied zur räumlichen Ordnung der anderen Prosaromane scheint Wickram großen Wert darauf zu legen, dass alles, was er erzählt, in einen zeitlichen und – dadurch gestifteten – kausalen Bezug zueinander kommt. An die Stelle der bloßen Reihung tritt tendenziell ein völliger Verweisungscharakter aller Ereignisse auf andere – im Rahmen der Zeitlichkeit. Im Blick auf die Zeitordnung seiner Prosaromane scheint Wickram Ereignisserien in einem neuartigen erzählerischen Verfahren modellieren oder vernetzen zu können. Dieses ermöglicht ihm, die erzählte Welt ganz als Zeit erscheinen zu lassen – nicht unilinear, sondern mehrsträngig, geprägt von auktorialen Rück- und Vorausweisungen, die zu erläutern diesen Rahmen sprengen würde, die aber anzeigen, in wie hohem Maße das Subjekt des auktorialen Erzählens Kompetenzen aufweist, die es ihm gestatten, sich in dieser ,Welt als Zeit' souverän zu bewegen.

Entwicklung erzählerischer Zeitlichkeit bei Wickram

Dieser innovatorische Zug gilt auch für das Zeitbewusstsein der Figuren. Bei *Fortunatus* und *Faust*, wie oben schon erwähnt, ist die Lage komplizierter als bei *Eulenspiegel*. Die Figurenbiographie weist einen Einschnitt auf: das

Zeitbewusstsein der Figuren in Faust und Fortunatus

Feenabenteuer, während dessen Fortunatus das Geldsäckel wählt, ist dem Teufelspakt bei Faust vergleichbar. Diese beiden Einschnitte fokussieren das jeweilige biographische Bewusstsein der Figuren; wenn Faust oder Fortunatus sich rückbeziehen auf ihre eigene Vergangenheit, reflektieren sie nur die Fehlentscheidung, die sie zu dem damaligen Zeitpunkt getroffen haben. Vergangenheit ist aus der Perspektive der Helden gleichsam eindimensional, nur ein singulärer Punkt. Auch können beide aus ihrer Vergangenheit nicht selbst *lernen*, da sie nie wieder in eine vergleichbare Situation gestellt sind.

Zeitbewusstsein der Figuren bei Wickram: Biographische Tiefe

Ganz anders die Helden Wickrams: Ihre Vergangenheit hat hier eine lineare Dimension gewonnen, biographische Tiefe. Je und je erinnern die Heldinnen und Helden etwas Vergangenes, um aktuellen Handlungsanforderungen gewachsen zu sein. Erinnerung wird als Erfahrung nutzbar gemacht, Biographie erhält den Charakter des Bewusstseins einer Kontinuität personaler Erinnerung. Diese neuartige Tiefendimension der Innenwelt von Wickrams Romanhelden reicht von kleinen individuellen Erinnerungssplittern über kollektive, Geschichts- oder Literaturerinnerungen bis hin zur aktiven Rekonstruktion vergangener Ereignisserien: Am Schluss des *Ritters Galmy* muss, unter der spannungssteigernden Bedingung einer Frist, also eines Zahlungsziels auf dem Aktionskonto, eine lang vergangene Intrige rekonstruiert werden; Kausalität wird einer zunächst lose erscheinenden Folge von Handlungselementen unterstellt und erwiesen als strafbarer und infamer Schuldzusammenhang. Diese ausführlichen Brüche in der linearen Zeitfolge der Erzählung dokumentieren die Souveränität, mit der sich die Figuren, wie oben der auktoriale Erzähler, in der neuen „Welt als Zeit" bewegen. In den Helden (und gegebenenfalls Heldinnen) der frühneuzeitlichen Prosaliteratur werden Techniken und Verfahren modelliert, wie Erinnerungstätigkeit, Erfahrungsbildung und Vergangenheitsrekonstruktion zum Muster einer frühmodernen Identitätskonstruktion dienstbar gemacht werden können. – Dies wird umso sichtbarer, wenn Wickram wie im *Goldtfaden* oder in *Von guoten und bösen Nachbawrn* bürgerliche Figuren oder sogar Karriere-Erzählungen ins Zentrum seiner Texte stellt.

„Volksbücher" – Zur Problematik des Begriffs

Exkurs

Texte wie die anonym erschienenen *Ulenspiegel*-Schwänke, der *Fortunatus*, die *Schöne Magelone*, der *Faust* oder die *Melusine* Thürings von Ringoltingen oder auch die Romane Wickrams wurden in der Forschung lange unter der Bezeichnung „Volksbücher" geführt. Dieser Begriff ist hochproblematisch: Er resultierte aus einer nationalen Euphorie nach 1800, aus der romantischen Entdeckung des Altdeutschen, v. a. Joseph von Görres verstand im Kontext des Geniebegriffs bei Herder die (mythische) Erzählung als Aussprache der Volksseele, diese Texte als Produkte des dichtenden Volksgeistes. Görres bewegte die Illusion, das Volk habe die Texte gleichsam kollektiv produziert, man will gar nicht wahrhaben, dass überhaupt „nicht das Volk, sondern [z. T.] namentlich bekannte historische Persönlichkeiten [...] die Autoren, Übersetzer, Bearbeiter und Sammler dieser Prosa-Epik [waren]; und literarisch gebildete und künstlerisch anspruchsvolle Kreise veranlassten und pflegten zuerst diese Unterhaltungsliteratur, bis sie in den höheren Kreisen einem anderen Geschmack wich" (Rupprich 1972, 184). Unter dem Begriff des Volksbuchs versammelte man alle Texte volkssprachlichen, einfacheren, unterhaltenden Charakters, die gleichsam etwas leichter oder einfach zu verstehen waren – sich also augenscheinlich ans Volk richteten. Auch dieses vermutete Publikum ist womöglich eine Illusion, Adressaten waren wahrscheinlich lediglich die lesefähigen und gebildeteren Teile von Bürgertum und Adel. – „Volksbuch" ist also eine höchst unspezifische Bezeichnung nicht einmal für eine Gattung, die im Blick auf die Texte und im Blick auf die Literaturgeschichte des 16. Jh. nichts sagt, es ist vielmehr lediglich der Name einer romantischen Illusion, die in einem idealisierten Mittelalter, gleichsam wie in der Antike der Philhellenisten, das Volk als eigentlichen Urheber seiner Kunst sehen wollte. Der Begriff sagt insofern nichts über die hier zur Rede stehenden Texte aus, aber viel über die Romantik, die ihn geprägt hat.

Literatur
| 5

Fortunatus [1509]. Studienausgabe nach der Editio princeps von 1509. Stuttgart 1981. Zitierte Werke
Hutten, Ulrich von: *Deutsche Schriften*. Ausgewählt und hrsg. von Heinz Mettke. Bd. 1. Leipzig 1972.

Beutin, Wolfgang u. a.: *Deutsche Literaturgeschichte. Von den Anfängen bis zur Gegenwart.* Stuttgart ⁶2001.
Cramer, Thomas: *Geschichte der deutschen Literatur im späten Mittelalter.* München ²1995.
Kemper, Hans-Georg: *Deutsche Lyrik der frühen Neuzeit.* Bd. 1: *Epochen- und Gattungsprobleme. Reformationszeit.* Tübingen 1987.
Könneker, Barbara: *Die deutsche Literatur der Reformationszeit. Kommentar zu einer Epoche.* München 1975.
Rupprich, Hans: *Vom späten Mittelalter bis zum Barock.* 2 Bde. München 1970/72 (= de Boor, Helmut/Newald, Richard: *Geschichte der deutschen Literatur von den Anfängen bis zur Gegenwart*, Bd. 4.1/2).

Gaede, Friedrich: *Humanismus, Barock, Aufklärung. Geschichte der deutschen Literatur vom* Grundlegende
16. bis zum 18. Jahrhundert (= *Handbuch der deutschen Literaturgeschichte*. Abt. 1. *Dar-* Literatur
stellungen. Bd. 2). Bern, München 1971.
Glaser, Horst Albert (Hrsg.): *Von der Handschrift zum Buchdruck: Spätmittelalter, Reformation, Humanismus (1320–1572)* (= *Deutsche Literatur. Eine Sozialgeschichte.* Bd. 2). Reinbek bei Hamburg 1991.
Newald, Richard: *Die deutsche Literatur vom Späthumanismus zur Empfindsamkeit 1570– 1750.* München ⁶1967 (= de Boor, Helmut/Newald, Richard: *Geschichte der deutschen Literatur von den Anfängen bis zur Gegenwart*, Bd. 5).

16. Jahrhundert: Reformation und Gegenreformation

Röcke, Werner/Münkler, Marina (Hrsg.): *Die Literatur im Übergang vom Mittelalter zur Neuzeit.* (= *Hansers Sozialgeschichte der deutschen Literatur vom 16. Jahrhundert bis zur Gegenwart* Bd. 1). München, Wien 2004.

Walz, Herbert: *Deutsche Literatur der Reformationszeit. Eine Einführung.* Darmstadt 1988.

17. Jahrhundert: Barock

Die deutsche Literatur des 17. Jh. wird, seit der Literarhistoriker Fritz Strich (1916) diese Epochenbezeichnung erstmals verwendete, als literarischer *Barock* bezeichnet. Der Begriff stammt aus dem Portugiesischen (*barocco*) und bezeichnet zunächst Schmuckperlen als ‚unregelmäßig, bizarr‘, wird später als Stilbegriff metaphorisch auf andere Kunstgegenstände übertragen. In der Kunstgeschichte bezeichnet er den schwülstigen, in seinen Schmuckelementen übertriebenen ‚Tumor‘-Stil v. a. des 17. Jh. Die Übertragung des Begriffs in die Literaturgeschichte allerdings ist problematisch. Natürlich ließe sich eine größere Zahl der literarischen Werke des 17. Jh. dem Stilkriterium des Barocken zuordnen, als Epochenbezeichnung ist der Begriff ungenau: Einerseits subsumiert er die humanistisch geprägten Formen weltlicher Literatur zwischen Naturpoesie und Liebeslyrik und die unterschiedlichen Gattungen geistlicher Literatur, andererseits scheint er, in seinem engen stiltypologischen Sinne, einen größeren Teil der literarischen Produktion des Jahrhunderts auszuschließen – nämlich alle jene Texte, die nicht dem barocken ‚Tumor‘-Stil entsprechen. Um die Literatur der ganzen Epoche wenigstens unter einen Begriff zu bringen, behilft sich die Literaturgeschichtsschreibung gelegentlich mit einem in der Geschichtswissenschaft geläufigen Terminus – der allerdings die gesamte Literatur von der Reformation bis zur Hochaufklärung mit einschließt: Man spricht von der *Frühen Neuzeit* (ausführlicher dazu vgl. Niefanger 2000, 8 ff.).

Als zentrales Kennzeichen der Epoche kann der vor allem von Martin Opitz vorangetriebene Versuch gelten, mit der Orientierung der Poetik an antiken Vorbildern sowie an der europäischen Renaissance „Anschluss zu suchen an die literarische Kultur Europas“ (Schöne 1963, V). Die deutsche Barockliteratur steht insofern ganz im Zeichen der humanistischen Gelehrtenkultur, bekommt aber ihr Spezifikum durch die Katastrophenerfahrung des Dreißigjährigen Krieges (1618–1648), der das gesamte Jahrhundert überschattete.

Barock: Entstehung und Gebrauch in der Kunstgeschichte

Barock: Eine problematische Bezeichnung in der Literaturgeschichte

Alternative Epochenbezeichnung

Humanistische Gelehrtenkultur und Dreißigjähriger Krieg

Dreißigjähriger Krieg

| 1

Die konfessionelle Auseinandersetzung, die eigentlich durch den Augsburger Religionsfrieden (1555) beigelegt werden sollte, eskalierte durch die Gegenreformation und die Betonung der jeweiligen konfessionellen Gegensätze und führte – in Verbindung mit einer Reihe eigentlich reichspolitischer Differenzen unter den Reichsständen in den Jahren 1608/09 dazu, dass die „Katholische Liga“ und die „Protestantische Union“ gegründet wurden. Beide

Eskalation der konfessionellen Auseinandersetzung

Gründung von „Katholischer Liga" und „Protestantischer Union"

waren offiziell defensive Bündnisse, deren Gründung allerdings sowohl die Einheit des Reiches als auch die Funktion zentraler Institutionen des Reichs (Reichskammergericht, Reichstag) entschieden beeinträchtigte.

Prager Fenstersturz (1618)

Lokale Zwistigkeiten

1. Kriegsphase: Der Böhmisch-Pfälzische Krieg (1618–1623)

Niederlage und Rekatholisierung Böhmens

Zunächst lokale Zwistigkeiten zwischen den konfessionellen Parteien (Reichsacht gegen Donauwörth, Bruderstreit in Böhmen) führten schließlich über den „Prager Fenstersturz" zur ersten, fünf Jahre andauernden Kriegsphase, dem sogenannten Böhmisch-Pfälzischen Krieg (1618–1623). Die protestantischen Stände erhoben sich gegen ihren König Ferdinand II. und wählten 1619 einen calvinistischen König (Kurfürst Friedrich V. von der Pfalz). Dieser Krieg fiel jedoch zu Ungunsten der Protestanten aus, denn die Wahl Friedrichs V. wurde von der protestantischen Union nicht ausreichend unterstützt. Der abgesetzte böhmische König Ferdinand II., seit 1619 Kaiser des Heiligen Römischen Reiches, konnte mit Hilfe der katholischen Liga, v.a. mit der Unterstützung von Truppen des bayerischen Herzogs Maximilian I., die böhmische Armee in der Schlacht am Weißen Berg (8.11.1620) vernichtend schlagen. Der neue böhmische König musste fliehen, der kaiserliche Feldherr Tilly konnte weitere Schlachten gegen die böhmischen Truppen 1622 bis 1623 für sich entscheiden. Böhmen wurde brutal rekatholisiert, der Adel zu größeren Teilen enteignet, 150.000 Protestanten wurden des Landes verwiesen und Böhmen wurde 1627 zum Teil der habsburgischen Erblande. Schon diese böhmische Auseinandersetzung trug gesamteuropäische Züge. England und Frankreich hatten politischen Druck auf die protestantische Union ausgeübt, sich aus dem Streit herauszuhalten. Infolge der katastrophalen Niederlage löste sich die Union nach 1627 praktisch auf.

Diese europäische Dimension des Krieges zeigt sich auch andernorts: Schon seit 1625 hatten Rekatholisierungsversuche in Norddeutschland dazu geführt, dass der dänische König Christian IV., gleichzeitig holsteinischer Herzog, unterstützt von der englischen Krone und den niederländischen Generalstaaten, auf Seiten der Protestanten eingriff. Das katholische Heer, geführt von Tilly und dem ursprünglich protestantischen, allerdings seit 20 Jahren übergetretenen böhmischen Feldherrn Albrecht von Wallenstein, der dem habsburgischen Kaiser 24.000 Mann bereitstellte, besiegte die Protestanten in Dessau und bei Lutter am Barenberge (April und August 1626). Im Jahre 1629 willigte der unterlegene Christian IV. in den Lübecker Frieden ein. Der Kaiser erließ im März 1629 das sogenannte Restitutionsedikt, das die völlige Vernichtung des Protestantismus beabsichtigte. Außenpolitisch begünstigte dieses Edikt die gegnerische Koalition zwischen Frankreich, den Generalstaaten und Schweden, reichsinnenpolitisch aber schwächte es den Kaiser selbst, insofern sein Versuch, eine neue zentralistische Machtstruktur im Reich zu etablieren, gerade an den mächtigen katholischen Fürsten während des Regensburger Kurfürstentages (1630) scheiterte. Diese Selbstschwächung fand ihren stärksten Ausdruck darin, dass der Kaiser von den Kurfürsten dazu gezwungen wurde, seinen wichtigsten militärischen Handlanger Wallenstein zu entlassen.

Ab 1630 mischte sich Schweden unter König Gustav II. Adolf in den Krieg ein. Die Protestanten konnten am 17.9.1631 das Heer Tillys nahe dem sächsischen Breitenfeld schlagen. Das schwedisch geführte Heer eroberte von Nordosten aus große Teile des Reiches, im April 1632 wurde Tilly bei Rain am Lech geschlagen und tödlich verwundet. Gustav Adolf nahm gar München und Augsburg ein. Die Belagerung oder Einnahme der Kaiserstadt Wien befürchtend, zog der Kaiser Wallenstein wieder hinzu, der den schwedischen König zur Aufgabe der süddeutschen Eroberungen zwingen konnte: in der Schlacht bei Lützen (16.11.1632) fiel Gustav Adolf. Der schwedische Graf Oxenstierna versuchte vergeblich eine Einigung der Protestanten herbeizuführen. Wallenstein, wegen seiner unautorisierten Verhandlungen mit den Schweden abgesetzt, wurde ermordet. Nach einer vernichtenden Niederlage der Protestanten bei Nördlingen (6.9.1634) wurde mit dem Prager Friedensschluss (1635) der Versuch gemacht, das Reich zu einen: Der Kaiser setzte das rigorose Rekatholisierungsedikt aus; ausländische Truppen sollten das Reich verlassen.

2. Kriegsphase: Übergriff des Krieges auf Europa

Dänisch-Niedersächsischer Krieg (1625–1629)

Anthonis van Dyck: *Albrecht von Wallenstein* (um 1636–1641)

Lübecker Frieden und Restitutionsedikt

Schwedischer Krieg (1630–1635)

17. Jahrhundert: Barock

Die Ermordung Wallensteins in Eger. Nach einem zeitgenössischen Kupferstich

Schwedisch-Französischer Krieg (1635–1648)

„Westfälischer Friede" und Auswirkungen des Krieges auf Zentraleuropa

Weil aber Frankreich in der Schwächung Schwedens und der Stärkung des Kaisers die eigene Einflusssphäre berührt sah, griff es in den Krieg ein: Die kaiserlichen Heere konnten in den Schlachten bei Wittstock (1636) und Rheinfelden (1638) geschlagen werden, die bayerischen Truppen besiegten die französischen im Gegenzug bei Tuttlingen (1643). Von 1643 an wurden mit Frankreich und Schweden die Friedensverhandlungen in Münster und Osnabrück geführt. Der hier beschlossene „Westfälische Friede" beendete am 24. Oktober 1648 den verheerenden Krieg.

Gerard ter Borch: *Der Friedensschluß zu Münster* (1648)

Folgen des Krieges | 2

Für Zentraleuropa, also für den sprachlich definierbaren Raum einer deutschen Literatur, war der Krieg eine Katastrophe unvorstellbaren Ausmaßes: Kämpfe, Pest und Hungersnöte dezimierten die Bevölkerung (gegenüber ca. 17 Millionen 1618) auf ca. 10 Millionen. Landwirtschaft, Städte und Infrastruktur waren zerstört. Es dauerte bis in die erste Hälfte des 18. Jh., bevor sich Europa von den Folgen des Krieges erholen konnte. Nach dem Dreißigjährigen Krieg blieb das Reich erst recht ein bloß formaler Zusammenhalt, denn die aus- und gegeneinanderstrebenden größeren Territorialfürstentümer setzten sich gegen jede reichsabsolutistische Bewegung durch. Schon im 16. Jh. begann im Heiligen Römischen Reich eine Territorialisierungsbewegung, die zu einer gravierenden Verschiebung der Machtbalance im Reich führte. Die Ausbildung fürstlich-absolutistischer Territorialstaaten beschränkte die Macht des deutschen Kaisers zunehmend. Der im hohen Mittelalter die feudale und militärische Macht des Herrschers garantierende Stand der reichsunmittelbaren Ritter hatte schon lange den Söldnerheeren weichen müssen, die zudem mit neuester Waffentechnik (Feuerwaffen) ausgestattet waren. Die agrarisch orientierte Dreifelderwirtschaft der alten feudalen Rittergüter führte zum ökonomischen Niedergang dieses Ritterstandes. Die Patrizierhäuser der städtischen Handelsherren und die mit ihnen vereinigten Stadthöfe bildeten nun die wirtschaftlichen Machtzentren in den Städten. Allmählich wurde mit der Einführung des römischen Rechtes das germanische Gewohnheitsrecht verdrängt, was wiederum die Ausbildung einer komplexen staatlichen Verwaltung notwendig machte und den einzelnen Feudalherren das Recht auf eigene Gerichtsbarkeit nahm. Die Instanz des reichsunmittelbaren Ritters, der bisher die Justiz seines Feudalherrn ausübte, war nun völlig nutzlos geworden. Ein größerer Teil des alten Ritterstandes sank zum Raubrittertum in marodierenden Horden herab. Nur wenige versuchten, politisch am alten Wertesystem festzuhalten, unterlagen aber zu Beginn des 16. Jh. in blutigen Kriegen.

Der Hof bildete das repräsentative Zentrum eines jeden der deutschen Kleinstaaten. Nach französischem Vorbild prägte sich eine höfische Kultur aus, das höfische Zeremoniell regulierte genauestens Verhalten und Beziehungen der höfischen Gesellschaft. Die Kosten der aufwendigen Repräsentationskultur überstiegen allerdings meist die ökonomischen Möglichkeiten des Landes – Leidtragende waren die unteren Stände, deren Mittel zur Finanzierung der Hofkultur herangezogen wurden. In den jeweils absolutistisch regierten Territorien des Reiches wurde, zum Teil schon seit dem 16. Jh., eine ‚moderne‘ Verwaltungsstruktur und Gerichtsbarkeit aufgebaut: Erziehungs- und Militärwesen, Kirchenfragen und vieles andere wurde nun per Dekret geregelt. Akteure in dieser Staatsverwaltung waren meist gebildete Bürgerliche, des Weiteren boten sich humanistischen Gelehrten Berufs- und Aufstiegschancen, selbst die Nobilitierung ehemals Bürgerlicher wurde ermöglicht: Ein gelehrter Leistungsadel trat somit in Konkurrenz zum alten Adel und den Höflingen.

Der Schriftsteller des 17. Jahrhunderts

Die Schriftsteller des 17. Jh. entstammten fast ausnahmslos diesem Gelehrtenstand, der Gruppe der gebildeten, meist bürgerlichen Hof- und Verwaltungsbeamten, der Universitätsprofessoren und Ärzte. Sie konnten alle auf eine gediegene Universitätsausbildung zurückgreifen, innerhalb derer auch

Antike Muster

antike Rhetorik und Grammatik gelehrt wurde. Die Kenntnis und der alltägliche Gebrauch klassischer Sprachen waren ebenso selbstverständlich wie der philologische Umgang mit literarischen Dokumenten aus der Antike. Daraus resultierte, dass sich die Schriftsteller bei ihrer literarischen Produktion umfassend an den Mustern antiker Literatur orientierten. Allerdings waren

Nebenberuf: Schriftsteller

sie Dichter nur im Nebenberuf, ihre literarischen Texte entstanden entweder nebenbei, in den Mußestunden, oder aber im Kontext ihrer Dienstgeschäfte, etwa zur Ausgestaltung einer höfischen oder universitären Festlichkeit. Nur wenige Schriftsteller des 17. Jh. gehörten nicht dem humanistisch gebildeten Aufstiegsbürgertum an: Hans Jakob Christoffel von Grimmelshausen beispielsweise stammte aus kleinstädtischem Handwerkertum und geriet etwa im zehnten Lebensjahr ins Getriebe des Dreißigjährigen Krieges. Sein Prosawerk zeigt deutlich die Spuren dieser anderen Herkunft.

3 | Frömmigkeit

Drei Generationen nach dem Einsetzen der Reformation war die Situation am Übergang vom 16. zum 17. Jh. folgende: Das Kollektiv bzw. „System" der protestantischen Kirche(n) wurde dominiert von einer philologischen bzw.

Orthodoxie der protestantischen Kirche

theologischen Rationalität, einer Orthodoxie, die die „rechte Lehre" von den Auslegungen der Bibel ebenso wie von den Regeln des moralischen Lebens umfasste. Innerlich erzeugte diese Orthodoxie allerdings eine „umfassende

Frömmigkeitskrise: Auseinanderfallen von Theologie und Frömmigkeit

Frömmigkeitskrise": „Im Grunde ist es die Krise der dritten nachreformatorischen Generation. Ihr sind die tiefen religiösen Erlebnisse und theologischen Erkenntnisse der Reformatoren nicht mehr […] selbst gedachte Wahrheit gewesen. Ihr ist die Reformation mit ihrer Verkündigung vielmehr eine im Grunde fertige und damit selbstverständlich gewordene Größe" (Zeller 1971, 87). Innerhalb des Protestantismus tut sich eine durchgreifende Differenz auf: „Das Problem liegt […] in dem jetzt spürbaren Auseinanderfallen von Theologie und Frömmigkeit […]. [M]an ist nicht zu der Einsicht durchgedrungen, dass die Echtheit einer theologischen Existenz nicht nur durch die Richtigkeit der Lehraussagen, sondern auch durch den Tiefgang und die Innerlichkeit des Lebens bestimmt wird" (Zeller 1971, 88). Diese Differenz wurde schon im letzten Drittel des Reformationsjahrhunderts vorbereitet, wo der Wunsch nach einem individuelleren Frömmigkeitsleben etwa in der sichtbar werdenden

Orientierung an christlicher (also mittelalterlich-altkirchlicher!) Mystik und katholischer Gebetsfrömmigkeit sichtbar wurde.

Individuell, also gegen das Kollektiv der Kirche, wurde an der Wende zum 17. Jh., eingeleitet durch die Schriften von Arndt und Nicolai, eine spezifisch neue Frömmigkeit eingefordert, um diese Lücke zu füllen: Um 1600 fand also, zunächst im protestantisch-theologischen Schrifttum, die große frömmigkeitsgeschichtliche Wende statt. Philipp Nicolai veröffentlichte 1599 seinen *FrewdenSpiegel deß ewigen Lebens*, in dem Gott als „unendliche, unermeßliche Liebe" gefeiert wurde (Zeller 1971, 90). Johann Arndt forderte gar die Ineinssetzung von Frömmigkeit und Leben, sein *Paradiesgärtlein voller christlicher Tugenden* (1612) wird für die gesamte geistliche Lyrik des (protestantischen) 17. Jh. wichtigstes Vorbild. Arndt gilt, auch mit seinen vielfach wiederaufgelegten *Vier Büchern vom wahren Christentum* (1610), als „Bahnbrecher einer ‚Renaissance der Mystik' im deutschen Luthertum", insofern er Texte altkirchlicher Mystiker in sein ‚Wahres Christentum' aufnahm (Zeller 1971, 92). Er ist in frömmigkeitsgeschichtlicher Hinsicht einer der Begründer des Pietismus und bildet damit das reformatorische Gedankengebäude grundlegend um: Anstelle von Luthers Heilsgewissheit, dass das Reich Gottes zu uns komme, fordert Arndt, das Reich Gottes müsse in uns aufgerichtet werden.

Neue Frömmigkeit und frömmigkeitsgeschichtliche Wende

Frömmigkeit in protestantisch-theologischen Schriften

Philipp Nicolai (1556–1608)

Über diese Veränderung hinaus schließt die reformatorische Theologie des beginnenden 17. Jh. erstmals – im Gegensatz zu Luther – an die Erkenntnisse der europäischen Renaissance an:

Renaissance-Gedankengut

> Der zweite Strom protestantischer Reformbewegungen zu Anfang des 17. Jahrhunderts hat es mit dem Entwurf eines neuen christlichen Weltbildes aus der Naturphilosophie der Renaissance heraus zu tun. Er versteht sich in gleicher Weise als ‚Reformation', das heißt als legitime Fortführung der theologischen und philosophischen Ansätze des 16. Jahrhunderts. Die verschiedenen Richtungen sind sich einig in der Abweisung des aristotelischen Weltbildes, das der protestantische Humanismus in der Universitätsphilosophie allgemein wieder eingeführt hatte. Man ist der Überzeugung, daß sich aus der religiösen Reformation auch allgemeine Konsequenzen für Welt- und Menschbild ergeben müßten (Zeller 1971, 97).

Johann Arndt (1555–1621)

Wenngleich allerdings die Frömmigkeitsgeschichte des beginnenden 17. Jh. eine scheinbare Annäherung von protestantischer Praxis und altkirchlicher Mystik zu versprechen scheint, so täuscht das in doppeltem Maße: Erstens ist der Glaube Sache des Individuums – und die Protagonisten der Frömmigkeitsbewegung wurden nicht selten durch die Vertreter der Amtskirche verketzert oder verfolgt. Selbst die aus heutiger Sicht radikal Frömmigkeit auslebende Lyrik Paul Gerhardts darf letztlich als kirchenpolitischer Versuch gewertet werden, die divergierenden Tendenzen der Frömmigkeitsbewegung wieder unter dem Dach der Amtskirche zu versammeln. Zweitens hatten sich im

Kirchenpolitische Intentionen Paul Gerhardts

Konfessionelle Streitigkeiten und territoriale Machtansprüche

Verlaufe des 16. Jh. schon fixe Koalitionen zwischen konfessioneller Bindung und politischer Macht gebildet, so dass mit den Differenzen zwischen den Konfessionen immer auch Machtansprüche auf Reichsebene und territoriale Zwistigkeiten oder Ambitionen verbunden waren. Insofern ist der Ausbruch des sich katastrophal auswirkenden konfessionellen Bürgerkrieges, den die Geschichte den Dreißigjährigen Krieg nennt, nicht überraschend.

4 | Poetik – Martin Opitz

Die Literatur des 17. Jh. steht ohne Zweifel in der Tradition der humanistischen Literatur des vorherigen Säkulums – mit einer großen Veränderung:

Literatur in Volkssprache

Die Literatur in der Volkssprache hat nun die Möglichkeiten erworben, die ästhetischen Formen (Gattung, Stilistik, Metrik) der Antike selbstbewusst und zunehmend gleichwertig zu adaptieren. Diese Entwicklung ist in erster Linie das Verdienst von Martin Opitz.

Martin Opitz als Importeur humanistisch-klassizistischer Ästhetik

Ohne Übertreibung darf Opitz als der wichtigste „Importeur" humanistisch-klassizistischer Ästhetik in die deutsche Literatursprache bewertet werden. Seine Übertragungen zahlreicher literarischer Gattungen (lyrische Genres, Roman, Tragödie, Schäferliteratur u. a.) aus antiken Sprachen in das Deutsche sind ebenso wirkmächtig wie seine Orientierung an den Poetiken der Antike und der Renaissance (Aristoteles, Horaz, Petrarca, Scaliger, Heinsius, Ronsard), die in seinem kleinen, aber epochemachenden *Buch von der Deutschen Poeterey* (1624) Niederschlag fanden. Gleichzeitig ist dieses Werk die erste deutsche Regelpoetik und liefert Dichtern literarische Muster in deutscher Sprache.

Martin Opitz (1597–1639)

Erstausgabe von Opitzens *Buch von der Deutschen Poeterey* (1624)

Nach eigenen Angaben im letzten Kapitel hat Opitz das Bändchen innerhalb von fünf Tagen niedergeschrieben, um „vnserer Muttersprache die hand bietten / vnd jhrer Poesie den glantz / welche sie lengest hette kriegen sollen / [zu] geben" (Opitz [1624] 1970, 67). Er verleiht der Hoffnung Ausdruck, dass diese Aufwertung der muttersprachlichen Literatur „alsdenn vollkömlich geschehen kan / wenn zue dem was hiebevor in diesem buche erzehlet ist worden / die vornemlich jhren fleiß werden anlegen / welche von natur selber hierzue geartet sein" (ebd.) (also den von Plato sogenannten göttlichen Furor oder genialen Funken in sich spürten). Dass eine solche Aufwertung der muttersprachlichen Literatur nur über die Adaption antik-klassischer

POETIK – MARTIN OPITZ | **17. Jahrhundert**

Muster geschehen kann (also im Anschluss an die Renaissance-Klassizismen anderer europäischer Länder), wird bei Opitz in seiner vehementen Abkehr von der bisherigen, an (spät-)mittelalterlichen Mustern orientierten oder volkstümlich-unprofessionell gehandhabten volkssprachlichen Literatur des 16. Jh. deutlich, die er zudem als nicht literaturfähig einschätzt.

Aufwertung der muttersprachlichen Literatur durch Adaption klassizistischer Muster

Opitzens *Buch von der Deutschen Poeterey* ist noch deutlich anzumerken, dass die Poetik von der Rhetorik abstammt: Nach allgemeinen Überlegungen zum Status der Poesie und ihrer Verteidigung gegen den Täuschungsvorwurf Platos sowie einer Funktionszuschreibung – „Dienet also dieses alles zue vberredung vnd vnterricht auch ergetzung der Leute; welches der Poeterey vornemster zweck ist" (Opitz [1624] 1970, 17) – kümmert sich Opitz um die Auffindung der Gegenstände literarischer Texte („erstlich [...] invention oder erfindung") und deren ästhetische Anordnung („Disposition oder abtheilung der dinge von denen wir schreiben wollen") (Opitz [1624] 1970, 23). In diesem Zusammenhang erörtert er einen Großteil dessen, wofür spätere Poetiken oft viele Kapitel oder Paragraphen benötigen: Er formuliert zunächst eine an die Renaissance-Poetik Scaligers angelehnte Lehre der (fiktiven) Gegenstände der Poesie:

Verbindung von Poetik und Rhetorik

Auffindung des poetischen Gegenstandes (inventio) und ästhetische Konzeption (dispositio)

Opitz' Lehre von den fiktiven Gegenständen der Poesie

> die erfindung der dinge ist nichts anders als eine sinnreiche faßung aller sachen die wir vns einbilden können / der Himlischen vnd jrrdischen / die Leben haben vnd nicht haben / welche ein Poete jhm zue beschreiben vnd herfür zue bringen vornimpt: darvon in seiner Idea Scaliger außführlich berichtet. (Opitz [1624] 1970, 24)

Davon hänge die „abtheilung", d. h. die Gliederung oder Gestaltung der Texte, ab: An diesem Punkt müsse sich der Dichter laut Opitz für eine literarische Gattung entscheiden, die dem Inhalt angemessen ist. „Hier mußen wir vns besinnen / in was für einem genere carminis vnd art der getichte (weil ein jegliches seine besondere zuegehör hat) wir zue schreiben willens sein" (ebd.). Darauf folgt im 5. Kapitel eine lange – und im Detail überraschende – Aufzählung einer Vielzahl literarischer Gattungen mitsamt kurzen Definitionen: Epos, Tragödie und Komödie, Satyra, Epigramm, Ecloge (Hirtengedicht), Elegien, Hymne, Sylven oder Wälder (d. h. Sammlungen von Gelegenheitsdichtungen). Opitz benennt auch die „Lyrica", definiert diese allerdings sehr speziell als „getichte die man zur Music sonderlich gebrauchen kan / erfodern zueföderst ein freyes lustiges gemüte / vnd wollen mit schönen sprüchen vnnd lehren häuffig geziehret sein" (Opitz [1624] 1970, 30). Lyrik als eigenständige Großgattung neben Epik und Dramatik existiert bei Opitz noch nicht: Alle Literatur ist in Versen zu verfassen – die kürzeren „Gedichte" aller Art sind auf viele Gattungen verteilt.

Literarische Gattungen nach Opitz

Im 6. Kapitel folgt, streng nach der rhetorischen Abfolge der Erarbeitungsschritte der Rede, nach Invention und Disposition jetzt die *elocutio*, die Ausschmückung der Gedanken mit Worten. Opitz geht hier auf den spezifischen

Opitz' Regeln für die poetische Rede

59

Charakter poetischer Rede dezidiert ein: Unter der Überschrift „Von der zubereitung vnd ziehr der worte" (Opitz [1624] 1970, 32) fordert er zunächst, im poetischen Text nicht Deutsch, Lateinisch, Französisch u. a. zu vermischen. Wortneuschöpfungen als Kompositabildung seien nicht nur erlaubt, sondern machten „auch den getichten / wenn es mässig geschiehet / eine sonderliche anmutigkeit" – wenn man etwa „Item den Nortwind einen wolckentreiber / einen felssen stürmer vnd meerauffreitzer" (Opitz [1624] 1970, 34) nennte. Die klangliche Seite poetischer Rede solle möglichst mit der inhaltlichen übereinstimmen oder ihr ähnlich sein. Eines der wichtigsten Kriterien sei allerdings der Reichtum an literarischen Bildern aller Art, also der „tropis vnnd schematibus, wenn wir nemblich ein wort von seiner eigentlichen bedeutung auff eine andere ziehen [...] Dann sie den Poetischen sachen einen solchen glantz geben" (Opitz [1624] 1970, 38 f.). Opitz entwickelt hier einen genauen, rhetorisch geschulten Begriff vom fast grundsätzlich übertragenen, uneigentlichen Gestus literarischer Rede (welche umgekehrt dann die Auslegungsbedürftigkeit produziert).

Reim, Kadenz- und Verslehre

Das 7. Kapitel thematisiert endlich Reim, Kadenzlehre und Verslehre: „EIn reim ist eine vber einstimmung des lautes der syllaben vnd wörter zue ende zweyer oder mehrer verse" (Opitz [1624] 1970, 43). Nach französischer und italienischer Tradition definiert Opitz weibliche und männliche Kadenz und führt – wie immer – Beispiele an. Hinsichtlich der Metrik liefert er den wirkmächtigsten Versuch, antike Versmaße auf die Bedingungen deutscher Sprache zu übertragen:

Übertragung des antiken Versmaßes auf die deutsche Sprache

> Nachmals ist auch ein jeder verß entweder ein iambicus oder trochaicus; nicht zwar das wir auff art der griechen vnnd lateiner eine gewisse grösse der sylben können in acht nemen; sondern das wir aus den accenten vnnd dem thone erkennen / welche sylbe hoch vnnd welche niedrig gesetzt soll werden. Ein Iambus ist dieser: / Erhalt vns Herr bey deinem wort. / Der folgende ein Trochéus: / Mitten wir im leben sind. (Opitz [1624] 1970, 49)

Demnach bildet Opitz die Metrik des lateinischen Länge-Kürze-Systems auf das deutsche Hebungs-Senkungs-System ab. Dadurch erreicht er, dass antike metrische Formen nun auch in deutscher Sprache nachgeahmt werden können. Grundsätzlich geht Opitz von alternierenden Versen aus, ja mehr noch – er zieht eindeutig den sechshebigen Jambus mit Mittelzäsur (Opitz [1624] 1970, 51) vor: „Es muß aber allezeit die sechste sylbe eine cæsur oder abschnitt haben"), den Alexandriner:

> Vnter den Jambischen versen sind die zue föderste zue setzen / welche man Alexandrinische / von jhrem ersten erfinder / der ein Italiener soll gewesen sein / zue nennen pfleget / vnd werden an statt der Griechen vnd Römer heroischen verse gebraucht [...] mussen vnd können wir sie an statt der heroischen verse gar wol behalten: inmassen dann auch die Niederländer zue thun pflegen. (Opitz [1624] 1970, 50)

POETIK – MARTIN OPITZ **17. Jahrhundert**

Nachdem er den Zeilensprung als mögliches Gestaltungsmittel und den französischen *vers commun* (ein Zehnsilbler) thematisiert, kommt er auf die absolut bevorzugte lyrische Gattung zu sprechen (selbstverständlich in Alexandrinern): Das Sonett, dessen Namen er aus der Etymologie, wegen der komplex verschränkten Reimstruktur und der holländischen Bezeichnung, als „Klinggedicht" bezeichnet und zunächst abstrakt vorstellt. Sodann liefert er Beispiele, die sowohl in ihrer Anlehnung an Petrarca als auch in ihrer Form traditionsbildend für das gesamte 17. Jh. werden sollten. Im Vergleich zu Opitz' Wertschätzung des Sonetts wirken die Abschnitte über Quatrains, Epigramme und Oden fast nur angehängt.

Das Sonett – die bevorzugte lyrische Gattung im 17. Jahrhundert und Idealform lyrischen Sprechens

Bei Opitz wird das Sonett, in streng alternierendem Alexandriner, gleichsam zur Idealform lyrischen Sprechens erhoben. Folgerichtig wird es die typische lyrische Gattung des gesamten 17. Jh. Das Sonett kommt in seiner inneren Struktur dem spezifischen bildhaften Denken des 17. Jh. entgegen: Häufig bieten die beiden Quartette einen bildhaft präsentierten Gegenstand, der in den zwei Terzetten kommentiert oder reflektiert wird. Damit lehnt sich die lyrische Form an Bild (*pictura)* und Bildunterschrift (*subscriptio)* des Emblems an.

Zusammenhang von Form und bildhaftem Denken

Sonette sind von fast allen Dichtern des 17. Jh. überliefert: Opitz und Gryphius, Hoffmannswaldau und Klaj, Catharina von Greiffenberg, Paul Fleming und viele andere mehr. Doch auch weitere lyrische Formen der Antike finden Eingang in die deutsche Literatur. Verschiedene Odenformen und -strophen, Elegien und Epigramme entstehen in deutscher Sprache, formal strengere Liedformen kommen vor allem im protestantischen Kirchenlied vor, dessen herausragender Vertreter Paul Gerhardt ist. Ebenfalls auf antike Vorbilder greift das Figurengedicht zurück, bei dem die äußere Form des Textes bildhaft mit seinem Gegenstand oder Thema korrespondiert – eine frühe Form der konkreten Poesie.

Weitere lyrische Formen der Antike

Die Literaturreform von Martin Opitz steht, so macht es das Abschlusskapitel des *Buchs von der Deutschen Poeterey* deutlich, ganz im Zeichen der Aufwertung der „Muttersprache", die in den Rang einer Literatursprache erhoben werden soll. Zu erreichen ist dies vor allem durch die Entwicklung einer akzentuierenden Metrik in Anlehnung an die quantitierende der Antike und durch die Präsentation einer großen Zahl von Beispielen. Neben der Poetik von Opitz brachte das 17. Jh. weit über 100 Regelpoetiken hervor, die sich alle in klassizistischer Weise an Aristoteles und Horaz sowie an den Mustern antiker und Renaissance-Literatur orientieren und sich die Erhaltung des Dichter-Ideals zum Ziel setzen. Nur zwei Beispiele daraus sind Georg Philipp Harsdörffers *Poetischer Trichter* (1647–1653) und Albrecht Christian Rotths *Vollständige Deutsche Poesie* (1688).

Opitz' Poetik als Literaturreform

Weitere Regelpoetiken

Mit seiner muttersprachlichen Orientierung steht jedoch vor allem Opitz in engster Nachbarschaft zu der Organisationsform der literarischen Öffentlichkeit des 17. und des frühen 18. Jh. schlechthin: den Sprach- und Dichter-

61

17. Jahrhundert: Barock

Sprach- und Dichter-gesellschaften

gesellschaften. Diese waren, nach dem Vorbild ähnlicher ‚Akademien‘ der italienischen Renaissance, fest institutionalisierte Verbände von Schriftstellern, Gelehrten und Mäzenen sowohl bürgerlichen als auch adligen Standes. Diese Gesellschaften entstanden auf fürstliche Initiative; sie versammelten sich in bestimmten regionalen Zentren (Hamburg, Breslau, Nürnberg, Straßburg), um dichterische Projekte zu diskutieren, aus unveröffentlichten Manuskripten

Ziel der Gesellschaften: Förderung der Gesprächskultur und des Deutschen als Literatursprache

vorzulesen und eine gebildete Gesprächskultur zu pflegen. Eines ihrer wichtigsten Anliegen war die Förderung des Deutschen als Literatursprache, das sich gegen das Neulatein, vor allem aber gegen das am Hof als modisch geltende Französisch durchsetzen sollte. Die bedeutendste dieser Sprachgesellschaften war die auf Initiative des Fürsten Ludwig von Anhalt-Köthen 1617 gegründete

Die „Fruchtbringende Gesellschaft"

„Fruchtbringende Gesellschaft" (auch der „Palmenorden"), in die bis zum Tod des Gründers 1650 527 Mitglieder aufgenommen wurden. Die Mitglieder der Gesellschaft bekamen wohlklingende und sprechende Ehrennamen: So hieß Martin Opitz „Der Gekrönte", Andreas Gryphius „Der Unsterbliche".

Zielgruppe und Aufgaben von Literatur

Literatur richtete sich, zumal nach der Opitzschen Reform, vornehmlich an ein gebildetes Publikum – der elitäre Kreis der Dichtergesellschaften vermittelt einen guten Eindruck davon. Die Ziele der Literatur waren Belehrung und Wissensvermittlung, Erbauung und Unterweisung in tugendhaftem Leben – ganz im Gefolge der Poetik des Horaz. Über das Belehrende hinaus allerdings sollte Dichtung auch immer ‚erfreuen‘ können (Horaz: *aut prodesse volunt, aut delectare poetae*).

5 | Formen der Literatur

Musterhaftigkeit der Opitz'schen Regelpoetik

Opitz hatte in seinem *Buch von der Deutschen Poeterey* neben den Regeln für eine kunstvolle Literatur in deutscher Sprache auch eine große Zahl literarischer Muster aus verschiedenen europäischen Kulturen benannt bzw. in eigener Übersetzung gleich mitgeliefert und damit den Anschluss an die volkssprachlichen Renaissance-Literaturen gewährleistet. Im Formenkanon der Opitz'schen Muster bewegt sich auch die literarische Produktion der nachfolgenden Jahrzehnte – natürlich nicht ohne mit der Formensprache zu experimentieren, sie auszuweiten oder von ihr abzuweichen.

5.1 | „Lyrik"

5.1.1 | *Geistliche Dichtung*

Zu einem guten Teil ist die „Lyrik" des 17. Jh. geistliche Lied-, Erbauungs- oder Gebetsdichtung, die sowohl die unterschiedlichen Entwicklungen innerhalb des protestantischen Lagers als auch die der Gegenreformation mit nachvollzieht.

FORMEN DER LITERATUR **17. Jahrhundert**

Einen wesentlichen Teil dieser geistlichen Dichtung macht die sogenannte *Perikopenliteratur* aus. Diese ist eine kommentierende, deutende oder veranschaulichende Bedichtung einzelner Textstellen der Bibel in der Ordnung des Kirchenjahres. In ihrem Zentrum stehen die Evangelien, die durch Lesung der Perikopen (also aller im Gottesdienst zu lesender Schrifttexte) während der Messe Gegenstand der Predigt werden sollen: Sie prägen das Kirchenjahr und sind bestimmend für die Auswahl der Gemeindelieder. Luther hatte die biblischen Texte, die in der katholischen Tradition Gegenstand von Lesung und Predigtauslegung gewesen waren, weitgehend erhalten. In seiner Schrift *Von ordenung gottis diensts ynn der gemeyne* (1523) hatte er die Möglichkeit erwogen, über ganze biblische Bücher zu predigen. Luther übte in der lateinischen *Formula missae et communionis pro ecclesia Wittenbergensi* im selben Jahr zwar auch Kritik an Einzelheiten der Perikopenordnung, kam aber nicht zu einer grundsätzlichen Neuordnung. So äußerte er in *Deudsche messe vnd ordnung gottis dienst* (1526):

Luthers Überlegungen zur Integration von Perikopen in den Gottesdienst

> Das wir aber die episteln und evengelia nach der zeit des jars geteilet, wie bisher gewonet, halten, ist die ursach: Wir wissen nichts sonderlichs in solcher weise zu tadeln. […] Denn auch das der ursachen eine ist, das wir die episteln und evangelien, wie sich in den postillen geordnet stehen, behalten, das der geistreichen prediger wenig sind, die einen ganzen evangelisten oder ander buch gewaltiglich und nutzlich handeln mugen (Luther [1526] 1959, 300).

Luthers Gründe für die Orientierung auf einzelne, kleinere Textstellen in der traditionellen Ordnung des Kirchenjahres waren vor allem religionspädagogische: Die ungelehrten, zum Großteil des Lesens und Schreibens kaum kundigen Menschen mussten erst langsam in den biblischen Text eingeführt werden, die Predigt über ganze Bücher des *Alten* oder *Neuen Testaments*, wie sie in radikaler Abwendung von der altkirchlichen Perikopenordnung Calvin und Zwingli praktizierten, setzte deren Kenntnis auch in der Gemeinde voraus – und darauf wollte Luther sich nicht verlassen. Sein Festhalten an den Perikopen hatte Geltung bis in das frühe 18. Jh. hinein.

Religionspädagogische Gründe für die Predigt kleinerer Textstellen

In der deutschen Literatur des 16. und 17. Jh. haben sich verschiedenste Formen und Gattungen dichterischen Umgangs mit den Perikopen ausgebildet – mit den Funktionen der Auslegung, der erzählenden, ausschmückenden Paraphrase oder der moralischen Anwendung im alltäglichen Leben:

Formen und Gattungen dichterischen Umgangs mit den Perikopen

▶ Eine *Postille* ist eine „oft sehr ausführliche […] Auslegung der Evangelien oder auch der Episteln in Prosa. Sie beruhen vorwiegend, wie schon die verschiedenen deutschen Postillen von Luther, auf wirklich gehaltenen, wenngleich oft nicht nur aus einem Jahr stammenden und vielfach für den Druck überarbeiteten Predigten und haben deren Form" (Krummacher 1976, 71).

17. Jahrhundert: Barock

Historische Bedeutung der Postille und ihre Funktion im Wandel der Zeit

Der Name der Gattung leitet sich von der Einleitungsformel der Texte „post illa verba textus" bzw. „post illa verba sacrae scripturae" ab und bezeichnet die Kommentierung eines Bibeltextes, wobei der biblische Text in kleinen Stücken seiner Erläuterung vorangestellt wird. Postillen waren in der ersten Zeit der Reformation zunächst Hilfsmittel für die ungelehrten Pfarrer v. a. im dörflichen Kontext – diese Funktion trat zurück bei verbesserter und institutionalisierter Ausbildung der Pfarrer zum Beginn des 17. Jh. Postillen dienen dazu, den wörtlichen Sinn einer Bibelstelle zu erklären und in den Glauben zu unterweisen – diese besondere Gattung gehört damit zum geistlichen Erbauungsschrifttum der Zeit, ist Gelegenheitsliteratur.

Seit dem Ende des 16. Jh. lässt sich eine ästhetische Durchformung beobachten, eine „Tendenz zur Differenzierung, Spezialisierung, Variierung von Form, Auslegungsverfahren und Thematik [...], in denen die nicht allzu lange Texterklärung verbunden ist mit einem emblematischen Kupfer, dazugehörigen Versen, einem Prosagebet und einem Lied. Es entstehen im 17. Jahrhundert ferner unter anderem Sprichwörter-, Läger-, Bet-, Psalm-, Reise-Postillen und viele sonstige Werke im Umkreis der Postillen" (Krummacher 1976, 87 f.). Erst am Ende des 17. Jh. verliert die Gattung ihre Bedeutung;

► (lateinische) *Perikopenparaphrasen* bzw. (volkssprachige) *Perikopenlieder* sind „knappere Formen der Behandlung der Perikopen in Vers und Prosa: Lieder, Epigramme oder Sprüche, Gebete in Prosa und in Versen [...]. Alle diese Werke können eine durch Auswendiglernen und stete Wiederholung in Predigt und Unterricht erworbene Vertrautheit mit den Perikopentexten voraussetzen, die bei der Erörterung solcher Dichtungen ständig in Betracht zu ziehen ist" (Krummacher 1976, 91);

► *Perikopenepigramme* und *-sprüche* verdichten die knappste Auslegung mit Anwendungshinweisen – verbunden mit den beiden zuvor genannten Formen der Perikopendichtung ist diese Gattung v. a. für die Belehrung der Jugend gedacht: „Der Priester vnd Levit den Todtverwundten sehen / Wie er ist zugericht / vnd doch fürüber gehen. / Sein nimbt sich niemand an / als nur der Samarit / Der theilt jhm Hilff vnd Rath / Artzney vnd Zehrung mit" (Greiff 1647, 269);

► *Perikopengebete* bilden eine uneinheitliche Gruppe mit großer formaler Varianz; sie sind entweder in Prosa oder Versform verfasst. Der Redegestus, das Gebet zu Gott im Anschluss an ein Sonntagsevangelium, und dass Perikopengebete in enger Verbindung zur Predigt stehen, macht die Gattung aus.

Andreas Gryphius: *Son- undt Feyrtags-Sonnette* (1639)

Die *Son- undt Feyrtags-Sonnette* von Andreas Gryphius stehen ebenfalls in der Tradition der Perikopenliteratur und ihren verschiedenen Ausprägungen, Formen und Intentionen: Sie sind 1639 in Leiden als zweite, größere und geschlossene Sonettsammlung publiziert worden. Die Sonette sind wahrscheinlich ab 1636/37 entstanden, einige eigenhändige Datierungen gehen auf 1636 zurück, als Gryphius sich in Danzig aufhielt. Gryphius ist bei Drucklegung 23 Jahre alt, Opitzens *Buch von der Deutschen Poeterey* liegt fünfzehn Jahre zurück. Gryphius kann noch nicht viele der deutschen Versuche kennen, auf Opitz kreativ zu reagieren, sondern gehört vielmehr zu den Experimentatoren der Opitz'schen Formen und der Regelpoetik. Die *Son- undt Feyrtags-Sonnette* orientieren sich sehr genau an den Perikopen, ohne Kenntnis der jeweiligen Bibelstellen ist eine Deutung der Texte nicht möglich. Hilfreich für die Deutung sind die Titel der Texte, denn sie verweisen sehr genau auf den entsprechenden Sonntag im Kirchenjahr und damit auf die einschlägige Bibelstelle, auf der das Sonett basiert.

Gryphius' Experimente mit Opitz' Regelpoetik und der Perikopentradition

Auch die Psalmdichtungen Paul Gerhardts und seine sonstigen Bibeldichtungen gehören in die Tradition der Perikopendichtung. Allerdings ist Gerhardt eher wegen seiner Gemeindelieddichtungen für die geistliche Lyrik des 17. Jh. bedeutsam. Seine Lieder – die bis heute vornehmlich in evangelischen, z. T. aber auch ökumenischen Gesangbüchern zu finden sind – stehen ganz im Einflussbereich der langsam sich individualisierenden, emotionalisierenden Frömmigkeitsbewegung des 17. Jh., mit der vielerorts auf die starr gewordene Orthodoxie der protestantischen Kircheninstitutionen reagiert wurde. Gottesbegegnung, Christus-Brüderschaft, -Freundschaft und -Liebe, fast mystische Versenkung in Passions- oder Weihnachtsgeschehen machen bei Gerhardt aus der Religion einen individuellen Akt – wie er einerseits schon in der Mystik des Spätmittelalters, andererseits aber auch im Pietismus des 18. Jh. praktiziert wurde. Titel und Texte der Lieder Gerhardts drücken dies überdeutlich aus: „Wie soll ich dich empfangen / und wie begegn' ich Dir" zum Advent, „O Haupt voll Blut und Wunden" zur Passion, zum Trost und zur Selbstversicherung der unwandelbaren Liebes Gottes: „Du bist mein, weil ich dich fasse / Und dich nicht, / O mein Licht, / Aus dem Herzen lasse. / Laß mich, laß mich hingelangen, / Da du mich / Und ich dich / Leiblich werd umfangen" (Gerhardt 1861, 113).

Psalm- und Bibeldichtungen Paul Gerhardts

Paul Gerhardt (1607–1676)

Religion als individueller Akt in Gerhardts Liedern

Der bedeutendste Dichter der Gegenreformation im ersten Drittel des 17. Jh. ist Friedrich Spee von Langenfeld, Jesuit, Seelsorger, Professor für Philosophie, später Moraltheologie und Beichtvater in vielen Hexenprozessen – der zuweilen der lutherschen Theologie gar nicht so fern stand. Seine anonym erschienene *Cautio criminalis, seu De processibus contra sagas liber* (1631), die von tiefer menschlicher Betroffenheit und Ablehnung der Hexenprozesse getragen ist, zeigt seine Distanz zur Inquisitionsgerichtsbarkeit – und leitete schließlich die beginnende Abkehr vom Hexenprozess ein. Seine erst posthum erschienene Lied- und Gedichtsammlung *Trvtz Nachtigal, Oder Geistlichs-Poetisch Lvst-Waldlein, Deßgleichen noch nie zuvor in Teutscher sprach gesehen* (1649) drückt eine mystisch-spirituelle Gottesliebe aus – mit dem Anspruch, in deutscher Sprache ein höchstes, poetisch kunstfertiges Gotteslob singen zu

Friedrich Spee von Langenfeld (1591–1635)

Spees Ablehnung der Hexenprozesse

können, steht Friedrich Spee von Langenfeld in Konkurrenz zu den antiken und ausländischen Dichtern („trutz allen Nachtigalen süß / vnnd lieblich"). Er will „einer recht lieblichen Teutschen Poetica die baan [...] zeigen / vnd zur grösseren ehren Gottes einen newen geistlichen Parnassum" (Spee [1649] 1985, 232) betreten. Spee darf als der ambitionierteste Dichter der Gegenreformation gelten, wenn es darum geht, dem volkssprachlichen Liedgut der Protestanten ein gleichwertiges Pendant an die Seite zu stellen. Darüber hinaus sind seine metrischen Bemühungen, wohl völlig unabhängig von Opitz, überzeugend: Er schafft eine sinnhafte Übereinstimmung von Wort- und Versakzent im Lied. Die mystisch-individualisierenden Züge seiner Gotteserfahrung und -liebe sind ohne Übertreibung als Vorstufe sowohl zu Paul Gerhardts geistlichen Liedern als auch zum viel späteren Pietismus zu werten. Viele seiner Lieder sind heute noch im aktiven Repertoire christlicher Gemeinden erhalten: „O Heiland reiß die Himmel auf", „Zu Bethlehem geboren".

Metrische Errungenschaften Spees

5.1.2 | *Gelegenheitsdichtung*

Situations- und anlassbezogene Dichtung

Die neben der geistlichen Dichtung größte Gruppe „lyrischer" Texte des 17. Jh. ist ohne Zweifel die Gelegenheitsdichtung. Ein *Gelegenheits-* oder *Casualgedicht* ist ein für ein bestimmtes Ereignis oder einen bestimmten Anlass geschriebenes Gedicht – insofern sind etwa auf den Gottesdienst bezogene (Perikopen-) Gedichte auch Gelegenheitsgedichte. Das Casualgedicht ist in seiner Form nicht festgelegt; häufig aber ist diese schlicht, was daran liegt, dass der Urheber nicht professioneller Dichter, sondern dichtender Hofmann oder Bürger ist. Sammlungen von Gelegenheitsgedichten wurden schon in der Antike angelegt und lieferten die Muster für das Barockzeitalter, dort hießen sie *silvae*, seit Opitz aber *Poetische Wälder*. Im *Buch von der Deutschen Poeterey* sind eine Reihe der möglichen Anlässe genannt:

Vielfalt der möglichen Anlässe

> Sylven oder wälder sind nicht allein nur solche carmina, die auß geschwinder anregung vnnd hitze ohne arbeit von der hand weg gemacht werden / von denen Quintilianus im dritten Capitel des zehenden buches saget: [...] wie jhr name selber anzeiget / der vom gleichniß eines Waldes / in dem vieler art vnd sorten Bäwme zue finden sindt / genommen ist / sie begreiffen auch allerley geistliche vnnd weltlicht getichte / als da sind Hochzeit= vnd Geburtlieder / Glückwündtschungen nach außgestandener kranckheit / item auff reisen / oder auff die zuerückkunft von denselben / vnd dergleichen. (Opitz [1624] 1970, 50)

Alle einigermaßen besonderen Ereignisse im bürgerlich-privaten, im politisch-öffentlichen und im akademischen Raum eignen sich zum Gelegenheitsgedicht: Geburtstage, Hochzeiten, Kindstaufen, Trauerfeierlichkeiten, Krönung, Erbprinzengeburt, Siege, Baccalaureats- oder Magisterfeiern, Amtseinführungen von Professoren oder Rektoren, aber auch die Abreise eines

FORMEN DER LITERATUR · **17. Jahrhundert**

Freundes, die Wiederankunft, Krankheit oder Gesundung eines Freundes oder Gönners – die Vielfalt der Gelegenheiten bestimmt auch die Vielfalt der verschiedenen Arten des Gelegenheitsgedichts. Hier seien nur die wichtigsten genannt:

Verschiedene Arten des Gelegenheitsgedichts

▶ das *Leichen-, Trauer-* oder *Trostgedicht* hat eine rhetorisch vorgegebene Disposition: dem Lob des/der Verstorbenen (*laudatio*) folgt die Klage über den Verlust (*lamentatio*), der Trost für die Hinterbliebenen (*consolatio*) schließt ab. So dichtet etwa Paul Gerhardt „Auf den Tod der kleinen Margaretha Zarlang. An die Eltern" (1667):

> Weint, und weint gleichwohl nicht zu sehr,
> Denn was euch abgestorben,
> Ist wohl daran und hat nunmehr
> Das beste Teil erworben!
>   Es ist hindurch ins Vaterland,
> Nachdem der harte schwere Stand,
> Der hier war, überstanden.
> [...]

▶ das *Geburtstagsgedicht* (*Genethliakon*) wird häufig zusammen mit einem Geschenk überreicht oder präsentiert. In kunstvoller Form spielt es auf den Namen des Beglückwünschten an, versteckt ihn im Text in einem Akrostichon – wenn der Name sich aus den Anfangsbuchstaben der Verszeilen zusammensetzen lässt – oder in Anagrammen (Spiel mit den Buchstaben des Namens);

▶ das *Hochzeitsgedicht* (*Epithalamium*, auch *Hymenaeus*) war im 17. Jh. ebenfalls relativ konventionalisiert: Simon Dach oder Andreas Gryphius beginnen den Text meist mit einer Naturschilderung oder mythologischen Szene (Amor, Hymen), lassen sodann Braut und Bräutigam hochleben, um schließlich zu rechter Eheführung zu mahnen.

Glückwunschgedichte (*Laudes*) zu den verschiedensten Anlässen, Segenswünsche zum Jahreswechsel, Reisegeleitgedichte (*Propemptikon*) und vieles mehr vervollständigen das Genre, für das praktisch alle lyrischen Formen in Betracht kamen: Sonette, Horazische und Pindarische Odenstrophen, Alexandrinergedichte, Epigramme, Liedstrophen, auch Spielformen wie Echogedichte, Bilderverse, Figurengedichte, Zweigesänge oder gar eingestreute Chöre – hier (v. a. bei Hofe, in einzelnen Städten aber auch in der Verwaltung) entwickelt sich das Gedicht zur Kantate oder zur dramatischen Schaustellung mit musikalischer Untermalung, sogar als Fest-, Sing- oder Freudenspiel im Kontext größer angelegter höfischer Festlichkeiten. – Im Rahmen bürgerlicher und adliger Alltagskultur war das Gelegenheitsgedicht ein Massenphänomen: In den gehobenen Ständen wurden schon die kleineren Jungen im Verfassen formgerechter Gedichte geübt, eine Menge an ‚Schriftstellern', also Musterbü-

Vielzahl an lyrischen Formen

Künstlerische Umrahmung im höfischen Kontext

Gelegenheitsdichtung: Ein Massenphänomen im bürgerlichen Kontext

67

chern oder Alltagspoetiken, half dabei. Besonders geübte Gelegenheitsdichter konnten aus der Dichtung eine nicht unwesentliche Einnahmequelle machen.

5.1.3 | *Gegenstände lyrischen Sprechens*

Krieg

Kriegsklage bei Gryphius und Rist

Der Dreißigjährige Krieg und seine katastrophalen Folgen sind einer der wichtigsten (nicht nur) weltlichen Gegenstände der Lyrik des 17. Jh. „WIr sindt doch nuhmer gantz / ja mehr denn gantz verheret! / Der frechen völcker schaar / die rasende Posaun / Das vom blutt fette schwerdt / die donnernde Carthaun / Hat aller schweis / vnd fleis / vnd vorrath auff gezehret" (Gryphius 1963, 48) – so beginnt das bekannteste Kriegsklage-Sonett „Thraenen des Vaterlandes. Anno 1636" von Andreas Gryphius. Die Zerstörung der Infrastruktur von Stadt und Land, die Millionen von Toten, Leid und Schmerz und Pest, die Umkehrung aller sozialen Ordnung werden beklagt. Wichtiger wiegt, und hier rührt das weltliche Gedicht ans geistliche, jedoch der Seelenschaden durch den Krieg: „Doch schweig ich noch von dem / was ärger als der Tod / Was grimmer denn die Pest / und Glutt und Hungersnoth / Daß auch der Seelen Schatz / so vilen abgezwungen". Im gleichen Sinne dichtete auch Johann Rist: „So ligt denn nun das arme weib / bis auff den Tod zerschlagen. / Ach, daß ihr wunderschöner Leib / muß so viel Striemen tragen! / Ja muß den, da du Guth und Muth / verloren hast, dein heißes Bluth, / o Teutschland, von der Erden, / zuletst verschlungen werden?" (Rist [1647] 1972, 170)

Weltliche und geistliche Gegenstände

Kriegsende und Gotteslob bei Gerhardt

Der Friedensschluss von Münster und Osnabrück 1648 ist dann natürlich Anlass für eine Fülle Gott und den Frieden lobender Texte. So betet Paul Gerhardt 1648: „Gott Lob! Nun ist erschollen / Das edle Fried- und Freudenwort, / Daß nunmehr ruhen sollen / Die Spieß und Schwerter und ihr Mord. / Wohlauf und nimm nun wieder / Dein Saitenspiel hervor, / O Deutschland, und sing Lieder / Im hohen, vollen Chor. / Erhebe dein Gemüte / Zu deinem GOtt und sprich: / Herr, deine Gnad und Güte / Bleibt dennoch ewiglich" (Gerhardt [1648] 1957, 285).

Vergänglichkeit, *vanitas*-Motivik

Krieg und (menschliche) Vergänglichkeit

Der Krieg wird grundsätzlich allerdings nur als Verschärfung der allgemeinen Hinfälligkeit und Vergänglichkeit des menschlichen Lebens und Leibes interpretiert. So vergleicht Georg Philipp Harsdörffer das menschliche Leben mit einer Vielzahl von vergänglichen Dingen – ein Gedicht, das gleichzeitig die Vorliebe der barocken Literatur für Bild, Vergleich und Metapher demonstriert:

Vergleichsbilder bei Harsdörffer und Gryphius

Das Leben des Menschen
Das Leben ist
Ein Laub, das grünt und falbt geschwind.

Ein Staub, den leicht vertreibt der Wind.
Ein Schnee, der in dem Nu vergehet.
Ein See, der niemals stille stehet.
Die Blum, so nach der Blüt verfällt.
Der Ruhm, auf kurze Zeit gestellt.
Ein Gras, das leichtlich wird verdrucket.
Ein Glas, das leichter wird zerstucket.
Ein Traum, der mit dem Schlaf aufhört.
Ein Schaum, den Flut und Wind verzehrt.
Ein Heu, das kurze Zeite bleibet.
Die Spreu, so mancher Wind vertreibet.
Ein Kauf, den man am End bereut.
Ein Lauf, der schnaufend schnell erfreut.
Ein Wasserstrom, der pfeilt geschwind.
Die Wasserblas, die bald zerrinnt.
Ein Schatten, der uns macht schabab.
Die Matten, die gräbt unser Grab. (*Pegnitz-Schäfer* [1673] o. J., 51)

Georg Philipp Harsdörffer (1607–1658)

Die gleiche Vielfalt der Vergleichsbilder nutzt Gryphius in seinem Sonett über „Menschliches Elende": „Was sind wir Menschen doch! ein Wonhauß grimmer Schmertzen? Ein Baal des falschen Glücks / ein Irrlicht dieser zeit / Ein Schawplatz aller Angst / vnnd Widerwertigkeit / Ein bald verschmelzter Schnee / vnd abgebrante Kertzen" (Gryphius [1637] 1963, 9). Vergänglichkeit wird jedem menschlichen Werk zugeordnet: „Es ist alles eitel". Krankheit und Tod, die Zerbrechlichkeit des eigenen bescheidenen Lebens werden in eindrucksvollen Bildern reflektiert – am stärksten wohl in Gryphius' Sonett „An die Welt", in dem der Leib metaphorisch als Schiff, das Leben als Meer mit allen Fährnissen dargeboten wird, woraus sich eine große Allegorie menschlichen Lebens ergibt – dessen erwünschter Port, der Hafen, der Tod ist:

Vergänglichkeit menschlichen Lebens in Gryphius' „An die Welt"

MEin offt besturmbtes Schiff der grimmen winde spiell /
Der frechen wellen baall / das schier die flutt getrennet /
Das vber klip auff klip' / vndt schaum / vndt sandt gerennet;
　　Kombt vor der zeit an port / den meine Seele will.
　　Offt wen vns schwartze nacht im mittag vberfiell:
Hatt der geschwinde plitz die Seegel schier verbrennet!
Wie offt hab ich den Windt / vndt Nord' vndt Sudt verkennet!
　　Wie schadthafft ist der Mast / Stewr=ruder / Schwerdt und Kiell.
Steig aus du müder Geist! steig aus! wir sindt am Lande!
Was grawt dir für dem portt / itzt wirstu aller bande
　　Vndt angst / vndt herber pein / vndt schwerer schmertzen los.
Ade / verfluchte welt: du see voll rawer stürme:
Glück zu mein vaterlandt / das stätte ruh' im schirme
　　Vnd schutz vndt friden hält / du ewiglichtes schlos. (Gryphius [1643] 1963, 61)

Sinnlichkeit und Liebe

Im strengen Gegensatz zu den theologisch oder weltanschaulich beeinflussten Konzepten der Vergänglichkeit der Welt, ihrer Eitelkeit und Nichtigkeit, ebenso in scharfem Kontrast zur konfessionell je unterschiedlich sich ausprägenden geistlichen Dichtung des 17. Jh. und ebenso im Gegensatz zur vernichtenden Geschichts- und Welterfahrung im Kontext des Dreißigjährigen Krieges steht die in verschiedenen Stilen und Formen sich ausprägende lyrische Literatur, die Erotik, Körperlichkeit und Sinnlichkeit, Liebe und Wollust, Galanterie und dergleichen mehr zum Gegenstand hat. Zu unterscheiden ist hierbei grundsätzlich zwischen der hohen Liebeslyrik, in der Schönheit und Tugend der Geliebten besungen werden, der mittleren Liebeslyrik, in der tatsächlich erotische Liebe thematisiert wird, und der niedrigen, drastisch-zotigen Liebeslyrik.

Hohe Liebeslyrik   Die hohe Liebeslyrik z. B. ist stark an die Form des Sonetts gebunden. Das liegt auch daran, dass ihr Vorbild der *Canzoniere* Francesco Petraracas ist, eine Sammlung von Sonetten, Madrigalen, Sestinen und Balladen, in der Petrarca, ausgehend von einem angeblich einschneidenden Zusammentreffen mit seiner (wohl fiktiven) Geliebten Laura, deren Schönheit und Unerreichbarkeit sowie die Vergeblichkeit seiner Liebe besingt bzw. beklagt. In Anlehnung an dieses Muster entwickelt sich, in Deutschland erst mit Opitz' Reform, eine literarische Konvention, in bestimmten Bildern und sprachlichen Formen über diese Liebe zu sprechen. Diese Konvention wird als *Petrarkismus* bezeichnet. Melancholie und Resignation des lyrischen Sprechers, seine Verfallenheit und Sehnsucht sind typisierte Haltungen des „Ich" im Gedicht. Stilistisch wird Petrarca in Antithesen und Oxymora und mit einem festen Bilderrepertoire nachgeahmt; Petrarkismus „stiftet entindividualisierte Formen der Liebessprache" (Niefanger 2000, 106). Beispielhaft kann Opitz' Übertragung eines der Sonette aus dem *Canzoniere* („S'amor non è, che dunque è quel ch'io sento", bei Opitz dann „Francisci Petrarchae") gelten:

Die literarische
Konvention des
Petrarkismus in
Inhalt und Stil

> ISt Liebe lauter nichts / wie daß sie mich entzündet?
> Ist sie dann gleichwol was / wem ist jhr Thun bewust?
> Ist sie auch gut vnd recht / wie bringt sie böse Lust?
> Ist sie nicht gut / wie daß man Frewd' aus jhr empfindet?
>   Lieb' ich ohn allen Zwang / wie kan ich Schmertzen tragen?
> Muß ich es thun / was hilfft's daß ich solch Trawren führ'?
> Heb' ich es vngern an / wer dann befihlt es mir?
> Thue ich es aber gern' / vmb was hab' ich zu klagen?
>   Ich wancke wie das Graß so von den kühlen Winden
> Vmb Vesperzeit bald hin geneiget wird / bald her:
> Ich walle wie ein Schiff das durch das wilde Meer
>   Von Wellen vmbgejagt nicht kan zu Rande finden.
> Ich weis nicht was ich will / ich wil nicht was ich weis:
> Im Sommer ist mir kalt / im Winter ist mir heiß. (Opitz [1625] 1979, 703)

In Adaption, Übersteigerung und schließlich auch Ablehnung petrarkistischer Stilelemente entstanden ebenso verschiedene Spielarten dieser Lyriktradition wie in der inhaltlichen Differenzierung zwischen weltlichem und geistlichem Petrarkismus. Letzterer ist etwa sichtbar in fast mystischen Gedichten von Friedrich Spee von Langenfeld – an die Stelle der Liebe zur Frau tritt die Gottesliebe, die Spee allerdings, in petrarkistischer Manier, an die Erscheinungsformen fleischlicher Liebe anlehnt: So etwa in dem „Anders Liebgesang der Gespons JESV, darinn die Eigenschafften einer volkommenen Begierlichen Liebe abgemahlet seind" (Spee [1649] 1985, 37). Weltlicher Petrarkismus bewegt sich ganz in den von Opitz mit seiner Petrarca-Rezeption vorgegebenen stereotyp werdenden Bahnen; bei Paul Fleming gibt es viele Sonette in dieser Manier („An Dulkamaren": „Wie kan ich ohne Haß / dich / Dulkamara / lieben / du bitter-süße du? Bald bist du gar zu gut. / Bald / wenn ein schlechter Wahn ersteiget deinen Muth / So steht mein naher Todt ümm deiner Stirn geschrieben" (Fleming [1642] 1969, 646). Dort, wo die Liebesrede eindeutiger wird, kann auch von erotischem Petrarkismus gesprochen werden – etwa in dem Gedicht „Wollust" von Hoffmannswaldau oder in dem einer fiktiven Frau gewidmeten „An Algerthen":

Weltlicher und geistlicher Petrarkismus

Geistlicher Petrarkismus bei Spee

Weltliche Aspekte bei Opitz und Fleming

Erotischer Petrarkismus bei Hoffmannswaldau

> ACh! könte doch mein geist durch meine feder fliessen /
>   Wie gerne schlöß er sich in diese reimen ein /
> Wie emsig würd' er dir die süssen lippen küssen /
>   Und einer biene gleich auff deinen rosen seyn.
> Er würde zärtlich sich auff ihre blätter legen /
>   Und durch den honig-thau bald trunken seyn gemacht.
> Dein purpur würd' in ihm dergleichen trieb erregen /
>   So nur das paradieß zu erst hat angelacht.
> Auff deinen bergen würd' er rothe beeren suchen /
>   Wohin dringt endlich doch lieb und auch fürwitz nicht? […] (Hoffmannswaldau [1697] 1961, 80)

Paul Fleming (1609–1640)

Dafür, dass die stereotype Lyrik-Konvention des Petrarkismus als solche – also als bloßes rhetorisches Figurenarsenal – in lyrischen Texten selbst reflektiert wird, liefert Opitz ein Beispiel und stellt damit dem Petrarkismus den Anti-Petrarkismus gegenüber. In seinem Gedicht „An eine Jungfraw" heißt es:

Anti-Petrarkismus

> Sie thun wol einen Eyd / nicht dennoch ohne lachen /
> Daß ewer' Augen auch die Sternen finster machen /
> Vnd daß sie heller seyn denn alles Firmament /
> Ja daß die Sonne selbst auch nicht so hefftig brent.
> [… hier folgen noch in vielen Zeilen die poetisch-blumigen Komplimente an die Jungfrau – B. J.]
> Wie möcht' ich aber wol so falsch erdachte sagen /
> Vnd groß' Auffschneyderey mit Langmut nur ertragen?
> Ich glaube wer das Thun nur halb beschreiben wolt'
> Er Feder vnd Pappier auch schamroth machen solt'. […] (Opitz [1625] 1979, 621 f.)

Galante Literatur

Annäherung von gehobenem Bürgertum und Adel

Eine spezifische Form der Liebeslyrik ist im Kontext der galanten Literatur entstanden: Zum Ende des 17. Jh. – am Übergang vom Barock zur Aufklärung – fand eine Annäherung des gehobenen Bürgertums an die Normen und Lebensformen des höfischen Adels statt. Diese Entwicklung schlug sich einerseits in einer Fülle von Verhaltensratgebern und Anweisungsbüchern nieder, die dem Bürgerlichen die ‚galanten' Verhaltensnormen beibringen sollten. Andererseits wurden in den ‚Briefstellern' Muster höfischer Briefe im gehobenen Stil für alle Anlässe und Zwecke abgedruckt, die dem Bürgertum als Hilfe beim Verfassen ihrer Briefe dienen sollten. Höfische, aber auch schlüpfrig dargestellte Liebe, war Gegenstand der galanten Lyrik, deren wichtigste Texte in einer umfangreichen zeitgenössischen Sammlung zusammengestellt sind: Benjamin Neukirchs *Herrn von Hoffmannswaldau und andrer Deutschen auserlesener und bißher ungedruckter Gedichte erster [– siebender] theil* (7 Bde., 1697–1727).

Liebe als Gegenstand galanter Lyrik

Übertreibung barocker Bildlichkeit bei Hoffmannswaldau

Christian Hoffmann von Hoffmannswaldau darf sicher als wichtigster Vertreter dieser Richtung bezeichnet werden. Der Jurist, Kaiserliche Rat und Ratspräsident ist beispielhaft für die Verfeinerung oder Übertreibung barocker Bildlichkeit in der Lyrik der zweiten Hälfte des 17. Jh., die später als Schwulst verschrien wird und Kennzeichen des spätbarocken Manierismus ist. Hoffmannswaldau schrieb einerseits, wie oben schon angezeigt, bis zur Frivolität gehende erotische Gedichte:

Frontispiz und Titelblatt von Benjamin Neukirchs *Herrn von Hoffmannswaldau und andrer Deutschen auserlesener und bißher ungedruckter Gedichte erster theil* (1697)

Als die Venus neulich saße
    In dem Bade nackt und bloß
    Und Cupido auf der Schoß
Von dem Liebeszucker aße,
Zeigte sie dem kleinen Knaben
Alles, was die Frauen haben.
Marmelhügel sah er liegen,
    Von Begierden aufgebaut;
    Sprach zur Mutter überlaut:
Wann werd ich dergleichen kriegen,
Daß mich auch die Schäferinnen
Und die Damen liebgewinnen?
Venus lacht aus vollem Munde
    Über ihren kleinen Sohn,
    Denn sie sah und merkte schon,
Daß er was davon verstunde.
Sprach: Du hast wohl andre Sachen,
Die verliebter können machen. [...] (Hoffmannswaldau [1697] 1961, 408 f.)

Seine *Helden-Briefe* (1673), in der Tradition der *Epistulae heroidum* Ovids, sind andererseits Musterexemplare galanter Lyrik und literarischer Briefe. Sie lassen insgesamt vierzehn Liebespaare der historischen Überlieferung zu Wort kommen (Eginhard und Emma, Abaelard und Heloïse u. a.). Ein kleiner Prosatext vorab erläutert die Liebesgeschichte – die meist durch einen Standesunterschied o. ä. problematisch ist –, sodann schreiben die Liebenden einander jeweils hundert kreuzgereimte Alexandriner über ihre Liebe, die körperliche Symptomatik des Verliebtseins, auch Zweideutigkeiten. Das galant-schlüpfrige, -tragische oder auch witzige Sprachspiel der *Helden-Briefe* reagiert mit seinen rhetorischen Verkleidungen und Masken – die es letztlich auf Entblößung abgesehen haben – auf die konventionell gefesselte Welt des Hofes bzw. auf die Natur- oder Leibfeindlichkeit einer durch religiös verordnete Askese bestimmten Umwelt.

Die *Helden-Briefe* als Reaktion auf die strengen Konventionen am Hof

Andreas Gryphius

|5.1.4

Das lyrische Werk von Andreas Gryphius kann als das reichste und repräsentativste Werk des 17. Jh. angesehen werden. Im Zentrum stehen die insgesamt fünf Sonettbücher. Oden, Epigramme, formal nicht zuzuordnende Gedichtkomplexe sowie eine große Anzahl von lyrischen Texten, die Gryphius selbst gar nicht zur Veröffentlichung brachte, komplettieren das Werk. Schon das erste der Sonett-Bücher (*Lissaer Sonette*, 1637) enthielt zwei der kanonisch gewordenen Gedichte von Gryphius in erster Fassung: „Menschliches Elende" und „Trawrklage des verwüsteten Deutschlandes". In den weiteren werden etwa die perikopenartigen *Son- undt Feyrtags Sonnette* (erstmals 1639) wei-

Andreas Gryphius
(1616–1664)

17. Jahrhundert: Barock

Epigramme, Oden

terverarbeitet. *Andrea Gryphii Epigrammata. Das erste Buch* (1643) enthielt „100 Alexandriner-Gedichte unterschiedlicher Länge in der Tradition der witzigen, verletzenden, auch obszönen Epigrammatik Martials" (Kaminski 1998, 52). Gemeinsam mit dem ersten Buch der Sonette erschien *Andreae Gryphii Oden. Das erste Buch.* Wie bei den Sonetten publizierte Gryphius in den Folgejahrzehnten drei weitere Odenbücher: *Das Ander Buch* (1650), *Das Dritte* und *Das Vierdte Buch* (1657). – Formal bewegt sich Gryphius in seinen lyrischen Gedichten relativ streng in den von Opitz' *Buch von der Deutschen Poeterey* vorgegebenen Bahnen: Die Sonette sind in der Regel in Alexandrinern verfasst.

Orientierung der formalen Lyrik-Konzeption an Opitz

5.2 | Drama

5.2.1 | *Schul- und Jesuitentheater*

Das Schultheater als moralische Unterweisung

Wohl zufälligerweise wurde es gleichzeitig mit den ersten Jahren der Reformation, also etwa seit 1520, an den Lateinschulen des Heiligen Römischen Reiches Deutscher Nation zur Pflicht, mit den Schülern Theateraufführungen zu veranstalten. Martin Luther schließt sich dieser Obligatorik an, auch er ist der Überzeugung, das Theaterspiel sei im Blick auf seinen moralisch belehrenden Zweck eine sinnvolle Übung in der Schule. Zwischen katholischem und reformiertem *Schultheater* gab es zunächst kaum Differenzen: Gegenstände der Spiele waren nicht große Mysterien, nicht Weihnachtsgeschichte, Passion oder Schöpfung. Eher wurden Gleichnisse und Parabeln des *Neuen Testaments* in dramatisierter Form auf der Bühne dargestellt (etwa der verlorene Sohn, die Hochzeit zu Kana u. a.).

Die Aufführungen sollten zweimal im Jahr vor den Eltern und den Honoratioren der Stadt stattfinden. Ihr pädagogischer Zweck lag neben der moralischen Belehrung v. a. in der Einübung in freier Rede, in Vortrag und Deklamation in lateinischer und deutscher Sprache: Damit ist das Drama funktionell in den Lernprozess der Schüler eingebunden, denn gewandtes Auftreten vor der Öffentlichkeit gehörte schlichtweg zur zukünftigen Berufspraxis der Schüler als Anwälte, Richter, Beamte oder Professoren. Aufführungsorte der Darbietungen waren Schulen, z. T. auch öffentliche Ratssäle, selten Privathäuser. – Formal orientierte sich das Schuldrama an lateinischen Musterautoren: Die Fünfaktigkeit wurde streng eingehalten, Chöre schlossen den einzelnen Akt ab, antike Metrik kam zur Anwendung, Prolog, Argumentum (d. i. eine kurze Inhaltsangabe) und Epilog rahmten das Stück ein. Neulateinische Autoren (etwa Georgius Macropedius und Gulielmus Gnaphaeus) lieferten ideale Texte – oder man bediente sich der lateinischen Dramatik aus der Antike.

Strenge Orientierung der Form an lateinischen Mustern

Das Schultheater konzentrierte sich konfessionsabhängig an lokalen bzw. regionalen Zentren: In Wittenberg und vielfach im reformierten Raum zeigte

FORMEN DER LITERATUR

das Schultheater ein leidenschaftliches Engagement für neue Glaubensrichtungen: Paul Rebhun, Johannes Agricola, Thomas Naogeorg u. a. schrieben lateinische und auch deutsche Dramen; Naogeorg kombinierte die geschlossene, antike Terenzbühne mit der Simultanbühne des Mittelalters und gab damit dem ganzen Theaterwesen des späteren 16. und frühen 17. Jh. neue Impulse. Weniger aufgeschlossen gegenüber den neuen Tendenzen zeigte man sich an der Straßburger Lateinschule, deren langjähriger Rektor, der Humanist Johannes Sturm, obwohl konfessionell eher unabhängig, in reformiertem Umfeld und mit an Cicero orientiertem Stoizismus, eine starke Aufführungspraxis zunächst nur antiker Stücke etablierte (Terenz, Plautus, Aristophanes u. a.) und erst ab 1565 auch neulateinische Stücke aufnahm.

Aufgeschlossenheit gegenüber einer neuen Aufführungspraxis

Gegen dieses meist reformiert orientierte Schultheater stand das *Jesuitentheater*: Der Orden, erst 1534 in Paris gegründet, wurde gegen die Mitte des 16. Jh. zu einem der wichtigsten Träger und Verteidiger des katholischen Glaubens – und zum Hauptakteur einer katholischen Schulreform, die ein Gegengewicht zur protestantischen Schule darstellen sollte: In Köln wurde 1544, in Wien 1552, in München 1559 ein Jesuitengymnasium gegründet. Obwohl die Ordensleitung dem Schultheater, das als propagandistisches Mittel des lutherschen Gedankenguts verstanden wurde, zunächst ablehnend gegenüber stand, wurde im letzten Drittel des Jahrhunderts das Theater zu einem wichtigen Feld der Auseinandersetzung mit der Reformation.

Das Jesuitentheater als Medium der Auseinandersetzung mit der Reformation

Das Theater der Jesuiten griff nicht unmittelbar in die Reformationsauseinandersetzung ein (wie es etwa in der Reformationspolemik der ersten Jahrzehnte der Fall gewesen war), sondern richtete sich unmittelbar an die gläubigen Seelen: Die Protagonisten sind exemplarische Figuren, mit deren Tugenden oder Lastern sich die Zuschauer identifizieren sollten, die Stoffe werden näher an die Gegenwart gerückt – und man kann die Langeweile der ewigen Wiederholung biblischer Stoffe abwenden. Die alltägliche, ja gegenwärtige Welt wird als Schauplatz im Kampf der guten und bösen Mächte um die Seele des Menschen dargestellt.

Die Welt als Schauplatz des Kampfes zwischen Gut und Böse

Zeitgenössisches Titelblatt des Cenodoxus (Ausgabe von 1635)

Ein Beispiel für ein solches Jesuitendrama ist der in Augsburg 1602 uraufgeführte, fünfaktige *Cenodoxus* Jacob Bidermanns. Das Stück steht in der Stofftradition der Jedermanndramen des 16. Jh. Hier geht es allerdings um einen eigensüchtigen, überheblichen und berühmten Doktor der Medizin, der wegen seiner Laster der ewigen Verdammnis anheimfällt, ohne dass sein

Ein Beispiel: Bidermanns Cenodoxus

Schutzengel oder sein Gewissen ihn noch retten könnten. Im Drama werden die Mächte des Guten, personifiziert in den Gestalten Cenodoxophylax und Conscientia, im Kampf mit den Mächten des Bösen (die Gleisnerei, *Hypocrisis* und Eigenliebe, *Philautia*) auf die Bühne gebracht: Der Schlussakt zeigt die Verhandlung im Jüngsten Gericht, die im Höllensturz des Helden endet. Epilogartig schließt eine Szene das Stück ab, in welcher die Freunde des Mediziners, stellvertretend für das zu moralisierende Publikum, die Lehre aus dem Gesehenen ziehen und Abschied von den weltlichen Freunden nehmen. – Die Überlieferung will, dass nach einzelnen Aufführungen des Stücks zu Beginn des 17. Jh. zahlreiche Menschen ins Kloster gegangen seien.

Das Jesuitentheater als religiöses Erweckungserlebnis

Die alltägliche Welt des gelehrten Mannes und Allegorik im *Cenodoxus*, die Dramatik der Gerichtsszene, der spektakuläre Höllensturz sowie die abschließende Applikation auf ein Leben in der Welt zeigen die wirkmächtige Theaterästhetik des Jesuitendramas an: Theater setzt hier alle Mittel ein, um das Publikum nicht nur zu belehren oder abstrakt zu erbauen: Theater wird als religiöses Gemeinschafts- und auch Erweckungserlebnis inszeniert. Die Jesuiten setzen alle Möglichkeiten des Theaters ein: eine großräumige Bühne mit Tiefenillusion, Bühnenmusik, Zwischenmusiken, Chöre und Ballette. Das protestantische Schultheater reagiert und nimmt die Herausforderungen an: ab der Mitte des 17. Jh. gab es auch im protestantischen Schultheater wie bei den Jesuiten die barocke Verwandlungsbühne.

Die barocke Verwandlungsbühne als dramatisierendes Inszenierungsmittel

5.2.2 | *Das barocke Trauerspiel*

Das barocke Trauerspiel als freie Umsetzung der antiken Vorbilder

Die Literaturreform von Martin Opitz griff doppelt in die Dramenästhetik ein: Die Abwertung der volkssprachlichen Traditionen ließ mehr und mehr die spätmittelalterlichen volkstümlichen Spielformen als nicht anschlussfähig erscheinen, Opitz lieferte mit seinen Übersetzungen antiker Tragödien die Vorbilder für eine Orientierung am klassischen Altertum. Dass das protestantische Schultheater sich aber nicht sklavisch an die antiken Vorbilder fesselte, dass auch hier der biblische Stoff zugunsten einer Geschichte darstellenden und (christlich) deutenden Dramatik an Stellenwert verlor – und damit das barocke Trauerspiel eine ganz eigene dramatische Gattung wurde, zeigen exemplarisch die Trauerspiele von Andreas Gryphius und Daniel Casper von Lohenstein.

Andreas Gryphius

Trauerspiele von Andreas Gryphius: Historische Stoffe und der Protagonist als Christusimitation

Gryphius' Trauerspiele verhandeln Geschichte im Rückgriff auf präzise Quellenkenntnis und -nutzung und modellieren die Zentralfiguren, z. T. in genauer Entsprechung zu den historiographischen Quellen, als *imitatio Christi* oder als Exempelfiguren neustoischer Tugendideale. Die Grundstruktur der Texte ist fünfaktig angelegt, die Aufzüge bzw. *Abhandelungen* werden abgeschlossen durch einen *Reyen*, der nicht die Handlung kommentiert oder als Kollektiv

76

FORMEN DER LITERATUR · **17. Jahrhundert**

den einzelnen Protagonisten gegenübertritt, sondern der ein Abstraktum aus der Handlung eines Aufzugs herausgreift, um dieses dann mehrfach allegorisch bzw. anagogisch zu deuten. Formal wird der Reyen gemäß pindarischer Odenform in Satz, Gegensatz und Zusatz ausgeführt. Dadurch gewinnt das barocke Trauerspiel eine emblematische Struktur, innerhalb derer die Handlungsebene der Aufzüge die Bildebene (*pictura*), der Reyen die Funktion der Erläuterung (*subscriptio*) übernimmt.

Emblematische Struktur durch den Reyen (Sprechchor allegorischer Figuren)

In seinem ersten Trauerspiel, *Leo Armenius*, das er 1646/47 in Straßburg verfasste und das in einer dramatischen Anthologie 1650 bei einem Frankfurter Verlag ohne Gryphius' Wissen erstmals gedruckt wurde, gestaltet Gryphius das Thema des Königsmordes. Er greift hier auf einen Stoff der byzantinischen Geschichte zurück, die historiographischen Quellen über den Mord am byzantinischen Kaiser Leo Armenius am Weihnachtsabend 820 waren die *Epitomē historiōn* des byzantinischen Historikers Joannes Zonaras und das *Compendium historiarum* des griechischen Mönchs Georgios Cedrenus. Über diese Quellen hinaus hatte Gryphius wohl in Italien das neulateinische *Leo Armenus, sive Impietas punita* (1648) von Joseph Simeons kennengelernt.

Königsmord als Stoff. Historische Quellen des Leo Armenius (1646/47; 1650)

Leo Armenius hatte sich sieben Jahre vor seiner Ermordung selber die Kaiserwürde gewaltsam angeeignet. Michael Balbus, sein Gegenspieler – allerdings einstiger Weggefährte – spinnt eine Intrige, nicht aus politischen, sondern aus individuellen Gründen: Er fühlt sich unterbezahlt. Leo lässt Balbus, nachdem er die Umsturzpläne gesteht, verhaften und verurteilen. Allerdings wird das Urteil nicht vollstreckt, da die Weihnachtsfeiertage nicht durch Blut befleckt werden sollen. Der König wird im Schlaf vom Geist eines alten Patriarchen aus Konstantinopel heimgesucht, der Leo als furienhaftes Sinnbild verdrängter eigener Schuld seinen unrechtmäßigen Kampf um die Kaiserwürde vorhält. Der Geist fordert ihn zu Wachsamkeit auf und macht eindeutige zukunftsgewisse Hinweise auf die Zerstörung der Herrschaft Leos. Dieser verlässt voll Angst sein Schlafzimmer, läuft nächtens in den Kerker, findet den die Hinrichtung erwartenden Michael Balbus seelenruhig schlafend – und erschrickt zutiefst über dessen Ruhe. Die Verbündeten des Michael beschwören den Geist eines Zauberers, der ihnen Erfolg verheißt, schleichen sich als Priester verkleidet in den Weihnachtsgottesdienst ein und ermorden den vor dem Altar knienden Kaiser. Michael Balbus lässt sich daraufhin zum Kaiser ausrufen. Wie zuvor Leo kann auch er seine Regentschaft nur auf einer Gewalttat, nämlich dem Königsmord, aufbauen. So schließt sich der Kreis der unrechtmäßigen Machtergreifung.

Handlungsabfolge

Der Geist als Sinnbild unrechtmäßig erworbener Königswürde

Wie im *Leo Armenius* greift Gryphius auch im *Carolus Stuardus König von Gross Britannien* (1649, 1660) einen Königsmord-Stoff auf, wie dort existieren auch hier verschiedene Bearbeitungsstufen. Allerdings ist der Stoff des *Carolus* nicht historisch (aus Gryphius' Perspektive), sondern aktuellste Politik. Es geht um die Hinrichtung Karls I. Stuart von England durch Cromwell und

Carolus Stuardus: Aktuelle Politik als Stoff

17. Jahrhundert: Barock

die Independenten am 30.1.1649. Die Auseinandersetzungen mit Cromwells Independenten, die auf ältere Konflikte zwischen Krone und Parlament sowie anglikanischer Kirche und Puritanern zurückgingen, gipfelten 1648 in der Besetzung des Unterhauses durch die Independenten, die schließlich den König wegen tyrannischen Verhaltens gegen sein Volk verurteilten als „einen Tyrannen / Verräther / Mörder und gemeinen Feind zum Tod […] / daß ihme das Haupt vom Leibe solle abgesondert werden", wie es in einem zeitgenössischen Text aus Frankfurt heißt. Die Ermordung Karls durch die Revolutionäre erfuhr in Europa ein beispielloses publizistisches Echo, in den vierziger und fünfziger Jahren des 17. Jh. erschienen etwa 30.000 Einzeltexte zwischen Flugschrift, Traktat und Drama zu diesem Gegenstand.

Rezeption der Ermordung Karls I. von England

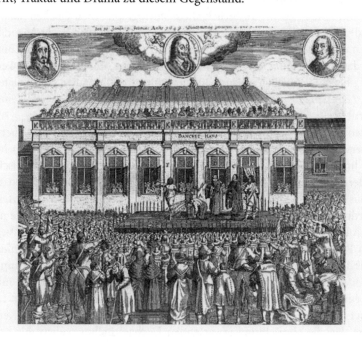

Enthauptung König Karls I., zeitgenössischer deutscher Druck

Gryphius gibt an, die erste Fassung in unmittelbarem Zusammenhang der dramatischen Ereignisse geschrieben zu haben. Nach der Restauration der Stuarts auf dem englischen Thron – 1658 war Cromwell gestorben, der Sohn Karls I., Karl II., hatte 1660 den Thron bestiegen – arbeitete Gryphius den Text unter Hinzuziehung neuer Quellen in einer zweiten Fassung aus. Die gespielte Zeit der dramatischen Handlung ist knapp mehr als ein halber Tag, in der ersten Fassung genau von Mitternacht bis Mittag, in der zweiten Fassung „beginnet [das Trawr=Spill] umb Mitternacht und endet sich umb die dritte Stunde nach Mittage". Es ist die letzte Nacht vor der Hinrichtung des Königs, sein Palast ist sein Gefängnis. Die Handlung ist bestimmt von dem Bemühen einiger Königstreuer (Lady Fairfax, dann auch ihr Gemahl), den König zu retten. Im

Handlungsabfolge und historisch konsequente Umarbeitung des Stoffes

scharfen Kontrast dazu diskutieren die Independenten den historischen Status des bevorstehenden Königsmordes. Gryphius führt Karl als liebenden Familienvater vor, als er rührenden Abschied nimmt von seinen Kindern. Indessen werden Gegenverschwörer und Antimonarchisten im Zentrum des Dramas in einer genialen Stichomythie gegeneinander geführt (Fairfax – Cromwell), ohne dass allerdings Fairfax' Strategie erfolgreich wäre. In der fünften Abhandelung der zweiten Fassung fügt Gryphius eine Vision des Independenten Poleh ein: Dieser zählt ebenfalls zu den angemaßten Königsrichtern, gesteht seine Schuld ein und sieht daraufhin die Rache Gottes in Form der Bestrafung der Königsmörder in einer Vision vorher – eine plausible Ergänzung, denn zum Zeitpunkt der Bearbeitung des Stücks waren die Stuarts wieder an der Macht. Als letzter Höhepunkt des Trauerspiels erfolgt die Hinrichtung Karls nach seiner gewichtigen Schlussrede, in der er u. a. Gnade und Vergebung für seine Mörder erbittet.

Die Akte werden durch Reyen kommentiert: ein Geisterchor, ein Chor der trauernden „Engelländischen Frauen und Jungfrauen", Chöre der Religion und der Ketzer. Der Chor der ermordeten englischen Könige ist der erste und der letzte Chor, der schließlich die Rache als allegorische Figur auf die Bühne ruft – in ihrem Gefolge tritt eine furchtbare Schar stummer Gestalten auf, wie in der Auflistung der *dramatis personae* angegeben wird: „Krieg / Ketzerey / Pest / Tod / Hunger / Zweytracht / Furcht / Eigenmord / welche der Rache nachfolgen".

Komposition der Reyen

Karls Tod ist sehr deutlich, bis in viele Details hinein, als Postfiguration des Leidens Christi modelliert, allerdings nicht, wie Schöne noch 1968 annehmen konnte, als Folge einer dichterischen Freiheit gegenüber den Quellen, die Gryphius sich erlaubt hätte, sondern in strengster Adaption dieser Quellen: Diese wiesen die postfigurale Gestaltungstendenz nämlich nachweisbar schon auf (Habersetzer 1985). Wenn aber die heilsgeschichtliche Deutung des dramatischen Helden nicht die originäre Leistung Gryphius' – und mithin auch nicht die zentrale Darstellungsabsicht – ist, rückt die Dimension staatsrechtlicher Reflexion im *Carolus Stuardus* in den Vordergrund: Im Sinne seiner Leidener Lehrer Salmasius und Lipsius deutet Gryphius den König als den von Gott rechtmäßig eingesetzten Fürsten, ein Widerstand gegen ihn ist gleichzeitig ein Abfall von Gott, religiöse Argumentation werde dann für die Scheinzwecke der Ketzerei missbraucht.

Gryphius' König Karl als imitatio Christi

Gryphius' Verständnis von Königsherrschaft

Im Unterschied zur historischen Thematik der beiden Königsmorddramen stellt Gryphius in *Catharina von Georgien Oder Bewehrete Beständigkeit* (entstanden zwischen 1647 und 1650, erschienen 1657) und auch in dem Trauerspiel *Großmütiger Rechts-Gelehrter / Oder sterbender Aemilius Paulus Papinianus* (entstanden zwischen 1657 und 1659, erschienen 1659) Tugendideale im Sinne neostoischer Auffassung in den Vordergrund. Der Märtyrertod Catharinas 1624 in der Gefangenschaft des persischen Schahs Abas, der Gryphius v. a. aus der 16. Erzählung *Histoires tragiques de nostre temps* (1635/41) von Claude

Catharina von Georgien: Tugendideale und Märtyrertod als weitere Themenkomplexe

Malingre zugänglich geworden war, wird, wie die Vorrede des Dramas sagt, ein „Beyspiel unaußsprechlicher Beständigkeit". Gegen die zudringliche Liebe des leidenschaftlich schwankenden Schahs beweist Catharina die konstante Liebe zu ihrem verstorbenen Mann, ihrem Vaterland und dem christlichen Glauben – und geht dafür in den Martertod. Die Märtyrerin erweist sich in ihrer Tugend als frei, der Herrscher als Gefangener seiner Leidenschaften.

Catharina als Märtyrerin für Liebe, Vaterland und christlichen Glauben

Den *Papinian*-Stoff entnimmt Gryphius einer historischen Schrift der Spätantike: der Geschichte des Kaisertums nach Mark Aurel (von Herodian, ca. 240), Ziel der Handlung ist die Hinrichtung des „Obersten Reichs-Hofemeisters oder Praetorii Praefectus" Papinian (25. 2. 212). Im Streit zwischen den beiden gleichberechtigten Erben kaiserlicher Macht in Rom versagen zunächst Papinians gute Ratschläge, schließlich weigert er sich, als Rechtsgelehrter den Brudermord des Caracalla an Geta zu rechtfertigen. Allen noch so verlockenden Versuchungen zum Trotz bleibt er bei seiner Haltung, wofür ihn der Kaiser hinrichten lässt – dafür aber selber schließlich dem Wahnsinn anheimfällt. Anders als Catharina ist Papinian ein gleichsam heidnischer Märtyrer, der für die Tugend der Rechtschaffenheit in den Tod geht.

Papinian als heidnischer Märtyrer für Rechtschaffenheit

Völlig aus dem Genre des barocken Trauerspiels heraus ragt Gryphius' fünfaktiges Trauerspiel *Cardenio und Celinde, Oder unglücklich Verliebete* (1657). Den Stoff entnimmt er einer Novelle mit dem Titel *Die Macht der Enttäuschung*, die Gryphius nach Angaben der Vorrede 1647 in Amsterdam in der Novellensammlung *Sucesos y prodigios de amor en ocho novelas exemplares* (1624) von Juan Perez de Montalbán kennenlernte, allerdings in italienischer Übersetzung. Im Zentrum des Textes steht die vergebliche Liebe Cardenios zu Olympia, die ihm Lysander abspenstig gemacht hat. Ein Mordanschlag auf Lysander wird von einem Olympia ähnelnden Gespenst vereitelt; Cardenios Ersatzgeliebte Celinde, deren Liebhaber Marcellus vom Titelhelden ermordet worden war, möchte mithilfe einer Zauberin das Herz des Toten für einen Trank entwenden – das Gespenst dieses Toten greift warnend ein, Cardenio und Celinde erkennen die Nichtigkeit des eigenen Strebens und die Verwerflichkeit ihrer Leidenschaften und wenden sich erschüttert einem neuen Leben zu. In strengem Gegensatz zur Ständeklausel des Trauerspiels lässt Gryphius hier auch Personen niedrigeren gesellschaftlichen Ranges auftreten, die Sprache des Dramas ist, wie die Vorrede entschuldigt, alltäglicher als die sonst erhabene; Gryphius' Drama gilt damit als Vorform des *bürgerlichen Trauerspiels* (s. S. 130 f.).

Cardenio und Celinde als Vorform des bürgerlichen Trauerspiels

Daniel Casper von Lohenstein

Neben Gryphius ist der bedeutendste Trauerspieldichter des 17. Jh. ohne Zweifel Daniel Casper von Lohenstein, der schon als 15-jähriger Schüler für die Bühne seines Breslauer Gymnasiums ein Trauerspiel schrieb. Seine dramatischen Hauptwerke verfasste er aber als Breslauer Anwalt. Als Syndikus

Daniel Casper von Lohensteins Trauerspiele

80

und Ratsmitglied der Stadt vermittelte er diplomatisch in Streitigkeiten mit dem Wiener Hof. In jener Zeit entstanden *Cleopatra* (1661), *Agrippina* (1665), *Epicharis* (1665), *Sophonisbe* (1669) und *Ibrahim Sultan* (1673). Zwei Dramen sollen knapp vorgestellt werden, in denen Lohenstein sowohl historische Tendenz als auch Dramenästhetik des barocken Trauerspiels, wie es bei Gryphius ausgebildet wird, weiterführt.

Die *Cleopatra*, eines der erfolgreichsten und wirkungsmächtigsten Trauerspiele des Jahrhunderts, greift einen historischen Stoff auf. Zur Zeit der römischen Besetzung Nordafrikas wird die Ehe zwischen Marcus Antonius und Cleopatra auf Anordnung des römischen Kaisers Octavius, der Antonius befiehlt, Ägypten – und damit die Gattin – aufzugeben, zur Disposition gestellt. Als Antonius über die Unmöglichkeit räsoniert, die Ehefrau zu verlassen, belauscht ihn diese. Cleopatra fühlt sich fälschlicherweise verraten und inszeniert eine Intrige, innerhalb derer sie sich zum Schein vergiftet. Auf die Nachricht von ihrem Tod hin begeht Antonius Selbstmord, erfährt aber von der Täuschung und stirbt in den Armen seiner Frau. Der Kaiser empfindet dadurch die Situation als geklärt, lässt sich von Cleopatra huldigen, täuscht vor, in sie

Historischer Stoff und barocke Dramenästhetik in *Cleopatra* (1661)

Guido Reni: *Tod der Cleopatra* (um 1595–1598)

verliebt zu sein, verlangt aber, dass sie mit nach Rom komme, um seinen Sieg über Ägypten dortselbst zu repräsentieren. Anstelle dieser Versklavung wählt Cleopatra ebenfalls den Selbstmord und lässt sich von einer Giftschlange zu Tode beißen.

Octavius benennt in der Klage über den Grund für Antonius' Selbstmord das zentrale Thema des Stückes: „Uns tauret / daß der Mann durch ein solch Weib sol fallen. / Der Liebe Gifft ist doch das giftigst' unter allen / […]/ Vermaledeites Weib / sei tausend mal verfluchet" (Lohenstein [1661] 1957, IV. 41 ff.). Die Macht und Ohnmacht der Liebe wird dramatisch-tragisch erwiesen – im Reyen zum 2. Akt wird der für die mythologische Überlieferung zentrale Topos von Paris gegenüber den drei Schönsten aufgeboten. Die Reyen des in Reimpaaren geschriebenen Alexandriner-Dramas überhöhen die Handlung der Akte jeweils, insofern sie auf eine mythologische und allegorische Ebene abheben: Besonders deutlich wird dies im Reyen zum 5. Akt, in welchem die Allegorien der Flüsse Nil, Rhein, Donau und Tiber zur Sprache kommen: Der Nil beugt sich huldigend vor dem Tiber, Afrika/Ägypten also vor Rom. Donau und Rhein aber verweigern dieses: „Nun alle ja zu Sklaven sind gebohren / Was solstu Donau thun? und Rhein? / Nein! nein! Rom / das hier oft den Muth verlohren / wird noch viel Adler büssen ein" (Lohenstein [1661] 1957, V. 473 ff.). Wie

Das zentrale Thema: Macht und Ohnmacht der Liebe

Mythisch-allegorische Ebene der Reyen

81

17. Jahrhundert: Barock

Verlängerung der historischen Perspektive in die Gegenwart

Lohenstein in seinen Anmerkungen zum Drama deutlich macht, bezieht sich diese Wendung auf die „Zukunft" Roms – von der dramatischen Handlung aus gesehen: Der erfolgreiche germanische Widerstand gegen die Römer ebenso wie der – für Lohenstein gegenwärtige! – Glanz der Habsburgischen Herrschaft erlaubten es nicht, dass Rhein und Donau sich vor Rom verneigten: „Wir sehen schon [...] / Den Leopold / der dem August es gleiche thut" (Lohenstein [1661] 1957, V. 487 ff.). Damit – und nur auf der Ebene des Reyen – verlängert Lohenstein die historische Perspektive des Stückes bis in die eigene Gegenwart hinein, ohne aber den Cleopatra-Kern unangemessen zu aktualisieren.

Sophonisbe (1669) als Gelegenheitsdichtung

Quellenlage und Handlungsfolge

Ebenfalls historisch ist der Stoff des aus Anlass der Verlobung Kaiser Leopolds I. 1669 uraufgeführten Trauerspiels *Sophonisbe*. Lohenstein greift gleichermaßen auf eine Episode aus Livius' Darstellung des 2. Punischen Krieges und auf die dramatische Gestaltung des Stoffes im französischen Klassizismus zurück: Pierre Corneille hatte den Gegenstand erst sechs Jahre zuvor für den französischen Königshof bearbeitet. Das Königreich Numidien wird von Rom, stärker noch von mit Rom verbündeten afrikanischen Heeren unter Führung Massinissas bestürmt. Das Königspaar Syphax und Sophonisbe verteidigt das Reich, die Königin greift, nach Gefangennahme ihres Gatten durch die Feinde, selbst zu den Waffen, will den Göttern gar die eigenen Söhne opfern. Syphax kehrt jedoch kurz zurück, verhindert das Opfer, kann allerdings die Eroberung der Stadt durch die Afrikaner nicht abwenden und muss fliehen. Massinissa bedrängt vor Begierde Sophonisbe, ihn zu heiraten – sie willigt ein, da sie ihm das Versprechen abringen kann, Numidien gegen Rom zu verteidigen. Auf Scipios Verlangen hin löst Massinissa die Verbindung und Sophonisbe nimmt, nach einer Prophezeiung von der zukünftigen Geschichte vom Untergang Carthagos bis zum Sieg Habsburgs über Türken und Araber, mit ihren Söhnen gemeinsam Gift. In einer Schlusswendung wird Massinissa, der reumütig zurückgekehrt ist und sich ermorden will, von Scipio davor bewahrt und mit der Krone des Reiches belohnt. – Wie in der *Cleopatra* werden die Abhandlungen (Akte) von Sprechchören allegorischer Figuren (Reyen) unterbrochen, die die Interpretationsebene des Textes hervorheben – einerseits den Widerstreit menschlicher Affekte, andererseits, im Schlusschor der vier Weltteile, den Anschluss des Stoffes an den Anlass dieser Dichtung, nämlich der Kaiser-Verlobung: „Der ist ein Herr der Welt zu heißen / Für dem wir alle viere knien. / Nimm Oesterreich den Siegs-Krantz hin. / Dein Stamm wird ewig uns stehn für" (V. 686 ff.). Stärker als bei Gryphius, der dem historischen Stoff seiner Trauerspiele stets christliches Deutungspotential einschrieb, betont Lohenstein die menschlich-affektive wie auch politische Dimension der Handlung. Stärker als bei Gryphius wird hier auch der Casualcharakter der Texte deutlich, sie spielen, meist im Schlussreyen, eindeutig auf die gegenwärtige politische Situation im Reich an. Stilistisch tendiert zumindest die *Sophonisbe* durch viele grelle Bilder und übertrieben erscheinende Affektdarstellung o. ä. zum Manierismus des Jahrhundertendes.

Erkenntnisse auf der Interpretationsebene des Reyen

Thematik und Umsetzung bei Gryphius und Lohenstein im Vergleich

82

Helden (*Carolus Stuardus*) oder auch Heldinnen (*Catharina von Georgien*) des barocken Trauerspiels müssen entgegen aller Mordkomplotte und selbst im Tod ihre körperlichen Leiden stoisch erdulden und sich märtyrerhaft beweisen oder sie exemplifizieren (wie *Sophonisbe*) in der Handlung die Wirkung der Affekte. Gryphius und Lohenstein behalten die Formstrenge antiker Tragödien bei, sie verändern allerdings das Element des Chores, an dessen Stelle sie, jeweils am Ende der Akte einen Reyen setzen, einen reflektierend-ausdeutenden strophischen (Sprech-) Gesang allegorischer Figuren. Wie das barocke Sonett lehnt sich damit auch das Trauerspiel an die Bild-Text-Figur des Emblems an (vgl. Schöne 1964). Die dramatische Handlung des einzelnen Aktes wird als bildhafte Darstellung eines Sachverhalts verstehbar (*pictura*), der durch den Reyen kommentiert wird (*subscriptio*).

Helden und Heldinnen des barocken Trauerspiels

Ersetzung des Chores durch den Reyen

Emblematische Struktur des Trauerspiels

Christian Weise

Die Orientierung an historischen Stoffen – bei Gryphius sogar solchen der aktuellen Gegenwart – zeigt sich auch im Schaffen des wichtigsten Dramatikers am Jahrhundertende: Christian Weise verarbeitete 1683 die Thematik des Hauptanführers im Aufstand von Neapel im Jahre 1647, Tommaso Masaniello, in seiner Tragödie *Masaniello*. Gegenstand des Stückes ist die Gültigkeit gottgewollter Ständeordnung: Am Fischer Tommaso Masaniello wird exemplarisch sichtbar gemacht, wie sich aus der sozial gerechtfertigten Protesthaltung gegen die Steuerpolitik des Königs von Neapel Masaniellos Führerschaft und schließlich deren Umschlagen in Willkürherrschaft entwickeln: Masaniello wird am Ende von den eigenen Leuten ermordet. Die soziale Frage, also die Ungerechtigkeit bestimmter gesellschaftlicher Lebensumstände und Verhältnisse, wird von Weise nicht verschwiegen, allerdings erscheint, vom Schluss des Stückes aus gesehen, die Rebellion als nicht legitimes, auch politisch unkluges Mittel der politischen Intervention.

Die soziale Frage in Christian Weises Masaniello *(1683)*

Tommaso Masaniello (1623–1647; D. Gargiulio zugeschriebenes Ölgemälde)

Vor allem formal ist Weises Stück von der strengen, bei Lohenstein auch schon manieristischen Stilistik abzugrenzen: Weise verwendet die Prosarede, missachtet die aus der antiken Tragödientradition abgeleitete Geschlossenheit (drei Einheiten), vermischt mit dem tragischen Stoff Elemente des komischen Theaters (*commedia dell'arte*-Szenen), zum Teil niederen, vulgären Stil. Insgesamt nimmt der Text in Bezug auf Länge und Personnage riesige Dimensionen an, die Akte sind ungeheuer lang, werden durch ständige Ortswechsel undurchsichtig, die Anzahl der *dramatis personae* ist ebenso groß. – All diese „Verstöße" gegen die klassizistische Dramenästhetik des Barock sind allerdings nicht so sehr als poetologische Innovationen oder gar als Vorgriffe auf die Dramatik der Aufklärung zu werten. Sie sind vielmehr der Tatsache geschuldet, dass Weises dramatisches Schaffen (etwa 60 Dramen!) Schultheater ist: Möglichst viele Schüler sollten untergebracht werden; die Alltagsorientierung vor allem in der Sprachwahl zeigt allerdings schon in Richtung eines Abschieds vom Stil des hohen Barock.

Weises „Verstöße" gegen die klassizistische Dramenästhetik

Auflösung der strengen Form bei Weise als notwendige Konsequenz des Schultheaters

17. JAHRHUNDERT: BAROCK

Figuren der *commedia dell'arte* auf einem Stich von Jacques Callot (1621)

5.3 | Die Komödie oder das „Schimpff"- oder Scherz-Spiel

Die Komödie des 17. Jh. orientiert sich an antiken und zeitgenössischen Vorbildern. Zur Orientierung an der klassischen Dramatik trat der Einfluss unterschiedlicher europäischer Wanderbühnen hinzu, wie etwa der italienischen *commedia dell'arte* im süddeutschen Raum. Wichtiger waren englische Wandertruppen mit ihrem naturalistischeren Darstellungsstil. Jakob Ayrer war in der zweiten Hälfte des 16. Jh. einer der ersten ‚Importeure' dieser englischen Dramentechnik (*Comedia von der schönen Sidea*).

Einfluss italienischer und englischer Wanderbühnen

Der wichtigste Komödienautor der Jahrhundertmitte ist allerdings wiederum Andreas Gryphius. Seine Komödien zeichnen sich allesamt durch eine dem Stück eigene Verdoppelungsstruktur aus: Heldentypen, Spielebenen oder Fiktionalitätsebenen werden dupliziert, womit die Texte jeweils unterschiedlich die Ermöglichungsbedingungen von Komödie überhaupt reflektieren, mithin einen über die bloße Spielhandlung hinausweisenden, poetologisch autoreflexiven, „transzendentalen Charakter" (Greiner 1992, 131) aufweisen. Unklar ist, welches der Lustspiele von Gryphius zuerst entstanden ist – *Peter Squentz* und *Horribilicribrifax* wurden möglicherweise im gleichen Zeitraum verfasst. In seinem zuerst veröffentlichten „Schimpff-Spiel" *Absurda Comica. Oder Herr Peter Squentz* (gedruckt 1658) isoliert Gryphius die Aufführung der Pyramus- und Thisbe-Handlung durch Peter Quince aus Shakespeares *Sommernachtstraum*: In Rumpelskirchen will der Dorfschulmeister Peter Squentz – ein von humanistischer Bildung unbelleckter, nur sehr von ferne gestreifter Bruder des Aufschneiders Sempronius aus dem *Horribilicribrifax* –

Die Verdoppelungsstruktur in Gryphius' Komödien

Shakespeare-Stoffe in Herr Peter Squentz

FORMEN DER LITERATUR | **17. Jahrhundert**

mit Handwerksmeistern aus dem Dorf und unter Mithilfe von Pickelhäring, „des Königs lustige[m] Rath", vor den Augen des Königs und seines Hofes die „schöne und lustige Geschichte" von Pyramus und Thisbe „tragieren". Die Vorrede des Lustspiels treibt ein letztlich undurchschaubares Spiel mit der Herkunft des Stoffes, der von einem Daniel Schwenter stamme – Kaminski vermutet unmittelbare Shakespeare-Kenntnisse bei Gryphius (Kaminski 1998, 168).

Die Komödie verhandelt ganz offen ihre eigene Poetik: Handwerker und Dorfschulmeister streiten über die Gattungszugehörigkeit des zu spielenden Stoffes, Pickelhäring, ohnehin in der Tradition der die Bühnenhandlung öffnenden Figur des Hanswursts stehend, deutet den tragischen Schluss des Stoffes kurzerhand um: Die auf der Bühne gestorbenen Figuren stünden ja hernach wieder auf und tränken zusammen. Diesen Umstand deutet Kaminski wohl zu Recht als parodistischen Bezug auf die Wiederauferstehung der Toten.

Selbstreflexion der Poetik und des Komödienhaften in der Komödie

Absurd erscheint schon die höfisches Zeremoniell nachahmende, aber misslingende Anrede der beteiligten Handwerker durch Peter Squentz, absurd auch seine erläuternden Hinweise auf die Herkunft des Stoffes vom „Kirchenlehrer Ovidius" aus seinem „Buch Memorium phosis"; absurd ist die Diskussion über Rollenverteilung und Ausstattung, die Kostümierung des Löwen sowie die Darstellung von Brunnen, Wand und Mond durch Menschen. Absurd wird aber erst recht die Aufführung vor dem König. Diese zieht ihren Witz einerseits aus dem dichterischen Unvermögen von Squentz: Versmaße misslingen, Katachresen, also schiefe Metaphern, häufen sich; andererseits offenbaren auch die Schauspieler eklatante Unfähigkeit: Da werden Reimwörter durch gleichbedeutende, nicht reimende Wörter ersetzt, da fällt man aus der Rolle, verweist immer wieder auf das Papier mit dem Rollentext; die Spieler können nicht trennen zwischen sich und ihrer Rolle. Die gröbsten Schnitzer produziert Pickelhäring: Er ist traditionell derjenige, der die Bühnenhandlung zum Publikum aufbricht, auch hier spricht er die Zuschauer an, prügelt sich mit seinen Schauspielerkollegen o. ä. Die tragische Handlung um Pyramus und Thisbe gewinnt einzig durch ihre ungeheuerliche Verstümmelung durch die Dorfschauspieler komödiantische Qualität. Gryphius demonstriert in Figuren und Sprache die Optionen komischer literarischer Rede auf der Bühne. Nicht so sehr geht es, wie noch Powell u. a. deuteten, um die Legitimation ständischer Differenzen, die in der Blamage der Kleinbürger ihren Ausdruck finde, sondern viel stärker um die selbstreferentielle Reflexion des Komödienhaften im Medium der Komödie selbst.

Absurditäten in Herr Peter Squentz

Der vermutlich gleichzeitig, also zwischen 1647 und 1650 entstandene, allerdings erst 1663 gedruckte *Horribilicribrifax Teutsch. Wehlende Liebhaber* greift auf die plautinische Tradition des *miles gloriosus* sowie auf die *commedia dell'arte* zurück, verlegt das Motiv des aufschneiderischen Kriegshelden aber in die Zeit unmittelbar nach dem Westfälischen Frieden. Gryphius verdoppelt allerdings diese Figur des Bramarbas in den beiden Hauptleuten Horribilicri-

Figurengefüge und Handlungsmotivik im Horribilicribrifax

85

brifax und Daradiridatumtarides und fügt das komplementäre Paar ein in ein komplexes Gefüge adliger und nicht-adliger Figuren, deren Absichten auf die Wahl eines bestimmten Liebespartners ausgehen, je unterschiedlich motiviert sind, zum Ziele kommen oder enttäuscht und umgelenkt werden. Der Zweittitel des Scherzspiels ist insofern auch ironisch zu verstehen, als zwar alle „Liebhaber" wählen, aber ihre Wahl letztlich nicht immer eingelöst, sondern z. T. von zufälligen Faktoren beeinflusst wird. Insgesamt werden sieben Paare zusammengeführt, der Ehekontrakt zwischen dem Dorfschulmeister Sempronius und der Kuppelhure Cyrilla schließt das Drama parodistisch ab.

Die Protagonisten als typische Auf-schneiderfiguren der *commedia dell'arte*

Sprachmischung und -witz

Horribilicribrifax (eine bewusst martialisch klingende Namensgebung: „Fürchterlicher Siebmacher") und Daradiridatumtarides („Windbrecher von Tausend Mord") zeichnen sich selbstredend nicht durch mutige Taten aus, sondern einzig durch Aufschneidereien hinsichtlich angeblich vollbrachter Taten im gerade zu Ende gegangenen Dreißigjährigen Krieg. In abenteuerlicher Sprachmischung – je nach Figur werden Spanisch oder Französisch ungrammatisch und unsinnig untermischt – rühmen sie sich mit kriegsentscheidenden Heldentaten. Verwandt mit diesen beiden Figuren ist der Dorfschulmeister Sempronius, dessen Prahlereien allerdings von einer pseudohumanistischen griechisch-lateinischen Beimischung seiner tendenziell unverständlichen Rede gekennzeichnet sind: Sprache ist Thema des Stückes, auf jeden Fall ist sie der Motor des komödiantischen Witzes.

Typisierte Figuren und verzwickte Liebesverhältnisse

Die Anlage der übrigen Figuren ist ähnlich typisiert: Eine hoch- und eine demütige verarmte Adlige mit jeweils ambitionierter Mutter, Selenissa und Sophia, ergänzt um Coelestina. Neben den drei Aufschneidern sind Palladius und Cleander positive Figuren unterschiedlicher adliger Provenienz mit Aufstiegschancen. Selenissa lehnt die Liebesanerbietungen des Palladius ab, weil dieser arm sei, und will stattdessen lieber Daradiridatumtarides für sich gewinnen, den sie für einen reichen Adligen hält. Palladius wird von Coelestina geliebt, erhört sie aber nicht, weil er arm ist, verhält sich also moralisch. Auf Coelestina hat wiederum der alte Schulmeister sein Auge geworfen, die Kuppelhure Cyrilla soll ihm zum Erfolg verhelfen, schiebt sich dem liebesblinden Alten aber selber unter und zwingt ihn zur Heirat. Die hochmütige Selenissa täuscht sich in Daradiridatumtarides – so wie er sich in ihr, da aber Palladius inzwischen Coelestina erhört hat, muss Selenissa bei Daradiridatumtarides bleiben, um überhaupt einen Mann zu bekommen. Die überbescheidene Sophia, die selbst ihre Haarpracht zu opfern bereit ist, um sich und ihrer Mutter etwas Geld einzubringen, wird von Cleander auf eine Sittlichkeitsprobe gestellt, besteht diese aber: Diese beiden sowie Coelestina und Palladius geben die für ihre Tugend mit einem liebenden Partner belohnten Paare ab. Selenissa wird mit ihrem Zukünftigen ebenso für ihren Hochmut bestraft wie Cyrilla mit ihrem Schulmeister. Der titelgebende Horribilicribrifax geht in dem letztlich siebenfachen Hochzeitsreigen leer aus, lediglich die Heirat mit einer alten Kupplerin wird ihm in Aussicht gestellt.

86

Der Witz des Stückes resultiert einerseits angesichts der Protagonisten aus Handlungskomik im „Zusammenprall zweier Vacua" (Hinck 1965, 115), die aber, wie bei Sempronius, sprachlich maskiert sind: Sowohl die grobschlächtige Untermischung von französischen, spanischen, lateinischen und griechischen Brocken unter volkstümliches, niederes Deutsch als auch die daraus resultierenden Missverständnisse und Unverständlichkeiten produzieren die Komödie – die sich hier implizit als sprachlich erzeugt reflektiert. In der Coelestina- bzw. Sophia-Handlung wird dieser groben Komik aber ein deutlich rührender Lustspielanteil beigemischt.

Das Komödien- und Lustspielhafte im Horribilicribrifax

In seiner Doppelkomödie *Verlibtes Gespenste / Gesang-Spil. – Die Gelibte Dornrose / Schertz-Spill*, die im Oktober 1660 als Casualdramatik für die Hochzeitsfeierlichkeiten von Herzog Georg III. zu Liegnitz und Brieg sowie seiner Braut Elisabeth Maria Charlotte geschrieben und aufgeführt wurden, legt Gryphius sogar strukturell die Verdopplungsstrategie offen, die im *Horribilicribrifax* in der Verdoppelung der Aufschneider, im *Peter Squentz* in der Theateraufführung im Schauspiel angelegt war. Die Grundstruktur zweier abwechselnd untermischter dramatischer Handlungen beruht auf dem Ausbau der ländlichen Interludien in Opern oder höfischen Singspielen. Gryphius konzipiert ein Gesangsspiel in Alexandrinern und ein Scherzspiel in Prosa, die in vier Akten eine in Konfliktlage und Figurenkonstellation stark aufeinander verweisende Struktur präsentieren. Im höfischen Spiel steht Sulpicius zwischen zwei Frauen, einer älteren und einer jungen, Cornelia und ihrer Tochter Chloris. In der ländlichen Komödie wird Lise Dornrose von zwei Männern, Gregor Kornblume und Matz Aschewedel, begehrt. Gregor wird zudem von der alten Salome zugesetzt, so dass in diesem Detail eine Grundkonstellation der höfischen Handlung gespiegelt wird, ebenso wie in der Dienerhandlung des Gesangsspiels die des Scherzspiels reflektiert wird. Der Stoff der Dörflerhandlung ist in gewisser Weise eine Fortsetzung der Pyramus-und-Thisbe-Motivik bzw. der Shakespeare-Adaption bei Gryphius: Die Familien von Lise und Gregor sind zerstritten wie bei Romeo und Julia. Sulpicius spielt seinen Vergiftungstod und erscheint Cornelia als sein Geist, überredet sie zur Heirat mit einem anderen Verehrer: So ist der Weg für Chloris und Sulpicius frei. Gregor kann Lise in einer bedrängten Lage helfen, ist so mutig, wie Aschewedel immer vorgibt zu sein – der dann zur Strafe auch noch die alte Salome heiraten muss (wie Sempronius Cyrilla). Der Streit zwischen den Familien wird durch einen harten Richterspruch beigelegt.

Offengelegte Verdopplungsstrategie in der Doppelkomödie Verlibtes Gespenste – Die Gelibte Dornrose

Gelibte Dornrose als ländliche und Verlibtes Gespenste als höfische Komödie

An die Stelle der hier noch höfischen Stoffe treten zum Ende des Jahrhunderts Sujets aus dem bürgerlich-studentisch-städtischen Milieu: Christian Weises *Vom verfolgten Lateiner* (1696) thematisiert Gelehrtensatire, in Christian Reuters bitter-böser Verlachkomödie *Schlampampe* (1695, eigentlich *L'Honnête Femme Oder die Ehrliche Frau zu Plißine*) macht sich der Text – mit langwierigem Gerichtsnachspiel und Strafe für den Autor – sehr direkt über Kleingeistigkeit und gesellschaftliches Emporkömmlingswesen am Beispiel

Dichter der Jahrhundertwende: Christian Weise (1642–1708)

17. Jahrhundert: Barock

Übergang des höfischen ins bürgerliche Milieu: Christian Reuters Schlampampe (1695)

einer (aus Reuters Umfeld historisch wiedererkennbaren) Zimmerwirtin und ihrer Familie lustig. Reuters Komödie in drei Akten ist ein *Pasquill*, eine verspottende Satire auf eine real existierende Person – hier die Zimmerwirtin, die den Studenten Reuter aus dem Haus warf, weil er den „Stuben-Zins" schuldig blieb. Die Komödie führt die Wirtin Schlampampe, ihre putzsüchtigen Töchter, den vagabundierenden Taugenichts-Sohn Schelmuffsky und den vernünftig räsonierenden kleinen Däftle als eitel, klatschsüchtig, materialistisch, aufdringlich, ordinär und v. a. dumm vor: Als die beiden Studenten Fidele und Edward von Frau Schlampampe hinausgeworfen werden, heuern sie zwei Brezelverkäufer an, als Adlige verkleidet um die Hand der beiden Töchter anzuhalten; die Familie fällt darauf herein und macht sich zum Gespött aller. Für den aufgezwungenen, aber wohl nicht ganz ungerechtfertigten Gerichtsprozess rächte sich Reuter mit zwei Folgestücken: *La Maladie et la mort de L'honnete Femme. Das ist: der ehrlichen Frau Schlampampe Krankheit und Tod* (1696) und *Letztes Denck- und Ehren-Mahl / Der weyland gewesenen Ehrlichen Frau Schlampampe/in einer Gedächtnüß-Sermone/aufgerichtet von Herrn Gergen* (1697).

5.4 | Prosa

Abkehr von Prosaformen des 16. Jahrhunderts

Der Barockroman steht in einer durchaus vielgestaltigen und schon länger andauernden Tradition des deutschen und europäischen Prosaromans. Martin Opitz hatte 1624 mit seinem *Buch von der Deutschen Poeterey* die Abkehr eingeleitet von den Prosaformen und -stoffen des 16. Jh., die einerseits mit den Volksbüchern, andererseits aber auch mit Namen wie Jörg Wickram und Johann Fischart verbunden sind.

Romantheorie

Romantheorie als eigene Reflexionsdisziplin war im 17. Jh. nicht eigens ausgebildet, sondern fand sich weitgehend lediglich in Vorreden oder einzelnen in die Romane eingeschobenen Selbstbestimmungspassagen. Die unbedingte Gültigkeit der klassischen Funktionszuweisung von Literatur – Horaz' Lehre vom Nützen und Erfreuen (*aut prodesse volunt, aut delectare poetae*) – galt für jeden der oben skizzierten Typen des Barockromans und diente vor allem der Legitimation der Fiktionalität, der in allen Romangattungen oft ausufernden Erfindungskraft des Dichters.

Die Musterhaftigkeit von Opitz' Argenis-Übertragung

Opitz forderte die Orientierung der deutschen Dichtung an der europäischen Renaissanceliteratur – und damit auch die Übersetzung von deren Hauptwerken. Dies setzt er auch für den Roman selber in die Tat um: Die 1621 in Paris erschienene *Argenis* von John Barclay überträgt er schon 1626 bis 1631 ins Deutsche. Mit seinen Bemühungen um eine angemessene Übersetzung lieferte er ein Muster, in dem das Deutsche sich als Literatursprache auch für die Prosagattung etablieren kann, die im Verlauf der Epoche für eigenständige deutschsprachige Romane maßgeblich wurde.

FORMEN DER LITERATUR — 17. Jahrhundert

Der hohe Barockroman

5.4.1

Mit der *Argenis* lieferte Opitz das Vorbild für den höfisch-historischen Roman. Dieser angesehenste Typus des Barockromans spielt durchweg in adeligem oder bürgerlich-gelehrtem Milieu, seine Leserschaft war eine erlesene und hochgebildete Gesellschaft. Die Gegenstände sind Verwicklungen um königliche Liebespaare, Abenteuer, Irrfahrten, eingebunden in Kriegszüge und Staatsgeschäfte, wobei schließlich immer die sittliche Weltordnung siegt – und natürlich die Liebenden zusammengeführt werden. Der höfisch-historische Roman steht repräsentativ für die sich entwickelnde neue Form politischer Herrschaft im Absolutismus.

Der höfisch-historische Roman: Milieu und Gegenstände

Der Roman des Exil-Schotten John Barclay, den Opitz hier übersetzt und bearbeitet, orientiert sich am spätantiken hellenistischen Roman, genauer gesagt am Handlungsgerüst der *Aithiopoka*, der „Äthiopischen Geschichten" des sophistischen Autors Heliodor (2. Hälfte des 3. Jh.). In zehn Büchern erzählt dieser die abenteuerliche Liebesgeschichte des Thessaliers Theagenes und der äthiopischen Königstochter Chariklea, die beide immer wieder durch Schicksalsschläge, Entführungen, Naturkatastrophen und vieles andere mehr voneinander getrennt werden, schließlich aber, unter der Bedingung der bewahrten Unschuld, als Liebespaar zusammenfinden.

Die Argenis: Französische und neulateinische Quellen

Opitz' *Argenis*-Übertragung aus dem neulateinischen und französischen Text ist Muster für den folgenden hohen Barockroman im Blick auf den Prosastil und die Form des Romans insgesamt. Um Argenis, die Tochter und Erbin des Königs Meleander von Sizilien, bewerben sich vier Freier: Lycogenes, der Rebell; sein Versuch, Argenis zu entführen, wird durch den als Mädchen verkleideten gallischen König Poliarchus vereitelt, den die Prinzessin liebt und den sie am Schluss des Romans heiratet; Radirobanes, König von Sardinien und Verbündeter Meleanders gegen die Rebellen, dessen Vorhaben, sich Argenis' zu bemächtigen, ebenfalls fehlschlägt und der später von Poliarchus im Zweikampf erschlagen wird; schließlich Archombrotus, ein inkognito in Sizilien eintreffender Prinz, der sich jedoch später als Meleanders Sohn aus einer heimlich geschlossenen Ehe entpuppt.

Liebesbeziehungen in der Argenis

Opitz' Bearbeitung fokussiert den Text auf avanciertes staatspolitisches Wissen der Zeit. Im Unterschied zu Barclay, der seinem Roman ein Namensregister beigestellt hat, das den Text als Schlüsselroman auf die zeitgenössische französische Politik lesbar machte, fügt Opitz ein Sachregister an, das gestattet, den Roman als Fürsten- und Tugendspiegel, als höfisch-moralischen und staatstheoretischen Text zu lesen, der eben nicht Traktatform hat, sondern, wie der Stellvertreter des Romanautors selbst im Text – der Dichter Nicopompus – formuliert, „ein weitläufftige Fabel in gestalt einer Historien" ist (Opitz [1626] 1970, 181). In diesen spannenden, lustmachenden und unterhaltenden „Trancke" will er „alsdann [...] die heilsamen Kräuter darunter mischen" (ebd.). Der Roman ist also Wissensspeicher, der Dichter ist *poeta doctus*; der Roman dient zur Belehrung und Erbauung.

Staatspolitische Belehrung

17. Jahrhundert: Barock

Christliche Erbauung bei Bucholtz und Zesen

Philipp von Zesen (1619–1689)

Anton Ulrich, Herzog von Braunschweig-Wolfenbüttel (1633–1714)

Sigmund von Birken (1626–1681)

Enzyklopädische Breite in Lohensteins *Arminius*

Auch bei Andreas Heinrich Bucholtz dient der Roman zur Unterweisung der Leser. Er verfasste als lutherischer Seelsorger 1659/60 den zweibändigen Roman *Des Christlichen Teutschen Groß-Fürsten Herkules Und der Böhmischen Königlichen Fräulein Valiska Wunder-Geschichte*, an dessen großen Erfolg er 1665 mit *Der Christlichen Königlichen Fürsten Herkuliskus und Herkuladisla […] Wunder-Geschichte* anknüpfen wollte. Hier wird, im programmatischen Kontrast zu den politikorientierten Konzepten bei Opitz und auch noch bei Zesen, Lohenstein und Anton Ulrich, christlich-erbauliche Belehrung an deren Stelle gesetzt. – Philipp von Zesens *Assenat* (1670) verhandelt im biblischen Gewand des Josephsstoffes – ganz wie Opitz' *Argenis* – die Durchsetzungsoptionen absolutistischer Herrschaft auf der Ebene der höfischen Beamtenschaft, thematisiert Herrschaft also aus der Perspektive des aufsteigenden Bürgertums.

Die *durchleuchtige Syrerinn Aramena* (5 Bände, 1669–1673) von Anton Ulrich von Braunschweig-Wolfenbüttel stellt gewiss das Musterbild – und zusammen mit Anton Ulrichs *Octavia* auch das Extrem – des höfisch-historischen Romans dar: Die Handlung spielt zunächst in Syrien zur Zeit der Patriarchen des *Alten Testaments*. Die Tochter des assyrisch-babylonischen Despoten Beloch, Aramena, stellt sich nach in den ersten drei Büchern dargestellten Verwechslungen als Nichte ihres vermeintlichen Vaters heraus, der sie daraufhin zur Frau begehrt. Aramena flieht und schließt sich dem Glauben an den Gott Jehova an, entweiht das heidnische Isisbild, wird zum Tode auf dem Scheiterhaufen verurteilt und dann vom verliebten Keltenfürsten Marsius befreit. Die allmähliche Entwirrung der Liebesschicksale betrifft nicht nur Aramena und Marsius: Insgesamt werden 34 männliche und weibliche Hauptpersonen gerettet, teils als Verwandte oder Geschwister identifiziert, wiedergefunden und, nachdem alle eine spezifische Bewährungsprobe bestanden haben, zu siebzehn Brautpaaren zusammengeführt.

In einer für die Romantheorie des 17. Jh. bedeutsamen Vorrede zur *Aramena* erörtert der Barockdichter Sigmund von Birken die Legitimation der abenteuerlichen und phantastischen Romandichtung: Er unterscheidet geschickt zwischen „Gedichtgeschichten" und „Geschichtgedichten", also zwischen freier Erfindung, die Vergnügen stiften solle, und der Darstellung freilich dichterisch modifizierter historischer Begebenheiten. Dies aber dürften sie tun, da sie – und hier formuliert von Birken den erzieherischen Anspruch, den Opitz' *Argenis* implizit schon enthalten hatte – im Blick auf politische, religiöse und moralische Handlungsorientierung die Leser tatsächlich erziehen wollten und sollten: Wissen und Belehrung werden – darum sind die Romane so umfangreich – in geradezu enzyklopädischer Breite vermittelt.

Daniel Casper von Lohensteins *Großmüthiger Feldherr Arminius* (posthum 1689/90) kann einerseits als Schlüsselroman für die politische Lage des Reichs nach dem Dreißigjährigen Krieg gelesen werden, realisiert aber nochmals, eingebunden in eine Liebeshandlung und in heroisch-politische Handlungskomplexe, die poetologische Vorgabe der enzyklopädischen Präsentation des zeitgenössischen Wissens.

Die *Römische Octavia* von Anton Ulrich von Braunschweig-Wolfenbüttel (erste Fassung 1677–1707) zeigt neben ihrer überbordenden Länge (6.900 Druckseiten in sieben Bänden, die in der zweiten, unvollendeten Fassung noch übertroffen werden sollten), gerade aufgrund der langen Bearbeitungszeit deutlich die Spuren der Auflösung barocker Romanpoetik. Natürlich werden die Strukturmuster des höfisch-historischen Romans noch erfüllt, noch stehen die Felder von Religion, Politik und Affektbeherrschung im Zentrum, gleichzeitig aber werden mit Tendenzen der Psychologisierung und Individualisierung der Charaktere Spuren des Umbruchs zum Aufklärungsjahrhundert sichtbar, die sich gleichsam unter der Hand in den Text einschreiben.

Daniel Casper von Lohenstein (1635–1683)

Auflösung barocker Romanpoetik

Spuren des Umbruchs zum Aufklärungsjahrhundert

Diese Spuren werden umso deutlicher dort, wo der höfisch-historische Roman in Richtung des galanten Romans modifiziert und schließlich der Übergang zur Prosakunst des 18. Jh. beschritten wird. In seiner Spätphase allerdings entwickelte sich der höfisch-historische Roman, namentlich bei Heinrich Anselm von Zigler und Kliphausen zur abenteuerlichen wie schwülstigen Phantasiegeschichte: Ziglers *Asiatische Banise oder Das blutige doch mutige Pegu in historischer und mit dem Mantel einer Helden- und Liebesgeschicht bedeckten Wahrheit beruhende* (1689) erzählt in spannender Kolportage eine letztlich gut ausgehende Liebesgeschichte im Korsett eines barocken Staatsromans, allerdings angereichert mit viel Exotismus, Unwahrscheinlichkeiten, untermischt von Exzerpten aus Reisebeschreibungen und historischen Quellen.

Vom höfisch-historischen zum galanten Roman

Die Unwahrscheinlichkeiten im hohen Roman Ziglers waren gewissermaßen noch durch die Poetik des barocken Romans gedeckt, als romanhafte Prahlereien offensichtlich wurden sie allerdings in Christian Reuters *Schelmuffskys warhafftige curiöse und sehr gefährliche Reisebeschreibung zu Wasser und Lande* (1696/97). Hier erzählt der Held, wie im barocken Picaroroman, selbst in der Ich-Form – und häuft eine Fülle von angeblich biographischen Unglaublichkeiten und Abenteuern an, eingebettet in eine ebenso abenteuerliche und offensichtlich falsche Geographie. Reuter liefert mit dem Roman zwar einerseits eine treffende Satire auf die hochfahrenden wie großsprecherischen Selbstlebensbeschreibungen von bürgerlicher und adliger Seite, erleichtert aber mit dem *Schelmuffsky* auch den aufgeklärten

Durchsichtige Unwahrheiten als Thema in Christian Reuters *Schelmuffsky* (1696/97)

Zeitgenössische Darstellung des Schelmuffsky

Vorwurf, Romane seien eben unwerte Phantasiegeschichten oft vulgären Inhalts.

Christian Friedrich Hunold (1680–1721)

Intime Privatheit im galanten Roman

Der galante Roman um die Jahrhundertwende setzt scheinbar die Tradition des höfisch-historischen Romans fort – allerdings unter den Bedingungen der Komödie. Beispielhaft für Christian Friedrich Hunolds Roman *Die liebenswürdige Adalie* (1702) lässt sich zeigen, wie anstelle höfischer Öffentlichkeit intime Privatheit tritt, Handlungsorte sind nicht mehr Paläste, sondern Naturszenen oder häusliches Interieur, die Abendgesellschaft oder das gemütliche Frühstück – der glückliche Ausgang ist ein Muss. Dass mit dieser z. T. schlüpfrigen Privatheit aber die Ansprüche einer klassizistischen Normpoetik wie der Gottscheds nicht erfüllt werden konnten, liegt auf der Hand.

Die Tradition des Schäferromans

Die für die deutsche Literatur des 17. Jh. nicht reichhaltig repräsentierte zweite Gattung des hohen Romans war der *Schäferroman*. Er stand in der Tradition der europäischen Schäferromane (Jorge de Montemayor: *Diana*, 1559; Honoré d'Urfé: *L'Astrée*, 1607/27; Philip Sidney: *Arcadia*, 1580) und weiterer Pastoral-Dichtung der Hochrenaissance (Torquato Tasso: *Aminta*, 1573; Giovanni Battista Guarini: *Il pastor fido*, 1590). Schon 1619, also vor Opitz' *Buch von der Deutschen Poeterey*, beginnt man, Montemayor, d'Urfé und Sidney ins Deutsche zu übersetzen; die Schäferromane idyllisieren den Hof, indem sie höfisches Leben in einer Schäferszenerie ansiedeln. Es bildete sich aber, im Gegensatz zum höfisch-historischen Roman, keine eigene Schreibtradition in Deutschland heraus. 1632 erschien anonym die *Jüngst-erbawete Schäfferey Oder Keusche Liebes-Beschreibung / Von der Verliebten Nimfen Amoena, Und dem Lobwürdigen Schäffer Amandus*, der Text beeinflusste auch die Mischform zwischen Schäferroman und höfisch-historischem Roman, den Philipp von Zesen mit seinem Roman *Die Adriatische Rosemund* (1645) vorlegte. Opitz' *Schäfferey von der Nimfen Hercynie* (1630) adaptiert das Genre in einer nicht romanhaften, sondern episch-lyrischen Form.

Idyllisierung des Hofes

5.4.2 | *Der niedere Barockroman*

Der ‚niedere' Schelmen- oder Picaroroman

Im Gegensatz zu beiden Formen des ‚hohen' Romans steht die Traditionslinie des ‚niederen' Romans: der *Schelmen-* oder *Picaroroman*. Einer der französischen Autoren solcher Romane, Charles Sorel, verteidigte diese Form des Romans vehement gegen die unwahrhaftigen Ritter- und Schäferromane der hohen Literatur als eine Möglichkeit, alle „Bereiche des menschlichen Lebens ohne idealisierende Stilisierung oder auswählende Reduktion auf nur bestimmte soziale und ethische Perspektiven" erzählerisch darzustellen (Voßkamp 1973, 36). Gegenstand – und Erzähler – des Schelmenromans ist ein zumeist aus gesellschaftlichen Unterschichten stammender Held, der teils Vagabund, teils Spitzbube und Diener ist, den sein Lebenslauf mit allen möglichen Standespersonen und lebens- bzw. arbeitsweltlichen Situationen

Möglichkeiten des niederen Romans

Held und Erzähler: Der Picaro

in Berührung bringt, der das gesamte Spektrum der gesellschaftlichen Möglichkeiten seiner Zeit in episodischer Reihung perspektiviert – der Picaro ist nämlich immer ein Ich-Erzähler.

Der 1554 in Spanien erschienene *Lazarillo de Tormes*, 1617 erstmals übersetzt publiziert, gehört ebenso in diese Tradition wie Cervantes' *Don Quijote* (1605/15; dt. 1648); Mateo Alemáns *Guzmán de Alfarache* (1599/1604) wurde unter dem Titel *Der Landstörtzer: Gusman von Alfarche oder Picaro genant* von Aegidius Albertinus bearbeitet und 1615 publiziert. Großen Einfluss auf die Entstehung des deutschen niederen Romans übte daneben Charles Sorels *Histoire comique de Francion* (1623) aus, der, viel weitergehender als der klassische Picaroroman, ein satirisches Bild der gesamten Gesellschaft liefert, indem er auch Elemente des hohen Romans einbaut.

Europäische Schelmenromane

Der Autor des wichtigsten deutschen Schelmenromans, Hans Jakob Christoffel von Grimmelshausen, der im Gegensatz zu allen Autoren des hohen Barockromans nicht Adliger, bürgerlicher Gelehrter oder Hofbeamter war, kannte den *Francion* Sorels in der 1662 in Frankfurt erschienenen Übersetzung *Warhafftige und lustige Histori/Von dem Leben des Francion*. Auf stilistischer und erzähltechnischer Ebene lassen sich deutliche Bezüge des *Simplicissimus* zum *Francion* nachweisen, möglicherweise adaptiert Grimmelshausen insgesamt die geistige Physiognomie seiner Erzählergestalt.

Wichtigster Autor des Schelmenromans: Grimmelshausen

Marcus Bloß: *Hans Jakob Christoffel von Grimmelshausen* (1641)

Der *Abentheuerliche Simplicissimus Teutsch* (1668/69) steht ganz in der Tradition des Picaro-Romans: In der Ich-Form erzählt hier ein Einsiedler auf einer Südsee-Insel seine Lebensgeschichte, die auf einem ärmlichen Bauernhof im Spessart beginnt, der wiederum von Soldaten im Dreißigjährigen Krieg zerstört wird. Der Held wird zunächst von einem Einsiedler erzogen, gerät als Narr, als Knappe, als Soldat, als Kriegsgewinnler oder -opfer in den Krieg, steigt auf zu bürgerlicher Saturiertheit, stürzt ab in die Tiefen einer Blatterninfektion, wird Einsiedler im Schwarzwald, kehrt in die Welt zurück und wird nach abenteuerlicher Reise um die gesamte Welt Einsiedler auf einer Insel in der Südsee, wo er seine auf Palmblättern notierte Lebensgeschichte an einen niederländischen Kapitän übergibt, selbst aber auf der Insel bleibt.

Der *Simplicissimus* führt einen durch die Form der Ich-Erzählung durchaus schon individualisierten Lebensgang vor – individualisierend auch in der satirischen und damit unterhaltsamen Perspektive auf die verheerende Kriegswirklichkeit und die verderbte Verfassung der beschriebenen Gesellschaft. Gleichzeitig ist diese Erzählung lehrhaft-exemplarisch ausgerichtet und fügt die individualisierte Ich- und Geschichtserfahrung des Helden – vor allem auch mit Blick auf dessen gottesfürchtigen Schlusszustand – ein in ein theologisches Weltdeutungsmodell, womit die exemplarische Individualgeschichte in den Horizont der Heilsgeschichte gerät. Es ist nicht zuletzt diese Spannung zwischen aufbrechender Individual- und Realgeschichte einerseits und heilsgeschichtlicher Weltdeutung andererseits, die als wesentliches Charakteristikum der deutschen Barockliteratur bezeichnet werden kann.

Individualgeschichte als Heilsgeschichte im *Simplicissimus*

Funktion der satirischen Darbietung

Für den Schelmenroman im Besonderen gilt, dass die beabsichtigte Lehre in der spezifischen Form der Satire dargeboten werden soll – eine Selbstbestimmung, die Grimmelshausens *Simplicissimus* im ersten Kapitel der *Continuatio* des Schelmenromans ausführlich vornimmt:

> Wann ihm jemand einbildet, ich erzähle nur darum meinen Lebenslauf, damit ich einem und anderem die Zeit kürzen, oder wie die Schalksnarrn und Possenreißer zu tun pflegen, die Leut zum Lachen bewegen möchte, so findet sich derselbe weit betrogen! […] daß ich aber zuzeiten etwas possierlich aufziehe, geschiehet der Zärtling halber, die keine heilsamen Pillulen können verschlucken, sie seien denn zuvor überzuckert und vergüldt; geschweige daß auch etwan die allergravitätischste Männer, wann sie lauter ernstliche Schriften lesen sollen, das Buch ehender hinwegzulegen pflegen, als ein anders, das bei ihnen bisweilen ein kleines Lächeln herauspresset. Ich möchte vielleicht auch beschuldigt werden, ob gienge ich zuviel satyrice drein; dessen bin ich aber gar nicht zu verdenken, weil männiglich lieber gedultet, daß die allgemeine Laster generaliter durchgehechlet und gestraft: als die eigne Untugenden freundlich korrigiert werden. (Grimmelshausen [1668/69] 1986, 579)

Frontispiz der Erstausgabe des *Simplicissimus* (1668/69)

Satire, so hatte Martin Opitz im *Buch von der Deutschen Poeterey* 1624 ausgeführt, hat die wesentliche Funktion, im Sinne eines erzieherischen Nutzens „die harte verweisung der laster vnd anmahnung zue der tugend" zu sein – und als solche bedarf sie zur Abgrenzung und sicheren Bestimmung der Sprecherposition einer Norm, die im 17. Jh. weitgehend identisch war mit der christlichen Morallehre und Weltdeutung, dies im *Simplicissimus* mit großem Nachdruck.

Beers Doppelroman Teutsche Winternächte und Sommer-Tage

Der zweite wichtige, aber längst nicht so wirkungsmächtige (und erst 1932 von Richard Alewyn als Urheber verschiedener anonym erschienener Werke des 17. Jh. identifizierte) Autor des niederen Romans ist Johann Beer. Sein Doppelroman *Die Teutschen Winternächte* (1682) und *Die kurtzweiligen Sommer-Täge* (1683) erzählt die Lebensgeschichte des Ich-Erzählers Zendorius à Zendoriis (in der Narrativik ist also das Modell des Picaro-Romans erfüllt), der Haupterzählstrang wird allerdings immer wieder durch eine Fülle von eingelegten Erzählungen, Schwänken, Liebesgeschichten, biographischen Rückblicken des Erzählers und seiner Freunde unterbrochen. Zendorius, scheinbar niederer Abkunft, schließt Freundschaft mit einem Edelmann, verliebt sich in die Dame Caspia, die er aber wegen seiner niederen Geburt nicht heiraten will, erfährt dann von seiner adligen Herkunft und nimmt Caspia zur Frau. Laute und vulgäre Streiche, Trink- und Fressgelage charakterisieren den Roman ebenso wie die Thematisierung von (vorübergehender) Einsiedelei (vgl. Grimmelshausen). Auch bei Johann Beer ist die satirische Absicht explizit ausformuliert.

Literatur | 6

Zitierte Werke

Fleming, Paul: *Teütsche Poemata* [1642]. Nachdruck Hildesheim 1969.

Gerhardt, Paul: *Dichtungen und Schriften.* Hrsg. von Eberhard von Cranach-Sichart. Zug 1957.

Gerhardt, Paul: *Geistliche Lieder.* Stuttgart 1991.

Greiff, Friedrich: *Der vier Evangelisten vbereinstimmende GeschichtBeschreibung Christi.* Tübingen 1647.

Grimmelshausen, Hans Jakob Christoph von: *Der abenteuerliche Simplicissimus Teutsch.* Eingel. und hrsg. von Volker Meid. Stuttgart 1986.

Gryphius, Andreas: *Gesamtausgabe der deutschsprachigen Werke.* Hrsg. von Marian Szyrocki und Hugh Powell. Bd. 1: Sonette. Tübingen 1963.

Herrn von Hoffmannswaldau und andrer Deutschen auserlesener und bißher ungedruckter Gedichte erster Theil. Nach einem Druck aus dem Jahre 1697 mit einer kritischen Einleitung und Lesarten. Hrsg. von Angelo George de Capua und Ernst Alfred Philippson. Tübingen 1961.

Lohenstein, Daniel Casper von: *Afrikanische Trauerspiele.* Hrsg. von Klaus Günther Just. Stuttgart 1957.

Luthers Werke in Auswahl. Hrsg. von Otto Clemen. Bd. 3: 1524–1528. Berlin 1959.

Opitz, Martin: *Gesammelte Werke.* Hrsg. von George Schulz-Behrend. Bd. 2: Die Werke von 1621–1626. 2. Teil. Stuttgart 1979. Bd. 3/4: Die Übersetzung von John Barclays *Argenis.* Stuttgart 1970.

Paulus Gerhardts geistliche Lieder getreu nach der bei seinen Lebzeiten erschienenen Ausgabe wiederabgedruckt. Stuttgart 1861.

Die Pegnitz-Schäfer: Georg Philipp Harsdörffer, Johann Klaj, Sigmund von Birken. Gedichte [1673]. Hrsg. von Gerhard Rühm. Berlin o. J.

Rist, Johann: *Das friedewünschende Teutschland* [1647]. In: *Sämtliche Werke.* Bd. 2: *Dramatische Dichtungen.* Berlin 1972.

Spee von Langenfeld, Friedrich: *Trutz-Nachtigall.* Hrsg. von Theo G. M. van Oorschot. Bern 1985.

Greiner, Bernhard: *Die Komödie. Eine theatralische Sendung. Grundlagen und Interpretationen.* Tübingen 1992.

Habersetzer, Karl-Heinz: *Politische Typologie und dramatisches Exemplum. Studien zum historisch-ästhetischen Horizont des barocken Trauerspiels am Beispiel von Andreas Gryphius' Carolus Stuardus und Papinianus.* Stuttgart 1985.

Hinck, Walter: *Das deutsche Lustspiel des 17. und 18. Jahrhunderts und die italienische Komödie.* Stuttgart 1965.

Kaminski, Nicola: *Andreas Gryphius.* Stuttgart 1998.

Krummacher, Hans-Henrik: *Der junge Gryphius und die Tradition. Studien zu den Perikopensonetten und Passionsliedern.* München 1976.

Niefanger, Dirk: *Barock.* Lehrbuch Germanistik. Stuttgart/Weimar 2000.

Schöne, Albrecht: „Postfigurale Gestaltung. Andreas Gryphius". In: Gerhard Kaiser (Hrsg.): *Die Dramen des Andreas Gryphius. Eine Sammlung von Einzelinterpretationen.* Stuttgart 1968, 117–169.

Schöne, Albrecht (Hg.): *Das Zeitalter des Barock. Text und Zeugnisse.* München 1963.

–: *Emblematik und Drama im Zeitalter des Barock.* München 1964.

Voßkamp, Wilhelm: *Romantheorie in Deutschland. Von Martin Opitz bis Friedrich von Blanckenburg.* Stuttgart 1973.

Zeller, Winfried: „Protestantische Frömmigkeit im 17. Jahrhundert". In: W. Z.: *Theologie und Frömmigkeit. Gesammelte Aufsätze.* Hrsg. von Bernd Jaspert. Hamburg 1971, 85–116.

Grundlegende Literatur

Gaede, Friedrich: *Humanismus, Barock, Aufklärung. Geschichte der deutschen Literatur vom 16. bis zum 18. Jahrhundert* (= *Handbuch der deutschen Literaturgeschichte.* Abt. 1. *Darstellungen.* Bd. 2). Bern, München 1971.

Hoffmeister, Gerhart: *Deutsche und europäische Barockliteratur.* Stuttgart 1987.

Newald, Richard: *Die deutsche Literatur vom Späthumanismus zur Empfindsamkeit 1570–1750.* München [6]1967 (= de Boor, Helmut/Newald, Richard: *Geschichte der deutschen Literatur von den Anfängen bis zur Gegenwart,* Bd. 5).

Rupprich, Hans: *Vom späten Mittelalter bis zum Barock.* 2 Bde. München 1970/72 (= de Boor, Helmut/Newald, Richard: *Geschichte der deutschen Literatur von den Anfängen bis zur Gegenwart,* Bd. 4.1/2).

Schöne, Albrecht (Hg.): *Das Zeitalter des Barock. Text und Zeugnisse.* München 1963.

–: *Emblematik und Drama im Zeitalter des Barock.* München 1964.

Singer, Herbert: *Der galante Roman.* Stuttgart [2]1966.

Szyrocki, Marian: *Die deutsche Literatur des Barock. Eine Einführung* [1968]. Stuttgart 1997.

Trunz, Erich: *Deutsche Literatur zwischen Späthumanismus und Barock. Acht Studien.* München 1995.

Voßkamp, Wilhelm: *Romantheorie in Deutschland. Von Martin Opitz bis Friedrich von Blanckenburg.* Stuttgart 1973.

Wallmann, Johannes: *Der Pietismus. Ein Handbuch.* Stuttgart 2005.

18. Jahrhundert: Aufklärung

> Die deutsche Literatur des 18. Jh. soll hier insgesamt als Literatur der *Aufklärung* bezeichnet werden; die so bezeichnete „Epoche" umschließt dann alle Literatur zwischen rationalistischer Lehrdichtung aus dem ersten Drittel des Jahrhunderts und den großen klassizistischen Projekten Schillers und Goethes bis 1805 (also bis zu Schillers Tod). Mit dem Begriff der Aufklärung, die damit als Makroepoche erfasst wird, werden dann allerdings die mannigfaltigsten Strömungen und schriftstellerischen Gruppierungen, unterschiedliche ästhetische Programme und publizistische Projekte sowie eine sehr reichhaltige und inhomogene literarische Produktion unter einem Oberbegriff zusammengefasst, der der Vielgestaltigkeit der Literatur des 18. Jh. nicht gerecht werden kann. Aus diesem Grunde werden im Folgenden unterhalb der Makroepoche Aufklärung die gebräuchlichen Namen einzelner Perioden oder Strömungen der Aufklärung in ihrem Anteil an der Literatur des 18. Jh. verstanden und vorgestellt – etwa *Empfindsamkeit*, *Sturm und Drang* oder der *Weimarer Klassizismus*.

Epochenbegriff

Literatur der Aufklärung

Sozialgeschichte, Mediengeschichte, Ideengeschichte | 1

Das 18. Jh. ist ein Zeitraum gravierender sozialer Veränderungen. Die Gesellschaftsgeschichte Deutschlands im 18. Jh. ist einerseits dominiert vom Fortbestand des Heiligen Römischen Reiches Deutscher Nation, dessen Territorialfürsten die politische Macht ausübten. Die Reichsorganisation selbst war ein schwerfälliger, in seinen juristischen und politischen Institutionen langsamer und zunehmend funktionslos gewordener Apparat – die Prozessdauer etwa beim Reichskammergericht zu Wetzlar überstieg nicht selten zwei oder drei Generationen, um nur ein Beispiel zu geben; der Kaiser war ein politisch praktisch ohnmächtiger Repräsentant dieses Reiches (wie Goethe es karikierend an der Königskrönung in Frankfurt 1755 darstellt). Innerhalb der Territorialstaaten hatten sich im Verlaufe

Gesellschaftsgeschichte Deutschlands

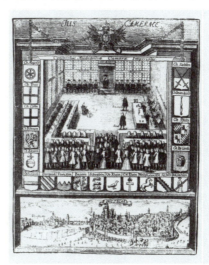

Audienz am Reichskammergericht Wetzlar (1750)

97

des 17. Jh. alle wesentlichen Institutionen absolutistischer Machtausübung ausdifferenziert: Justizverwaltung, Militär, Polizei und Zensur. Einerseits boten diese Institutionen gebildeten Personen bürgerlichen Standes Arbeits- und Aufstiegsmöglichkeiten im politischen oder juristischen Apparat, andererseits aber waren, auf das Reich insgesamt gesehen, die rechtlichen Bestimmungen und Polizeimaßnahmen derart inhomogen, dass innerhalb des Reiches keinesfalls von einer Einheitlichkeit die Rede sein konnte. Dass zu absolutistischer Machtausübung auch immer der bis zur Verschwendungssucht gesteigerte Repräsentationszwang adliger Herrschaft gehörte – der in Parkanlagen und Lust- oder aufwendigen Residenzschlössern seinen Ausdruck fand und zu Lasten der gesamten Volkswirtschaft, aber vor allem der niederen Stände ging –, machte zumal die Kleinstaaten ökonomisch und politisch labil.

Bürgertum

Innerhalb der feudalen Ordnung der deutschen Länder entwickelte sich, v. a. in den größeren Reichsstädten, ein erstarkendes Bürgertum, ökonomisch meist durch Fernhandel, Bankwesen oder den Industriekapitalismus der Manufakturperiode abgesichert und nicht mehr nur auf die staatlichen oder höfischen Verwaltungspositionen angewiesen. Die politische Aufsplitterung des Reiches erwies sich aus der Perspektive dieses neuen Bürgertums zunehmend als Behinderung: Zollschranken, Währungsdifferenzen und andere Handelshemmnisse blockierten einen reibungslosen Waren-, Geld- und Personenverkehr.

Wirklichkeit im Heiligen Römischen Reich Deutscher Nation: Zollschranken

SOZIALGESCHICHTE, MEDIENGESCHICHTE, IDEENGESCHICHTE | **18. Jahrhundert**

Ökonomische Macht und soziales Prestige allerdings ließen dieses neue Bürgertum schnell zu einer auch politische Ansprüche einfordernden Klasse werden – deren Einlösung ihm allerdings noch bis weit über die Französische Revolution hinaus verwehrt bleiben sollten. Komplementär zu dieser öffentlichen, politischen Ohnmacht wandte man sich nach innen, ins Private, Innerliche. Die bürgerliche Familie machte v. a. ab der Mitte des 18. Jh. eine entscheidende Wandlung durch: Aus der Großfamilie, dem „Ganzen Haus", dem mehrere Generationen, unverheiratete Verwandte und auch das Gesinde angehörten, wurde die so genannte ‚konjugale' Kleinfamilie, die nur noch aus Eltern und ihren Kindern bestand. Die Rollenbilder waren eindeutig: Während die Mutter auf das Haus und die Erziehung der Kinder beschränkt blieb – ihre Erwerbstätigkeit war wirtschaftlich überflüssig geworden –, betrieb der Vater die ökonomische Absicherung der Familie, stellte den Kontakt zur Gesellschaft her, deren Gesetz und Ordnung er innerhalb des Familienraums vertrat. Vor allem die Beziehung der Mutter zu ihren Kindern war durch eine neuartige Intensität und Affektivität gekennzeichnet: Innerliche Zustände, Gefühle erfuhren eine starke Aufwertung. Überhaupt ist das 18. Jh. das Jahrhundert der Entdeckung von Kind und Kindheit und der Pädagogik. Erziehung und Erziehbarkeit wurden zu zentralen Themen der öffentlichen Diskussion im Bürgertum.

Alle diese sozialgeschichtlichen Tendenzen – der Aufstieg eines aus eigener Leistung erstarkten Bürgertums wie die neuartige Affektivität und Zuwendungskultur innerhalb der modernen Familie gleichermaßen – setzen die schon in der Renaissance begonnene Aufwertung des Individuums fort, das sich im Verlauf des Jahrhunderts von den unterschiedlichsten normativen Vorgaben emanzipierte und zunehmend soziale, intellektuelle und ästhetische Autonomie einforderte.

Die Französische Revolution von 1789 und ihre Folgen bilden gewiss den wichtigsten Einschnitt in die Gesellschaftsgeschichte des 18. Jh. Der gewaltsame Umsturz des absolutistisch regierten und ständisch gegliederten Staates ist einerseits – von seinem Anspruch her – durchaus zu verstehen als Versuch der Einlösung der elementaren Forderungen des aufgeklärten Bürgertums: politische Mitsprache, insbesondere allgemeine Menschenrechte. Die Ursachen für diesen Umsturz liegen in der Verderbtheit des französischen Adels und Hofes, die in Affären Ausdruck fand (in die Halsbandaffäre in den 1780er Jahren waren hohe Geistliche verwickelt), vor allem aber in der seit der Missernte von 1788 radikal verschärften Not in den unteren Ständen – auf die der Hof mit Arroganz und Ignoranz reagierte.

1789 war das Ziel der Revolutionäre zunächst die Umbildung des absolutistischen Staates zur konstitutionellen Monarchie, die gleichzeitig die von Montesquieu, Rousseau und anderen entwickelte Vorstellung von Gewaltenteilung und politischer Mitbestimmung des Bürgertums realisieren sollte. Mit der Abschaffung der Monarchie, der Ausrufung der Republik, der Einführung

Politische Ohnmacht

Die ‚konjugale' Kleinfamilie

Aufwertung des Individuums

Französische Revolution

Konstitutionelle Monarchie

99

eines neuen Kalenders im Herbst 1792 und insbesondere mit den Morden am französischen Königspaar schlägt die Revolution spätestens Ende 1792/ Anfang 1793 in Terrorismus um: Angehörige des alten Adels werden verfolgt, hingerichtet, ebenso in der Folge politische Gegner – die Guillotine wird das Hauptinstrument dieses Terrors: zwischen dem 10. Juni bis 27. Juli 1794 fanden alleine in Paris 1.285 Hinrichtungen statt. Mit der Verabschiedung einer neuen Verfassung am 22. 8. 1795 setzte die Phase des „Direktoriums" ein, während der die radikaldemokratischen oder neujakobinischen Kräfte um Babeuf schon in der ersten Legislaturperiode bis 1797 den Monarchisten unterlagen – ökonomisch setzte sich hier das Standesinteresse des Geldbürgertums, politisch eine starke Restaurationstendenz durch. Die Machtübernahme der Royalisten aber wurde im September 1797 durch einen Staatsstreich verhindert, an dem u. a.

Napoleon Bonaparte — auch die Bürgerheere eines gewissen General Napoleon Bonaparte teilnahmen, der 1799 die Macht an sich riss – zunächst als „erster Konsul" der Republik, von 1804 – nach der Selbstkrönung – als Kaiser. Napoleon hatte schon seit 1796 mit der Eroberung anderer europäischer Staaten begonnen (Italien), nach der Jahrhundertwende führte sein Eroberungsfeldzug zum Ende des Heiligen Römischen Reiches deutscher Nation.

Von Beginn der Revolution an hatte der Umsturz in Frankreich sowohl Faszination auf die Intellektuellen wie politisch Gesinnten anderer europäischer Länder ausgeübt als auch zu erbitterter Ablehnung geführt. Die literarischen „Folgen" dieses Ereignisses gerade in der deutschen Literatur sollen später dargestellt werden. Monarchistische Koalitionsheere versuchten 1792, die Revolutionstruppen zu besiegen – vergeblich, in einzelnen deutschen Städten wurde die Republik ausgerufen (Mainz) und von den Monarchisten mit Kriegsgewalt wieder abgeschafft (1793). Spätestens nach dem Einsetzen des jakobinischen Terrors steht man der Revolution auf deutscher Seite ablehnend gegenüber.

Das Erstarken des Bürgertums in Deutschland hatte im Blick auf die Formen nicht nur literarischer Kommunikation entscheidende Auswirkungen: *Briefkultur, Moralische Wochenschriften, literarischer Markt*.

Briefkultur — *Briefkultur*: Der Brief als Mittel des „intensiven [...] Austauschs gleich empfindender Seelen" (Nickisch 1991, 45) wurde zum idealen Medium bürgerlicher Selbstverständigung über die emotionale Befindlichkeit, die, über den intimen Briefverkehr intersubjektiv vermittelt, zu einer zentralen Konstituente bürgerlicher Standesidentität avancierte. Die neuartige Auffassung außerfamilialer, nichtständischer und nichtgeschlechtlicher Sozialbeziehungen unter dem empfindsamen Etikett der Freundschaft gehört unmittelbar in den Kontext dieser Briefkultur, in der die emotionalen wie intellektuellen Selbstunterscheidungskriterien des Bürgertums den Gegenstand der Korrespondenzen

Luise Adelgunde Victorie Gottsched (1713–1762)

bildeten. Im Gegensatz zu der stark regelgeleiteten und etikette-orientierten Briefkultur etwa des 17. und noch des frühen 18. Jh. waren es Gellert sowie briefschreibende Frauen wie die Gottschedin, die Karschin, Meta Klopstock und Sophie von La Roche, die einen empfindsamen Briefstil allgemein machten.

In den Kontext dieser Briefschreibekultur gehörte ebenfalls eine Lese-, ja eine Vorlesekultur. Die auch intimen Briefe von Verwandten und Freunden waren zunächst nicht für die beschränkte Rezeption nur *eines* Adressaten geschrieben. Man sammelte vielmehr Brieffolgen oder -wechsel zweier oder mehrerer Korrespondenten und las einander daraus vor: im empfindsamen Zirkel, in dem miterlebt und mitgelitten wurde und in dem sich so bürgerliche Empfindsamkeit auch über das Gemeinschaftserlebnis als identitätskonstituierend erwies. Genau auf dieser Briefkultur basieren die Briefromane des 18. Jh. aus Frankreich, England und Deutschland – und gewinnen daraus ihren Anschein des Authentischen und ihre hohe identifikatorische Qualität.

Vorlesekultur

Moralische Wochenschriften: Ein wichtiges (auch) literarisches Medium der frühen und mittleren Aufklärung waren die Moralischen Wochenschriften. Johann Christoph Gottsched war hier eine maßgebliche Gestalt: Nach englischem Vorbild begründete er mit seinen beliebten Journalen *Der Biedermann* und *Die vernünftigen Tadlerinnen* seit den 1720er Jahren wesentliche Organe bürgerlicher Selbstverständigung über die Identität der eigenen Klasse: Erbauliche Lehrdichtungen und religiöse Abhandlungen, Literaturkritik und belehrende Dialoge, aber auch Rätsel, Alltagswissen und Fortsetzungsromane sollten das Lesepublikum unterhalten und gleichzeitig über Tugend-, Erziehungs-, Rechts- und Gesellschaftsfragen unterrichten. Seit den 1740er Jahren sind die Wochenschriften ebenfalls Verbreitungsmedium empfindsamer Tendenzen und Strömungen – sie sind gleichsam die literarischen Zentren der Zeit. Spätestens Christoph Martin Wielands *Der Teutsche Merkur* (1773–1789; 1790–1810 u. d. T. *Der Neue Teutsche Merkur*) – eines der wichtigsten Literatur-Rezensionsorgane der Zeit –, der *Göttinger Musen Almanach* (1770–1807), Schillers *Horen* (1795–1797) und sein *Musen-Almanach* (1796–1800) lassen die Wochenschriften zum zentralen Selbstverständigungsorgan von Schriftstellern über Literatur und Poetik werden.

Moralische Wochenschriften

Ferdinand C. Ch. Jagemann: *Christoph Martin Wieland* (1805)

Parallel zu den Wochenschriften bildeten sich in einigen Städten Zusammenschlüsse junger Schriftsteller, so genannte Dichterbünde: Die „Bremer Beiträger" diskutierten die Gottschedsche Regelpoetik; der „Göttinger Hain" stellte zu Beginn der 1770er Jahre, in seiner religiösen Verehrung Klopstocks, den Höhepunkt der Empfindsamkeit dar. Gleichzeitig gingen von Göttingen wichtige Anstöße zur „Sturm und Drang"-Bewegung aus. Spätestens mit Goethes Ankunft in Weimar 1775 wurde die kleine thüringische Residenzstadt zu *dem* Zentrum literarischer Kultur für die nächsten drei Jahrzehnte: Wieland lebte schon dort, später kamen Herder und Schiller. Die engste, bis zu Schillers Tod 1805 reichende Zusammenarbeit mit Goethe bildet den Ausnahmefall eines Dichterbundes, der bis in die (brieflichen) Arbeitsbesprechungen einzelner Werke und Projekte hinein dokumentiert ist.

Dichterbünde

18. Jahrhundert: Aufklärung

Literarischer Markt

Literarischer Markt: Der Begriff des Schriftstellers oder Dichters wird im Verlaufe des 18. Jh. neu bestimmt. Die Abhängigkeit vom Hof und damit auch von den Zwangsdimensionen der Gelegenheitsdichtung und des Mäzenatentums wird zunehmend abgelehnt, der freie Schriftsteller wird das Ideal – das

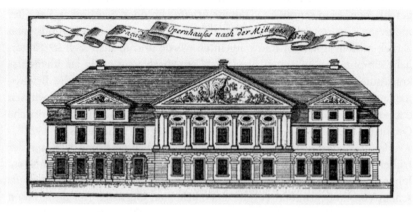

Das Opernhaus am Hagenmarkt in Braunschweig. 1772 wurde hier Lessings *Emilia Galotti*, 1829 Goethes *Faust I* uraufgeführt.

allerdings mit wenigen Ausnahmen im 18. Jh. nicht realisiert werden konnte. Ursprünglich am Hof angesiedelte Institutionen wie Sprech- und Musiktheater werden in einigen großen Städten (Hamburg, Leipzig) auch von der Bürgerschaft selbst organisiert; das Publikum ist nicht mehr der Hof, sondern die bürgerliche Gesellschaft selbst. An diese richtet sich auch diejenige Literatur, die jetzt nicht mehr für bestimmte (höfische) Adressaten, sondern für den offenen, literarischen Markt geschrieben wurde. Zwar ist die Gesellschaft des 18. Jh. noch lange nicht alphabetisiert (um 1770 etwa 15 %), doch kann in den Städten schon von einem nennenswerten Lesepublikum ausgegangen werden. Der Schriftsteller wurde zunehmend, als Autor, Teilhaber an einem auch ökonomischen Vorgang: Er stellte einen Text her, der von Verlegern zur Ware verwandelt, von Buchhändlern an den Leser gebracht wurde – und für den (im günstigsten Fall) ein Honorar gezahlt wurde. Dichter wie Lessing oder Klopstock bemühten sich, schon vor Erscheinen eines Werkes Subskribenten, also sichere Käufer, einzuwerben, um dem Verleger den Absatz seiner Ware garantieren zu können, Schillers Zeitschriftenprojekte dienten auch immer dazu, das Budget des Haushaltes Schiller ein wenig aufzubessern. Tatsächlich als freier Schriftsteller von den Honoraren leben konnte niemand, Klopstock bekam vom dänischen König eine Pension, Wieland und Goethe gingen in höfische Dienste (Weimar) – ohne allerdings wieder in die

Hamburg, Das Opernhaus am Gänsemarkt (Ausschnitt aus einer Stadtansicht von Paul Heinecken 1726)

Lesepublikum in den Städten

Zwänge der alten Gelegenheitsdichtung und Abhängigkeit vom Mäzen zu geraten.

Ein *Urheberrecht* für geistiges Eigentum kennt das 18. Jh. nicht – Nach- oder Raubdrucke erfolgreicher Texte (Goethes *Werther* u. a.) waren an der Tagesordnung: Der steigende Bedarf des literarischen Marktes an Lesestoff erzwang gleichsam diese (aus heutiger Sicht) kriminelle Steigerung der Buchproduktion. Nichtsdestoweniger versuchten einige Schriftsteller und Verleger, sich gegen das Raubdruck-Unwesen abzusichern – die Landesfürsten erteilten Druckprivilegien, die, nur mäßig erfolgreich, unerlaubtem Nachdruck einen Riegel vorschieben sollten. Mit dem Erwirken eines Druckprivilegs ordneten sich Literaturproduzenten aber auch politisch dem Landesfürsten unter – akzeptierten gleich implizit die jeweiligen Zensurbestimmungen.

Urheberrecht

Ideengeschichtlich lässt sich die Aufklärung – die sich als gesamteuropäische Bewegung von etwa 1680 bis 1805 erstreckt – wenigstens in drei große Abschnitte gliedern:

▶ Der *Rationalismus* ist die wichtigste Unterströmung der *frühen Aufklärung* (ca. 1680–ca. 1740). Die Gedankengebäude der rationalistischen Vordenker René Descartes und Gottfried Wilhelm Leibniz werden in Deutschland durch Christian Wolff popularisiert; rationalistisches Denken verfolgt primär das Ziel, sämtliche Prozesse der Natur auf verbindliche, logisch begründbare und stimmig darstellbare Gesetzmäßigkeiten zurückzuführen. Die rationale Ordnung der Schöpfung soll in einer streng logischen und zugleich allgemein verständlichen Argumentation dargestellt werden; grundlegend ist das unbedingte Vertrauen in die (von Gott veranstaltete) vollkommene Einrichtung der existierenden Welt.

Bernhard Ch. Francke: *Gottfried Wilhelm von Leibniz* (um 1700)

Johann G. Wille: *Christian Wolff* (1679–1754)

▶ Scharf vom rationalistischen Denken abgesetzt sind die Grundannahmen des *Empirismus* (und seiner radikalisierten Spielart, des *Sensualismus*) in der Phase der *mittleren Aufklärung* (ca. 1740–ca. 1780), innerhalb dessen die Sinneserfahrung als Ausgangspunkt menschlichen Wissens an die Stelle einer erfahrungsunabhängig gegebenen logischen Ordnung der Welt tritt (John Locke, David Hume). Diese erkenntnistheoretische Wendung bedeutete gleichzeitig einen Säkularisierungsschub, eine Überwindung der theologischen Ausrichtung des bisherigen philosophischen Denkens.

Empirismus und Sensualismus

▶ In der *Spätaufklärung* (ca. 1780–ca. 1805) bildet der *Kritizismus* Immanuel Kants, der eine Beurteilung ('Kritik') der Dimensionen menschlicher Erkenntnis *vor* alles weitere Philosophieren setzt, den Übergang zur ersten großen Geschichtsphilosophie des 19. Jh., des Idealismus.

Kritizismus

2 | Poetik und Ästhetik

Querelle des Anciens et des Modernes

Die literarischen Debatten, poetologischen Entwürfe und Programmatiken des 18. Jh. lassen sich durchaus im Lichte einer Auseinandersetzung interpretieren, die gleichsam in Adaption oder Ablehnung die Voraussetzung für die programmatischen Entwürfe darstellte, der *Querelle des Anciens et des Modernes*. Hierbei ging es um die zentrale Frage nach der (obligatorischen) Nachahmung der Werke der Alten, d. h. der Antike, und damit natürlich die Beibehaltung und Festschreibung eines normativen Regelkanons für die Produktion von Kunst. In Frankreich, in England und ein wenig später auch in Deutschland tobt dieser sogenannte „Streit der Alten und der Neuen", dessen französische Spielart so heftig und langwierig war, dass sie den literaturgeschichtlichen Namen dafür lieferte.

Louis Galloche: *Bernard le Bovier de Fontenelle*

„Modernes": Fontenelle und Charles Perrault

Poème sur le Siècle de Louis le Grand

Der epochemachende Streit zwischen den Parteigängern einer zeitlos gültigen Antike und einer modernen Emanzipation von der Antike ist für die Geschichte der Literaturästhetik so wichtig, weil die ‚Modernen' systematisch die Doktrin von der Nachahmung der Antike als des obersten Gebotes der Dichtung verleugneten. Die beiden Wortführer der ‚Modernen' waren Fontenelle, dessen *Digression sur les Anciens et les Modernes* 1688 erschienen war, und Charles Perrault, dessen vierbändige *Parallèle des Anciens et des Modernes* 1688, 1690, 1692 und 1697 herauskam. Ausgangspunkt des Streites und Anlass dieser Schriften war eine Sitzung der Académie Française am 27. Januar 1687, in der Perrault sein *Poème sur le Siècle de Louis le Grand* vortrug. Er eröffnete damit den Angriff auf die Autorität der Antike, indem er aus dem hohen kulturellen Selbstbewusstsein der Zeit Ludwigs XIV. die Leistung der eigenen Zeit denen der Antike gegenüber als mindestens ebenbürtig pries. Nicolas Boileau, Hofhistoriograph Ludwigs XIV., geriet darüber in Zorn und geißelte allein das Zuhören des Vortrags als eine nie dagewesene Schande für die Akademie. Er wurde schnell zum Wortführer der ‚Anciens', denn nach diesem Ereignis spaltete sich die gelehrte und literarische Welt in ‚Anciens' und ‚Modernes'. Insgesamt unterliegt der Verlauf der *Querelle* vielen argumentativen Schwankungen, er führte zu Einsichten, die am Anfang noch keineswegs feststanden oder absehbar waren und sich auch nicht immer mit voller Konsequenz herauszubilden vermochten.

Die Modernen: Argumentation

Geschichtliche Vorwärtsorientierung

Eines der ursprünglichen Hauptargumente der Modernen gegen die Nachahmung der Antike ergab sich aus dem als überlegen eingeschätzten Stand der modernen Naturwissenschaft. Dass die Moderne der Antike in diesem Bereich unbestreitbar überlegen sei, zeige, wie irrig die Annahme von der prinzipiellen Ausnahmestellung und Vorbildlichkeit der Antike sei. Argumentativ trat an die Stelle der geschichtlichen Rückwärtsorientierung die Vorwärtsorientierung. Die ‚Modernen' übertrugen nun das Gesetz des Fortschritts zunächst einfach auf die Künste. Wissenschaften *und* Künste der jetzigen Zeit seien der Antike überlegen. – Im Verlaufe der Auseinandersetzungen gewann aber die

POETIK UND ÄSTHETIK **18. Jahrhundert**

Einsicht an Boden, dass Wissenschaften und Künste nicht ohne weiteres zu vergleichen seien, dass beide Bereiche ein durchaus verschiedenes Verhältnis zum Fortschritt in der Geschichte der Menschheit hätten. An die Stelle des Fortschritts tritt im Bereich der schönen Künste die Vorstellung des geschichtlichen Wandels. Wenn es aber kein ideales und schlechthin vollkommenes, überhistorisches Schönes mehr gibt, sondern nur ein im geschichtlichen Wandel sich stets relativierendes, dann lässt sich weder die Überlegenheit der Moderne noch die Überlegenheit der Antike im Bereich der Kunst behaupten. Daraus ergab sich für die Moderne eine neue Freiheit und Unabhängigkeit gegenüber dem klassischen Altertum. Das relativierte Schöne hebt das Nachahmungspostulat gegenüber der Antike tendenziell auf.

Im englischen Sprachraum bezogen sich William Temple, der in einem 1690 erschienenen *Essay upon Ancient and Modern Learning* erbost gegen abschätzige Urteile über die Antike zu Felde gezogen war, und Jonathan Swift in seiner Satire *The Battle of the Books* (1704) auf die Position der ‚Anciens‘; im Auftrag der Royal Society verfasste William Wotton eine Verteidigungsschrift, die *Reflections upon Ancient and Modern Learning* (1694), die gründlich und gelehrt den Streit zugunsten der Modernen ausgehen ließen. – Die *Querelle* lässt sich auch auf die poetologischen Auseinandersetzungen des 18. Jh. in Deutschland übertragen. Gottsched und sein im Grundsatz klassizistisches Literaturkonzept können zu den ‚Anciens‘ gerechnet werden, seine Widersacher im Leipzig-Züricher Literaturstreit, die sensualistisch argumentierenden und schon die Genieästhetik vorbereitenden Bodmer und Breitinger, zu den ‚Modernes‘. Der antiklassizistische Impetus des sogenannten *Sturm und Drang* darf ebenfalls den ‚Modernes‘ zugeordnet werden – erst die Neuinterpretation von Antike-Orientierung im Weimarer Klassizismus, bei Herder, Wieland, Schiller und Goethe, schließt die *Querelle* in Deutschland tatsächlich ab.

Querelle in England und Deutschland

Johann Christoph Gottsched

| 2.1

Die Poetikgeschichte der Aufklärung beginnt mit Johann Christoph Gottscheds *Versuch einer Critischen Dichtkunst vor die Deutschen* (1730, 1751 in vierter, deutlich ergänzter Auflage), einem Schulbeispiel für eine Regelpoetik. Gottsched war Professor für Poesie an der Universität Leipzig und beherrschte gewiss über zwei Jahrzehnte nach der Veröffentlichung der *Critischen Dichtkunst* die poetologischen Debatten – zumal er als Zeitschriftenherausgeber über ausgezeichnete Multiplikationsorgane verfügte.

J. Ch. Gottsched: *Versuch einer Critischen Dichtkunst vor die Deutschen* (1730, ⁴1751)

Gottsched war Schüler von Christian Wolff, demjenigen deutschen Aufklärer, dem das Verdienst zukommt, die Gedanken Descartes' und Leibniz' popularisiert zu haben. Gottsched übertrug nun den Rationalismus Wolffs auf die Poesie, Rhetorik und Sprachgeschichte. Aus der Vernunftorientierung und mit einem rationalen Blick auf die Gattungsgeschichte der Poesie versucht er die Erneuerung der Dichtungslehre in seinem *Versuch einer Critischen Dicht-*

Erneuerung der Dichtungslehre

105

Johann Christoph
Gottsched
(1700–1766)

kunst und löst damit das rhetorische System der Barock-Poetik ab – deren stilistischen Schwulst Gottsched nebenbei zutiefst ablehnt (Schwulstkritik). Im Gegensatz dazu sollte eher der Versuch gemacht werden, die Gesetze der logischen Beweisführung, wie sie im 17. Jh. für die philosophische Logik, die Mathematik und die Naturwissenschaften zum Standard geworden waren, auch auf die Dichtungstheorie und ihre Teilbereiche anzuwenden. Hier steht Gottsched also unmittelbar im Bann der die *Querelle des Anciens et des Modernes* auslösenden Streitfrage – die Perrault und Fontenelle dann allerdings ganz anders zu lösen vermochten. Philosophiegeschichtlich könnte man argumentieren, dass Gottsched versucht, die leibnizianisch-wolffische Methode aus dem Bereich der Naturwissenschaftsphilosophie und der Logik auf den Bereich der Kunstphilosophie zu übertragen. Als deren Quintessenz darf die Regel gelten, dass alle abgeleiteten Lehrsätze vor dem Verstande zweifelsfrei bestehen können müssen.

Grundlage dieser Poetik ist zunächst, alle Elemente des poetologischen Lehrsystems – allgemeine dichterische Darstellungsprinzipien, Stilmittel, Gattungen – in einen vernunftmäßigen *und* hierarchischen Systemzusammenhang zu rücken. Poesie soll nicht mehr, wie im Barockzeitalter, für einen exklusiven Kreis weniger Gelehrter geschrieben sein: In stilistischer und formaler Klarheit soll sie in die sich formierende und ausdifferenzierende bürgerliche Klasse hineinwirken.

Antikerezeption

Im Zentrum von Gottscheds Literaturvorstellungen steht die *Antikerezeption*: Alle vier Ausgaben zitieren als Motto die horazische Bestimmung aus der *Ars poetica*, deren Formel „aut prodesse volunt aut delectare poetae" Gottsched für verbindlich hält, ohne jedoch ganz blinde Antikebegeisterung zu pflegen. Die Literatur des klassischen Altertums, soll sie denn nachgeahmt werden, muss sich vor der Gegenwart behaupten können.

Gottsched geht bei der Ableitung der normativen Kriterien für literarische Texte historisch-rational und damit sehr geschickt vor: Die zu beschreibende Gattung wird von ihren (z. T. nur vermuteten) Ursprüngen an erörtert im Zusammenhang der jeweiligen antiken bzw. vorhistorischen Gesellschaft, die großen Exponenten der Gattungsentwicklung im griechischen und römischen Altertum (für das Epos: Homer und Vergil, für die Tragödie Aischylos, Euripides, Sophokles, Seneca) werden benannt – und letztlich als ideal, musterhaft,

„klassisch"

vorbildlich, also „klassisch" festgestellt. Vom antiken Höhepunkt aus zeichnet Gottsched jeweils die Verfallsgeschichte der Gattung bis in die eigene Gegenwart nach – nicht ohne den Größen der Renaissance-Literatur oder auch des literarischen Barock einige Hochachtung zu zollen, nicht ohne allerdings auch sie in Details zu kritisieren. Aus dem konstatierten Höhepunkt-Stadium der griechischen bzw. römischen Antike leitet Gottsched dann die jeweiligen inhaltlichen und formalen Bestimmungen ab, die bei der Nachahmung der Alten in der neuen Literatur zu beachten seien.

Aus der Vorbildlichkeit der antiken Literatur leitet Gottsched damit ein poetologisches Ordnungssystem ab, das davon ausgeht, dass Literatur nach festen Normen herstellbar sei. Literarische Produktion gehorcht also wissenschaftlich exakten Gesetzen, die man erlernen kann: Die rationalistische Auffassung vom Künstler setzt das Dichterideal der vergangenen Jahrhunderte fort, wobei Gottsched den Schwerpunkt auf das Regelwissen des Dichters legt.

Poetologisches Ordnungssystem

Wie gleichsam ‚mechanisch' sich Gottsched die Produktion von Literatur zum Zwecke der Belehrung vorstellt, illustriert am besten das sogenannte Lehrsatz-Prinzip, das den poetischen Text (etwa die fünfaktige Tragödie) als geschickte Einkleidung einer moralischen und zu vermittelnden Wahrheit versteht. Am Beginn der dichterischen Produktion stehe ein abstrakter Lehrsatz, zu dem der Poet sich eine Fabel erdenken solle, die er sodann mit historischen oder mythologischen Figuren illustriere, die er dann in fünf Abschnitte oder Akte gliedere, um sie schließlich dichterisch zu realisieren (so Gottsched im 10. Hauptstück des 1. Abschnitts im 2. Teil der *Critischen Dichtkunst*). Neben der grundsätzlichen klassizistischen Orientierung Gottscheds an den als ideal erachteten Formen der antiken Literatur wird hier eine der Literatur äußere Zweckbestimmung deutlich: Poesie dient Zwecken moralischer Belehrung, auch der Wissensvermittlung, der Präsentation von Tugend- oder Untugendmodellen, ist Erbauung, Unterricht. Diese äußere Zweckbestimmung der Literatur ist mit dem Begriff der *Heteronomie* zu bezeichnen – eine Konzeption, die im letzten Drittel des 18. Jh. durch diejenige der *Autonomie* abgelöst wird.

Lehrsatz-Prinzip

Heteronomie

Bodmer und Breitinger | 2.2

Gottscheds z.T. rigide Normativität, einige Reformbestrebungen zu bestimmten Gattungen sowie einzelne grundsätzliche Überlegungen zum Status der Poesie riefen schnell Kritiker auf den Plan. Gerade die beiden Züricher Kunstphilosophen Johann Jacob Bodmer und Johann Jacob Breitinger übten an zentralen Prinzipien von Gottscheds Poetik scharfe Kritik und formulierten Alternativmodelle. Gottsched hatte im *Versuch einer Critischen Dichtkunst* ganz streng im aristotelischen Sinne Nachahmung als zentrale Aufgabe der Dichtung erörtert, und diese Nachahmung, gerade im Bereich der Fiktionalität ermöglichenden Fabel, an enge Zügel gelegt. Wahrscheinlichkeit des dichterisch Erfundenen war oberstes Gesetz, nichts durfte dem Gesetz der Vernunft widerstreiten – womit Gottsched auch gegen die Unwahrscheinlichkeiten etwa der Handlungsführung im Barockroman, gegen phantastische Wesen, Gespenstererscheinungen usw. in Roman und Drama polemisierte.

Kritik an Gottsched

Johann Jacob Breitinger (1701–1776)

Gerade diese Nachahmungsbestimmung bzw. die Frage des Wunderbaren wird im Vergleich zu Bodmer und Breitinger zum Differenzpunkt. Breitinger stellt den Dichter als „Nachahmenden" gleichsam auf einen völlig neuen

Johann C. Füssli: *Johann Jacob Bodmer*

Poetische Nachahmung

Forderung der Wahrscheinlichkeit

Standpunkt: Nachahmung wird als zentrales Paradigma ästhetischer Arbeit bei Breitinger durchaus noch ähnlich wie bei Gottsched, doch mit entscheidenden Akzentverschiebungen diskutiert. Breitinger rekurriert in der Definition des Gegenstandsbereichs ästhetischer Nachahmung auf Leibniz' Theorie von der besten aller möglichen Welten, die die reale sei, ebenso wie auf Fontenelles *Entretien sur la pluralité des mondes* (1686): Die poetische Nachahmung sei vorrangig diejenige von möglichen anderen Welten, gewissermaßen Paralleluniversen neben unserem, in denen alles das, was sich historisch nicht ereignet habe, hätte geschehen sein können (Breitinger liefert damit eine explizite Theorie *literarischer Fiktionalität*). Der Unterstellung, damit sei alles möglich in der Kunst, setzt Breitinger die Forderung der Wahrscheinlichkeit entgegen, die er allerdings nicht als eine Begrenzung von Seiten des Gegenstandsbereichs aus definiert, sondern einzig aus der Perspektive des Rezipienten in Anschlag bringt.

Damit bereitet er das Fundament für die Genietheorie, wie bei dem englischen Philosophen Shaftesbury – „The artist is a second maker, a just Prometheus under Jove" – wird der Dichter tendenziell an die Seite Gottes im Moment der Welterschaffung gestellt, zum Schöpfer von Originalwerken, zum Originalgenie erklärt (vgl. Alt ²2001, 91). Breitinger führt in der Folge dieses Abschnitts noch ausführlich die rezeptionstheoretischen Implikationen seines Nachahmungsbegriffes aus – der ja in Wirklichkeit nicht mehr Nachahmung beschreibt, sondern Erfindung, Erschaffung durch dichterische Phantasie! Das Staunen und die Erkenntniserweiterung werden als anthropologische Grundeinstellungen bis hin zur Empfindung von Schrecken und Mitleid angesichts eines übermächtigen Leides (auf der Bühne o. Ä.) durchgeführt.

Das „Wunderbare"

Im Gefolge dieser Umwandlung einer Nachahmungs- in eine Schöpfungstheorie der Poesie ist auch der Umgang mit dem „Wunderbaren", dessen Erscheinen im Gedicht Gottsched an strenge Vernunftprinzipien koppelte, neu zu bestimmen. Breitinger liefert in dem Abschnitt „Von dem Wunderbaren und dem Wahrscheinlichen" die theoretische Ausfüllung des Reiches der Möglichkeit, dessen Schöpfer der Poet sei und das eine spezifische Wirkung erzielen solle. Das Wunderbare, so Breitinger, sei nur ein Extrem, die „äusserste Staffel" des Neuen, es müsse „immer auf die würckliche oder die mögliche Wahrhaftigkeit gegründet seyn, wenn es von der Lügen unterschieden seyn und uns ergetzen soll" und sei damit „nichts anders, als ein vermummtes Wahrscheinliches". Wahrscheinlichkeit wird hier neu definiert: „Ich verstehe durch das Wahrscheinliche in der Poesie alles, was nicht von einem andern widerwärtigen Begriff, oder für wahr angenommenen Satze ausgeschlossen wird, [...] hiemit alles, was in gewissen Umständen und unter gewissen Bedingungen nach dem Urtheil der Verständigen möglich ist, und keinen Widerspruch in sich hat" (Breitinger [1740] 1966, 134). Diese sehr offenen und weiten Wahrscheinlichkeitsbedingungen bestimmen dann auch die „Quellen des „Wunderbaren", wie Breitinger sie versteht: Der Dichter sei nicht einer, der nachahmt, „sondern durch die Kraft seiner Phantasie gantz neue Wesen erschaffet, und entweder solche Dinge, die keine Wesen sind, als würckliche Personen aufführet, und sie geschickt machet, allerley vernünfftige Handlungen und Meinungen anzunehmen" (Breitinger [1740] 1966, 143).

In Breitingers Ausführungen über die Nachahmung und über das Wunderbare ebenso wie in Bodmers Abhandlung über die Engelgestalten in Miltons *Paradise Lost* ging es immer auch um die Wirkung, die poetische Werke haben sollen: Erkenntnisgewinn, Erstaunen und „Ergetzen", Rührung: „Der Mensch wird nur durch dasjenige gerühret, was er glaubt [...]. Der Mensch verwundert sich nur über dasjenige, was er vor etwas ausserordentliches hält; darum muss der Poet ihm nur solche Sachen vorlegen, die ausser der Ordnung des gemeinen Laufes sind" (Breitinger [1740] 1966, 132). Die Wirkungskategorie der Rührung aber wird bei Breitinger weitaus differenzierter behandelt: Im achten Abschnitt des Zweyten Theils seiner *Critischen Dichtkunst* schreibt er „Von der hertzrührenden Schreibart" (Breitinger [1740] 1966, 352) und liefert eine schon sehr detaillierte Stilistik rührender, empfindsamer Literatur – bis hin zu syntaktischen und topischen Gestaltungsmitteln. Allerdings setzt er Rührung beim Produzenten von Literatur voraus, wenn Rührung stilistisch umgesetzt und beim Leser erzielt werden soll.

Wirkung poetischer Werke

Rührung

Vor allem mit der wirkungsbezogenen Kategorie der Rührung greifen Bodmer und Breitinger den Einfluss des englischen Empirismus und Sensualismus auf, an die Seite der Vernunftorientierung tritt die anthropologische Dimension der mittleren Seelen- oder Gemütsvermögen, die im Kontext der modernen Kleinfamilie aufgewerteten, nicht-rationalen inneren Zustände, Gefühle und Gemütsbewegungen wurden, zwar unter dem Primat von Vernunft und Tugend, immer wichtiger. Vernunft und Sinnlichkeit sollten gleichermaßen den Menschen ausmachen, die Literatur der Empfindsamkeit präsentiert einem mitfühlenden Publikum Handlungsmodelle des tugendhaftvernünftigen *und* sinnlich-emotionalen Lebens.

Empirismus und Sensualismus

Alexander Gottlieb Baumgarten: *Aesthetica* (1750/58), Titelblatt

Auf der Ebene wissenschaftlicher Beschäftigung mit dem Schönen schlägt sich der Sensualismus deutlich in der Wahrnehmungslehre des Schönen, der Ästhetik Alexander

Gottlieb Baumgartens nieder (*Aesthetica*, 1750/58). Im Gegensatz zu Gottsched liefert er nicht ein Regelwerk für die Herstellung von Poesie oder Kunst, listet auch nicht normativ Gattungsmerkmale auf, sondern versucht, die Spezifik der Wahrnehmung und Erkenntnis des Schönen wissenschaftlich zu erfassen. Wie Breitinger konturiert Baumgarten einen letztlich schöpferischen Eigenbereich der Kunst, der sich in einem Felde eigener „Systematik und Ordnungsstruktur" bewegen dürfe (Alt ²2001, 97). Statt einem abstrakt-vernunftgemäßen „unterliegt der ästhetische Wahrheitsbegriff solchen Kriterien, die an die Dimension des sinnlich Wahrnehmbaren gebunden bleiben; er geht auf in der Wahrscheinlichkeit, der sinnlichen Evidenz der Darstellung, der Stimmigkeit der erfundenen Charaktere, der Triftigkeit der Fiktion, der Einheit der behandelten Gegenstände" (Alt ²2001, 97). Die Wahrheit des Kunstwerks wird nicht primär von ihm äußeren Kategorien bestimmt!

Schöpferischer Eigenbereich von Kunst

2.3 | Gotthold Ephraim Lessing

Beispielhaft für diese empfindsame Aufklärung, wie sie auf unterschiedliche Weise Bodmer, Breitinger und Baumgarten modellierten, ist die Wirkungskonzeption des Trauerspiels bei Gotthold Ephraim Lessing. Deren Ausgangspunkt ist ein neuartiges, gleichsam fehlübersetztes Verständnis der Katharsis, wie sie Aristoteles für die Tragödie bestimmte. Lessing übersetzte Aristoteles' Begriffe *eleos* und *phobos* nicht mit Jammer und Schauder, sondern ersetzte sie durch mildere Affekte: Mitleid und Furcht. Deren Voraussetzung ist die Identifikation des Zuschauers mit den Bühnengestalten: Das Leid, die Bedrohungen, die die Figuren ereilen, soll der Zuschauer auf sich selbst beziehen können, nur dann ist Mitleid möglich. Lessing versteht die *Katharsis*, die Reinigung, die das Theater bewirke, jetzt nicht mehr wie Aristoteles als Reinigung von den überschüssigen Leidenschaften, als seelenhygienische Purgation, sondern als Reinigung der Leidenschaften selbst (die semantischen Dimensionen des altgriechischen Genitivs in Aristoteles' *Poetik* ermöglichen ihm diesen Übersetzungstrick). Im 78. Stück seiner großen theatertheoretischen Hauptschrift *Hamburgische Dramaturgie* (1767–1769) führt er aus, dass „diese Reinigung in nichts anders beruhet, als in der Verwandlung der Leidenschaften in tugendhafte Fertigkeiten" (Lessing [1768] 1987, Bd. VI, 574).

eleos und *phobos*

Katharsis

Anton Graff: *Gotthold Ephraim Lessing* (1771)

Die Tugend aber, in die hinein die Leidenschaften Furcht und Mitleid verwandelt werden, ist – das Mitleid. In einem Brief an seinen Freund Friedrich Nicolai aus dem November 1756 schreibt er:

> Wenn es also wahr ist, daß die ganze Kunst des tragischen Dichters auf die sichere Erregung und Dauer des einzigen Mitleidens geht, so sage ich nunmehr, die Bestimmung der Tragödie ist diese: sie soll unsere Fähigkeit, Mitleid zu fühlen, erweitern. Sie soll uns nicht bloß lehren, gegen diesen oder jenen Unglücklichen Mitleid zu fühlen, sondern sie soll uns so weit fühlbar machen, daß uns der Unglückliche zu allen Zeiten, und unter allen Gestalten, rühren und für sich

einnehmen muß. [...] Der mitleidigste Mensch ist der beste Mensch, zu allen gesellschaftlichen Tugenden, zu allen Arten der Großmut der aufgelegteste. Wer uns also mitleidig macht, macht uns besser und tugendhafter, und das Trauerspiel, das jenes tut, tut auch dieses, oder – es tut jenes, um dieses tun zu können. (Lessing [1756] 1987, Bd. XI.1, 120)

Hier wird nicht nur Empfindsamkeit oder „hertzrührende Schreibart" umgesetzt, sondern vielmehr die durch die Literaturrezeption im Theater abgezielte moralische Verbesserung des Menschen außerhalb des Theaters modelliert, insofern der Mensch zu einer neuen Empfindung befähigt wird. Damit tritt dieses empfindsame Wirkungsziel Lessings an die Stelle des Belehrens und Erbauens, worauf noch die rationalistische Poetik Gottscheds die Literatur programmatisch verpflichtet hatte.

Genieästhetik

| 2.4

Auf der Grundlage der skizzierten empfindsamen Konzeption von Poesie und Dichter entwickelte sich in der ersten Hälfte der 1770er Jahre das radikalere Konzept des sogenannten *Sturm und Drang*. Spätestens seit Bodmer, Breitinger und Klopstock gehörte die Phantasie zu den dichterischen Erfindungsvermögen. Damit wird die Genie-Ästhetik vorbereitet.

Sturm und Drang

In enger Anlehnung an die Engländer Edward Young und Shaftesbury entwickelte Johann Gottfried Herder seine Genie-Vorstellung, die sowohl die Denkfigur des schöpfergleichen Künstlers als Originalschriftsteller wiederholte als auch Youngs höchste Wertschätzung für Shakespeare nach Deutschland importierte. Erst bei Goethe wurde das Dichterkonzept des Genies auf den Höhepunkt geführt. In einem sinnfälligen Bild in einem Brief an Herder Mitte Juli 1772 drückte er das Ideal künstlerischer Geschichtsmächtigkeit und Selbstermächtigung aus: „Wenn du kühn im Wagen stehst, und vier neue Pferde wild unordentlich sich an deinen Zügeln bäumen, du ihre Krafft lenckst, den austretenden herbey, den aufbäumenden hinabpeitschest, und iagst und lenckst, und wendest, peitschest, hältst, und wieder ausjagst, biss alle sechzehn Füße in einem Tackt ans ziel tragen. Das ist Meisterschaft, *epikratein*, Virtuosität." (*Weimarer Ausgabe* [WA] 4.2, 16 f.) Hier werden die Regeln der rationalen Poetik verabschiedet: Das künstlerische Individuum schöpft alle Regeln nur aus sich selbst – und damit aus der Natur.

Anthony Ashley Cooper 3. Earl of Shaftesbury (1671–1713)

F. Tischbein: *Johann Gottfried Herder* (1744–1803)

Natur war zentraler Programmbegriff des Sturm und Drang. Sie galt als Inbegriff des Schöpferischen und – gleichzeitig – des Ewig-Zerstörerischen. Natur ist emphatisch gefeierter Gegenstand des inspirierten individuellen Erlebens, ist oppositioneller Gegenbegriff zu aller höfischen ‚Poliertheit' und ist gleichzeitig „eine ständige Herausforderung, eine Erinnerung an die fundamentale Begrenztheit des menschlichen Lebens", ist Triebhaftigkeit, Todesverfallenheit (Jørgensen et al. 1990, 425). Der Mensch, als Natur, hat Anteil am Schöpferischen in der Natur, also am Göttlichen – und das Schöpferische

Natur

am Menschen ist das Göttliche: also ist der Künstler Genie. Kunst ist endgültig autonome Erschaffung neuer Welten – nicht länger regelgeleitetes Handwerk; an die Stelle der Regelpoetik setzt sich das autonome Künstlersubjekt, das alle Regeln aus sich selber schöpft.

Das Verhältnis dieser literarischen Strömung zur Aufklärung war damit kontrovers – aber der sogenannte Sturm und Drang betrieb mit dieser Opposition gegen die Verabsolutierung des rationalen Umgangs mit der Welt die Fortsetzung der Aufklärung mit anderen Mitteln: Etwa mit Goethes *Werther* (1774) beginnt die Aufklärung über die irrationalen Kräfte des Seelischen zu reflektieren; die Psyche, das Unbewusste wird als Feld der Erkenntnis entdeckt (zur Epochencharakteristik des Sturm und Drang vgl. Hinck ²1989, Luserke 1997).

Neue Vorbilder

Gegen die eindeutige Vorbildfunktion, die Gottsched der antiken Literatur zugewiesen hatte – und der gegenüber alle moderne Literatur nachgeordnet erschien –, setzte die Literatur von Empfindsamkeit und Sturm und Drang eine ‚nationelle' (Goethe) Themenwahl und neue Vorbilder: Gegenstände der deutschen Geschichte oder der eigenen Gegenwart wurden Thema im Roman und Drama, für Letzteres waren nicht mehr die Griechen, sondern vielmehr Shakespeare das unübertroffene Muster. Allerdings entdeckte schon in der Hochphase der Sturm-und-Drang-Bewegung einer ihrer Protagonisten, Johann Wolfgang Goethe, die Antike wieder: Bereits in der zweiten Hälfte der 1770er Jahre wandte er sich Stoffen und literarischen Formen der griechischen und lateinischen Klassik zu, seine Italienreise 1786 bis 1788 bestätigte ihn in dieser ästhetischen Orientierung derart, dass sie für die nächsten anderthalb Jahrzehnte bestimmend bleiben sollte.

2.5 | Klassizismus: Autonomieästhetik

Spätestens mit Goethes Italienreise, auf dem Hintergrund einer schon durch den Archäologen Johann Joachim Winckelmann vorbereiteten Antike-Begeisterung, fand ein Umbruch in der Konzeption von Dichter, Dichtung und literarischer Wirkung statt. Erstens kann von einer Abwendung vom emphatischen Geniebegriff der frühen siebziger Jahre gesprochen werden: Noch in den voritalienischen Versuchen mit antiken Formen Goethes beginnt eine Umdeutung des Genie-Begriffs hin zu einer begrifflich genaueren Bestimmung des Genies im Verhältnis zu Talent, künstlerischem Vermögen und Handwerk. Das Genie-Konzept wird vermittelt mit der lernenden Hinwendung und Nachahmung der Natur(-gesetze) und der antiken Kunst. Nichtsdestoweniger wird das Genie nicht abgeschafft: In der von Goethe mitverantworteten Schrift von Karl Philipp Moritz *Über die bildende Nachahmung des Schönen* (1788), seinem ästhetischen ‚Credo' jener Zeit, hat das Genie immer noch die Zentralposition inne. Hier wird der Versuch gemacht, im Lichte klassischer Kunstanschauung den Vorgang der genialischen Kunstproduktion genauer

Abwendung vom emphatischen Geniebegriff

Angelika Kauffmann: Johann Joachim Winckelmann (1764)

zu fassen, gleichzeitig bleiben dem Geniebegriff Goethes die Anteile des dem Verstand nicht Zugänglichen, der intuitiven Schöpfung wie auch ihrer empfindsamen Rezeption und vor allem des aus sich heraus und in sich Autonomen eingeschrieben.

Johann Joachim Winckelmann: *Geschichte der Kunst des Alterthums* (1764), Titelblatt

Zweitens entwickelt v. a. Friedrich Schiller eine differenzierte Theorie der Autonomie der Literatur. Autonomie wird, zunächst im Felde der Anthropologie und des Rechts, von Immanuel Kant definiert als autopoietische Bestimmung des Menschen, Heteronomie als die mögliche Bestimmung des Willens durch die Beschaffenheit irgendeines seiner Objekte – d. h. jede sinnliche Beeinflussung menschlicher Handlungsmaximen, alles außerhalb der Vernunft, unterläuft das Prinzip der Autonomie. Diese Auffassung von Autonomie und Heteronomie wird für Schiller noch höchst wichtig. Als ästhetische Kategorie hat Autonomie mit dieser anthropologischen Bestimmung zu tun: Was Kant anfangs der 1790er Jahre philosophisch artikuliert, ist die Summe der Autonomiebestrebungen des v. a. bürgerlichen Subjekts seit etwa 20 Jahren – die allerdings weniger im politisch-öffentlichen als vielmehr im literarisch-ästhetischen Sektor stattfanden: Die Aufwertung des Künstlers zum Genie ist Ausdruck dieser grandiosen – und doch letztlich resignativ endenden – Autonomisierung des Einzelnen. Die politische Vergeblichkeit der oppositionellen Ansprüche des Sturm-und-Drang-Künstlers führte schon Mitte der 1770er Jahre zu einer Abkehr vom bzw. Umwertung des Genieparadigma(s).

Autonomie

Es ist vor allem das letzte Jahrzehnt des Aufklärungsjahrhunderts – und wohl nicht zufällig dasjenige *nach* der Französischen Revolution – das die Radikalisierung des Autonomie-Begriffs hervorbringt, die Radikalisierung der Auffassung davon, was das Subjekt *an sich* sei. Dazu müssen wir allerdings noch einen Schritt zurückgehen. Zwei Jahre vor Kants *Kritik der Urteilskraft* verfasste Karl Philipp Moritz die erste *ästhetische* Theorie, die die Autonomie, die Zweckfreiheit des Schönen postuliert – die theoretische Grundlegung der längst sich vollziehenden Ablösung von der Auftragskunst: *Über die bildende Nachahmung des Schönen* (Frühjahr 1788). Kernpunkte dieser neuen Theorie waren einerseits eine Neuformulierung des Begriffes der Mimesis: Diese sollte nicht mechanistisch-nachahmend sein, sondern vielmehr metaphorisch, der Künstler sollte der Natur als Schöpferin nachstreben, in der Gestaltung der Materialien unter seiner Hand in einen schöpferischen Wettstreit mit der Natur treten. Schon drei Jahre vorher hatte Moritz in einem kleinen Essay, den

K. Ph. Moritz: *Über die bildende Nachahmung des Schönen* (1788)

er an den Aufklärungsphilosophen Moses Mendelssohn gerichtet hatte, das Kunstwerk als autonom bestimmt: Unter dem Titel „Versuch einer Vereinigung aller schönen Künste und Wissenschaften unter dem Begriff des in sich selbst Vollendeten" hatte Moritz selbstbewusst und polemisch auf Charles Batteux' *Les beaux arts réduits à un même principe* (1746) reagiert – und jede moralische oder lehrhafte Zweckbindung des Kunstwerks rundweg abgelehnt:

Christian F. Rehberg:
Karl Philipp Moritz
(um 1790)

> Bei der Betrachtung des Schönen aber wälze ich den Zweck aus mir in den Gegenstand selbst zurück: ich betrachte ihn, als etwas, nicht in mir, sondern *in sich selbst Vollendetes*, das also in sich ein Ganzes ausmacht, und mir *um sein selbst willen* Vergnügen gewährt; indem ich dem schönen Gegenstande nicht sowohl eine Beziehung auf mich, als mir vielmehr eine Beziehung auf ihn gebe. Da mir nun das Schöne mehr um sein selbst willen, das Nützliche aber bloß um meinetwillen, lieb ist; so gewähret mir das Schöne ein höheres und uneigennützigeres Vergnügen, als das bloß Nützliche. (Moritz [1785] 1981, Bd. 2, 543)

In der Schrift von 1788 geht Moritz viel intensiver auf den künstlerischen Prozess ein: Empfindungskraft des Künstlers wird durch Bildungskraft ergänzt, das Kunstwerk wird jetzt zum Abbild des großen Ganzen der Natur, der göttlichen Harmonie, es bewegt und gestaltet sich gemäß den Naturgesetzen. Der Künstler ist nur mehr Werkzeug einer alles durchwirkenden Natur; das Kunstwerk gibt das Ganze im verjüngten, im verkleinerten Maßstab, gibt das Ganze, das „außerhalb des Kunstwerk unfaßlich zerstreut und durch Zwecke zerstückelt" ist, „als ein zweckfrei in sich bewegtes Spiel" (Schrimpf 1980, 94) wieder.

Naturbetrachtung
und -studium

Voraussetzung dieser neuen Ästhetik sind allerdings genaue Naturbetrachtungen und -studien, um in seiner künstlerischen Gestaltung der Natur gerecht zu werden, sind Ausbildung menschlicher Wahrnehmungsfähigkeit und Bildungskraft erforderlich, Sinnlichkeit ist Voraussetzung dafür, von den Naturdingen nicht „bloße Beschreibung derselben nach ihren einzelnen Teilen" zu geben; vielmehr muss das Kunstwerk „uns einen nähern Aufschluß über das Ganze und die Notwendigkeit seiner Teile geben".

Autonomie der Kunst heißt, so entwickelt Moritz den Gedanken weiter in seinem *Versuch einer deutschen Prosodie* (1786), die Anwendung der Bestimmung des in sich selbst Vollendeten auf die Sprache: „Vers und Rhythmus biegen die auf Zweck und Nutzen abzielende Sprache des Verstandes in die ‚Sprache der Empfindung' zurück" (Schrimpf 1980, 106). Die Verssprache, allgemeiner: künstlerische Sprache in ihrem Abstand von der Prosarede des Alltags, in ihrem artifiziellen Verfremdungszustand, markiert damit ihren Einspruch gegen die Nutzbarkeit – behauptet ihre Autonomie, man kann hier auch sprechen von einem „nach innen gewendete[n] Funktionszusammenhang (Selbstzwecklichkeit)" (Schrimpf 1980, 109).

Verssprache

Moritz' Autonomie-Postulat wird zwei Jahre später in Kants *Kritik der Urteilskraft* (1790) prägnant umformuliert: Das Schöne vermittle ,interesseloses Wohlgefallen', ohne dass das Gefallen an Zwecke gebunden sei:

Kants *Kritik der Urteilskraft* (1790)

> Über diese rezeptionsästhetische Erläuterung führt der Weg bei Kant zur allgemeinen Definition des Schönen, das er durch eine verbindlich festliegende Ordnung geprägt findet, welche zwar einer inneren Regelhaftigkeit, jedoch keinem praktischen Nutzen gehorcht: ,Schönheit ist Form der Zweckmäßigkeit eines Gegenstandes, sofern sie, ohne Vorstellung eines Zwecks, an ihm wahrgenommen wird'. [...] Weil das Schöne zweckfrei bleibt, kann es keinen teleologischen Maßgaben gehorchen, die es auf einen allgemeinen oder besonderen Nutzen verpflichten, Belehrung und Erbauung bilden notwendig Zielsetzungen, die [seit Moritz] dem Bereich der ästhetischen Erfahrung fremd sind, da sie seine Autonomie verletzen. (Alt 2000, Bd. 2, 38)

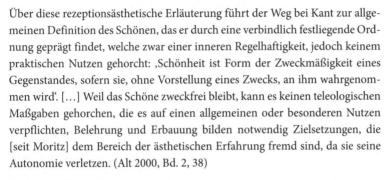

J. L. Raab: *Immanuel Kant* (1791)

Wichtig bleibt jedoch, festzuhalten, dass Kant grundsätzlich vom Subjekt her denkt: „Das ästhetische Urteil sage etwas über das Gefühl von Lust oder Unlust beim Subjekt aus, nicht über die Beschaffenheit des beurteilten Objekts. Ein Geschmacksurteil sei [grundsätzlich] ,kein Erkenntnisurteil'" (Dommes 2005, 384).

Auf der bei Moritz und Kant ausformulierten Bestimmung von Autonomie fußen Schillers ästhetische Überlegungen, gehen aber weit darüber hinaus: Kant definierte das Schöne als autonom vom Subjekt her, von dessen „interesselosem Wohlgefallen". In den *Kallias*-Briefen an Körner und vor allem in der ebenfalls aus Briefen entstandenen bzw. bestehenden Abhandlung *Ueber die ästhetische Erziehung des Menschen* thematisiert Schiller das Schöne als objektive Bestimmung des Kunstwerks selber, gleichsam ganz unabhängig vom Subjekt; er sucht also „den objectiven Begriff des Schönen, der sich eo ipso auch zu einem objectiven Grundsatz des Geschmacks qualificirt" (Schiller an Körner, 21.12.1792; *Frankfurter Ausgabe* [FA] 11, 622).

F. Schiller: *Kallias-Briefe*

Kunst wird bei Schiller bestimmt als ein sinnliches Phänomen, das nicht von außen, sondern „durch sich selbst bestimmt" sein könne – insofern dürfe man ihr „*Freiheitähnlichkeit* oder kurzweg *Freiheit*" zugestehen, allerdings, da Kunstwerke ja Schein sind, nur in der Erscheinung: „Schönheit", so definiert Schiller resümierend, „also ist nichts anders, als Freiheit in der Erscheinung" (*Kallias*-Brief vom 8.2.1793; FA 8, 285). Frei sei das Kunstwerk darin, dass „es das was es ist durch sich selbst sei" (18.2.1793; FA 8, 289), dass die künstlerische Form keinen Grund habe außer sich selbst. Damit nimmt Schiller Moritz' Bestimmung der Freiheit der Kunst von poetologischen Vorgaben wieder auf, die Ablehnung jeder Regelpoetik; die Freiheit von gesellschaftlichen Zwecken scheint hier schon selbstverständlich zu sein.

Freiheit von Kunst

Die Diskussion, die Schiller im 5. *Kallias*-Brief (23.2.1793) führt, ist bestimmt von den beiden Polen der Freiheit und der Regelhaftigkeit. Damit nämlich das einzelne Ding, das Schöne, überhaupt den menschlichen Verstand

18. Jahrhundert: Aufklärung

Form ansprechen kann, muss es eine Form haben. Form aber ist notwendig, denn ‚die Verbindungsweise des Mannigfaltigen [eines Dings] sei seine Form' (vgl. 2. *Kallias*-Brief). Diese Form ist nicht von außen vorgegeben, sondern werde vom Gegenstand selbst bestimmt, von der Natur. „Natur in der Kunstmäßigkeit" definiert er als „*Regel, die von dem Dinge selbst zugleich befolgt und gegeben ist*" (5. *Kallias*-Brief; FA 8, 306). Dieses Ineinander von Selbstbestimmung

Heautonomie und Regelbefolgung bezeichnet Schiller mit dem Begriff der *Heautonomie*, der Selbstgesetzgebung. „Die Form muß im eigentlichsten Sinn zugleich selbstbestimmend und selbstbestimmt sein, nicht bloße Autonomie, sondern Heautonomie muß da sein" (5. *Kallias*-Brief; ebd.).

Die Gedankenbewegung, die Schiller hier vollzieht, setzt die Linie fort, die bei Moritz mit der Umformulierung des Nachahmungsparadigmas begonnen hatte – die Besinnung auf die schöpferischen Kräfte der Natur –; sie gehört eng zu Goethes in Italien ausgebildeter, aber nicht explizit theoretisierter Auffassung von der Einheit des Mannigfaltigen im Naturding. Die äußeren, gleichsam regelpoetischen Vorgaben von „Zweckmäßigkeit, Ordnung, Proportion, Vollkommenheit" definiert Schiller um „zur Natur alles Organischen und macht sie dadurch doch wieder zur Bedingung des Naturschönen, welches er wiederum dem Kunstschönen als Maßstab setzt" (Dommes 2005, 386). Die Regeln, nach denen das Kunstwerk geformt wird bzw. werden soll, entspringen also einzig, allerdings idealiter, der Natur; weil damit das Kunstwerk selbst die Regel setzt, die es befolgt, ist es frei.

Sozialgeschichtlicher Zusammenhang Der sozialgeschichtliche Zusammenhang dieser Autonomieästhetik ist auf jeden Fall die Erfahrung der komplexeren bürgerlichen Gesellschaft am Ende des Jahrhunderts und zumal der Französischen Revolution. Schillers scharfsichtige Diagnose der gegenwärtigen bürgerlichen Gesellschaft erfordert eine spezifische Funktion von Kunst:

> Bei der Vereinzelung und getrennten Wirksamkeit unsrer Geisteskräfte, die der erweiterte Kreis des Wissens und die Absonderung der Berufsgeschäfte notwendig macht, ist es die Dichtkunst beinahe allein, welche die getrennten Kräfte der Seele wieder in Vereinigung bringt, welche Kopf und Herz, Scharfsinn und Witz, Vernunft und Einbildungskraft in harmonischem Bunde beschäftigt, welche gleichsam den *ganzen Menschen* in uns wieder herstellt. (FA 8, 972 f.)

Hier, im ersten Absatz der Rezension von Bürgers Gedichten von 1791, wird moderne Gesellschaft als entfremdend erfahren und reflektiert – ein Riss in der Welt, der nicht mehr zu kitten ist. Kunst, genauer: Poesie erscheint als das einzige Medium, das kompensatorisch diese Spaltung, diese Entfremdung wieder aufheben kann. Dazu aber muss die Kunst, was sie behandelt, idealisieren, muss „eine idealisierte Ansicht der Realität" bieten,

116

POETIK UND ÄSTHETIK **18. Jahrhundert**

die mit dieser nicht mehr identisch ist, sondern sie auf qualitativ anderem Niveau neu erzeugt. Ästhetische Praxis erschließt Bilder von Mensch und Natur in ihren vielgestaltigen Erscheinungsformen, ohne dabei Lehren, Zwecke, Instruktionen, Prinzipien und Ideen zu vermitteln (Alt 2000, Bd. 2, 39).

Kunst ist in diesem Sinne kompensatorisch tätig – und sie ist gleichzeitig Vorausbild von etwas, das es nicht gibt: Selbstbestimmung, Freiheit. – Schillers Briefe *Ueber die ästhetische Erziehung des Menschen* präzisieren einerseits die Gegenwartsdiagnose der Bürger-Rezension: Vor allem nach dem Umschlag der Französischen Revolution in offenen Terrorismus seit dem September 1792 und mit der Hinrichtung des Königs am 21. Januar 1793 (für den Schiller wenige Wochen vorher noch, optimistisch, eine Verteidigungsschrift geplant hatte) ist Schiller gegenüber Revolution und Revolutionären von Ekel erfüllt. Die Regression des Menschen in Wildheit und Vertierung interpretiert Schiller schockiert als Despotismus der Naturtriebe, als Degeneration: „Der Versuch des französischen Volks, sich in seine heiligen Menschenrechte einzusetzen, und eine politische Freiheit zu erringen", habe „ein ganzes Jahrhundert, in Barbarey und Knechtschaft zurückgeschleudert", heißt es im 2. Brief an den Augustenburger (Brief an Fr. Chr. von Augustenburg, 13.7.1793; FA 8, 501). Alle politische Tat gegen den absolutistischen „Notstaat", der das physische Dasein seiner Bürger immerhin sichern und sie vor den „rohen, gesetzlosen Trieben" der „niedern und zahlreichern Klassen" schützen könne (5. Brief; FA 8, 568), steht für Schiller unter absolutem Vorbehalt: Es ist, rückblickend von Beginn der Revolution an, „der wilde Despotismus der Triebe", der „alle jene Untaten" ausheckt, „die uns in gleichem Grad anekeln und schaudern machen" (Brief an Fr. Chr. von Augustenburg, 13.7.1793; FA 8, 502) – die Ablehnung der Revolution ist also grundsätzlich anthropologisch begründet, aus historisch gewonnener Einsicht in die Menschennatur.

Gegenüber dieser Entfesselung der Naturgewalt Mensch tritt Schillers zweite, grundsätzlichere und vielleicht viel bedeutendere kritische Bestimmung der Moderne in der Argumentation zurück: Unter der im sechsten Brief formulierten Leitfrage: „Kann aber wohl der Mensch dazu bestimmt sein, über irgendeinem Zwecke sich selbst zu versäumen?" analysiert Schiller den Zustand moderner bürgerlicher Gesellschaft unter Begriffen der Zerrüttung und Zerstückelung des ganzen Menschen – dem der der Antike entgegenstehe:

Ueber die ästhetische Erziehung des Menschen

Schillers *Briefe an den Augustenburger*

Moderne-Erfahrung: Entfremdung

> Jene Polypennatur der griechischen Staaten, wo jedes Individuum eines unabhängigen Lebens genoß und, wenn es not tat, zum Ganzen werden konnte, machte jetzt einem kunstreichen Uhrwerke Platz, wo aus der Zusammenstückelung unendlich vieler, aber lebloser Teile ein mechanisches Leben im Ganzen sich bildet. Auseinandergerissen wurde jetzt der Staat und die Kirche, die Gesetze und die Sitten; der Genuß wurde von der Arbeit, das Mittel vom Zweck, die Anstrengung von der Belohnung geschieden. Ewig nur an ein einzelnes

kleines Bruchstück des Ganzen gefesselt, bildet sich der Mensch selbst nur als Bruchstück aus; ewig nur das eintönige Geräusch des Rades, das er umtreibt, im Ohre, entwickelt er nie die Harmonie seines Wesens. (6. Brief; FA 8, 572 f.)

Schiller liefert hier eine hellsichtige Analyse von Arbeitsteilung und Entfremdung in der bürgerlichen Moderne, der sichtbaren „Verkümmerung universeller Fähigkeiten, [der] freiwillige[n] Beschränkung auf Partikularität" (Alt 2000, Bd. 2, 130). Dieser Entfremdung steht das Ideal entgegen, das seit Karl Philipp Moritz' Schrift „Das Edelste in der Natur" (1786) als anthropologisches Paradigma des späten 18. Jh. gelten kann: Der Mensch wird als „ein in sich selbst vollendetes Ganzes" aufgefasst, analog ist diese Bestimmung zur Definition des autonomen Kunstwerks, analog ist damit auch die Forderung nach Autonomie des Menschen. – Die Gegenwartsdiagnose zusammengefasst ist erschütternd: Degeneration, Verwilderung, Herrschaft der bloßen tierischen Triebe auf der einen Seite: „Wildheit", Entfremdung, zivilisierte Verfeinerung, intellektuelle Spitzfindigkeit und Erschlaffung auf der anderen: „Barbarei".

Als Gegenmittel gegen diese Zerstückelung erscheint Schiller einzig die Kunst, die die Möglichkeit verschafft, sinnliche und intellektuelle Vermögen gleichermaßen anzusprechen – politisch gewendet, ist es für Schiller „die Schönheit [...], durch welche man zu der Freiheit wandert" (2. Brief; FA 8, 560). Um dieses plausibel zu begründen, liefert Schiller im zweiten Teil der Briefe (9 bis 16) eine komplexe, aus der Diskussion seit den 1770er Jahren gespeiste Anthropologie der Triebstrukturen, auf deren Hintergrund die Idee

Form- und Stofftrieb ästhetischer Bildung modelliert wird. Zwischen Form- und Stofftrieb, den beiden von Schiller angenommenen Grundtrieben der menschlichen Natur, zwischen sinnlicher und intellektueller Weltaneignung und -überschreitung siedelt Schiller eine vermittelnde Instanz an: die Schönheit und den ihr ent-

Spieltrieb sprechenden Spieltrieb. Schönheit wird hier also, die *Kallias*-Überlegungen noch fortsetzend, anthropologisch definiert – der Umgang mit Schönheit als dasjenige, das sowohl den sinnlichen als auch den Vernunftmenschen anspricht, und zwar im Reich der Einbildungskraft, des Spiels, des Autonomen, der Freiheit.

Schillers *Spiel*-Begriff Spiel erscheint für Schiller als Abwesenheit von Zweckbindung, Abwesenheit jedweder Nötigung durch Natur oder Vernunft – d. h. also herausgelöst aus den Determinationen von Zustand und Person. „Sowohl der materielle Zwang der Naturgesetze, als der geistige Zwang der Sittengesetze" sind dispensiert (15. Brief), Spiel, zumal das ästhetische Spiel ist damit Erfahrungsraum von menschlicher Freiheit; die Anschauung des Schönen darf somit gelten als spielerische Erfahrung, die Freiheit bewusst macht und dennoch sinnlich bleibt, die mithin dem Individuum „eine vollständige Anschauung seiner Menschheit" ermöglicht (14. Brief).

Wilde und Barbaren, die „zahlreichern, unteren Classen" und die verfeinerten, barbarischen, werden beide durch die ästhetische Erfahrung diätetisch behandelt, zurückgeführt in eine Mitte oder in deren Nähe, da im „‚ästhetischen' Zustand [...] alle Extreme ausgelöscht [werden]. [...] Die Erziehung zur Gesundheit [...] betrifft die Sinnlichkeit, die Erziehung zur Einsicht den Verstand, die Erziehung zur Sittlichkeit die Vernunft und die ästhetische Erziehung die Totalität der genannten Vermögen" (Zelle 2005, 432). Letztere ziele darauf ab, so Schiller im 20. Brief, „das Ganze unserer sinnlichen und geistigen Kräfte in möglichster Harmonie auszubilden". „Der mittlere, ästhetische Zustand ist aufgrund der Tatsache, daß das gesamte Ensemble der kognitiven Vermögen in Tätigkeit ist, ein ‚Zustand höchster Potentialität' [...], weswegen die ‚ästhetische Kultur' [...] Möglichkeitsbedingung freien Handelns und der Ausbildung menschlicher Totalität ist" (Zelle 2005, 432).

Ludovike Simanowitz: *Friedrich Schiller* (1794)

Damit kommt Schiller auch zu einer neuartigen Auffassung literarischer, genauer: dramatischer Wirkung: Textsorten, die nur einseitig die Vernunft ansprechen, werden aus den schönen Künsten ausgegrenzt, die Tragödie dagegen ist aus entgegengesetzter Richtung zu problematisieren: Der starke ausgelöste Affekt (Mitleid, Schauder o. ä.) droht, die „Gemütsfreiheit" des Zuschauers einzuschränken (vgl. 22. Brief). Die Wirkungskonzeption steht bei Schiller in einem größeren Kontext dramentheoretischer Überlegungen.

Dramatische Wirkung

Erstmals in seiner kleinen Schrift *Ueber den Grund des Vergnügens an tragischen Gegenständen* (1792) widerruft Schiller die noch heteronome Bestimmung des Theaters aus seiner „Schaubühnenrede" (1784). Im Anschluss an die intensive Rezeption der Autonomie-Konzeption bei Moritz und der Lektüre der *Kritik der Urteilskraft* Kants spricht Schiller, wie es dann auch allgemeiner in den *Kallias*-Briefen formuliert ist, die Bühne von aller dienenden Funktion im aufgeklärten Gesellschaftsmodell frei. Bühnenkunst stiftet jetzt ein zunächst „freies Vergnügen", dialektisch allerdings fängt er dieses Vergnügen schließlich wieder ein, wenn er es zu einem Mittel macht, mit Hilfe dessen Kunst ihren moralischen Zweck erfüllen kann. Hier nimmt Schiller die komplexe Gedankenführung der Briefe *Ueber die ästhetische Erziehung* schon vorweg: „Nur dadurch, dass die Kunst autonom ist, d. h. keinen besonderen Zwecken dient, [...] kann sie ihrer besonderen Aufgabe, ‚den höchsten Zweck der Menschheit in so großem Maße' [...] zu befördern, nachkommen" (Zelle 2005, 368).

Bühnenkunst als „freies Vergnügen"

Schiller entwirft auf der Grundlage der Kantschen Unterscheidung zwischen *schönen* und *rührenden* Künsten die Differenz zwischen Rührendem und Erhabenem: Rührung ist Erregung der Affekte, also sinnliche Erfahrung; das Erhabene ist die intellektuelle Erhebung des Betrachters über diese sinnliche Leidenschaft – und damit die Erfahrung der eigenen Freiheit. „Die tragische Kunst ergötzt dadurch, dass sie die Naturkräfte, d. h. Empfindungen, Triebe, Affekte, Leidenschaften, physische Notwendigkeit, Schicksal im Streit mit der ‚ganze[n] Macht des Sittengesetzes' zeigt: ‚Je furchtbarer die Gegner, desto glorreicher der Sieg'" (Zelle 2005, 370).

Folge der Mensch bedingungslos oder hauptsächlich seinen Neigungen, Trieben und Affekten, unterscheide er sich kaum vom Tier; da aber der

Mensch den Willen in sich hat, der ihn über die pure Sinnlichkeit erhebt, kommt ihm, in Schillers Terminologie, „Würde" zu: „Beherrschung der Triebe durch die moralische Kraft ist Geistesfreiheit, und Würde heißt ihr Ausdruck in der Erscheinung" (Schiller: *Ueber Anmuth und Würde*; FA 8, 378). Und es ist gerade die tragische Poesie, die den Menschen insbesondere zur Empfindungsfähigkeit für das Erhabene erziehen kann: Denn hier ist der Abstand zwischen den durch die Bühnenhandlung affizierten Leidenschaften und der notwendigen Erhebung zur sittlichen Freiheit am größten. „Um das Leiden zu zeigen und den Zuschauer [zunächst] zu erschüttern, bedient sich der Dichter", so Klaus L. Berghahn, „aller dramatischen Elemente; Sprache und Gestik, dramatische Situation und Charakter, Bericht und Monolog: was immer im Drama geschieht, muss pathetisch, d.h. adäquater Ausdruck des leidenden Menschen sein. Der erste Grundsatz tragischer Kunst lautet nach Schiller: ‚Darstellung der leidenden Natur'" (Berghahn 1971, 491).

Dramentheorie

Im Kontext dieser Wirkungskonzeption entwickelt Schiller eine eigene, natürlich Aristoteles und Lessing voraussetzende, Dramentheorie und eine präzise Vorstellung von der Bauform des Dramas. Die Wahl des Helden hat, wie bei Lessing, entscheidende Konsequenzen für die Wirkmächtigkeit der Tragödie: Der Märtyrer fällt aus, unschuldiges Leiden widerspricht unserem Gerechtigkeitsgefühl, „nur das Leiden sinnlichmoralischer Wesen, dergleichen wir selbst sind, kann unser Mitleid erwecken" (Schiller: *Ueber die tragische Kunst* (1792); FA 8, 273). – Die Tragödie ist, so Schiller in *Ueber die tragische Kunst*, die „dichterische Nachahmung einer zusammenhängenden Reihe von Begebenheiten (einer vollständigen Handlung) welche uns Menschen in einem Zustand des Leidens zeigt, und zur Absicht hat, unser Mitleid zu erregen" (FA 8, 269). Die Vollständigkeit der Handlung verweist auf ein klassizistisches Denkmuster, Vollständigkeit heißt Einheit des Unterschiedenen, Ganzheit,

Das *Punctum saliens* – der prägnante Moment

die hergestellt wird über ein ideelles organisierendes Zentrum. Dieses findet er zunächst im prägnanten Moment, also der Situierung der konzentrierten Handlung in einem größeren Zeitverlauf: „Der Moment der Handlung ist so prägnant, daß alles, was zur Vollständigkeit derselben gehört, natürlich, ja in gewissem Sinne notwendig darin liegt, daraus hervorgeht", formuliert er im Kontext des *Wallenstein* (Schiller an Goethe, 2.10.1797; FA 12, 330).

Die Grundtendenzen der Dramenästhetik sind hier, in Schillers allgemeiner Ästhetik, schon angelegt: Stoff und Inhalt binden den Affekt, die Sinnlichkeit; Form ist im besten Fall vollendetes Ergebnis menschlicher Anstrengungen – der Sieg der Form über den Stoff markiert die höchste Leistungsfähigkeit der Kunst: „In einem wahrhaft schönen Kunstwerk soll der Inhalt nichts, die Form aber alles tun; denn durch die Form allein wird auf das Ganze des Menschen, durch den Inhalt hingegen nur auf einzelne Kräfte gewirkt. Der Inhalt, wie erhaben und weit umfassend er auch sei, wirkt also jederzeit einschränkend auf den Geist und nur von der Form ist wahre ästhetische Freiheit zu erwarten" (22. Brief *Ueber die ästhetische Erziehung*; FA 8, 641).

POETIK UND ÄSTHETIK **18. Jahrhundert**

Mit Moritz', Kants und Schillers Bestimmung von Autonomie als dem leitenden Kriterium von Kunst ist einerseits, systemtheoretisch gesprochen, die Ausdifferenzierung des Literatursystems zum Abschluss gekommen: Hier, mit der vom genialen Individuum auf das Kunstsystem selber übertragenen Autonomie, erreicht das System den Status der *Autopoiesis*: Es konstituiert sich selber, indem es autonom die Regeln erzeugt, nach denen es funktioniert. Andererseits ist, in zeitgenössischem Denken, mit dieser Autonomiekonzeption die leitende Vorstellung einer Kunst entstanden, die als frei von den gesellschaftlichen Zweckbindungen und Instrumentalisierungsmöglichkeiten angesehen wird, die losgelöst erscheint von den tagesaktuellen Begebenheiten – und die damit in Gefahr kommt, entweder in der Idealisierung allen gesellschaftlichen Bezug zu verschleiern, ideologisch zu verbrämen oder aber die Möglichkeit eröffnet, gerade in dieser Form ästhetischer Autonomie die Kommunikationsmöglichkeiten von Kunst auf eine realistischere Weise einzuschätzen, als dies etwa emphatisch politische Literaturprogramme zu leisten vermöchten.

Autopoiesis des Literatursystems

Für Moritz, v. a. aber für Goethe und Schiller, wurde nach der Französischen Revolution der Antike-Bezug zu einem wesentlichen Element eigener ästhetischer Orientierung: Die Literatur (und auch bildende Kunst und Architektur) des klassischen Altertums gilt als vorbildlich und mustergültig, soll jedoch produktiv, gemäß den aktuellen Bedingungen, aufgegriffen, nicht aber sklavisch nachgeahmt werden. Die regelhafte – der Naturschönheit abstrahierend abgelauschte – Form bzw. Gesetzmäßigkeit antiker Kunst (im Hexameter ebenso wie in der Tragödienarchitektur u. v. a. m.) erschien, sozusagen diesseits der ästhetisch-theoretischen Bestimmung der Kunst als Medium von Freiheitserfahrung, als ein stabiles, altüberliefertes Orientierungsmuster, das den Auflösungstendenzen der eigenen Gegenwart scharf entgegenstehe. Wenn im (klassizistischen) Kunstwerk in seiner zweckfreien Schönheit die utopische Vorwegnahme einer sinnhaften, unentfremdeten Identität sichtbar wird und es so zur spielerischen Erprobung von Selbstbestimmung dient, ist Kunst das Medium einer Erziehung, die eine Revolution überflüssig machen würde.

Antike-Bezug

Schiller und Goethe setzen, auch um die autonomieästhetischen Vorstellungen zu verbreiten, das Medium der Zeitschriften ein. V. a. Schillers Zeitschriftenprojekte waren immer auch von dem Wunsch gekennzeichnet, „den Geschmack des Publikums zu bilden und gleichzeitig einen hohen [...] literarischen Anspruch zu bewahren" (Hoffmann 2005, 521). Die *Horen*, sein ambitioniertestes und gewiss auch elitärstes Projekt, können als *die* Programmschrift nachaufklärerischer Kunstautonomie verstanden werden. Der Titel, den Schiller seiner Zeitschrift gab, verweist auf die griechischen Göttinnen Eunomia, Dike und Eirene, Töchter des Zeus und der Themis, die die Himmelstore bewachen und deren mythologische Funktion Schiller in seiner Ankündigung der neuen Zeitschrift sehr programmatisch vorstellt: „Wohlan-

Schillers Zeitschriftenprojekte

121

ständigkeit und Ordnung, Gerechtigkeit und Friede werden also der Geist und die Regel dieser Zeitschrift sein; die drei schwesterlichen Horen Eunomia, Dice und Irene werden sie regieren". Neben literarischen Arbeiten – am prominentesten gewiss Goethes *Römische Elegien* und sein Revolutionsroman *Unterhaltungen deutscher Ausgewanderten*, lyrische Gedichte von Schiller selbst und Herder sowie der Beginn des sehr beliebten Romans von Johann Jakob Engel, *Herr Lorenz Stark* – enthält der erste Jahrgang, in zwölf Monatsheften oder „Stücken" publiziert, vor allem ästhetisch-theoretische Abhandlungen von Fichte, Herder, Jacobi, am wichtigsten aber Schillers Briefe *Ueber die ästhetische Erziehung des Menschen*. Auch in den weiteren beiden Jahrgängen werden die bedeutendsten ästhetischen Schriften Schillers veröffentlicht – ohne allerdings verhindern zu können, dass sich das Publikationsprofil der Zeitschrift spätestens im dritten Jahrgang auflöst: Briefromane von Stürmern und Drängern oder frühromantisch bewegten Schriftstellerinnen werden, gleichsam antiprogrammatisch, aufgenommen. Damit muss die Zeitschrift eingestellt werden. –

Die *Musen-Almanache*

Das Schillersche Nachfolgeprojekt, die *Musen-Almanache* – verzichteten auf die theoretisch-programmatische Dimension ganz.

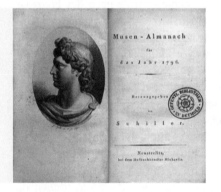

Schillers *Musen-Almanach für das Jahr 1796*, Frontispiz und Titelblatt

Goethe allerdings macht noch zwei Anläufe, die eigene, klassizistische Ästhetik unters Volk zu bringen: in den *Weimarischen Preisaufgaben* (1799–1805) sollten bildende Künstler zu vorgegebenen Homer-Szenen Gemälde in Weimar einreichen, Antikeorientierung und klassizistische Bildästhetik sollten eingeübt werden – Goethe und sein Kunstfreund Johann Heinrich Meyer waren die Jury: Die Einsendungen aber waren meist zweit- oder drittrangig, die Resonanz äußerst deprimierend. – In der großangelegten und -konzipierten Zeitschrift *Propyläen* wollte Goethe eine große Menge verschiedenster Gegenstände der bildenden Künste verhandelt wissen. Man hatte vor, Schiller oder Wilhelm von Humboldt für weitere Aufträge zu gewinnen. Themen der versammelten Aufsätze sollten Kunst- und Naturwissenschaft sein, geschichtliche oder gar kunsttheoretische Betrachtungen als Hilfsmittel der schöpferischen Tätigkeit, Maßstab aller Aufsätze in den *Propyläen* waren Kunst und ‚Volksleben' des antiken Griechenland. Die Zeitschrift sollte der ästhetischen Erziehung vor allem bildender Künstler dienen im Sinne der klassizistischen Selbstbestimmung Goethes – die *Propyläen* waren ein künstlerisch-didaktisches Projekt.

Die *Propyläen*

Johann Heinrich Meyer (1760–1832; Selbstbildnis)

Schon Schiller und Humboldt waren kaum zur Mitarbeit zu bewegen, darüber hinaus stieß die Absicht der Zeitschrift, anhand der Kunst des antiken Griechenland einen Kanon verbindlicher Regeln für die Verfertigung von Kunstwerken aufzustellen, auf einiges Befremden in der ohnehin kleinen

Leserschaft. Die *Propyläen* und die in ihrem Gefolge abgehaltenen Kunstwettbewerbe und Ausstellungen riefen zwar für kurze Zeit einige Diskussion in kleinstem und elitärem Kreise hervor, die Wirkung jedoch sowohl der Zeitschrift als auch der erzieherisch intendierten Preisausschreiben blieb sehr gering. Die *Propyläen* erschienen nur zwei Jahre hindurch, von 1798 bis 1800 – zur Zeit der populärsten Frühromantik also –, als drei Bände in jeweils zwei Stücken, das Erscheinen der Zeitschrift wurde sodann eingestellt. Das Projekt der Verbreitung klassizistischer Kunstauffassung und der Erziehung des Geschmacks darf hiermit als gescheitert angesehen werden.

Gattungen

Lyrik

Die Frühaufklärung findet in der Lyrik der ersten Hälfte des 18. Jh. einen interessanten Niederschlag: Die aus England importierte Verbindung von moderner aufgeklärter Naturwissenschaft und christlichem Glauben, die *Physikotheologie*, wird im lyrischen Werk des Hamburgers Barthold Hinrich Brockes derart umgesetzt, dass im Gedicht ein jedes ‚Naturding', sei es ein Wurm, eine Eisblume oder ein Gewitter, in allen seinen Details und seinem Aufbau geschildert wird, und die Ordnung der Natur selbst wird dann zum Lob der Schöpfung und des Schöpfers gedeutet (*Irdisches Vergnügen in Gott*, 9 Bände 1721–48).

Der Schweizer Naturwissenschaftler, Anatom und Arzt Albrecht von Haller darf als der bedeutendste Verfasser von Lehr- und Gedankengedichten der Frühaufklärung angesehen werden: Sein „Unvollkommenes Gedicht über die Ewigkeit" thematisiert in reflektierter Form theologische Inhalte, sein berühmtes Gedicht „Die Alpen" (1729) aus dem 1732 publizierten *Versuch Schweizerischer Gedichte* initiiert einen neuartigen Blick in die heimische Natur, der mit dem Gefühl des Erhabenen intensiv verbunden wird.

Die Gattung des Lehrgedichts war aus der Antike überliefert – ebenso wie die Vorlage für die geselligen Spielformen v. a. bürgerlicher Gelegenheitsdichtung und die in (vermeintlichem) Rückbezug auf antike Traditionen produzierte *Anakreontik*. In einer missverständlichen Orientierung am antiken Dichter Anakreon schreiben Dichter wie Friedrich von Hagedorn, Johann Wilhelm Ludwig Gleim, der junge Goethe u. a. leichte, um Liebe, Freundschaft und Geselligkeit kreisende, formal freie Gedichte. Die Sprache der Anakreontik bedient sich aus einem Repertoire typischer Bilder und Motive, die kunstvoll gehandhabt werden sollten.

Gerade in der Naturlyrik bilden sich die verschiedenen Strömungen des 18. Jh. erkennbar ab: Die Landlebendichtung meidet Hof, Stadt und Gesellschaft zugunsten einer empfindsamen Naturzuwendung und gesuchten Einsamkeit. Ewald Christian von Kleist, Friedrich von Hagedorn, Johann Wil-

|3
|3.1

Physikotheologie

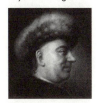

Dominicus van der Smissen: *Barthold Hinrich Brockes* (1680–1747)

Dominicus van der Smissen: *Bildnis des Dichters Friedrich von Hagedorn* (1708–1754)

Landlebendichtung

G. Hempel: *Bildnis des Ewald Christian von Kleist* (1715–1759)

Jens Juel: *Friedrich Gottlieb Klopstock* (um 1700)

Neuer Dichtertypus: Der Dichter als Prophet

Orientierung an nichtantiken Traditionen: Volkslied, Ballade

helm Ludwig Gleim und Johann Peter Uz artikulieren – immer noch in den Spielformen der Anakreontik – eine programmatische Abwendung von den Verfeinerungen und Zwängen der höfischen bzw. bürgerlichen Zivilisation; teilweise im Gestus der Arkadien- und Schäferdichtung wird das Landleben zu einem empfindsamen Ideal stilisiert, das gleichzeitig, im Beschwören des Einfachen und Natürlichen, aber einen deutlichen Anteil Gesellschafts- und Hofkritik beinhaltet.

Klopstocks große Hymnen gehen über die Formen der Anakreontik und die Sujets der Landlebendichtung weit hinaus – und lassen zudem den Typus des reinen Lehrgedichts weit hinter sich. Im Gestus der von Breitinger theoretisch beschriebenen „hertzrührenden Schreibart" artikuliert Klopstock eine bis dahin nie gehörte Euphorie – und löst ebendieselbe bei Leserinnen und Lesern aus. Natur- und Literaturbegeisterung wie radikal empfindsamer Freundschaftskult sind Gegenstände seiner Gedichte, seine (sogenannte) Ode „Das Landleben" (1759, 1771 unter dem Titel „Die Frühlingsfeyer") ist (ebenso wie sein erst spät vollendetes umfängliches Versepos *Der Messias*, 1748–1773) der Auftakt zu einer neuartigen Verkultung der dichterischen Persönlichkeit. Das hängt auch mit dem Dichtertypus zusammen, der in Klopstocks Oden und Hymnen erstmalig auftritt: In „Das Landleben" feiert das lyrische Ich, betend und im Gestus der alttestamentarischen Psalmen, den Herrn Jehova sowohl in der unendlichen Größe des Alls als auch in der mikroskopischen Kleinheit des „Frühlingswürmchens", die Erfahrung von Gewitter und Nachgewitter machen die Anwesenheit des Gottes am eigenen Leib erlebbar. Der Dichter inszeniert sich selbst als Propheten göttlicher Wahrheit im enthusiastischen Gesang; dichterische Rede wird entschieden aufgewertet. Der Dichter ist mehr als nur einer, der überlieferte Regeln anwendet – Klopstock ist es auch, der im Anschluss an die klassischen Odenstrophen lyrische Experimente mit antiken Formen veranstaltet.

Abseits der Formensprache des klassischen Altertums finden zu Beginn der 1770er Jahre Johann Gottfried Herder und der junge Goethe im Volkslied sowohl einen Gegenstand kulturgeschichtlichen Sammelinteresses als auch ein neuartiges Vorbild für eigene lyrische Produktion. Herder stellt Lieder verschiedener europäischer Völker zusammen, z. T. in eigenen Übersetzungen oder Nachdichtungen (*Volkslieder nebst untermischten anderen Stücken* (1778/79; 1807 unter dem Titel *Stimmen der Völker in Liedern* neu veröffentlicht); Goethe lehnt sich mit einigen seiner frühen lyrischen Texte an das Volkslied an („Heidenröslein"). Ebenfalls aus dem Volksliedzusammenhang übernehmen Gottfried August Bürger, Herder und auch Goethe die Ballade (Bürger: „Lenore", 1774; Goethe: „Der Erlkönig", 1782).

Stärker als die Orientierung am Volkslied wirkt v. a. beim jungen Goethe allerdings der Impuls, der von der freirhythmischen oder formal selbstbestimmten Lyrik Klopstocks ausging. In den sogenannten *Sesenheimer Liedern* („Mayfest", „Es schlug mein Herz, geschwind zu Pferde", letzteres wird 1789 verändert unter dem Titel „Willkomm und Abschied" nochmals publiziert) wird in einfacher, z. T. an die Volksliedstrophe angelehnter Form ein neuartiges Liebeserlebnis in einer ebenfalls neuartigen lyrischen Sprache besungen. Die in „Es schlug mein Herz" geisterhaft belebte Natur steht für sich, hat sich aus der Kulissenhaftigkeit der anakreontischen Naturlyrik emanzipiert; das Gedicht ist emphatische Aufarbeitung eines Liebeserlebnisses des lyrischen Ichs: Ich, Liebe, Natur werden hier auf literarische Weise neu definiert. – In den großen *Frankfurter Hymnen* Goethes (*Wandrers Sturmlied*, 1772; *Prometheus*, 1773/74) wird das schöpferische Ich, weit über Klopstock hinaus, zum Gottgleichen aufgewertet: Es hat unmittelbar teil an der Natur, die in es hineinfließt und Poesie mitproduziert, es ist ganz das gottesebenbildliche Genie, das aus sich selbst Figuren, eine Welt, eine Geschichte erschafft.

Lyrik des jungen Goethe: Sesenheimer Lieder, Frankfurter Hymnen

Während die freirhythmische Lyrik für Goethe während seines ersten Weimarer Jahrzehnts (1775–1786) durchaus noch maßgeblich blieb („Auf dem Harz im December 1777", später unter dem Titel „Harzreise im Winter"; „Ilmenau am 3. September 1783") – und, neben der Unterordnung unter höfische Zwecke, in entschiedenem Maße zur Selbstreflexion eigener dichterischer Existenz genutzt wurde, eignet Goethe sich spätestens auf der Italienreise 1786–1788 antike Gedichtformen und Versmaße neu an. Nach seiner Rückkehr verfasst er die „Römischen Elegien" (1788–90; publiziert 1795), in denen er, in ganz strengen elegischen Distichen aus Hexameter und Pentameter, die eigene Wiedergeburt als Künstler aus der Begegnung mit der Kunst des klassischen Altertums und der (angeblichen) sinnlichen Erfahrung erotischer Liebe feiert. Diese Hinwendung Goethes zu antiken Formen bestimmt einen Großteil der lyrischen Produktion des Weimarer Klassizismus: Schiller und Goethe verfassen weitere Elegien („Der Spaziergang", 1795; „Die Metamorphose der Pflanzen", 1798), nach seiner zweiten Italienreise schrieb Goethe seine *Venetianischen Epigramme* (1790); Epigramme oder Sinngedichte kürzester, oft pointiert-polemischer Art sind auch die *Xenien*, mit denen Schiller und Goethe im *Musen-Almanach für das Jahr 1797* über die Gegner und Kritiker der gemeinsamen Zeitschrift *Die Horen* herziehen. Dass die klassizistische Dichterwerkstatt in Weimar auch nicht-klassische Formen adaptieren konnte – um sie z. T. sogar mit Stoffen der griechischen oder römischen Überlieferung zu versehen –, zeigt der *Musen-Almanach für das Jahr 1798*, der viele Balladen enthält, die zum Kanon deutschsprachiger Literatur gehören („Die Kraniche des Ibykus", „Die Braut von Korinth", „Der Zauberlehrling").

G. O. May: *Johann Wolfgang Goethe* (Juli 1779)

Weimarer Klassizismus: Aneignung „klassischer" lyrischer Formen – Elegie, Epigramm, Xenien

Drama

| 3.2

Die Mustergattung des Aufklärungsjahrhunderts ist das Drama. Gottsched proklamierte und vollzog ab 1727 gemeinsam mit der Theaterprinzipalin Friederike Caroline Neuber eine Theaterreform: Deren wichtigste Ziele waren die

Theaterreform

18. Jahrhundert: Aufklärung

Vorbild: Frankreich

Abkehr von der Bühnenästhetik der traditionellen Wandertruppen und der Verzicht auf Improvisation, stattdessen forderte sie Texttreue, klassizistische Kostümierung und gravitätischen Deklamationsstil; der Hanswurst, der Narr der frühneuzeitlichen Komödie, wurde zur Unfigur erklärt. Vorbild einer neuen deutschen Dramatik war der französische Klassizismus Corneilles, Racines und Voltaires, also die in der höfischen Kultur des französischen 17. Jh. überformte griechische Klassik.

Theaterzettel der Neuberschen Schauspieltruppe vom 8.9.1738

Gottsched selber verfasste mit dem *Sterbenden Cato* (1732) eben kein Musterstück seiner Dramenästhetik, dem auch kein bleibender Bühnenerfolg beschieden sein sollte. Der *Cato* ist mindestens dreierlei: Märtyrerdrama, aufgeklärte Tragödie und, zumindest tendenziell, bürgerliches Trauerspiel. Die Handlung um den stoischen Dulder Cato, der für den abstrakten Wert der Freiheit in den Tod geht, könnte noch dem barocken Märtyrerdrama zugeordnet werden – hier stört allerdings nachhaltig, dass Cato seinem Leben selbst ein Ende setzt. Stilistisch und dramaturgisch entspricht der Text den Vorgaben von Gottscheds *Versuch einer Critischen Dichtkunst*: Aller Schwulst ist weggelassen, Chöre und überflüssige Figuren entfallen. Die Handlung um die frischverwaiste Königstochter Arsene, die sich in einen unbekannten Römer verliebt hat, der sich schließlich als Caesar selbst entpuppt, und die dann auch noch erfährt, dass sie in Wirklichkeit die Tochter Catos ist – diese Handlung ist einerseits getragen von dem Konflikt zwischen objektivem Müssen und subjektiven Wollen, ist zudem durchaus empfindsam geprägt und kommt mit dem inneren Konflikt dem des bürgerlichen Trauerspiels nahe.

J. Ch. Gottsched: Der sterbende Cato (1732)

Die aufgeklärte Komödie: Verlachkomödie

Stärker als das Gottschedsche Trauerspiel kommt die aufgeklärte Komödie dem Ideal der *Critischen Dichtkunst* entgegen: Sie setzt ein lasterhaftes Verhalten ins Zentrum, dessen letztlich aufgeklärte Besserung oder Heilung sie auf der Bühne vorführt. „Die Comödie ist nichts anders, als ein Nachahmung einer lasterhaften Handlung, die durch ihr lächerliches Wesen den Zuschauer belustigen, aber auch zugleich erbauen kann" (Gottsched [1730] 1973, Bd. 6.2, 348). Für Gottsched ist zunächst wichtig, dass das zu verlachende Laster nicht zu gravierend ist: Es soll eher ein moralischer Defekt als eine Disposition zum

GATTUNGEN · **18. Jahrhundert**

Verbrechen sein. Das Laster macht die betroffene Figur lächerlich und erweist sich zugleich als gesellschaftsschädlich: Der Lasterhafte ist in seiner Kommunikation gestört, sein soziales Umfeld wird stark in Mitleidenschaft gezogen. Es ist aber im Verlaufe der Handlung gerade das soziale Umfeld, das ihn aus seiner Isolation befreit. Die Aufklärungskomödie führt unterschiedliche „Therapie"-Versuche des moralisch Erkrankten vor, bis – zumeist in Gestalt einer liebenswürdigen wie heiratsfähigen Person des anderen Geschlechts – die Integration in die Familie bzw. Gesellschaft wieder bewerkstelligt werden kann. Die Personnage der Komödie ist dementsprechend eine mittlere: „ordentliche Bürger, oder doch Leute von mäßigem Stande, dergleichen auch wohl zur Noth Baronen, Marquis und Grafen", denn hier ist, im Gegensatz zum Trauerspiel, Identifikation angezeigt!

Typenkomödie

1736 schrieb die gerade 23-jährige und erst seit kurzem mit Gottsched verheiratete Luise Adelgunde Victorie Gottsched die *Pietisterey im Fischbeinrocke*, eine der französischen Komödie *La Femme Docteur ou la Théologie Janseniste tombée en Quenouille* nachempfundenen Satire auf den Möchtegern-Pietismus einer Bürgersgattin, die Tochter und Vermögen an einen pietistischen Werber zu verlieren droht, vor diesem Unglück aber gerade noch durch den zurückkehrenden Gatten gerettet werden kann. Neben der offensichtlichen Stoßrichtung gegen den (übertriebenen) Pietismus ist hier wohl die ungerechtfertigte Autonomieanmaßung durch das weibliche Geschlecht das Hauptlaster.

Wie die Komödien der französischen Tradition, etwa Molières, behandeln Aufklärungskomödien zunächst vielfältige solcher Laster: Johann Theodor Quistorps *Der Hypochondrist* (1745) widmet sich, idealtypisch Gottscheds Gattungspoetik erfüllend, der Heilung des eingebildeten Kranken; Gotthold Ephraim Lessings *Der Freigeist* (1748) und *Der junge Gelehrte* (1754) behandeln eher intellektuelle „Laster" – der *junge Gelehrte* mit der interessanten Schlusswendung, dass der Lasterhafte eben nicht wieder geheilt und integriert wird, sondern seine gesellschaftsschädigende Haltung dadurch neutralisiert wird, dass er fortgeht, auswandert: Laster wird hier durch Exklusion in seiner schädigenden Wirkung begrenzt, die Komödie gibt gleichsam den Anspruch auf, den Kranken heilen zu können, nur die Gesellschaft wird gerettet.

Gottsched publizierte von 1741 bis 1745 in sechs Bänden seine Sammlung *Die Deutsche Schaubühne*, die in beiden Dramenfächern mustergültige Texte – Originaldramen wie Übersetzungen v. a. aus dem Französischen – enthalten sollte. Ein wichtiger Autor der *Schaubühne* ist der Gottschedschüler Johann Elias Schlegel – dessen Trauer- und Lustspiele allerdings deutlich von Gottscheds normativer Poetik abweichen. Grundsätzlichen Einspruch erhebt Schlegel gegen die Gültigkeit von Gottscheds Nachahmungsparadigma: Schlegel proklamiert in der *Abhandlung, daß die Nachahmung der Sache, der man nachahmet, zuweilen unähnlich werden müsse*, dass der Hauptzweck der Nachahmung nicht die Belehrung, sondern das Vergnügen (*delectare*) sei. Dieses Vergnügen entstehe durch die merkbaren Differenzen, welche das Publikum

Die Deutsche Schaubühne

127

zur realen Wirklichkeit entdeckt. Somit definiert Schlegel Unähnlichkeit als Spielraum künstlerischer Gestaltung, ja sogar als Autonomie.

In seiner Komödie *Die Stumme Schönheit* realisiert er diese ‚Unähnlichkeit' auf spezifische – und wieder gegen Gottsched stehende Weise. Schlegel hatte schon in seinem *Schreiben an den Herrn N. N. über die Comödie in Versen* auf die ästhetische Qualität einer Verskomödie hingewiesen:

Verskomödie

> Die Comödie aber weiss vermittelst der Verse einen Unterschied zwischen demjenigen, was sie abbildet, und der Abbildung zu machen, ohne etwas von der Nachahmung auszulassen. Sie ahmet die Handlungen der Menschen im gemeinen Leben in allen Stücken nach, und bey dieser Verstattung können Handlungen, Sitten, Worte, Kleidung, Geberden, und Stimme völlig mit einer wahrhaften Handlung übereinstimmen; da indessen der einige harmonische Klang und die übereinstimmende Verhältniß der Sylben gegen einander, sie von einer wahrhaften Handlung unterscheidet. (Schlegel [1740] 2000, 413)

Gottsched hatte den Gebrauch der Prosa als Umsetzung einer schlichten, natürlichen Umgangssprache gefordert, ohne die Verskomödie ganz zu verwerfen, Schlegel plädiert für den Vers um der Unähnlichkeit willen: Das Vergnügen am literarischen Kunstwerk werde dadurch gesteigert, dass in der Unähnlichkeit des Verssprechens im Vergleich zur alltäglichen Rede die Kunst des Dichters deutlicher hervortrete. Hier greift Schlegel durchaus auf die ästhetischen Konzeptionen des Weimarer Klassizismus voraus, wie Schiller sie etwa in der Vorrede zur *Braut von Messina*, „Ueber den Gebrauch des Chors in der Tragödie", artikuliert.

J. E. Schlegel: Die Stumme Schönheit (1747)

Die Stumme Schönheit (1747) ist die einzige vollständig überlieferte Verskomödie Johann Elias Schlegels. Das Sujet selbst ist wiederum mit der Sprachthematik verquickt: Eine eingebildete und intrigante Dame, Frau Praatgern (d. i. Rede-gern), hat die ihr zur Erziehung übergebene Tochter eines reichen Bürgers mit ihrer eigenen Tochter vertauscht, um der Letzteren die reiche Erbschaft zu verschaffen. Die Erziehung dieser (eigenen) Tochter aber im Sinne eines missverstandenen höfischen Erziehungsideals macht aus dieser eine stumme wie dumme Schönheit; die wirkliche Tochter des Bürgersmanns, nach viel liberaleren Grundsätzen außerhalb des Hauses erzogen, entspricht einem neuen, an Natürlichkeit orientierten Verständnis von Gesprächskultur und Weiblichkeit. – Schlegels zweite große Komödie, *Der Triumph der guten Frauen* (1748), ist gleichsam ein Gegenentwurf zur *Pietisterey* der Gottschedin: Hier erscheinen die Männerfiguren typisiert – als großmäuliger Lebemann und als Ehetyrann –, die Frauengestalten gewinnen ein Höchstmaß an moralischer und Handlungsautonomie. Das Stück ist eine Folge von spritzigen Dialogen, Intrigen und Gegenintrigen, Verkleidungen und Entlarvungen, deren Protagonisten Hilaria und ihre Dienerin Cathrine sind. Das Handlungsziel ist die Korrektur des falschen männlichen Verhaltens: Während bei dem einen, Nicander, die moralische Wandlung sich allmählich vollzieht, reflektiert der

Der Triumph der guten Frauen (1748)

Text beim anderen, Agenor, die Naivität der Aufklärungskomödie selbst, insofern hier die Nachhaltigkeit einer bloß oberflächlichen Verhaltensänderung in Zweifel gezogen wird.

Dramentheoretisch ebenso bedeutsam wie seine Überlegungen zur Verskomödie ist Schlegels *Vergleichung Shakespears und Andreas Gryphs* (1741) – nebenbei eines der wichtigsten frühen Dokumente der Shakespeare-Rezeption in Deutschland. Schlegel betont einerseits schon hier die Bedeutung nationaler Bedingtheiten literarischer Kultur, hebt andererseits aber den Rang des Charakteristischen in der Dramenästhetik hervor. In seinen beiden wichtigsten Trauerspielen (nach ziemlich gelungenen Jugenddramen zu Gegenständen aus der antiken Mythologie: *Die Trojanerinnen, Orest und Pylades*) kommt dieser Charakterdarstellung ein hoher Stellenwert zu. Mit seinem *Hermann* (1743) greift Schlegel einen bedeutsamen Stoff ‚nationeller' Überlieferung auf – seine Hermann-Figur allerdings ist sehr geradeaus, zeigt keine Konflikte, ist eigentlich uninteressant. Interessanter sind die problematischen Figuren, die entweder, wie Flavius, zwischen der römischen und germanischen Kultur stehen, oder, wie Segest, ein abweichendes (egoistisches) Herrschaftsverständnis zeigen. Ebendies gilt auch für Ulfo, den Gegenspieler des Titelhelden in dem Trauerspiel *Canut* (1746). Der mittelalterliche dänische König Knut der Große wird einerseits als Herrscher im Sinne eines aufgeklärt-absolutistischen Politikverständnisses inszeniert, ist andererseits aber wiederum die langweiligere Figur. Interessant ist Ulfo, der sich der Verbindlichkeit der Unterordnung unter den Souverän entziehen will und stattdessen alte Heldentugenden präferiert, die letztlich auf das bloße Recht des Stärkeren hinauslaufen. Mit Ulfo greift Schlegel in gewisser Weise auf die *Selbsthelfer* im Drama des *Sturm und Drang* voraus, etwa auf Götz oder Karl Moor.

Mit dem ‚rührenden Lustspiel' importiert Christian Fürchtegott Gellert nicht nur viel stärker Empfindsamkeit in die Komödienästhetik, sondern schafft vielmehr eine eigene Mischgattung des Dramas. Man könnte das rührende Lustspiel auch als Tragödie mit bürgerlichem Personal und gutem Ausgang bezeichnen. Gellerts *Die zärtlichen Schwestern* (1747) sind ein Musterbeispiel der Gattung, die weniger zur Entwicklung der Aufklärungskomödie als vielmehr zu der des bürgerlichen Trauerspiels beigetragen hat. Hier tritt, anders als in der Verlachkomödie, anstelle der Korrektur die Bestrafung des Unmoralischen, im Zentrum aber steht die Vorführung von (typenhaften) Tugendmodellen. – Ebenfalls eine Mischform stellt die wohl anspruchsvollste ‚Komödie' der Aufklärung dar, die *Minna von Barnhelm* Gotthold Ephraim Lessings. Das Ehrverständnis der männlichen Hauptfigur Tellheim lässt sich noch im Lichte der Defektdarstellung in der Typenkomödie verstehen – allerdings ist dieser ‚Defekt' moralisch-psychologisch und politisch-biographisch motiviert. Die intriganten Machinationen, die Minna, die zwischenzeitlich ehemalige Verlobte Tellheims, anstellt, um Tellheim zu kurieren, laufen ins Leere, eine tragische Wendung scheint unabwendbar – wenn nicht, als *Deus*

Vergleichung Shakespears und Andreas Gryphs (1741)

Herrschaftsverständnis

Anton Graff: *Bildnis des Dichters Christian Fürchtegott Gellert* (nach 1769)

Gellert: ‚rührendes Lustspiel'

Mischgattung des Dramas

G. E. Lessing: *Minna von Barnhelm* (1767)

ex machina der Neuzeit, der König eingriffe, Tellheim rehabilitierte und die Voraussetzungen zur ehelichen Verbindung mit Minna wiederherstellte. Mit diesem Schluss artikuliert Lessing einen grundsätzlichen Einspruch gegen die Annahme einer Geschichtsmächtigkeit des Individuums, wie sie der Kommunikations- und Erziehungsoptimismus der früheren Aufklärungskomödie ausgedrückt hatte.

Bürgerliches Trauerspiel

Der dramenästhetische Impuls, der vom rührenden Lustspiel ausging, wurde von Gotthold Ephraim Lessing für die Trauerspiel-Ästhetik aufgegriffen – allerdings tritt an die Stelle der Bewunderung von immerhin schon empfindsamen Tugendmodellen das identifizierende Mitleid mit den Figuren.

Identifikatorische Bühnenästhetik

,Gemischte Charaktere'

,Bürgerliche' Konflikträume

Voraussetzung für eine solcherart identifikatorische Bühnenästhetik ist die Konzeption der dramatischen Figuren als ‚gemischte Charaktere', die nicht zu gut, nicht zu bösartig, aber auch nicht aus zu hohem gesellschaftlichen Stand stammen sollten: bürgerliche Personen oder solche aus niederem Adel, v. a. jedoch ‚bürgerliche' Konflikträume wie Familie oder die Standesauseinandersetzungen mit dem Adel.

Konzept der moralisch-psychologischen Aufklärung

Lessing arbeitete die aristotelische Forderung nach *Katharsis*, nach Reinigung von den Affekten Jammer und Schauder, in ein Konzept der moralisch-psychologischen Aufklärung ein. Die dramatische Handlung solle, so übersetzt Lessing Aristoteles bewusst modifizierend, Furcht und Mitleid auslösen, die Reinigung, so führt er in seiner *Hamburgischen Dramaturgie* aus, beruhe „in nichts anderem [...] als in der Verwandlung der Leidenschaften in *tugendhafte*

Mitleid

Fertigkeiten". Und die tugendhafteste der Fertigkeiten ist das Mitleid selbst: Der Zuschauer des bürgerlichen Trauerspiels soll zu der sozialen Tugend des Mitleidig-Sein-Könnens erzogen werden. Gleichzeitig wandte Lessing sich an ein anderes, neues Publikum. Nicht mehr der adelige Hof, sondern vielmehr ein bürgerliches Publikum sollte der Adressat der Dramen sein. Lessings Drama mit bürgerlicher Personnage, mit aufklärerisch-erzieherischem Anspruch und eingebunden in den Kontext sowohl der Ausbildung eines bürgerlichen Selbstbewusstseins und einer bürgerlichen Öffentlichkeit als auch der eines Nationaltheaters, heißt nun nicht mehr traditionell ‚Tragödie'; vielmehr bekommt es den Namen *bürgerliches Trauerspiel*.

Schwerpunktverlagerung

Die Ausrichtung des bürgerlichen Trauerspiels hin auf bürgerliche Hauptfiguren – und auf ein bürgerliches Publikum – bedingte auch eine Verlagerung der inhaltlichen Schwerpunkte. Die Tugend- und Moralbegriffe der bürgerlichen Klasse wurden nunmehr problematisiert, oder, und das ist wichtiger, die Auseinandersetzung zwischen Bürgertum und Adel, zwischen der neuen, ökonomisch erstarkenden und zu größerem Selbstbewusstsein gelangenden Klasse und der alten, politisch immer noch dominanten Adelskaste.

Emilia Galotti (1772)

Lessings Trauerspiel *Emilia Galotti* (1772) – nachdem er mit *Miß Sara Sampson* (1755) schon das Musterbeispiel für das deutsche bürgerliche Trauerspiel geschaffen hatte – thematisiert einen doppelten Konflikt: Einerseits steht die Familie des niederen Adligen Galotti mit ihren Moralvorstellungen

130

sehr deutlich in Gegensatz zur Verderbtheit des Adels, die sich in den Intrigen, Anschlägen und Haltungen des regierenden Prinzen Gonzaga äußert. Andererseits aber liegt Lessings Hauptaugenmerk auf der inneren Verfassung der bürgerlichen Familie: Der Tugendrigorismus des Vater-Erziehers ist so dominierend und ebenfalls so vernunftzentriert, dass die Tochter Emilia am Gewahrwerden der eigenen Sinnlichkeit und der von ihr ausgehenden Gefährdungen (auf die die rigoristische Erziehung sie eben nicht vorbereitet hat) scheitert. In dem Schauspiel, das Lessing streng gemäß den klassizistischen Vorgaben geschlossener Dramenform, allerdings als Prosadrama, konzipiert, werden sowohl die sozialen Milieus und Räume realistisch genau ausgelotet als auch die psychologischen Feinheiten deutlich gemacht. Die Dramensprache ist mit ihren Satzabbrüchen, Versprechern und Inversionen als Sprache von Innerlichkeit und Emotionalität erkennbar. Insofern ist Lessings Drama viel stärker der Empfindsamkeit als der rationalistischen Aufklärung verpflichtet.

Innere Verfassung der bürgerlichen Familie

Dramensprache

In seinem bedeutend weniger rührenden, mit der lehrhaften Parabel im Zentrum auch viel stärker ‚aufklärenden' Schauspiel *Nathan der Weise* (1779) überformt Lessing die emotionalere Prosasprache seiner bürgerlichen Trauerspiele zum am englischen Drama geschulten Blankvers (d. i. ein fünfhebiger Jambus). Der *Nathan* geht unmittelbar auf Lessings Selbstpositionierung in der polemischen Auseinandersetzung mit der protestantischen Orthodoxie (der sogenannte Goeze-Streit mit dem Hamburger Hauptpastor) und auch auf seine freundschaftliche Beziehung zum großen jüdischen Aufklärer Moses Mendelssohn zurück. Im Jerusalem der Kreuzzüge (Ende 12. Jh.) siedelt Lessing eine Handlung an, in der die (scheinbaren) Differenzen zwischen jüdischer, christlicher und islamischer Religion und Kultur schließlich zugunsten von Freundschaft und Familienverwandtschaft nivelliert werden. Handlungsraum ist wiederum die (hier nur ideelle, nicht biologische!) Familie, Orthodoxie wird im Patriarchen von Jerusalem vorgeführt, religiös-kulturelle Vorurteilsstrukturen etwa am Tempelherrn und an Nathans Haushälterin dargestellt; in der Ringparabel, die Nathan dem Sultan erzählt, wird die fundamentale Toleranzidee der Aufklärung expliziert.

Nathan der Weise (1779)

Moses Mendelssohn (links) im Gespräch mit Gotthold Ephraim Lessing (rechts). Kupferstich nach einem Gemälde von Moritz D. Oppenheim

Handlungsraum

Ringparabel

Gottscheds Trauerspiel-Poetik, die Praxis des Trauerspiels bei Johann Elias Schlegel und auch bei Lessing waren, bei aller Modifikation (vor allem in der Wirkungsästhetik) entweder streng oder relativ eng orientiert an der

18. Jahrhundert: Aufklärung

an Aristoteles angelehnten klassizistischen Bühnenästhetik. Gegen diese Antikeorientierung und gegen die regelpoetische Fesselung begehrte die junge Autorengeneration zu Beginn der 1770er Jahre auf. In seiner „Rede zum Schäckespears Tag" (1771) geißelt Goethe die klassizistische (d. i. hier vor allem höfisch-französische) Dramenästhetik als Kerker, als Fesseln – und feiert Shakespeare als Vorbild einer neuen, regellosen Dramatik – deren Regeln das dichterische Subjekt selber setze, das also autonom sei. Goethe charakterisiert damit freilich weniger das Drama Shakespeares als vielmehr sein bald darauf entstehendes eigenes Schauspiel *Götz von Berlichingen* (1773). Hier wird die dramatische Zeit auf mehrere Jahrzehnte gedehnt, die ‚Einheit des Ortes' gesprengt: Das Drama spielt in größeren Teilen des Reiches; neben die Götz-Handlung um die Titelfigur tritt gleichberechtigt als zweiter Handlungsstrang diejenige um Götz' Ziehbruder und späteren Widersacher Weislingen. Die Sprache ist Prosa, ist volkstümlich bis zum Vulgären, der Akt- und Szenenaufbau verlangt dem Publikum viel ab: 56 oft sehr kurze Szenen machen das Drama aus. Der letztlich scheiternde Held ist ein spätmittelalterlicher Ritter, dessen Autobiographie Goethe hier (sehr frei) bearbeitet, der der historischen Entwicklung zum absolutistisch verwalteten Territorialstaatenwesen mit verfasster Gerichtsbarkeit und Söldnerheeren unterliegt – mit dem sich aber das bürgerliche Publikum der 1770er Jahre gut identifizieren konnte, unterlag doch sein eigenes Autonomiestreben denselben Gewalten wie die dramatische Figur.

Goethe greift hier, wie vor ihm schon Schlegel, anstatt auf antike Stoffe auf ‚nationale', also solche der eigenen geschichtlichen Vergangenheit zurück. Jakob Michael Reinhold Lenz thematisiert mit seiner Tragikomödie *Der Hofmeister* (1774) gar Missstände der gegenwärtigen Ständegesellschaft. In der Titelfigur Läuffer wird das Elend der bürgerlichen Akademiker sichtbar gemacht, die sich mit schlechtbezahlten Hofmeister-Anstellungen, die ihnen in Wirklichkeit Domestikenstatus aufzwangen, über Wasser halten müssen. Die katastrophalen Zustände des öffentlichen Erziehungssystems, Liebe über Standesunterschiede hinweg, finanzielle Ungerechtigkeiten und uneheliche Mutterschaft werden auf die Bühne gebracht – die ‚Lösung' am Ende des Dramas ist eine Scheinlösung: Die unehelich Mutter Gewordene bekommt doch noch ihren adligen Partner, der Hofmeister, der sich selbst zur Strafe entmannt hatte, wird noch mit einer Bauerntochter bedacht. Der glückliche Ausgang wirkt damit wie der bewusst ironisch gebrochene Schluss einer eigentlich auf die Tragödie hinzielenden Handlung.

Die gesamte literarische „Epoche" um Goethe, Lenz u. a. hat ihren Namen von einem Drama Friedrich Maximilian Klingers erhalten, der im Sommer 1776 bei einem Aufenthalt in Weimar sein Drama *Wirrwarr* niederschrieb und auf Zuraten des Schweizer Satirikers Christoph Kaufmann den Titel in *Sturm und Drang* umwandelte. Obwohl der eigentliche Sturm und Drang schon mit Goethes Weggang nach Weimar im Herbst 1775 als beendet gelten kann, müs-

Jakob Michael Reinhold Lenz (1751–1792)

sen die beiden frühesten Dramen Friedrich Schillers hier Erwähnung finden. In *Die Räuber* (1781) und *Kabale und Liebe* (1784) arbeitet Schiller sich gleichsam, obwohl die Gattungsgeschichte schon weitergelaufen ist, an den beiden vorgängigen gattungspoetologischen Paradigmata ab: Dem Sturm-und-Drang-Drama und dem bürgerlichen Trauerspiel. Karl von Moor, der Räuber, erscheint wie ein Selbsthelfer, der, emotional bewegt und sozial eingestellt, nicht Herr ist über die terroristischen Kräfte, die er entfesselt, sein Bruder Franz vertritt mit seinem rohen Egoismus einen radikalen und rücksichtslosen bürgerlich-aufgeklärten Materialismus, einen gleichsam asozial werdenden Autonomieanspruch. Handlungsraum ist letztlich wieder die Familie, innerhalb derer gesellschaftliche Ungerechtigkeiten und absolutistische Strukturen sichtbar gemacht werden; die Missachtung regelpoetischer Vorgaben (Ort und Zeit, alltagssprachliche Prosa, unmittelbarer Ausdruck innerer Zustände) stellt die *Räuber* neben Goethes *Götz*. – Die Grundkonstellation des bürgerlichen Trauerspiels wiederholt Schiller in *Kabale und Liebe*: Die Liebe über Standesgrenzen hinweg. Die Familienhandlung ist verdoppelt: Die kleinbürgerliche Familie Miller, der Luise entstammt, ist gekennzeichnet durch patriarchale Autorität des Vaters, aber gleichzeitig durch seine zärtliche Liebe gegenüber der Tochter; in der adligen Familie von Walter, der Ferdinand entstammt, sind sämtliche für die bürgerliche Familie maßgeblichen Werte dem Machtkalkül des Vaters am Hofe untergeordnet. Viel schärfer als in Lessings *Emilia Galotti*, auch historisch viel genauer identifizierbar (auf den württembergischen Hof hin) zielt der Text auf die Korrumpiertheit der höfischen Welt, auf Verschwendungssucht, Mätressenwesen und Intrigenstadl; an Luise und Ferdinand aber wird der Liebeskonflikt nicht mehr als Standeskonflikt, sondern als innerer Konflikt durchgeführt: Ihre Ansprüche auf emotionale und gesellschaftliche Autonomie scheitern.

Im Kontext seiner allmählichen Abwendung vom Genieparadigma der frühen 1770er Jahre näherte Goethe sich v. a. während und nach der Italienreise stark an die Ästhetik der klassischen Antike an. Im Bereich seiner dramatischen Dichtung hat das sowohl im Blick auf die inhaltlichen Konzepte, die die Dramen vertreten, als auch im Blick auf deren Formensprache entscheidende Konsequenzen.

Inhaltlich scheint Goethes *Egmont* (begonnen 1775, publiziert 1788) der *Götz*-Zeit am nächsten zu stehen: Ein letztlich scheiternder Held, der für Freiheit und politische Selbstbestimmung eintritt und den übermächtigen wie intriganten Gegnern unterliegt. Der Stoff des niederländischen Grafen Egmont, zur Zeit der spanischen Besetzung der Niederlande im 16. Jh., wird dann aber, v. a. während der Bearbeitung in Italien, im Sinne eines neuen Paradigmas gedeutet: Nicht mehr wird, wie im *Götz*, das individuelle und politische Schicksal des Einzelnen zur Illustration des allgemeinen Niedergangs benutzt. Hier im *Egmont* hebt der übergeordnetere, abstraktere ,Wert', der Sieg der ,Freiheit', der sich im Traume ankündigt, den tragischen Schluss auf –

F. Schiller: Die Räuber (1781) – Sturm-und-Drang-Drama

Kabale und Liebe – bürgerliches Trauerspiel

Klassizistische Dramenästhetik

J. W. Goethe: *Egmont* (1788)

Angelika Kauffmann: *Egmont und Klärchen* (3. Akt)

Iphigenie auf Tauris (1786)

Torquato Tasso (1789)

Torquato Tasso (1544–1595)

der dramatische Konflikt wird nicht in der Katastrophe, sondern in einer Auflösung aufgehoben, hier erkauft durch den Opfertod des Helden.

Mit seiner *Iphigenie auf Tauris* (1786) greift Goethe auf einen Stoff der antiken mythologischen Überlieferung zurück – und liefert mit den verschiedenen Fassungen des Textes gleichsam ein Lehrstück für die Durchsetzung klassizistischer Formgebung. 1779 zunächst in Prosa verfasst, wird die *Iphigenie* mehrfach versifiziert bzw. in rhythmisierte Prosa zurückverwandelt – um dann schließlich im schon von Lessing im *Nathan* ausprobierten Blankvers zu landen, der von dortan die stilbildende Versform des deutschen Dramas um 1800 werden sollte. In seinem Drama problematisiert Goethe höchst differenziert die Durchsetzungsstrategien von Humanität und Wahrhaftigkeit: Die Konfliktlösung wird zwar, diesseits aller gewaltsamen, archaischen Lösungsmöglichkeiten, einzig durch Rede, durch menschliche Kommunikation bewerkstelligt; eingeschrieben aber bleibt dieser Lösung die Dialektik dieser Durchsetzungsbewegung, die Dialektik der Aufklärung, die das Besiegte zum Opfer zwingt.

Goethes *Torquato Tasso* (1789) ist, wie die *Iphigenie*, strengstens komponiert: Wiederum im Blankvers, wiederum mit symmetrischer Figurenkonstellation und ebensolcher Akt-, Szenen- und Raumregie realisiert es die Formvorgaben, die aus der Antike als vorbildlich abgeleitet werden. Der Konflikt des Dramas ist gleichsam abstrakt: Es geht um die Rolle des bürgerlichen Dichters am Hof – der sowohl hinsichtlich seiner gesellschaftlichen Funktionen als auch im Blick auf die Differenz zwischen funktionaler Fremdbestimmung (höfischer Dichter) und innerlicher Selbstbestimmung (liebendes Individuum) in eine tiefe Krise gerät, deren tragische Konsequenz nur durch eine neuartige Selbstbestimmung des Dichters abgewendet werden kann: „Und wenn der Mensch in seiner Qual verstummt, / Gab mir ein Gott zu sagen, wie ich leide." (V. 3432 f.) Gegen die höfische Institutionalisierung der Kunst wird hier eine neue, moderne Kunst gesetzt. Kunstfähigkeit ist identisch mit der Fähigkeit, Leiden ästhetisch umzusetzen, so zu sublimieren und symbolisch zu negieren.

Wenngleich die hier genannten drei großen klassizistischen Dramen Goethes nicht seine letzten waren – mindestens das ‚Revolutionsstück' *Die*

GATTUNGEN **18. Jahrhundert**

natürliche Tochter (1803) sollte hier noch Erwähnung finden –, darf die dramatische Produktion Friedrich Schillers doch als Höhepunkt klassizistischer Dramatik gelten, zumal auch Schiller, im Gegensatz zu Goethe, eine (oben bereits benannte) explizite Ästhetik der dramatischen Form entwickelt hatte. Von der reichhaltigen dramatischen Produktion Schillers können nicht einmal alle Titel hier genannt werden; seine Stücke greifen – mit wenigen Ausnahmen – historische Stoffe der europäischen Geschichte auf:

► Die Trilogie *Wallenstein* (1799), bestehend aus dem prologartigen *Wallensteins Lager, Die Piccolomini* und *Wallensteins Tod*, behandelt – auf der Basis von Schillers historischen Forschungen zur Geschichte des Dreißigjährigen Krieges – den Niedergang und die Ermordung des mächtigsten Feldherrn der kaiserlichen Armee im Winter 1633/34. Neben u. a. der exemplarischen Gestaltung von gefährlichem Idealismus in der Figur Max Piccolominis, von sittlicher Erhabenheit in der Figur Theklas wird an Wallenstein die problematische Annahme von Geschichtsmächtigkeit des Individuums, wie sie schon Goethes *Götz* und *Egmont*, später *Maria Stuart* thematisieren, verhandelt: Die Geschichte des Menschen erscheint zutiefst geheimnisvoll, unerklärlich. Und die Freiheit des Menschen in der Geschichte, zumal wenn er sich Autonomie anmaßt, stößt dramatisch an die Grenze dieser Unerklärlichkeit – ohne dass damit das Bessere sich durchsetzte.

F. Schiller: Die Trilogie Wallenstein *(1799)*

Dreißigjähriger Krieg

► In *Maria Stuart* (1800) konzentriert Schiller die Auseinandersetzung zwischen der englischen Königin Elisabeth und ihrer Thronkonkurrentin und schottischen Königin Maria Stuart auf die drei letzten Tage vor der Hinrichtung Marias. Zwischen beiden Frauen entwickelt sich ein scharfer Kampf zweier Konzepte: Maria ist eine sinnliche Frau, Elisabeth drängt zugunsten politischer Macht alles Sinnliche zurück. An beiden zeigt Schiller, in wie geringem Maße das Individuum Herr der Geschichte ist: Weder die Absichten der Parteigänger Marias, sie zu retten, noch die Pläne Elisabeths gehen auf, erst die kontingente Durchkreuzung aller Absichten produziert Geschichte. Darüber hinaus verhandelt Schiller hier die Frage der Legitimation souveräner Gewalt, die Beichtszene Marias auf der Bühne stellt einen Normbruch dar, mit dem Schiller den hohen Eigenwert der Bühnenrede auch gegenüber der Religion markiert.

Maria Stuart (1800)

Sinnlichkeit vs. politisches Machtstreben

Legitimation souveräner Gewalt

► *Die Jungfrau von Orleans* (1801) bearbeitet vordergründig den schon mehrfach literarisch bearbeiteten Gegenstand jenes französischen Mädchens, das im Kontext des Hundertjährigen Krieges zugunsten der Franzosen in den Kampf eingriff und die entscheidende Wendung herbeiführte, schließlich aber auf dem Scheiterhaufen hingerichtet wurde. Schiller wendet diesen „Fall" jedoch ins ganz Abstrakte. Er lässt Johanna im Naturzustand einer Schäferszenerie beginnen, innerhalb dessen die „Sendung" erfolgt: Johannas Vision eines göttlichen Auftrags zur Rettung Frankreichs. Im

Die Jungfrau von Orleans (1801)

Freie Entscheidung

Verlauf des fast bewusstlos geführten Kampfes erwacht, angesichts eines gegnerischen Ritters, plötzlich ihre Sinnlichkeit, schlägt die Selbstgewissheit der Sendung ins Gegenteil um. In der Schlussszene dann ist die völlig unrealistische Selbstbefreiung Johannas uneigentliche Rede, Sinnbild für die gewollte, freie Entscheidung für das Gesetz, dem sie bis zur Vision und zur Lionel-Begegnung bewusst- und bedingungslos gefolgt war. Hier kehrt ein Mensch aus freier Entscheidung unter ein unerbittliches moralisches Gesetz zurück. Von hier aus ist ihre schließliche Apotheose folgerichtig: Sie feiert den Menschen, der den Naturzustand verlassen hat, um im Zustand der Freiheit das moralische Gesetz als seines anzuerkennen.

Die Braut von Messina (1803)

▶ *Die Braut von Messina* (1803) behandelt, nicht wie die eben benannten Dramen, historische Stoffe, sondern variiert, in einer mittelalterlich-sizilianischen Szenerie, das *Räuber*-Motiv der verfeindeten Brüder nochmals, die sich hier in dieselbe Frau, die auch noch ihre verborgene Schwester ist, verlieben – was konsequent die Tragödie heraufbeschwört. Das tragische Ende allerdings ist nicht dunkel waltendem Schicksal, sondern der begrenzten

Traumdeutung

Traumdeutungskompetenz der Menschen sowie einer nicht gelingenden Kommunikation innerhalb der Familie geschuldet. Interessant ist die *Braut* v. a. auch wegen der Einführung eines Chores – ein formales Element der antiken Tragödie –, dem Schiller vor allem im Blick auf die Erhebung der Zuschauer, ihre Lösung aus der leidenschaftserregenden Illusion der Bühnenhandlung, eine große Bedeutung zumisst (vgl. die *Braut*-Vorrede „Ueber den Gebrauch des Chors in der Tragödie").

Klassizistische Programmatik

Der Chor in der *Braut von Messina*, ebenso die stilisierte Versrede der *Braut*, der *Maria Stuart*, der *Jungfrau* und ihre Sentenzenhaftigkeit sind, wie bei Goethes *Iphigenie*, Gesten der Verfremdung, die den Zuschauer immer wieder aus der dramatischen Illusion reißen sollen, um ihm, im Sinne von Schillers Konzeption vom Pathetischen und vom Erhabenen, in der Erhebung, der Reflexion, abgetrennt von der pathetischen Erregung, die Erfahrung von Freiheit im ästhetischen Moment zu ermöglichen. Damit erscheint das Drama, bei Goethe und vor allem bei Schiller, als das ideale Medium zur Realisierung der klassizistischen Ästhetik, wie sie sich in Schiller Briefen *Ueber die ästhetische Erziehung des Menschen* ausgedrückt hatte.

Der Dichterbund der sogenannten „Weimarer Klassik": Schiller, Wilhelm und Alexander von Humboldt sowie Goethe. Idealisierende Zeichnung von Adolph Müller

Die anderthalb Jahrzehnte klassizistischer Ästhetik bei Goethe und Schiller werden in der Literaturgeschichtsschreibung traditionell als „Weimarer Klassik" bezeichnet – ein

GATTUNGEN **18. Jahrhundert**

Name, der diesem Zeitraum erst spät zugeordnet wurde. Die Proklamierung der Weimarer Klassik als der vorbildlichen deutschen Kulturtradition begleitete die Reichsgründung 1871, neben den politischen Heroen Kaiser und Kanzler sollten die literarischen Olympier die Selbstgewissheit deutscher nationaler Identität demonstrieren – „Weimarer Klassik" ist also ein ideologisches Konstrukt, keine literaturgeschichtliche Epoche und schon gar kein Stilbegriff (zur Problematik des Klassik-Begriffs vgl. v. a. Borchmeyer 1994, 13 ff.). Hier wird grundsätzlich der Begriff des *Weimarer Klassizismus* verwendet, die gemeinsame literarische Produktion und ästhetisch-kulturpolitische Programmatik Schillers und Goethes werden im Lichte des zu Ende gehenden Aufklärungsjahrhunderts verstanden. Die Autonomieästhetik von Moritz und v. a. von Schiller (und Goethe) löst sich einerseits ganz aus den aufgeklärten Zweckbindungen künstlerischer Produktion: Im Kunstwerk in seiner zweckfreien Schönheit wird die utopische Vorwegnahme einer sinnhaften, unentfremdeten Identität sichtbar, es wird zur spielerischen Erprobung von Autonomie und Selbstbestimmung. Kunst und ästhetische Erziehung sollen gewährleisten, was gesellschaftlich immer schwieriger zu realisieren scheint. Damit aber reagiert die Programmatik schließlich doch auf die politische Umwälzung im Nachbarland Frankreich. Kunst ist für sie das Medium einer Erziehung, die eine Revolution überflüssig machen würde. Die Kunst ist damit das letzte, dann allerdings uneigentlich und rätselhaft sprechende, Refugium der optimistischen Hoffnungen der Aufklärung – und damit auch ihr Gegenteil: Da nämlich Kunst in Rätseln spricht und die begriffliche Auflösung verweigert, widersetzt sie sich dem rationalistischen Logozentrismus des 18. Jh. Insofern ist klassizistische Kunst und Ästhetik das letzte Stadium des Aufklärungszeitalters und gleichzeitig das erste nach der Aufklärung!

Problematischer Epochenbegriff: „Weimarer Klassik"

Gegenbegriff: Weimarer Klassizismus

Epik

|3.3

Der rationalistische Impetus v. a. der Poetik Gottscheds, der, Horaz folgend, das Belehren als Funktion von Literatur vor das Erfreuen gesetzt hatte, kommt scheinbar in der lehrhaftesten erzählenden Gattung klar zum Ausdruck: der *Fabel*. Nichtsdestoweniger fehlt die Auseinandersetzung mit dieser Gattung in den ersten drei Auflagen von Gottscheds *Versuch einer Critischen Dichtkunst*, vermutlich, weil die entscheidenden Fabelsammlungen erst vor der vierten Auflage 1751 erschienen und so eine intensivere Bearbeitung erzwangen (vgl. Alt ²2001, 258). Auf das antike Vorbild zurück gingen die *Aesopischen Fabeln* (1740) von Daniel Wilhelm Triller, der 1737 schon in seinen *Poetischen Betrachtungen* ebenfalls Fabeln vorgelegt hatte – ebenso wie Daniel Stoppe mit seinen *Neuen Fabeln oder Moralischen Gedichten* (1738/1740). Für die Empfindsamkeit exemplarisch waren Friedrich von Hagedorns *Versuch in poetischen Fabeln und Erzehlungen* (1739), Gellerts *Fabeln und Erzählungen*

Die Fabel

D. W. Triller: Aesopische Fabeln (1740)

137

(1748), Johann Wilhelm Ludwig Gleims *Fabeln* (1758) und Lessings *Fabeln* von 1759.

Die Lehrhaftigkeit und Prägnanz der Gattung kam der Belehrungsabsicht des poetologischen Programms der Aufklärung entgegen. Der Gattungsbegriff allerdings war relativ offen, die Stilvorgaben minder verbindlich. Lessing präferierte die scharf pointierte Zuspitzung der oft radikal kurzen Erzählung, Gellert lieferte mit der der eigentlichen Fabelerzählung beigesellten moralischen Übertragung auf menschliche Zusammenhänge die lehrhafte Deutung immer gleich mit, bei Gleim und Lessing werden Fabeln oft in Dialogform präsentiert, Magnus Gottfried Lichtwer überträgt mit seinen *Vier Büchern Äsopischer Fabeln in gebundner Schreib-Art* (1748) das antike Vorbild gar in die Versform. Mit der typisierenden Darstellung menschlicher Laster oder Eigenschaften in den Tierfiguren steht die Fabel gleichsam neben der ebenfalls typisierenden Verlachkomödie der Frühaufklärung; auch hier ist es Lessing, der hergebrachte Typisierungsmuster überraschend aufbricht oder Tendenzen zu einer individualisierenden Darstellung zeigt.

Eine beliebte, aber im Unterschied zur Fabel relativ randständige epische Form der Aufklärungsliteratur ist die *Idylle*. Wie die Fabel ist auch die Idylle an einem antiken Vorbild orientiert: Salomon Geßners *Idyllen* (1756) greifen auf Theokrit und Vergil zurück und inszenieren im Kontext der Landlebendichtung ein oft seichtes Wunschbild unentfremdeten Lebens in einer schäferlichen Kulisse. Geßners kleine Erzähltexte sind einerseits Kleinodien empfindsamer Erzählkunst, andererseits hat Goethe in seiner Rezension der Zweitausgabe 1772 wohl recht, wenn er Geßner die relativ schablonenhafte Inszenierung blutleerer Abziehbilder vor einer kulissenhaft-leblosen Natur vorwirft (dies natürlich aus dem Impuls des kräftigsten Sturm-und-Drang-Empfindens heraus). Johann Heinrich Voß und Maler Müller übernehmen in den 1770er Jahren einerseits das Genre, geben ihm aber in den Texten *Die Schaaf-Schur. Eine pfälzische Idylle* (Müller, 1775) und *Die Leibeigenschaft* (Voß, 1776) einen deutlich sozialkritischen Impuls, wie er sich schon in der Landlebendichtung etwa eines Ewald Christian von Kleist (z. B. „Der Frühling") angedeutet hatte. Auf die versförmige Fortsetzung der Idyllentradition im Versepos des Klassizismus am Ende des Jahrhunderts wird später eingegangen werden.

Die größte und poetologisch problematischste Form epischen Erzählens im Aufklärungsjahrhundert ist ohne Zweifel der Roman. Der Roman hat einerseits bis mindestens hin zu Wielands *Don Sylvio* (1764) und *Agathon* (1766/67), bis zu Goethes *Werther* (1774) und zu Christian Friedrich von Blanckenburgs *Versuch über den Roman* (1774) einen schlechten Ruf: Seine Form ist eben nicht geregelt, seine Sprache (als Prosa) die des Alltags. ‚Roman' war eher ein Sammelbegriff für unstrukturierte Prosastücke von großer Länge, volkssprachlich verfasst (eben in der *langue romane*). Weil dem Roman auch das Vorbild aus der Hoch-Zeit antiker Literatur in Griechenland und Rom fehlte, galt er auch für Gottsched nicht als beachtenswert – erst in der vierten Auflage seines *Versuchs einer Critischen Dichtkunst* (1751) geht er unter dem Titel „Von milesischen Fabeln, Ritterbüchern und Romanen" auf ihn ein (I. Abschnitt, V. Hauptstück) und thematisiert das spätantike, hellenistische Muster der Gattung: Die *Aithiopika* des Heliodor (3. Jh.), die auch das Modell für den höfisch-historischen Roman des 17. Jh. gebildet hatten. Die Übertreibungs- und Niedergangsformen des Barockromans bei Heinrich Anselm von Zigler und Kliphausen, auch die romanhaften Aufschneidereien in Christian Reuters *Schelmuffsky* und die partielle Schlüpfrigkeit des galanten Romans scheinen diese Beurteilung durchaus plausibel zu machen.

Die Entwicklung des Aufklärungsromans muss gleichsam abseits der poetologischen Diskussion verfolgt werden. Mit seiner *Insel Felsenburg* (1731–1743) schließt Johann Gottfried Schnabel einerseits an eine der wichtigen jungen Romantraditionen aus England an: die Robinsonade (Daniel Defoe: *Robinson Crusoe*, 1719). Andererseits verbindet er mit dieser Schiffbruchsgeschichte einen utopischen Staatsroman: Der schiffbrüchige Albertus Julius gründet mit seiner Frau Concordia über mehrere Generationen hinweg einen auf Familienbeziehungen und Handwerk beruhenden, patriarchal strukturierten, aber ohne Adel auskommenden, pietistischen Inselstaat, dessen Gegenbild das alte Europa ist: Die spätfeudalistische, von Kabalen, Intrigen, Neid, Missgunst, Mord, Hurerei usw. beherrschte Gesellschaft Europas (innerhalb und außerhalb des Dreißigjährigen Krieges, innerhalb und außerhalb Deutschlands, in Alteuropa ebenso wie in den europäischen Neugründungen in den Kolonien) wird negativ der religiösen wie gesellschaftlichen Friedensordnung in Felsenburg gegenübergesetzt. Schnabel bemüht ein vielgestaltiges Arsenal der Suggestion von Authentizität und Dokumentarizität – der Ururgroßneffe des Staatsgründers war selbst auf Felsenburg und gibt die Dokumentation heraus, als die sich der Roman tarnt; die Lebensläufe aller später nach Felsenburg gelangenden Personen liefern ein reiches Spektrum an Lebensläufen und moralischen Verwirrnissen.

Prototypisch ist die *Insel Felsenburg* für den Aufklärungsroman: Der Text weist bürgerliche Helden auf, übt scharfe Kritik an der maroden Ständegesellschaft in den europäischen Ländern und propagiert ein theologisch geprägtes Tugend- und Gesellschaftsideal, das hier in eine funktionierende Insel-Utopie mündet. Ohne die Inselutopie kommt der aufgeklärte Staatsroman aus, der den Typus des galanten Romans ganz wieder ins Tugendhafte wendet: *Der redliche Mann am Hofe* (1740) von Johann Michael von Loen demonstriert am Beispiel des Grafen von Rivera den Sieg bürgerlicher Tugenden über die Intrigen des Hofes, wie bei Schnabel werden in eingelegten Lebensläufen negative und positive Handlungsmodelle durchgeführt – die Guten werden belohnt: Die glücklich endende Liebesgeschichte des Grafen fällt zusammen mit der seines Königs: Eine Doppelhochzeit schließt den Roman ab.

Der Aufklärungsroman

J. G. Schnabel, *Insel Felsenburg* (1731–1743)

Johann M. Bernigeroth: *Johann Michael von Loen* (1694–1776)

Im Zentrum: Das Individuum

Ch. F. Gellert: Das Leben der Schwedischen Gräfin von G*** (1747/48)

Der, neben dem Trauerspiel, vorrangige ‚Motor' der Empfindsamkeit wurde derjenige Romantyp, der ein einzelnes Individuum ins Zentrum stellte. Christian Fürchtegott Gellerts *Leben der Schwedischen Gräfin von G**** (1747/48) modelliert mit dem rückblickenden Lebensbericht einer schließlich verwitweten Gräfin ein Idealmodell des Einklangs von Empfindsamkeit und Vernunft im Umgang mit Schicksalsschlägen. Der scheinbare Verlust des Ehemanns, unmoralische Avancen des Prinzen, die inzestuöse Heirat und tragischer Tod der beiden Kinder der schließlich zur Freundin gewonnenen ehemaligen Geliebten ihres Mannes, nach Umzug und Heirat mit einem Freund des verstorbenen Gatten dessen überraschende Wiederkunft und seine Rehabilitation am Hofe – all diese Schicksalsschläge besteht die Erzählerin durch Vernunft, Gelassenheit und Frömmigkeit. Die Figuren, die diese Tugenden nicht aufweisen, werden mit dem Tode bestraft. Gellerts Roman ist keinesfalls Individualroman: Liebe und Ehe werden als emotional bestimmte Sozialbeziehungen reflektiert, Erziehung und Familie werden ausführlich thematisiert, vor allem bürgerlich-innerliche Kommunikationsmedien werden prominent in Szene gesetzt: Gespräch, autobiographische Reflexion und Brief. Gellert setzt im ersten Teil seines Romans seine neuartigen Auffassungen vom Briefschreiben um: Der Brief erscheint wie ein schriftliches Gespräch.

S. v. La Roche: Die Geschichte des Fräuleins von Sternheim (1771)

Briefroman

G. Schule: Sophie von La Roche (1787)

Wie Gellerts *Schwedische Gräfin* ist auch die *Geschichte des Fräuleins von Sternheim* (1771) von Sophie von La Roche aufgeklärter Familienroman und vor allem – Briefroman. Multiperspektivisch, wie es der Briefroman schon in der englischen Tradition bei Samuel Richardson (*Pamela* 1740, *Clarissa* 1748) praktizierte, werden die Geschehnisse aus dem ‚dramatischen' Lebenslauf der Titelheldin Sophie von Sternheim wiedergegeben, wodurch die Leser mehr wissen als die Figuren, Spannung entsteht und zu subjektive (Fehl-)Haltungen der Figuren einem Korrektiv unterstellt werden. Dadurch aber, dass La Roche auf einen auktorialen Erzähler ganz verzichtet, gibt es außerhalb der subjektiven Perspektiven nichts, was angebliche Wahrheit verbürgt, die erzählte Welt entsteht aus den individuellen Einzelperspektiven. Sophie von Sternheim ist einerseits ideales Tugendmodell – andererseits aber demonstriert der Roman an ihr auch die Zerbrechlichkeit von Tugend, die Täuschungsmöglichkeit durch intrigante Scheintugend, die Fehlbarkeit selbst der Tugendhaftesten. Mit dem Motiv der Entgegensetzung von Land und Stadt/Hof liegt der Roman im Trend der Landlebendichtung, die Kontrastierung von Standesheirat und Liebesheirat greift zentrale Themen auch des bürgerlichen Trauerspiels auf, die Thematisierung von Mädchenerziehung macht den Roman lesbar im Sinne eines neu sich bildenden Weiblichkeitsideals, an dem der Roman de facto teilhat: Hier schreibt eine Frau über Frauenerziehung und Frauenleben.

Ch. M. Wieland: Don Sylvio von Rosalva (1764)

Viel stärker auf das einzelne Individuum konzentriert sind die beiden ersten Romane Christoph Martin Wielands. *Don Sylvio von Rosalva oder Der Sieg der Natur über die Schwärmerey* (1764) ist ein durch und durch vergnüg-

GATTUNGEN **18. Jahrhundert**

licher Roman im Gefolge von Cervantes' *Don Quijote* – nur dass der Held sich diesmal nicht in Ritterbücherzeiten, sondern in die Welt der Feenabenteuer versetzt sieht. *Don Sylvio* ist ein Musterstück literarischer Aufklärung: Die Macht der Feenwelt über die Schwärmerei des Helden wird gebrochen – durch eine geglückte Literaturinterpretation. Don Sylvio bekommt ein Feenmärchen erzählt und gesprächsweise erläutert, so dass er lernt, zwischen Fiktionalität und Realität zu unterscheiden; er wird, wie der Held einer Aufklärungskomödie, von seinem lässlichen, aber gesellschaftsschädigenden Laster geheilt.

Wielands *Agathon* (1766/67) modelliert am (durchaus abenteuerlichen) Lebenslauf einer fiktiven Gestalt in der antiken Welt des vierten vorchristlichen Jahrhunderts eine Fülle von anthropologischen, politischen und poetologischen Dimensionen. In seiner politischen Tätigkeit ist der Held Reflexionsmedium zweier unterschiedlicher staatstheoretischer Entwürfe: Polis/Republik und Monarchie/Tyrannei; am Helden als umfassendem anthropologischen Paradigma werden in seelischen oder mentalen Operationen, Schwärmerei, Naturbegeisterung, in moralischem Selbstbild, Sinnlichkeit und körperlicher Liebe, vielfältige Möglichkeiten des Menschen durchgespielt: Ansprüche auf individuelles Glück und auf humane Gesellschaft werden durchkonjugiert; dadurch, dass der Roman gleichsam experimentell Bewährungsfelder bereitstellt, kann der Held nach und nach Erfahrung akkumulieren, der Roman mithin in Tendenz auf einen Individual-, einen Entwicklungsroman gelesen werden. Damit insgesamt hat der Roman zuinnerst Anteil an Aufklärung – Literatur versteht sich bei Wieland als Teil des intellektuellen und diskursiv ausgefalteten Räsonnements über die Möglichkeiten menschlicher Perfektibilität – in moralischer, sinnlicher wie gesellschaftlicher Hinsicht.

Wielands Agathon kann seine Ansprüche nicht realisieren – der Roman endet, je nach Fassung, unterschiedlich offen. Der Konflikt zwischen „der Sehnsucht nach einem menschenwürdigen Dasein, dem Ideal einer funktionierenden, gesellschaftsgestaltenden Erziehung zu Vernunft, Moralität einerseits und einer idealfeindlichen Umwelt andererseits" (Schaefer 1996, 46 f.) aber ist damit zum vorläufigen Zentrum romanhaften Schreibens avanciert – mit anderen Worten: Der Aufklärungsroman stellt seit dem *Agathon* die Ansprüche des Individuums auf Selbsterfüllung in den Konflikt mit der ‚Prosa der Verhältnisse', wie Hegel später die entfremdende bürgerliche Realität nennen wird.

Dieser Konflikt steht – mit anderer Konsequenz als beim *Agathon* – im Zentrum des wichtigsten Briefromans des 18. Jh.: Goethes *Die Leiden des jungen Werthers* (1774) führen, ganz monologisch mit Briefen nur dieser einen Person und damit unkontrolliert subjektiv, nirgends korrigierend vermittelt, eine Figur vor, deren eigene diffuse Glücksansprüche an Gesellschaft, Liebe, Natur und Literatur letztlich scheitern. Das Individuum, das einerseits wähnt, aus der Fülle des Herzens zu leben, zu lieben, zu lesen und zu empfinden,

Agathon (1766/67)

Individual- und Entwicklungsroman

J. W. Goethe: *Die Leiden des jungen Werthers* (1774)

141

Daniel Chodowiecki: *Werther* und *Lotte*

Frühe Romanpoetik: Friedrich von Blanckenburg

K. Ph. Moritz: *Anton Reiser* (1785–94)

andererseits aber nur insgeheim offenlegt, dass das eigene Innere ein bloßes Loch ist, dass keine Substanz die Illusion der Fülle des Herzens rechtfertigt, das Individuum, das unfähig ist zur Handlung, zur Tat, das in Illusionen des Aufgehens in der Natur sich ergeht, handelt nur ein einziges Mal: Als es sich erschießt. Die wirkungsgeschichtlichen Konsequenzen dieses Romans sind eminent: Eine Fülle von Wertheriaden, Gedichten, Trauerspielen, Romanen im Stile des *Werther* überflutete den literarischen Markt, Werthers Kleidung, Werthers Redestil wurden Mode, orthodoxe und aufgeklärte Moralwächter erhoben mehr oder weniger klug ihre Stimme, Verbote wurden ausgesprochen – Selbstmorde nach der *Werther*-Lektüre können nicht nachgewiesen werden! Goethes Roman radikalisiert nicht nur die Briefromanform, indem er diese monologisiert, er radikalisiert auch die Sprache der Empfindsamkeit: Die ‚wahre' Empfindung versagt sich dem Wort, der Roman empfindet am stärksten, wo Werther stammelt, Sätze abbricht, Gedankenstriche die unsagbaren Empfindungen ausdrücken sollen.

Wielands *Agathon* und (interessanterweise im Gegensatz zu Blanckenburgs Ablehnung der Briefform) Goethes *Werther* bildeten folgerichtig die ersten Modelle für eine beginnende theoretische Grundlegung der Gattung *Roman*. Friedrich von Blanckenburg räumte ihr mit seinem *Versuch über den Roman* (1774) einen positiven Status ein in der bürgerlichen Gesellschaft. Was der Roman „heute" sei, so Blanckenburg, sei in der Antike die Epopöe gewesen. Im Roman solle das „Seyn des Menschen, sein innrer Zustand" Gegenstand sein, seine Subjektivität. Jedes Individuum konnte nun Mittelpunkt des literarischen Werkes sein, die Ständeklausel ist negiert. Wichtig für Blanckenburg allerdings ist der Aspekt der Bildung des Individuums, des Werdens seiner Individualität. Der Roman sei die Form, diese „innere Geschichte" eines möglichen Menschen, seinen Bildungsweg nachzuzeichnen. Blanckenburg versteht dies noch durchaus im Sinne aufgeklärter Literaturauffassung – der beschriebene Lebensweg der fiktiven Gestalt soll modellhaft sein für das Leben des realen Lesers.

Was Blanckenburg hier am *Agathon* idealtypisch entwickelt, wird für die restlichen drei Jahrzehnte des Aufklärungsjahrhunderts zum bestimmenden Muster der Gattung. Der Gattungsbegriff des Bildungs- oder Entwicklungsromans muss zwar an jedem Text überprüft werden – und trifft im Einzelfall auch nicht den Kern der Sache –, die Konzentration auf die Problematik der inneren Entwicklung eines Individuums ist allerdings für den Roman tatsächlich bestimmend geworden.

An der Grenze zwischen psychologischer Fallgeschichte und (autobiographischem) Individualroman liegt der *Anton Reiser* (1785–94) von Karl Philipp Moritz: Der Titelheld, der aus ärmlichen Verhältnissen stammt, der als Lateinschüler, als Hutmacherlehrling, als Gymnasiast erzieherischen, pietistischen und sozialen Unterdrückungsverhältnissen unterliegt, flieht diese Realität in Lektüre und Theaterbegeisterung – der Roman bricht einfach ab,

Antons letztes schauspielerisches Engagement endet mit dem Zerbrechen der Theatertruppe. Der Roman ist einerseits der Versuch, die Leidensgeschichte eines Individuums (das in diesem Fall viele Erlebnisse und Eigenschaften mit dem realen Autor teilt) psychologisch begründend bis in die früheste Kindheit zurückzuverfolgen, die psychologischen Mechanismen der Realitätsflucht, der Verdrängung, der Kompensation von Leiden werden differenziert dargestellt – Lesewut und Theatromanie sind in diesem Zusammenhang realhistorische Phänomene des späten Aufklärungsjahrhunderts. Anders als der *Agathon* Wielands, anders auch als der spätere *Wilhelm Meister* Goethes wird hier introspektiv, im Gestus pietistischer Selbsterforschung, die problematische Entwicklung des eigenen Ich im Verhältnis zur sozialen, religiösen und kulturellen Welt modelliert.

Leidensgeschichte eines Individuums

Goethes *Wilhelm Meisters Lehrjahre* (1796) greifen das Motiv der Theatromanie wieder auf – oder genauer: Die erste Fassung, *Wilhelm Meisters theatralische Sendung* (1777), war durchgehend als Theaterroman konzipiert. Hier sollte das bürgerliche Individuum, abseits des merkantilen Alltags der väterlichen Familie, auf dem Theater seine individuelle und ästhetische Erfüllung finden. Die *Lehrjahre* revidieren dieses Konzept. Sie erzählen die Geschichte eines Kaufmannssohns, der sich von Kindheit an zum Theater hingezogen fühlt, der seine ererbte Kaufmannsidentität zugunsten des Theaters (und zugunsten der geliebten Schauspielerin Mariane) verlassen möchte, der, auch nachdem Mariane ihn vermeintlich betrogen hat, auf einer Handelsreise wieder in den Dunstkreis des Theaters gerät, als höfischer Gelegenheitsdichter ebenso reüssiert wie als überragender Hamlet-Mime – und hier, auf dem Höhepunkt seiner Theaterlaufbahn, den Selbstbetrug entlarvt: Er hatte das Theater im Lichte eines umfassenden Selbstverwirklichungswunsches als Selbstbildungsinstitution missdeutet, an die Stelle der Theaterillusion wird letztlich die noch ausstehende Aufgabe handwerklicher, gesellschaftlich nützlicher Bildung gesetzt. Wilhelms Abschied vom Theater wird begleitet von einer geheimnisvollen Beobachtungs- und Erziehungsinstitution, der Turmgesellschaft, in die er schließlich integriert wird – ohne allerdings über Irrtum und Selbsterkenntnis hinaus schon etwas gelernt zu haben. Gegenüber seinem kleinen Sohn Felix – den ihm die verlassene und dann verstorbene Mariane hinterlassen hat – muss Wilhelm die eigene Unbildung eingestehen. Der Roman führt gerade nicht den Bildungsweg eines Individuums vor, sondern modelliert an Wilhelm wie an vielen Nebenfiguren (Werner, Serlo, Aurelie, Therese, die schöne Seele u. a.) ebenso mannigfaltige Bildungsvorstellungen wie sie, theoretisch, etwa von Agenten der erzieherischen Turmgesellschaft expliziert werden.

J. W. Goethe: *Wilhelm Meisters Lehrjahre* (1796)

Motiv der Theatromanie

Gustav H. Naecke: *Der Harfner*, Kupferstich zum *Wilhelm Meister*

Die Turmgesellschaft

Den inneren Bildungs-, Lebens- und Liebesweg, auch den Weg einer geheimnisvoll sich vollziehenden gesellschaftlichen Integration thematisiert ebenfalls der *Titan* (1800–03) von Jean Paul (d. i. Johann Paul Friedrich Richter). Das Leben des Protagonisten Albano wird, rückblickend, von seiner frü-

Jean Paul: *Titan* (1800–03)

18. Jahrhundert: Aufklärung

Heinrich Pfenniger: *Jean Paul* (1798)

hesten Kindheit an beschrieben, seine Erziehung im Haus eines Bürgerlichen, seine Lehrmeister, seine Jahre auf der Akademie. Seine Liebe zur engelhaften Liane wird durch deren Tod zerstört ebenso wie die zur ihm geweissagten Linda durch eine infame Intrige des Werther-Doppelgängers Karl-Roquairol; erst am Schluss, nach einer Fülle von durch heimtückische und geheimnisvolle Machinationen aufgedeckten Verwandtschafts- und Herrschaftsverhältnissen, wird Albano Regent seines Kleinstaates und bekommt die seiner Liane sehr ähnliche, aber tätig-lebenskräftige Idoine zur Frau. Die Schauerapparate, Automaten, Masken, die vor Albano zunächst seine wahre Herkunft verbergen oder ihn geheimnisumwittert lenken sollen, können als übertriebene Steigerung des Geheimgesellschaftsgetues der Turmgesellschaft bei Goethe verstanden werden, Albano allerdings in seiner Innerlichkeit bleibt integer – sowohl gegenüber der letztlich dynastisch motivierten Geheimniskrämerei als auch gegenüber dem sehr pointiert dargestellten Despotismus der höfischen Machtinhaber. In gewissem Sinne ist Albanos Lebensweg, die eigentümliche, verwirrte Erziehung sowie schließliche Inthronisation, Jean Pauls Gegen- und Übertreffensmodell zu Wilhelm Meister – der am Ende der *Lehrjahre* gleichsam mit leeren Händen dasteht.

Versepen

J. N. Peroux: *Johann Heinrich Voß*

Eine Sonderform epischen Erzählens wurde im Kontext des Weimarischen Klassizismus das *Versepos*, das schon seit der Mitte des Jahrhunderts eine kleine Renaissance erlebt hatte. Nachdem Klopstock in seinem *Messias* (1748–73) christliche Mythologie und antike Epik miteinander verband und Wieland mit seinem *Oberon* (1780) inhaltlich und formal an die englische (Chaucer, Shakespeare) und italienische (Ariosto, Tasso) Renaissance anschloss, gelangen Johann Heinrich Voß und Goethe im Klassizismus der Spätaufklärung die homerisierenden Muster der Gattung. Voß hatte 1781 mit einer Übersetzung der *Odyssee* Homers den Hexameter als Epenvers in deutscher Sprache endgültig etabliert; in Hexametern erscheint auch das dreiteilige epische Idyll *Luise* (1782–1784), in welchem Geburtstag, Verlobung und Hochzeit der Tochter des „redlichen Pfarrers von Grünau" erzählt werden. Innige Naturverbundenheit, Behaglichkeit, landlebenhafte Genügsamkeit zeichnen das Leben der Pfarrersfamilie aus; allerdings ist der Pfarrer alles andere als borniert: In den Figurendialogen wird Aufklärung als kommunikative Realität umgesetzt, der Pfarrer zeigt sich kenntnisreich orientiert an den Freiheitsideen des amerikanischen Unabhängigkeitskrieges und hat an der aufgeklärten Toleranzforderung gegenüber allen Religionen Anteil, die Insignien scheinbar biederer Gemütlichkeit, Kaffee und Tabakspfeife, verweisen auf den kolonialen Welthandel, an dem die Idylle teilhat.

Das moderne Hexameter-Epos

J. W. Goethe: *Reineke Fuchs* (1794)

Dieses Muster des modernen Hexameter-Epos greift Goethe doppelt auf: Die mittelalterliche Tierfabel um den listigen wie mordversessenen Fuchs Reineke wird im *Reineke Fuchs* (1794) zu einer scharfen Satire auf vorrevolutionäre politische Verhältnisse. Im 8. Gesang des 4312 Hexameter langen Textes legt Goethe das *tertium comparationis* der Tierfabel offen: Scharfe Kritik übt Reineke hier am gewaltsamen Gebaren der Mächtigen, am allgültigen Recht des Stärkeren – feudalrechtliches wie politisches Unrecht, dem er wie andere Schwächere weniger Stärke als List entgegenzusetzen habe –, Kritik auch an der scheinheiligen Doppelmoral des Klerus, am betrügerischen und machtgierigen gesellschaftlichen Umgang. In klassizistischer Form werden hier die politischen und sozialen Ursachen der Revolution im Nachbarland gebrandmarkt.

Wilhelm von Kaulbach: *Reineke Fuchs als Sieger* (1846)

Wie im *Reineke* reagiert Goethe auch in seinem zweiten Hexameterepos unmittelbar auf die Französische Revolution: In *Hermann und Dorothea* (1797) werden ein biederer Bürgersohn und das lebenstüchtige Flüchtlingsmädchen Dorothea – die eben ihren Verlobten im revolutionären Paris verloren hat, die eben mit aller Habe das linksrheinische Gebiet vor den Revolutionsfolgen fliehen musste – schließlich zusammengeführt. In die scheinbare Idylle von Hermanns Welt dringen die Wirren des umwälzenden historischen

Hermann und Dorothea (1797)

Daniel Chodowiecki: Kupferstich zu Goethes *Hermann und Dorothea*

Prozesses im Nachbarland ein, Dorotheas leidenschaftlich-pessimistische Erzählung von den eigenen Erlebnissen gipfelt im Bild der Auflösung all dieser Sicherheiten: „Grundgesetze lösen sich der festesten Staaten, / Und es löst der Besitz sich los vom alten Besitzer, / Freund sich los von Freund: so löst sich Liebe von Liebe" (IX, 264–266). Die schließlich gestiftete Verlobung zwischen Hermann und Dorothea soll das unheil Gewordene wieder vereinen, die Idylle will in ihrem Schluss sowohl die Folgen der Französischen Revolution als auch die allmählich sichtbar werdenden Konsequenzen der bürgerlich-ökonomischen Umwälzung aufheben.

4 | Literatur

Zitierte Werke

Breitinger, Johann Jacob: *Critische Dichtkunst* [1740]. Nachdruck Stuttgart 1966.
Goethe, Johann Wolfgang von: *Goethes Werke. Weimarer Ausgabe* (WA). Hrsg. im Auftrage der Großherzogin Sophie von Sachsen. IV Abteilungen. 133 Bde. in 143 Teilen. Weimar 1887–1919.
Goethe, Johann Wolfgang von: *Werke. Hamburger Ausgabe*. In 14 Bänden. Hrsg. von Erich Trunz. Hamburg 1948–60. Neubearb. München 1981/82.
Gottsched, Johann Christoph: *Versuch einer Critischen Dichtkunst vor die Deutschen*. In: *Ausgewählte Werke*. Hrsg. von Joachim und Brigitte Birke. Berlin, New York 1973, Bd. 6.2.
Lessing, Gotthold Ephraim: *Werke und Briefe in zwölf Bänden*. Hrsg. von Wilfried Barner. Frankfurt am Main 1985 ff.
Moritz, Karl Philipp: *Werke*. Hrsg. von Horst Günther. 3 Bde. Frankfurt am Main 1981.
Schiller, Friedrich: *Werke und Briefe. Frankfurter Ausgabe* (FA). Bd. 8: *Theoretische Schriften*. Frankfurt am Main 1992. Bd. 11: *Briefe I. 1772–1795*. Frankfurt am Main 2002. Bd. 12: *Briefe II. 1795–1805*. Frankfurt am Main 2002.
Schiller, Friedrich von: *Werke. Nationalausgabe*. Begr. von Julius Petersen, fortgef. von Liselotte Blumenthal und Benno von Wiese. Hrsg. von Norbert Oellers. Weimar 1943 ff.
Schlegel, Johann Elias: *Theoretische Texte*. Mit einem Nachw. hrsg. von Rainer Baasner. Wehrhahn 2000.

Alt, Peter-André: *Aufklärung*. Lehrbuch Germanistik. Stuttgart/Weimar [2]2001.
Alt, Peter-André: *Schiller. Leben – Werk – Zeit*. 2 Bde. München 2000.

Berghahn, Klaus L.: „Das Pathetischerhabene. Schillers Dramentheorie". In: *Schiller. Zur Theorie und Praxis der Dramen*. Hrsg. v. Klaus L. Berghahn u. Reinhold Grimm. Darmstadt 1972, 485–522. (= Wege der Forschung 323.)

Borchmeyer, Dieter: *Weimarer Klassik. Portrait einer Epoche*. Weinheim 1994.

Dommes, Grit: „Kallias, oder über die Schönheit (1793)". In: Luserke-Jacqui, Matthias (Hrsg.): *Schiller-Handbuch*. Stuttgart und Weimar 2005, 382–388.

Hinck, Walter (Hg.): *Sturm und Drang. Ein literaturwissenschaftliches Studienbuch*. Kronberg ²1989.

Hofmann, Michael: „Schiller als Herausgeber von Zeitschriften (*Wirtembergisches Repertorium, Rheinische Thalia, Thalia, Neue Thalia, Die Horen*)". In: Luserke-Jacqui, Matthias (Hrsg.): *Schiller-Handbuch*. Stuttgart und Weimar 2005, 520–528.

Luserke, Matthias: *Sturm und Drang. Autoren – Texte – Themen*. Stuttgart 1997.

Nickisch, Reinhard M. G.: *Brief*. Stuttgart 1991.

Schaefer, Klaus: *Christoph Martin Wieland*. Stuttgart und Weimar 1996.

Schrimpf, Hans Joachim: *Karl Philipp Moritz*. Stuttgart 1980.

Zelle, Carsten: „Über die ästhetische Erziehung des Menschen in einer Reihe von Briefen". In: Luserke-Jacqui, Matthias (Hrsg.): *Schiller-Handbuch*. Stuttgart und Weimar 2005, 409–454.

Conrady, Karl Otto (Hg.): *Deutsche Literatur zur Zeit der Klassik*. Stuttgart 1977.

Hofmann, Michael: *Aufklärung*. Stuttgart 1999.

Grundlegende Literatur

Jørgensen, Sven Aage/Bohnen, Klaus/Øhrgaard, Per: *Aufklärung, Sturm und Drang, Frühe Klassik 1740–1789*. München 1990 (= de Boor, Helmut/Newald, Richard: *Geschichte der deutschen Literatur von den Anfängen bis zur Gegenwart*, Bd. 6).

Kaiser, Gerhard: *Aufklärung, Empfindsamkeit, Sturm und Drang*. Tübingen ⁶2007.

Newald, Richard: *Die deutsche Literatur vom Späthumanismus zur Empfindsamkeit 1570–1750*. München ⁶1967 (= de Boor, Helmut/Newald, Richard: *Geschichte der deutschen Literatur von den Anfängen bis zur Gegenwart*, Bd. 5).

Schulz, Gerhard: *Deutsche Literatur zwischen Französischer Revolution und Restauration 1789–1830*. Bd. 1: *Das Zeitalter der Französischen Revolution 1789–1806*. (= de Boor, Helmut/Newald, Richard: *Geschichte der deutschen Literatur von den Anfängen bis zur Gegenwart*, Bd. 7.1). München 1983.

Voßkamp, Wilhelm: *Romantheorie in Deutschland. Von Martin Opitz bis Friedrich von Blankenburg*. Stuttgart 1973.

Wehler, Hans-Ulrich: *Deutsche Gesellschaftsgeschichte*. Bd. 1: *Vom Feudalismus des Alten Reiches bis zur Defensiven Modernisierung der Reformära 1700–1815*. Bd. 2: *Von der Reformära bis zur industriellen und politischen Deutschen Doppelrevolution 1815–1845/49*. München 1987.

19. Jahrhundert: Romantik bis Ästhetizismus

Wenn das Jahrhundert der Aufklärung in dieser Darstellung auch bis zum Tode Schillers, also bis 1805 reichte, muss das 19. Jh. nichtsdestoweniger früher ansetzen. Gemäß der in der Geschichtswissenschaft durchaus üblichen Einteilung wird es hier als „langes Jahrhundert" aufgefasst und reicht von 1789 bis 1918. Es bilden also zwei historisch zentrale Einschnitte der europäischen Geschichte, nochmals die Französische Revolution und das Ende des 1. Weltkrieges, die epochalen Einschnitte.

Langes 19. Jahrhundert

Für die Realgeschichte Deutschlands im 19. Jh. kommen damit die folgenden politischen Ereignisse mitsamt den entsprechenden gesellschaftlichen Begleiterscheinungen in Betracht: Die Eroberung Europas durch Napoleon bewirkte den endgültigen Niedergang des Heiligen Römischen Reiches Deutscher Nation, Befreiungskriege, Wiener Kongress und einsetzende Restauration führten zur Wiederherstellung einer absolutistischen Ordnung, auf die im Bürgertum z. T. mit Rückzug ins Private, z. T. mit anhaltendem, aber verfolgten politischen Engagement reagiert wurde. Die Julirevolution in Frankreich 1830 bildete den Auftakt zu einer Serie von antiabsolutistischen Bewegungen in Europa, deren deutsche Folgeerscheinung die Revolution 1848 war, die, 1849 niedergeschlagen, zu einer zweiten Restaurationsbewegung führte. 1871 erfolgte die Reichsgründung, das Kaiserreich ging mit dem Ende des Weltkriegs unter. Das 19. Jh. ist das Jahrhundert der Industrialisierung, welche spätestens in der zweiten Hälfte die Proletarisierung breiter Massen und Großstadtbildung nach sich zog.

Politische Geschichte

Medien- und technikgeschichtlich übertrifft das 19. Jh. alle vorherigen: moderner Buchmarkt, neue Publikationsformen und Mediensysteme entstehen, neue Bild- und Tonmedien werden erfunden – die Politik setzt das Literatursystem entschieden unter Druck (Zensur). – Poetikgeschichtlich und gleichzeitig auch nachvollziehbar in der traditionellen Terminologie einer Periodisierung der Literatur im 19. Jh. lassen sich folgende Strömungen der Literatur der realgeschichtlichen Einteilung des Jahrhunderts zuordnen: Die *Romantik* reagiert auf spezifische Weise noch auf Französische Revolution und anbrechende Moderne, der sogenannte *Biedermeier* und die engagierte Literatur von *Jungem Deutschland* und *Vormärz*-Literaten beziehen sich auf die Restauration; vor allem nach 1848 wird mit dem *Realismus* eine Vermittlungsfigur zwischen Gesellschaftsbezug und klassizistisch-romantischem Idealismus versucht, der Gesellschaftsbezug wird im *Naturalismus* politisch radikalisiert, während gleichzeitig der *Ästhetizismus* sich wieder ganz in die Selbstbezüglichkeit des Literatursystems zurückzieht.

Medien- und Technikgeschichte

Poetikgeschichte

149

1 | Niedergang des Heiligen Römischen Reiches, Befreiungskriege, Restauration, März 1848, Reichsgründung, Kaiserreich

Rheinbundmedaille von 1806

Die Inthronisation Napoleons im Jahre 1804, die Attraktivität des *Code Civil* und die schon seit den Eroberungsfeldzügen 1796 deutlich sichtbar werdenden Hegemonialansprüche des französischen Kaisers übten auf die innere Verfassung des Heiligen Römischen Reiches deutscher Nation einen entschiedenen Reformdruck aus: die Auflösung der kirchlichen Territorien durch den Reichsdeputationshauptschluss 1803 bereitete die durch die Gründung des Rheinbundes 1806

Niedergang des Heiligen Römischen Reiches Deutscher Nation

vollzogene Aufhebung des alten Reichsverbandes vor. Der Rheinbund war ein von Napoleon strategisch geschickt eingefädelter Staatenbund deutscher Fürsten, die sowohl aus dem Verband des Reiches austraten als auch, offiziell in Militärallianz zu Frankreich, unter dem Protektorat Napoleons stehen sollten. Die Versuche, innerhalb des Rheinbundes gemeinsame Verfassungsorgane zu etablieren, scheiterten am Widerstand einzelner großer Mitgliedsstaaten; nichtsdestoweniger werden im Rheinbund entscheidende Reformen und Modernisierungen in staatlicher, ökonomischer und politisch-sozialer Hinsicht durchgeführt.

Reformpolitik in Preußen

1806 scheiterten Verhandlungen zwischen Preußen und Frankreich über die Verteilung der Macht in den deutschen Territorien, Preußen wurde im folgenden Krieg in der Schlacht von Jena und Auerstedt im Oktober 1806 vernichtend geschlagen, die staatlichen Strukturen aufgelöst, dem territorial entschieden verkleinerten Staat wurden Kontributionszahlungen an Frankreich auferlegt – die Großmacht Preußen schien gescheitert. Die oktroyierte Friedensordnung und das Bewusstsein, besetztes Land zu sein, wurde einerseits zum Ausgangspunkt eines stärker werdenden Nationalbewusstseins, andererseits aber wirkte die aufgezwungene Änderung der staatlichen Ordnung als Impuls für durchgreifende Reformen: Wie schon vorher in den Rheinbund-Staaten wurde das altständische Feudalsystem zugunsten einer staatsbürgerlichen Ordnung umgebaut (Aufhebung der Leibeigenschaft, hierarchische Verwaltungsreform, Selbstverwaltung der Städte, Gewerbefreiheit), die Militärreform führte zur Einführung der allgemeinen Wehrpflicht 1813, Wilhelm von Humboldt initiierte eine durchgreifende Bildungsreform, die ein dreigliedriges Bildungswesen aus Elementarschule, Gymnasium und Universität vorsah; er schuf mit dem Lehramtsexamen für Gymnasien den Stand des Gymnasiallehrers (1810) ebenso wie 1812 das Abitur als Reifeprüfung an Gymnasien. Insgesamt unterlag jedoch Humboldts humanistisch-universalistisch ausgerichtetes Bildungskon-

Wilhelm von Humboldt (1767–1835)

zept dem utilitaristischen von Adam Heinrich Müller, das dem preußischen Staat „funktional ausgebildete[ ] akademische Staatsbeamten und [...] industriell verwertbare[ ] Naturwissenschaften" versprach (vgl. Kremer 2003, 17). Im *Edikt betreffend die bürgerlichen Verhältnisse der Juden in dem Preußischen Staate* vom 11.3.1812 wurde der Großteil der gesetzlichen Benachteiligungen der jüdischen Bevölkerung aufgehoben, jüdische wurden nichtjüdischen Bürgern gleichgestellt, was einerseits Assimilation und sozialen Aufstieg kleiner Teile der jüdischen Bevölkerung in großen Städten beförderte, andererseits aber gerade deswegen auch zu antisemitischen Ressentiments – die offen als Sozialneid zu erkennen waren – und Pogromen führte.

Reformen in Preußen

Adam Heinrich Müller (1779–1829)

Nach der Niederlage Preußens gegen Napoleon entstand ein starker Patriotismus, der sich einerseits aus den Bestimmungen des nationalen Charakters etwa bei Herder sowie aus dem kulturellen Selbstbewusstsein einer deutschen Kultur mit Weimar als Zentrum speiste, andererseits aber seine stärkere – negative – Energie aus einem antifranzösischen Chauvinismus zog. Das ‚Nationelle', das Herder und Goethe schon im Volkslied, das der Sturm und Drang gerne auch schon im Mittelalterlichen (Gotik, Ballade) gesehen hatte, wurde, etwa bei Ernst Moritz Arndt, als „altdeutsch" verklärt, antinapoleonische oder antifranzösische Polemik findet sich etwa bei Heinrich von Kleist, Eichendorff und Arnim; die Befreiungskriege 1813 brachten eine Flut kriegsverherrlichender und nationalpathetischer Gedichte und Lieder hervor (Theodor Körner, Arndt). Vom 16. bis 19.10.1813 wurde Napoleon in der sogenannten Völkerschlacht von Leipzig vernichtend geschlagen, sein Niedergang durch den englischen Sieg bei Waterloo endgültig besiegelt (18.6.1815).

Patriotismus, antifranzösischer Chauvinismus

Napoleons Niederlage

Die Neuordnung der politischen Macht in Mitteleuropa war Verhandlungsgegenstand auf dem Wiener Kongress (September 1814 bis Juni 1815): Fünf europäische Großmächte wurden bestätigt: Neben Preußen Frankreich, England, Russland und Österreich; im umfassenden Sinne wurden absolutistisch-monarchische Strukturen und die ständisch-politische Ordnung wiederhergestellt (Restauration), demokratische Ansprüche auf unmittelbare Beteiligung der Bürgerlichen am politischen Willensbildungsprozess wurden nicht eingelöst – im Gegenteil: die erzkonservative „Heilige Allianz" zwischen Russland, Österreich und Preußen (September 1815) hielt am Gottesgnadentum des Monarchen fest und wollte liberale Bewegungen zerschlagen. Die neue Organisationsform der deutschen Staaten hieß „Deutscher Bund" (34 Einzelstaaten und vier Freie Städte), in dem allerdings, anders als im Alten Reich, Preußen die absolute Vormachtstellung innehatte, andererseits aber auch, immerhin, eine einheitliche Wirtschafts- und Zollpolitik verfolgt wurde: Bürgerliche „Freiheit" blieb auf Zoll- und Handelsfreiheit beschränkt. – Infolge eines politischen Mords, die Ermordung des russischen Gesandten August von Kotzebue am 23.3.1819 durch den Burschenschafter und Turner Karl Ludwig Sand, wurden auf Initiative des österreichischen Außenministers Metternich die Karlsbader Beschlüsse gefasst (6.–31.8.1819), die die Überwachung bzw.

Restauration: Wiener Kongress

Deutscher Bund

August von Kotzebue (1761–1819)

Karlsbader Beschlüsse

Arthur Lawrence: *Klemens Wenzel von Metternich* (ca. 1820–1825)

Zensurbedingungen

Sozialökonomischer Wandel: Pauperismus, Auswanderung, Armutsaufstände

völlige Zerschlagung der national-liberalen Opposition als Ziel formulierten; politische Gruppierungen, die im Kontext der antinapoleonischen Bewegung nationale Einheit und republikanische Ideale beschworen hatten, wie etwa die Burschenschaften, wurden verfolgt, Universitäten und Professoren scharf überwacht.

Für Zeitschriften, Zeitungen und andere Druckerzeugnisse unter 20 Bogen (das sind 320 Seiten) galt eine Vorzensur (also vor dem Druck), eine Nachzensur reagierte auf missliebige Publikationen durch Verbot oder Konfiszierung. Untersagt und zensiert werden alle kritischen Äußerungen gegenüber dem Herrscherhaus, der Regierung und Regierungsform, dem herrschenden adligen Stand, dem Militär, alle Verunglimpfungen von Christentum und Moral. Schon 1819 wurde in Mainz eine „Zentraluntersuchungskommission für demagogische Umtriebe" eingesetzt, für die ein komplexes Netz von Geheimberichterstattern (,Konfidentenberichte') arbeitete. Vor allem nach der Pariser Julirevolution 1830 reagierte die Obrigkeit um so empfindlicher.

Parallel zu dieser restaurativen politischen Entwicklung vollzog sich ein sozialökonomischer Wandel bisher unbekannten Ausmaßes – der allerdings erst in der zweiten Hälfte des Jahrhunderts tatsächliche dramatische Dimensionen annehmen sollte. Zwischen 1816 und 1855 wuchs die Bevölkerung der Staaten des Deutschen Bundes um ein Drittel, drei Viertel der Bevölkerung lebte und arbeitete auf dem Land; die Herauslösung der Bauern aus der Leibeigenschaft hatte vielfach, in Kombination mit der Bevölkerungsexplosion, einen katastrophalen Verelendungsprozess zur Folge: Lohnarbeiter in der Agrarwirtschaft ebenso wie in der schon langsam wachsenden industriellen

Deutsche Auswanderer gehen an Bord eines Dampfschiffs im Hamburger Hafen mit Kurs auf New York City

Produktionssphäre der Städte wurden so schlecht entlohnt, dass die Lebenserhaltung nicht möglich war und sie vollends verarmten (*Pauperismus*). Die Lockerung der Zunftgesetze in den Städten ermöglichte die Ansiedlung von industriellen Betrieben, deren Produkte allerdings billiger waren als die der Handwerker, was diese vermehrt in Lohnarbeit und Verarmung trieb. Konsequenz dieser Verarmung war einerseits eine Auswanderungswelle nach Nordamerika (1830–1840: 500.000 Menschen), andererseits aber vergebliche soziale Aufstände (z. B. Aufstand der schlesischen Weber 1844).

Barrikaden in Berlin 1848

Infolge bürgerlicher oder nationaler Erhebungen in Italien und Frankreich im Januar und Februar 1848 kam es im März 1848 in den Staaten des Deutschen Bundes zu einer revolutionsartigen Bewegung, die von Baden ausgehend auch die Hauptstädte der größten Staaten, Wien und Berlin, erfasste und in deren Verlaufe sehr schnell liberale Regierungen eingesetzt wurden. Sofort angesetzte Wahlen führten zu einer Nationalversammlung, die am 18. Mai 1848 in der Paulskirche der Freien (!) Stadt Frankfurt zusammentrat.

Bürgerliche Revolution 1848

Ludwig von Elliott: *Sitzung der Nationalversammlung in der Paulskirche* (ca. Juni 1848)

19. Jahrhundert: Romantik bis Ästhetizismus

Scheitern der Verfassung in der Frankfurter Nationalversammlung

Die ersten Beschlüsse der Versammlung waren die Einsetzung einer provisorischen Exekutive, eines „Reichsverwesers" anstelle eines Königs sowie eines Ministerpräsidenten. Die eigentliche Absicht, nämlich die Verabschiedung einer Verfassung, konnte erst am 28. 3. 1849 in die Tat umgesetzt werden – zu unterschiedlich waren die Zielvorstellungen von einem einheitlichen deutschen Staat: Die „Linken" wollten eine parlamentarisch-republikanische Demokratie, die konservative Rechte wollte die Fortsetzung des Bestehenden, die im liberalen Zentrum eine konstitutionelle Erbmonarchie – von der es wiederum zwei Varianten gab: großdeutsch, also unter Einschluss Österreichs, oder aber kleindeutsch (ohne Österreich). Die von der Nationalversammlung verabschiedete Verfassung wurde durch die Mehrheit der Staaten des deutschen Bundes nicht ratifiziert, die Abgeordneten aus Preußen und Österreich verließen Frankfurt, der preußische König Friedrich Wilhelm IV. lehnte die ihm von der Versammlung angetragene Kaiserwürde ab – und schließlich wurden alle Versuche, die Verfassung flächendeckend in Deutschland durchzusetzen, bis zum Juli 1849 von mehrheitlich preußischen und österreichischen Truppen mit Gewalt niedergeschlagen.

Niederschlagung der „Märzrevolution": Restauration

Nach der Niederschlagung der „Märzrevolution" setzte wiederum eine Restaurationspolitik ein, die kurzzeitig gelockerten Pressegesetze wurden erneut verschärft, allerdings wurde die Bespitzelungspraxis der Konfidentenberichte zugunsten einer notwendig öffentlichen Gerichtsbarkeit abgesetzt. Die v. a. vom liberalen Zentrum der Frankfurter Nationalversammlung ins Gespräch gebrachte kleindeutsche Lösung der Frage nach nationaler Einheit wurde nach und nach von Preußen und interessierten konservativen Kräften zum politischen Ziel erhoben. Nach drei preußischen Kriegen – gegen Dänemark 1864, gegen Österreich 1866 und v. a. gegen Frankreich 1870/71 – wurde

Reichsgründung 1871: Kleindeutsche Lösung

nach dem Friedensschluss von Versailles 1871 von Preußen aus die kleindeutsche Variante als Deutsches Reich ausgerufen, der preußische König Wilhelm wurde zum Deutschen Kaiser gekrönt, Otto von Bismarck, wohl der mächtigste Hegemonialpolitiker Preußens, wurde Reichskanzler.

Schwerindustrie, Eisenbahn

Die Entwicklung der Schwerindustrie wurde schon seit der Gründung der ersten deutschen Eisenbahnlinie (Nürnberg-Fürth 1835) von der Eisenbahn entschieden vorangetrieben; 1848 hatte Deutschland bereits das größte zusammenhängende Eisenbahnnetz auf dem Kontinent. Der Zuwachs des Eisenbahnnetzes im gesamten Europa lag zwischen 1840 und 1850 bei 710 %. Nichts prägte diese Epoche so wie die Einführung der Eisenbahn, weil sie in bisher ungekanntem Maße Rohmaterial, Industrieinfrastruktur und Arbeitermassen erforderte – sie war gleichsam der Motor der (Schwer-)Industrialisierung im 19. Jh., zu der sowohl die Urbanisierungsprozesse im Ruhrgebiet und in Berlin als auch die Gründung der großen Industriekonzerne gehörten. Während etwa von den 35 Millionen Menschen in Deutschland 1848 nur 3 % als Arbeiter oder Proletarier bezeichnet werden können, sind es 1875 bereits 38 % (von 43 Mio. Einwohnern, also ca. 17 Mio.).

154

Niedergang des Heiligen Römischen Reiches ... | **19. Jahrhundert**

Eröffnung der Bahnstrecke Köln-Bonn (1844)

Karl E. Biermann: *Borsig's Maschinenbau-Anstalt zu Berlin* (1847)

Großstädte im heutigen Verständnis bildeten sich erst nach der Reichsgründung – Industrialisierung, Großstadtentstehung und Ausbildung eines Industrieproletariats führten allerdings innerhalb nur einer Generation zu durchgreifenden Veränderungen aller traditionalen Lebenszusammenhänge, ein dramatischer Modernisierungsschub, der im 1. Weltkrieg seinen vorläufigen Höhepunkt finden sollte:

Urbanisierung

> Eine Generation, die noch mit der Pferdebahn zur Schule gefahren war, stand unter freiem Himmel in einer Landschaft, in der nichts unverändert geblieben

war als die Wolken und unter ihnen, in einem Kraftfeld zerstörender Ströme und Explosionen, der winzige, gebrechliche Menschenkörper (Walter Benjamin [1936/37] 1980, 439).

Modernisierungs-erfahrungen: Zerstö-rung des natürlichen Weltverhältnisses, Entfremdung

Industrialisierung, Großstadt und Modernisierung werden in gewissem Sinne als traditions- und lebenszerstörend empfunden, der moderne Verkehr (Eisenbahn, Automobil ab 1875, Ausbau des Straßennetzes) und Kommunikationstechniken wie die Telegraphie „vernichten" gleichsam den natürlichen Raum, indem sie ihn technisch ganz oder zumindest hoch beschleunigt überspringen. Kultur- und Zivilisationskritik sowie „Unbehagen an der Technik" (Arnold Gehlen) waren die Folge.

Bürgertum und adlige Oberschicht reagierten auf spezifische Weise auf das Scheitern der Revolution von 1848 und auf die Reichsgründung: Die wirtschaftlich orientierten Bürgerlichen ersetzten Ansprüche auf politische Identität durch ökonomische, Kapitalakkumulation trat an die Stelle politischer Machtteilhabe, daneben existierte ein konservatives, oft religiös geprägtes Bürgertum sowie, meist in aufstrebenden selbständigen Berufen oder, seltener, in der Beamtenschaft, ein demokratischer gesonnenes. Grund-

Bürgertum nach 1848

sätzlich tendierte das gehobene Bürgertum nach 1848 einerseits dazu, sich gesellschaftlich dem Adel anzunähern, sich aber politisch nach unten scharf abzugrenzen und den eigenen wirtschaftlichen Wohlstand vor den wachsenden Ansprüchen des Proletariats zu schützen. Vor allem nach der Reichsgründung bildete sich innerhalb der hierarchisch gegliederten gesellschaftlichen Ordnung in Beamtenschaft, Militär und Adel die Spezifik des autoritären Charakters aus, der, zur Kompensation eigener Schwäche und gesellschaftlicher Mediokrität, in der Identifikation mit den Mächtigen, im Bedürfnis nach Gehorsam und Unterwerfung nach oben, brutaler Machtausübung nach unten die autoritären Strukturen bestätigte und aufrechterhielt, innerhalb derer er lebte.

2 | Literarische Kommunikation: Literarischer Markt, Zeitschriften, Mediensystem

Medientechnische Innovationen: Papierherstellung, Drucktechnik

Die Beschleunigung der Herstellung von Druckerzeugnissen, die organisatorischen Veränderungen in Buchherstellung und -vertrieb, die quantitativ sprunghafte Steigerung der Anzahl von Buch- und Zeitschriftenpublikationen, die mengenmäßig bedeutsame Vergrößerung des Lesepublikums gehören ebenso zur Dynamik des Mediensystems im 19. Jh. wie die einschneidenden Erfindungen neuer Bild- und Kommunikationsmedien. Ab 1798 ersetzte bereits eine Maschine zur Papierherstellung die handwerkliche Technik des Schöpfens von Papierbögen, im gleichen Jahr wurde die Lithographie („Steindruck") zur Vervielfältigung von Graphiken erfunden; eiserne Druckpresse

156

LITERARISCHE KOMMUNIKATION: LITERARISCHER MARKT, ZEITSCHRIFTEN, MEDIENSYSTEM | **19. Jahrhundert**

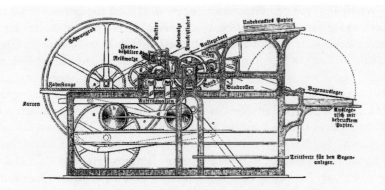

Einfache Schnellpresse (um 1888)

(1800), Schnelldruckpresse (1811), Papierdampfmaschine (1818), die den Buchdruck äußerst beschleunigende Stereotypie (1830), bei der Matrizen des Satzes zur schnellen Wiederverwendung gegossen werden, und schließlich die Kombination der Pressen mit der krafterzeugenden Dampfmaschine ermöglichten auf technischem Gebiet schon im ersten Drittel des Jahrhunderts das ungeheuerliche Wachstum des Markts an Druckerzeugnissen. Die Einführung der Rotationspresse (um 1870) und die Erfindung der Setzmaschine (Linotype: Mergenthaler 1884; Monotype: Lanston, 1890 ff.) überboten die frühen Verfahrensbeschleunigungen um ein Vielfaches – und auch das individuelle Schreiben wurde maschinisiert: 1873 erfand der amerikanische Waffenproduzent Remington die Schreibmaschine, die sich mit der seit 1888 normierten Tastatur ab 1890 rasant verbreitete.

Die Dynamik der Medienentwicklung (außerhalb der im engen Sinne literarischen Medien) ist für die Geschichte der Literatur von großer Bedeutung: Die Erfindung der Photographie mit verschiedenen Verfahren (Joseph Niépce, 1826; William Fox Talbot, 1835; Louis J.M. Daguerre 1837) ermöglichte zwar erst nach und nach die tatsächlich detaillierte maschinelle Abbildung des Gegenstandes, provozierte jedoch implizit die Literatur: Die ästhetischen Programme von Realismus und Naturalismus können durchaus aus der Konkurrenz zur Wirklichkeitsabbildung in der Photographie erörtert werden. Verschärft wird dieser mediale Konkurrenzdruck natürlich dort, wo aus maschineller Bildkunst Zeit-Bildkunst wird: In der Kinematographie, die die Gebrüder Lumière 1895 als Sensation in ihrem Varieté präsentierten. Die ästhetischen Effekte des Films auf literarische Verfahren und Darstellungsweisen werden allerdings erst im 20. Jh. sichtbar. – Die maschinelle Speicherung oder Übertragung von Stimme und Sprache soll hier zunächst im Sinne der oben skizzierten Beschleunigung der Kommunikation und der Vernichtung des Raumes und seiner Distanzen verstanden werden: Das Telephon wurde 1876/77, das Grammophon 1887 erfunden, die erste drahtlose Nachrichtenverbindung arbeitete 1897.

Erfindung der Photographie

Kinematographie

Telephon, Grammophon, elektrischer Telegraph

Rasant wachsende Buchproduktion

Wilhelm Immenkamp: *Wilhelm Raabe* (1911)

Waren 1805 auf den Buchmessen noch 4.181 Titel angeboten worden, so waren es 1837 schon über 10.000, 1843 bereits 14.039 Titel; auf diesem Stand verharrte die Buchproduktion im 19. Jh. in etwa (1880: 15.000, davon 1.200 belletristische Titel). Billige Massenauflagen steigerten das Literaturangebot, die Bücher selbst wurden deutlich preisgünstiger. Die Auflagen stiegen immens: 1841 wurden bereits 4 % aller Bücher in Auflagenhöhen über 5.000 Exemplare gedruckt. Die großen Bestseller der zweiten Jahrhunderthälfte erreichen ganz andere Zahlen: Gustav Freytags *Soll und Haben* wurde zwischen 1855 und 1914 in ca. 300.000 Exemplaren verkauft, Wilhelm Raabes *Chronik der Sperlingsgasse* (1856) erzielte 16 Auflagen bis zur Jahrhundertwende, Felix Dahns *Ein Kampf um Rom* zwischen 1876 und 1893 bereits zwanzig Auflagen und Julius Stindes *Familie Buchholz* (1884) wurde im Jahr 1900 in 85. (!) Auflage gedruckt.

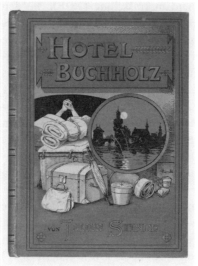

Julius Stinde: *Hotel Buchholz*, Einband (1897)

Nach dem Vorbild amerikanischer und englischer Illustrierter entstanden bebilderte Wochenschriften – das *Pfennig-Magazin* (1833–1855) hatte bald eine Auflage von 100.000 Exemplaren (1847). Taschenbücher, Almanache, allerlei Periodika mit literarisch-belletristischem Schwerpunkt verzeichneten hohe Zuwächse in Anzahl und Auflagenhöhe. Erstpublikationen wurden häufig in solchen Periodika realisiert, daran schloss sich ggf. eine Buchveröffentlichung als Zweitverwertung an. In der zweiten Hälfte des Jahrhunderts stieg das Interesse an fortsetzungsweise in Heftchen publizierten Romanen, sogenannter

Wochenschriften, illustrierte Familienblätter

Kolportageliteratur, die im Kolportagehandel, einem Vertreterbuchvertrieb von Tür zu Tür, verkauft wurde. – In losem Anschluss an die Moralischen Wochenschriften des 18. Jh. entwickelte sich seit etwa der Mitte des 19. Jh. die Gattung der illustrierten Familienblätter, die einerseits mit Massenauflagen (z. B. *Die Gartenlaube* 1853: 5.000–6.000 Expl.; 1875: 382.000 Expl.) ein unglaublich großes Publikum erreichten, andererseits aber mit ihrem Angebot aus technischer Information, exotischer Reisereportage (Kolonialismus), Illustrationen und belletristischer Literatur einen der wichtigsten bürgerlichen Lesestoffe darstellten. Diese Zeitschriften (neben der *Gartenlaube* etwa *Über Land und Meer*, *Von Nord nach Süd*, *Westermanns Monatshefte* u. a. m.) stellten

Familienblätter als Publikationsorte

für viele Schriftsteller sowohl Broterwerb als auch erstes Publikationsorgan dar: Paul Heyse schrieb 35 Erzählungen und Romane für die *Gartenlaube*, Wilhelm Raabe 32 Erzählungen und Romane für *Westermanns Monatshefte*,

LITERARISCHE KOMMUNIKATION: LITERARISCHER MARKT, ZEITSCHRIFTEN, MEDIENSYSTEM — 19. Jahrhundert

Logo der *Gartenlaube* von 1875

Theodor Fontane veröffentlichte praktisch alle seine Romane in Familienzeitschriften, bevor sie in Buchform erschienen – und nahm sowohl exotistische Motive (der Chinese in *Effi Briest*) als auch Erzählmodelle anderer, trivialerer Romane der Illustrierten in die eigenen Romankonzepte auf (unter entscheidenden Modifikationen etwa in *Irrungen, Wirrungen*).

Die Anzahl der Buchhandlungen stieg um ein Vielfaches (1822: 450; 1842: 1247); 1825 kam es in Leipzig zur Gründung des ‚Börsenvereins des deutschen Buchhandels'. Im Kolportagehandel wurden Romane, v. a. aber Zeitschriften, durchaus auch Lexika und Sachbücher (etwa *Brehms Tierleben*, 1863 ff.) vertrieben. Bis zur Mitte des Jahrhunderts wurden 75 % aller schönen Literatur nicht käuflich erworben, sondern aus mittlerweile 1.500–2.000 privaten Leihbibliotheken entliehen; eine deutlich steigende Alphabetisierungsrate (Bildungsreformen!) vergrößerte das Lesepublikum (1848 ca. 50 %, 1880 ca. 80 %).

Aus- und Umbau des Buchhandels

Brehms Thierleben (1883), Frontispiz

Vor allem nach 1848 spielte das Gymnasium als Vermittlungsinstanz eines spezifischen Literaturverständnisses eine wichtige Rolle: Staatlicherseits wurden die Aufgabenbereiche des Deutschlehrers entschieden erweitert: „Der Deutschlehrer ist nicht nur der Führer in das Reich des Idealen und Mittler des reinen Dichterwortes; er ist zugleich der Wahrer des Volksgeistes", er soll statt „zersetzendem Verstand" „Liebe und Gefühl", „im Herzen

Literaturvermittlung im Gymnasium

eine wärmende Kraft" vermitteln (Ehlert 1992, 263). Literatur wurde von der gesellschaftlichen Realität abgehoben und gleichzeitig überzeitlich nationalisiert. Anstelle intellektueller Beschäftigung mit eigener Kultur und ästhetischer Gestaltung wurde diffuse, irrationale oder patriotisch-gesinnungsmäßige Gefühlsbildung gesetzt. Der Schüler des Gymnasiums sollte „besonders Werthvolles aus der classischen Dichtung des eigenen Volkes als einen unverlierbaren Schatz im Gedächtnis [...] bewahren" (ebd.).

Auch rechtlich wurden Autorschaft und literarisches Werk neu definiert: Schon das Allgemeine Preußische Landrecht von 1794 hatte eine Vorform des modernen Urheberrechts enthalten, die allerdings weder vermeiden konnte, dass aufgrund der Vielfalt der staatlichen Territorien das Nachdruck-Unwesen weiterhin blühte, noch dass Schriftsteller wie Goethe sich von den Regierungen Privilegien, die vor Nachdruck schützen sollten, erbitten mussten. Erst 1837 erfolgte ein Bundesbeschluss gegen den Nachdruck, ein echtes Urheberrechtsgesetz gibt es seit 1871. – Urheberrechtliche Innovationen veränderten aber auch die Kategorien von Autor und Text: Der Autor wurde als Eigentümer geistigen Kapitals definiert, er ist Produzent einer Ware, an der er und sein Verleger auch ökonomisches Interesse haben – damit aber ist er zumindest potentiell in der Lage, als Autor auch ökonomisch überleben zu können.

Während die romantischen Schriftsteller noch im Wesentlichen Nebenberufs-Dichter waren – sie entstammten größtenteils jener Schicht des leitenden juristischen Beamtentums, das sich aus dem Bürgertum sowie dem kleineren und mittleren Adel zusammensetzte und auch die preußische Reformpolitik getragen hatte, so dass von einer „Generation von Schriftsteller-Juristen" gesprochen werden kann (Ziolkowsky 1994, 89), die in staatlichen oder staatsnahen Positionen arbeitete –, traten ab 1830 vermehrt Berufsschriftsteller auf. Derjenige, der vom Schreiben lebt, schreibt anders: In oft hohem Produktionstempo werden Fremd- und Eigenzitate montiert, Autoren sind gleichzeitig Redakteure, Herausgeber und Rezensenten, Rezensentenkartelle sichern untereinander gute Besprechungen und damit Absatz, der Publikumsgeschmack wird ein wesentliches Orientierungskriterium für den Schriftsteller: Ästhetisch angesehenere Genres wie Roman oder Drama bringen viel symbolisches, aber meist wenig ökonomisches Kapital, bei Gebrauchsformen für Zeitschriften oder Auftragsarbeiten verhält es sich umgekehrt. Der Berufsschriftsteller des 19. Jh. war trotz dieser erweiterten Absatzmöglichkeiten für seine Texte in der Regel genötigt, sich außerliterarisch abzusichern – mit Anstellungen am Hof, in kulturellen oder Bildungseinrichtungen.

3 | Romantik

Wenn für die erste Periode der Literaturgeschichte des 19. Jh. (bis etwa 1830) hier der Begriff der *Romantik* verwendet wird, so handelt sich diese Darstellung eine Fülle von Problemen ein: Der Name selbst ist begriffsgeschichtlich schwierig zu fassen, er ist etymologisch mit vielfältigen Bedeutungsdimensionen kontaminiert; die „Epoche", die mit dem Begriff bezeichnet werden soll, überlappt auch einen Großteil dessen, was im vorigen Kapitel als Weimarer Klassizismus und als letzte Phase der Aufklärung erörtert wurde; die romantische Periode selbst ist, in ihrer poetologisch-ästhetischen, politischen und auch konfessionellen Orientierung, in ihrer personellen Repräsentation, in ihrer auch regionalen Gruppenbildung und im Blick auf die literarische Produktion höchst inhomogen – es muss auf jeden Fall zwischen Strömungen, Gruppierungen und Phasen der Romantik unterschieden werden.

Das Wort *Romantik* ist vom altfranzösischen *romanz* abgeleitet, das einfach volkssprachliche Dichtungen bezeichnet, die vorrangig ritterliche Gegenstände behandelten. Die balladeske Versdichtung der *Romanze* verdankt diesem Ursprungsbegriff ebenso ihren Namen wie der *Roman*. Von den Gegenständen dieser Dichtungen abgeleitet wird der Begriff des *Romantischen* sodann, abwertend gemeint, im mittleren 18. Jh. für literarische Gegenstände verwandt, die einen phantastisch-wunderbaren, oft mittelaltertümlichen Charakter zeigen; Wieland bezeichnet, schon neutral bis positiv gewendet, sein im Bereich der Karlssage spielendes Versepos *Oberon* (1780) als „romantisches Heldengedicht".

Herkunft des Wortes Romantik

Unter den jungen Literaturtheoretikern des beginnenden 19. Jh. ist es vor allem Friedrich Schlegel, der eine Neubestimmung des Begriffs des Romantischen befördert: In seinem *Brief über den Roman* (1798) bestimmt er dasjenige als „romantisch, was uns einen sentimentalen Stoff in einer fantastischen Form darstellt" (Schlegel [1798] 1967, 333). Die „phantastische Form" lässt sich stilistisch als „Gegenbild zu klassizistischer Ordnung bestimmen", als „Stil, der durch Ironie, arabeske Verwicklung und phantastische, zum Märchenhaften neigende Willkür gekennzeichnet ist" (Kremer 2003, 41). Über diese formalstilistische Bestimmung des Romantischen hinaus schreibt Schlegel ihm die Funktion einer Ästhetisierung der Welt zu, romantische Literatur werde dadurch zur Transzendentalpoesie, dass sie gleichzeitig über die Bedingungen ihrer Möglichkeit reflektiert. Schlegel hat einen literarhistorischen Romantikbegriff: Durchaus eng am Ursprungswort des Begriffs bezeichnet er damit die Literatur von Mittelalter, Spätmittelalter und Früher Neuzeit. Im Gegensatz zur klassizistischen Orientierung an der ‚heidnischen' Antike kommt damit ein christliches (ungenau auch katholisch genanntes) Zeitalter als Referenzepoche in den Blick, im Gegensatz zur naturhaften Ordnung und Klarheit antiker (damit auch klassizistischer) Kunst werden das Ahnungshafte, Sentimental-Gefühlte, das Phantastisch-Ungeordnete ästhetisches Prinzip.

Romantische Poetik

Friedrich von Schlegel (1772–1829)

Mittelalterbezug

In diesem Sinne kann, aus „ästhetiktheoretischer Hinsicht", die „Romantik als Theorie der Imagination und Phantastik durch eine Abgrenzung von den aufklärerischen Konzepten der Naturnachahmung und moralischen Ausbildung des Menschen" verstanden werden (Kremer 2003, 44). Noch grundsätzlicher kann sie – zumindest die Frühromantik – als zum Weimarer Klassizismus

Romantik als Opposition zu Aufklärung und Weimarer Klassizismus

August Wilhelm von Schlegel (1767–1845)

alternative Reaktionsform der Literatur auf die Französische Revolution und die Aufklärung insgesamt verstanden werden: Schiller und auch Goethe, die Vertreter der älteren Generation, hatten noch Teil an der aufgeklärten Utopie, dass das Projekt einer vernunftbegründeten und durch menschliche Kommunikation bewerkstelligten Verbesserung gesellschaftlicher Organisationsformen realisierbar sei – die Revolution entlarvte diese Utopie als bloße Illusion. Die jüngere Generation, die der (Früh-)Romantiker Ludwig Tieck, Novalis (d. i. Friedrich von Hardenberg), Friedrich und August Wilhelm Schlegel, nimmt die Revolution, verwandelt in einen ästhetischen Aufbruchsimpuls, einerseits als Selbstbestimmung für einen Neuanfang (gegen die aufgeklärte und klassizistische Vätergeneration) wahr; andererseits sind die Rückwendung auf alte Texte (bei den Schlegels ja zunächst die der Antike) des Mittelalters, auf die „goldne Zeit" des Reiches sowie die ästhetischen Verlangsamungsstrategien der romantischen Literatur durchaus auch als widerständige Reaktionsformen auf die nachrevolutionären Wirren zu verstehen. – Und nicht zuletzt ist die nationale Romantik, die sich ja auch aus einem mittelaltertümlichen Reichs-Pathos speist, natürlich eine entscheidende Dimension der Reaktion auf Napoleons Hegemonialhandeln.

Grundlagen der romantischen Kunstauffassung

Die wichtigsten Grundlagen der romantischen Kunstauffassung sind in den Bereichen der Naturphilosophie, der Sprachauffassung, der Geschichtsphilosophie und der Psychologie zu sehen:

Erkenntnistheorie

▶ die erkenntnistheoretische Abspaltung von Erkenntnis-Subjekt und -Objekt in der Naturwissenschaft und -philosophie der Neuzeit, insbesondere der Aufklärung, die als Entfremdungs- und Modernitätssymptom wahrgenommen wird, soll in Richtung einer Vermittlung von Geist und Materie, von Geschichte und Natur überwunden werden. Hinter den voneinander getrennten Sphären der Welt, Natur, Mensch, Geschichte, Mythos, wird ein Absolutes angenommen, das nur durch „romantische" Kunst offenbart werden kann, die damit das Medium der Vermittlung zwischen den getrennten Sphären wird. Dieses Vermittlungsideal der ästhetischen Offenbarung des Absoluten wird einerseits in Novalis' Formel von der „Romantisierung der Welt" ausgedrückt, andererseits wird die Uneinholbarkeit, die Unendlichkeit dieses Offenbarungsbemühens reflektiert: Literarische Rede löst das Geheimnis eben nicht im Begriff auf, sondern umschreibt es im bildlichen, metaphorischen, deutungsbedürftigen, tendenziell auch unverständlichen Zeichen. – Für die spekulative Naturphilosophie der Romantik gewannen zeitgenössische „naturwissenschaftliche" und esoterische Moden wie der sogenannte „animalische Magnetismus" Franz Anton Mesmers und die hermetische Lehre von okkulten Analogien etwa zwischen Natur und Sprache eine große Bedeutung. Die Natur selbst wird als Hieroglyphenschrift verstanden, Musik erscheint als das am besten geeignete Medium, das Absolute zu offenbaren – in einem gewissen Sinne befördert die Hermetik

Spekulative Naturphilosophie

die romantische Illusion einer sichtbar zu machenden Identität von Geist und Materie in den Zeichen, die die Natur selber sei;
► von ebendiesen hermetischen Vorstellungen ist die romantische Sprachphilosophie inspiriert: Der aus jüdisch-kabbalistischen Traditionen herrührenden „göttlichen Ur- bzw. Namensprache" wird „eine weltschöpferische, poietische Energie zugeschrieben" (Kremer 2003, 69) – d. h. für die Poesie, dass sie jedes einzelne Wort mit unendlicher und letztlich uneinholbarer Bedeutung auflädt, dass zumindest die Ahnung des Absoluten in jedem Zeichen möglich wird. – Über diese ganz spekulative Dimension hinaus hat die romantische Beschäftigung mit der Sprache einen genuin wissenschaftlichen Aspekt: Wenngleich die sprach-, wort- und bedeutungsgeschichtlichen Bemühungen auch zunächst von jener illusionären Ursprache und von kabbalistischen Phantasmen durchzogen sind, wird letztlich doch ein ungeheuerliches kulturelles Archiv erschlossen. Im in einem Menschenleben nicht zu bewältigenden Riesenprojekt eines Belegwörterbuchs für alle deutschen Wörter sollten eigentliche und uneigentlich-bildhafte Bedeutungsdimensionen sowie Belegstellen aus der gesamten deutschen Literatur zusammengetragen werden – der erste Band des *Deutschen Wörterbuchs* erschien unter der Ägide von Jacob und Wilhelm Grimm 1854, der 32. Band, nach 123 Jahren Arbeit von mehr als 80 Menschen, 1961. Über diese nationalsprachliche Forschung – die natürlich die Hebung eines großen Schatzes mittelalterlicher Überlieferung voraussetzte und mitiniterte – hinaus ging vor allem von Friedrich Schlegel der Anstoß zu einer vergleichenden Grammatik und damit der Begründungsimpuls für die allgemeine Sprachwissenschaft aus;

Ludwig E. Grimm: *Jacob und Wilhelm Grimm*

► wie schon im Belegwesen des Wörterbuch-Projektes deutlich wird, gehört zum Profil der Romantik ein eigentümliches Interesse an Kultur- und Literaturgeschichte, das sich in der Folge als Nationalphilologie sowie als Geschichtswissenschaft ausdifferenzieren kann. Die romantische Geschichtsphilosophie basiert auf den wichtigen, eine neuartige Geschichtsauffassung vorbereitenden Traditionen des späteren 18. Jh., auf Herders aufklärungskritischer, ereignisorientierter und individualisierender Geschichtsbetrachtung (*Auch eine Geschichte der Philosophie zur Bildung der Menschheit*, 1774), auf Schillers historischen Forschungen, auf Justus Möser und Condorcets *Entwurf einer historischen Darstellung der Fortschritte des menschlichen Geistes*. Geschichte wird von den Romantikern in einem triadischen Schema begriffen: Einer idealisierten Vorzeit menschlicher Geschichte, die entweder in der Antike oder im Mittelalter angesiedelt wird, steht die negativ gesehene Gegenwart gegenüber, von der aus eine ideale Zukunft anvisiert wird. Gerade bei Novalis wird die scheinbar auf die Zukunft ausgerichtete Vorstellung eines Ideals nicht zeitlich, sondern als nur momentan einlösbar interpretiert: Lediglich im Moment ästhetischer Erfahrung können die entfremdenden Dimensionen

Joseph Freiherr von Eichendorff (1788–1857)

Poetisierung der Welt, Sakralisierung der Geschichtsauffassung

des prosaischen Alltags zugunsten der Wahrnehmung des präsenten Absoluten überschritten werden – damit setzt die Frühromantik die Entgrenzungsphantasien der Figuren des jungen Goethe v. a. gegenüber dem als göttlich gedeuteten Naturzusammenhang fort (*Werther* 10. May; *Urfaust* V. 65 ff.). Dass damit der Dichter zum privilegierten Seher, zum Priester wird, tendiert schon zur Sakralisierung der Geschichtsauffassung, die dann von Eichendorff auf dem Hintergrund einer von christlicher Geschichtsinterpretation entlehnten Lehre eines irdischen und eines göttlichen Staates konsequent zu Ende gedacht wird: Romantische Dichtung versetze in die Lage, „den geheimnisvollen leisen Gang einer höheren Weltgeschichte" wahrzunehmen (*Die Heilige Hedwig* [Fragment], Eichendorff 2007, 129 f.). Schon bei Novalis und Eichendorff war damit aber die eigentlich ideale Zukunft schon in den ästhetischen bzw. ästhetisch vermittelten Moment transformiert, in der späteren Romantik werden die Versatzstücke frühromantischer Geschichtsphilosophie zu bloßen Motiven des literarischen Spiels (E. T. A. Hoffmann);

Psychopathologie, Traumwelten, Phantastisches

▶ die aufgeklärten Auffassungen von der menschlichen Seele, die entweder den Verstand als oberstes Seelenvermögen ansetzten oder mit der Erfahrungs- und Empfindungsdimension auch mittlere Seelenvermögen einschlossen, basierten prinzipiell auf einer mechanistischen Vorstellung vom Körper. Im Gegensatz dazu interpretiert die Romantik Seele und Psyche als anthropologische Dimension mit eigenständiger Dynamik und Pathologie, was – wie es etwa auch schon das Psychopathogramm des leidenden Werther oder des Anton Reiser tat – die irrationalen und unbewussten Kräfte der Seele in den Vordergrund rückt. Psychische Entwicklung wie psychische Erkrankung werden vor allem als literarische Motive oder sogar als Grundlagen für Textkonzepte entdeckt, wahnhafte Zustände, Träume sind sowohl Schnittstellen zwischen alltäglicher und phantastischer Welt als auch psychologische Dispositionen zu deren romantischer Interpretation. Damit stellt die Romantik die Frage nach dem Stellenwert menschlicher Individualität und personaler Identität neu, die als höchst brüchige und gefährdete Konzepte modelliert werden (Doppelgängermotiv), Kindheit und Familie werden, psychoanalytische Vorstellungen vorwegnehmend, als psychogenetische Ursachenzusammenhänge für seelische Defekte interpretiert (E. T. A. Hoffmann: *Der Sandmann*, 1816/17), das Unbewusste wird als die viel größere, aber verdrängte Dimension des „Ich" deutlich, die Glaubwürdigkeit der Wirklichkeit(swahrnehmung) wird an den Grenzen zu Traum, Wahn und Phantastischem erschüttert.

Innerhalb der Periode der romantischen Literatur muss zwischen verschiedenen Phasen und auch regionalen Gruppierungen unterschieden werden (vgl. Kremer 2003, 48 ff.):

Frühromantik

▶ die *Frühromantik* ist zwischen 1789 und 1800 anzusetzen: Die frühen Texte Ludwig Tiecks, sein shakespearisierendes Ritterdrama *Karl von Berneck*

(1795), die Märchenkomödie *Der gestiefelte Kater* (1797), vor allem die mit Wilhelm Heinrich Wackenroder gemeinsam verfassten *Herzensergießungen eines kunstliebenden Klosterbruders* (1797) und der Roman *Franz Sternbalds Wanderungen* (1798) formulierten das frühromantische Programm vielgestaltig aus: Mittelalter, Märchen, Kunstreflexion sowie ironische Selbstreflexivität des Kunstwerks. Ende 1797 traf Tieck erstmals mit Friedrich Schlegel zusammen, von 1799 bis 1800 lebte er in Jena, wo er mit August Wilhelm und Friedrich Schlegel, Novalis, Clemens Brentano und den beiden idealistischen Philosophen Fichte und Schelling den Jenaer Kreis der Frühromantiker bildete. Die von Tieck schon angestoßene Programmatik wird in Friedrich Schlegels *Lucinde* (1799), in Novalis' Roman *Heinrich von Ofterdingen* (1802) sowie auch in Brentanos *Godwi* (1801) auf den Höhepunkt geführt. Die Zeitschrift *Athenäum* (1798–1800) der Brüder Schlegel darf als Zentralorgan dieser frühromantischen Programmatik gelten, die den klassizistischen Zeitschriftenprojekten Schillers (*Die Horen*) und Goethes (*Propyläen*) entgegensteht. Mit dem frühen Tod von Novalis 1801 und dem Wegzug Tiecks löste sich der Jenaer Kreis auf;

▶ die *mittlere Romantik* konzentrierte sich um Heidelberg und Berlin. Die Heidelberger Gruppe (1805–1808) brachte einerseits die großen Sammlungen „altdeutschen" Lied- und Erzählguts hervor: *Die teutschen Volksbücher* (1807) von Joseph Görres, die von Clemens Brentano und Achim von Arnim herausgegebenen Lieder in *Des Knaben Wunderhorn* (1805/06 und 1808); die Sammlung der *Kinder- und Hausmärchen* (1812/22) von Jacob und Wilhelm Grimm wurde hier in Heidelberg angeregt. Diese historische, gleichsam kulturarchäologische Tendenz der Heidelberger wurde um eine mythengeschichtliche (Friedrich Creuzer) und die etymologische (J. und W. Grimm) Forschungsrichtung ergänzt. – Berlin ist zwischen 1809 und 1822 Brennpunkt romantischer schriftstellerischer und publizistischer Projekte: Adam Müllers und Kleists Zeitschrift *Phöbus* sollte Programmatik und Literatur der Romantik verbreiten, diente vor allem Kleist als Publikationsorgan eigener Erzählungen und Dramen, musste aber schon nach einem Erscheinungsjahr (1808) wieder eingestellt werden; Achim von Arnims Romane *Armut,*

C. Vogel: *Johann Ludwig Tieck* (1733–1853)

Programmatische Zeitschrift: *Athenäum* (1798–1800)

Joseph von Görres (1776–1848)

J. u. W. Grimm: *Kinder- und Hausmärchen* (1812/22)

Clemens Brentano und Achim von Arnim: *Des Knaben Wunderhorn*, Band 1, Titelblatt (1806)

Adelbert von Chamisso: *Peter Schlemihl's wundersame Geschichte*, Frontispiz und Titelblatt der Erstausgabe (1814)

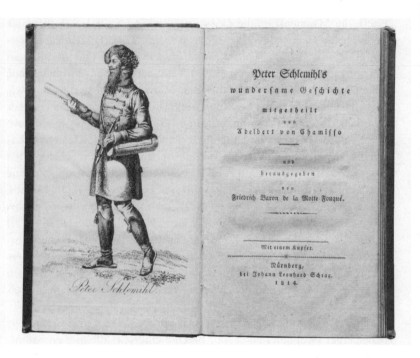

Achim von Arnim (1781–1831)

Spätromantik

Clemens Brentano (1778–1842)

Ludwig Tieck

Reichthum, Schuld und Buße der Gräfin Dolores (1810) und der unvollendet bleibende *Die Kronenwächter* (1817), auch Schauspiele von Arnims, Eichendorffs *Ahnung und Gegenwart* (1815) und wichtige seiner Dramen und Erzählungen, Clemens Brentanos *Geschichte vom braven Kasperl und dem schönen Annerl* (1817), Adelbert von Chamissos *Peter Schlemihl's wundersame Geschichte* (1814), Romane und Märchen von Friedrich de la Motte Fouqué, vor allem aber das große epische Werk E. T. A. Hoffmanns (*Nachtstücke*, 1816/17; *Die Elixiere des Teufels*, 1815/16; *Lebens-Ansichten des Katers Murr*, 1820/22) entstanden hier in Berlin. Mit Hoffmanns Tod 1822 ist auch das Ende dieser Gruppierung anzusetzen;

▶ Katholizismus – und, nicht zufällig, die Zentren Wien (Fr. Schlegel) und München (Görres, Brentano) – markieren die Spätromantik. Schlegel war schon 1808 zum Katholizismus übergetreten und arbeitete seitdem im Staatsdienst an der restaurativen Politik Österreichs mit; Brentano konvertierte 1817 zum Katholizismus und konzentrierte sich nach und nach auf Schriften mit vermehrt religiösem Inhalt; Görres, Schelling und Brentano agierten ganz im Sinne der katholisch-konservativen Kulturpolitik des bayerischen Königs Maximilian I. sehr erfolgreich. – Derjenige Autor, dessen Lebensspanne einerseits die gesamte Periode romantischer Literatur mehr als umfasste, der sich andererseits aber von den politisch-konfessionellen Umschwüngen etwa der Spätromantik unberührt zeigte, war Ludwig Tieck. Er blieb der früheren romantischen Programmatik in gewisser Weise treu:

Der kulturarchäologische Impuls wirkte fort, der schon seine Don-Quijote- (1799/1801) und die gemeinsam mit August Wilhelm Schlegel angefangene Shakespeare-Übersetzung bewegt hatte, die er 1825–1833 herausgab: Er edierte 1817 Dramen von Hans Rosenplüt, Hans Sachs, Jakob Ayrer, Gryphius und Lohenstein (*Deutsches Theater*, 1817) und gab Schnabels *Insel Felsenburg* neu heraus (1827). Sein Spätwerk überschreitet romantische Programmatik, insofern es die Ästhetik des Realismus vorwegzunehmen scheint.

Mit seinem Fragment bleibenden Roman *Heinrich von Ofterdingen* beabsichtigt Novalis einen romantisch-poetischen Gegenentwurf zu Goethes *Wilhelm Meister*, den er zunächst begeistert aufgenommen hat, dann aber scharf kritisiert: „Das Romantische geht darinn zu Grunde – auch die Naturpoësie, das Wunderbare [...] Das Wunderbare darinn wird ausdrücklich, als Poesie und Schwärmerey, behandelt. Künstlerischer Atheïsmus ist der Geist des Buchs." (Novalis [1799/1800], 1983, 638 (Frg. Nr. 506)). Im *Ofterdingen*, dessen zwei Teile mit den Titeln „Die Erwartung" und „Die Erfüllung" schon auf die geschichtsphilosophische Triade verweisen, konzentriert Novalis in großer Dichte die Fülle der frühromantischen Impulse: Die Rahmenerzählung führt ins Mittelalter – die Erlebnisse des fiktiven Minnesängers Heinrich von Ofterdingen vor seiner Berufung zum Dichter –, eine Vielzahl von eingelegten Liedern, Erzählungen und Märchen öffnet den Text universalpoetisch über die Gattungsgrenzen hinweg. Geheimnisvolle Naturgeschichte, romanisch-romantische Sprachrätsel, Traumthematik und Liebeshandlung, die literarische Inszenierung einer imaginären Lebensreise, die nicht durch eine reale Welt, nicht durch Ereignisse hindurch, sondern durch Erzählungen, Bücher, Märchen, Lieder die Dichterausbildung ausmacht und vermittels des Sehnsuchtsbildes der „blauen Blume" auf ein Jenseits verweist. Offen ist der Text nicht nur wegen seiner formalen Vielgestaltigkeit, sondern auch wegen der unendlichen Spiegelung vieler einzelner Motive nach innen: Heinrich, der werdende Dichter, ist in Klingsohr, im Einsiedler, im Bergmann gespiegelt, Heinrichs Individualgeschichte in der Welt- und Naturgeschichte, die Verklärung in der Liebe tendiert zur völligen Entgrenzung des Irdischen.

Novalis (Friedrich von Hardenberg, 1772–1801)

Novalis' Roman *Heinrich von Ofterdingen* als Anti-*Wilhelm-Meister*

Die Erzählung „Der Sandmann" von E. T. A. Hoffmann erschien erstmals in dessen Erzählzyklus *Nachtstücke. Herausgegeben vom Verfasser der Fantasiestücke in Callots Manir* (1816/17). Im Zentrum der Erzählung steht die Differenz zwischen Phantasie und Wirklichkeit, wobei allerdings – und hier realisiert Hoffmann zuinnerst das psychologische Potential der Romantik – die phantastische Wahrnehmung in ihrer Ununterscheidbarkeit von Wirklichkeit als psychogenetisch, durch ein Kindheitstrauma erzeugt, erscheint. Mit dem Sandmann-Märchen ist das Motiv der Augen und der Wahrnehmung angelegt, traumatisch ist die Verbindung des Sandmanns mit dem Advokaten Coppelius. Mit diesem zusammen hat Nathanaels Vater alchimistische Experimente durchgeführt, von denen eines für ihn tödlich war. Coppelius hatte beim

E. T. A. (Ernst Theodor Amadeus) Hoffmann (1776–1822)

E. T. A. Hoffmanns *Sandmann*: Psychologie und Schauerromantik

Versuch, einen künstlichen Menschen zu schaffen, nach Augen geschrien, die er brauche. Das Trauma führt zu gravierenden Wahrnehmungsverschiebungen: Clara, die Verlobte des Protagonisten Nathanael, erscheint ihm umso automatenhafter, je mehr ihn die Automatenfrau Olimpia in ihren Bann zieht, die zum Ziel seiner Wünsche avanciert – eine Verwechslung, die Nathanael schließlich mit dem Tode bezahlt. Protopsychoanalytisches Wissen und schauerromantisches Erzählen werden hier auf höchstem ästhetischen Niveau präsentiert.

Friedrich Schleiermacher (1768–1834)

Salonkultur: Emanzipation der Frau, Emanzipation der Jüdin

Die schon im Aufklärungsjahrhundert sich ausprägende neuartige Kommunikationskultur, die einen standesübergreifenden Gesprächszusammenhang in Geheimgesellschaften, literarischen Klubs oder Lesegesellschaften über vornehmlich öffentliche, politische Themen herstellen wollte, wurde im Kontext frühromantischer Geselligkeit modifiziert weitergeführt. Der Philosoph Friedrich Schleiermacher lieferte mit seinem *Versuch einer Theorie des geselligen Betragens* (1799) die Theorie des literarischen Salons als einer nichtrepräsentativen Öffentlichkeit, innerhalb derer eine zweckfreie (autonome!) und symmetrische Kommunikation ermöglicht wird. Die ständische Offenheit der alten Gesellschaften wurde zugunsten der Integration von Frauen und Juden weitergetrieben, ästhetisch-literarische Gegenstände verdrängten die politischen: Der Jenaer Kreis, dessen Zentralachse die Freundschaft zwischen Friedrich Schlegel und Novalis war, umfasste wie völlig selbstverständlich Dorothea Veit und Caroline Böhmer – Dorothea Veit war die Tochter des jüdischen Aufklärungsphilosophen Moses Mendelssohn (und spätere Gemahlin August Wilhelm von Schlegels). Sie nutzte die Emanzipationsmöglichkeiten, die die Salonkultur privilegierten jüdischen Frauen bot, ebenso wie später Rahel Varnhagen van Ense, geb. Levin, die im Berlin der 1820er Jahre den Salon wiederbelebte.

Anton Graff: *Bildnis der Dorothea Schlegel* (um 1790)

Rahel Levin (um 1800)

4 | Abseits der Programme

Zeitlich parallel zur Hoch- und Endphase des Weimarer Klassizismus und zur Früh- und Hochromantik liegen Texte und Schriftsteller, die sich weder den Klassizisten noch den Romantikern zuordnen wollten, deren literarisches Schaffen (z. T.) abseits der großen Programmatiken liegt.

Ironisch-reflexives Erzählwerk: Jean Paul

In seinem großen Roman *Titan* (1800–03) reagierte Jean Paul (Johann Paul Friedrich Richter) schon konstruktiv, aber auch nicht unpolemisch auf Goethes *Werther* wie v. a. auf *Wilhelm Meisters Lehrjahre* (s. S. 143); Goethe (und auch Schiller) standen in seiner Kritik. Ausgeprägt hatte sich Jean Pauls eigentümlich ironisch-empfindsamer Stil in seinem Roman *Hesperus, oder 45 Hundsposttage. Eine Biographie* (1795), der von den *Horen*-Herausgebern in Weimar beachtet wurde, allerdings keinen bleibenden Eindruck bei ihnen hinterließ. Als Sonderling verkehrte er von 1800 bis 1804 in den Salons der

Berliner Romantiker, ohne sich jedoch dezidiert ihrer ästhetischen Programmatik anzuschließen, wie auch seine *Vorschule der Ästhetik* (1804) von den Romantikern abgelehnt wird. Sein umfangreiches, z. T. verschroben erscheinendes literarisches Schaffen ist stark gekennzeichnet von einem eigentümlichen Humor, einer komplexen, immer wieder eingeschalteten Selbstreflexivität des Erzählens und von satirischer Kritik – wie sein restaurationskritisches Romanfragment *Der Komet, oder Nikolaus Marggraf. Eine komische Geschichte* (1820–22) zeigt.

Heinrich von Kleist, der mit der *Familie Schroffenstein* (1803) zunächst ein Sturm-und-Drang-artiges Drama nachgeahmt hatte, versuchte, mit seiner Komödie *Der zerbrochne Krug* (1811) sich gerade bei Goethe einen Namen zu machen. Dessen Weimarer Inszenierung wurde jedoch ein Misserfolg – was wohl am Unverständnis des damaligen Theaters für die eigenwillige analytische Behandlung des Sujets lag. In seiner *Penthesilea* (1806/07) lieferte Kleist geradezu eine Anti-*Iphigenie*: Der mythologische Stoff wird ganz auf die irrationalen, mythischen, antiaufklärerischen Aspekte hin fokussiert, das Wilde, Triebhafte, Ungezügelte triumphiert anstelle der goethesch-geglätteten Humanität. Während das *Käthchen von Heilbronn* (1807) eine scheinromantische, märchenhafte Konstellation bietet, macht Kleist in der *Hermannsschlacht* (1808) die Bühne zum Agitationsfeld gegen Napoleon. Der Text gehört mit seinen Nationalstereotypen (die nur oberflächlich noch Germanen und Römer, offensichtlicherweise aber Deutsche und Franzosen meinen) zum literarischen Pathos der antinapoleonischen Mobilmachung.

Auch als Erzähler lässt Kleist sich nicht den zeitgenössischen ‚Lagern' zuordnen. Sein *Michael Kohlhaas* (1810) setzt in gewisser Weise die Thematisierung der Entstehung von Gewalt aus Schillers Erzählung *Verbrecher aus verlorener Ehre* (1786) fort. Gewalt, unbewusste Wünsche und Vergebung sind die Themen der *Marquise von O...* (1805/06), die Grenzen menschlicher Vernunft und gesellschaftlicher Konfliktregelungsmöglichkeiten werden ebenfalls in *Das Erdbeben in Chili* (1805/06) und *Die Verlobung in St. Domingo* (1811) zum zentralen Gegenstand von Kleists Erzählkunst.

Philhellenismus ganz im Gestus des von Winckelmann inspirierten Klassizismus ist der eine wichtige Antrieb Friedrich Hölderlins: Der realen Entfremdungserfahrung setzt er das Ideal des antiken Griechenlandes entgegen; seine Sophokles-Übersetzungen und sein Dramenfragment *Der Tod des Empedokles* (1797–1800) sind ebenso Ausdruck dieser Griechenland-Idealisierung wie der empfindsame Briefroman *Hyperion oder Der Eremit in Griechenland* (1797–1799), in dem vom Griechenland des 18. Jh. in dasjenige der Antike Plutarchs zurückgeblickt wird. Viele lyrische Gedichte Hölderlins befassen sich entweder mit Stoffen der griechischen Überlieferung oder sie stellen in höchster sprachlicher Dichte und bildlicher Eindrücklichkeit Formexperimente mit antiken Versmaßen oder Gedichtformen dar (Ode, Hymne, Elegie). Daneben schreibt er aber auch an melancholischer Intensität kaum

Peter Friedel: *Bildnis Heinrich von Kleist* (1801)

Analytische Komödie, Anti-*Iphigenie* und Propaganda gegen Napoleon: Kleists Dramen

Kleists Erzählungen

Friedrich Hölderlin (1770–1843)

Philhellenismus und Revolutionsbegeisterung: Friedrich Hölderlin

Blick auf den Hölderlinturm in Tübingen. Friedrich Hölderlin verbrachte hier die letzten 36 Jahre seines Lebens
(© Thomas Goetz)

zu überbietende Verse wie „Hälfte des Lebens". – Neben der Griechenlandbegeisterung kennzeichnet Hölderlin das euphorische Festhalten an den Zielen der Französischen Revolution. Dass er damit seit 1800 weitgehend isoliert stand, macht seine Abseitsstellung in der literarischen Öffentlichkeit nochmals deutlich; Hölderlin verbrachte ab 1807 die letzten 36 Jahre seines Lebens in der Obhut einer Tübinger Schreinerfamilie.

Nach Schillers Tod im Mai 1805 schloss Goethe mit dem Projekt des Weimarer Klassizismus endgültig ab. Die letzten mehr als zweieinhalb Jahrzehnte seines Lebens sind literarisch-ästhetisch geprägt einerseits von der Adaption einer Vielzahl von künstlerischen Traditionen: dem Sonett (*Sonette*, 1807/08), der orientalischen Lyrik (*West-östlicher Divan*, 1819), der Literatur Serbiens, Chinas oder auch Nordamerikas.

Die dramatische Produktion des späten Goethe ist ganz dominiert vom *Faust* (*Faust I*, 1806/08; *Faust II*, 1832). Dieses riesenhafte Drama (insgesamt 12.111 Verse) war eigentlich ein sein ganzes schriftstellerisches Leben begleitendes Projekt. Schon mit den ersten Bruchstücken 1773 bis 1775 griff Goethe auf den Stoff eines spätmittelalterlichen Teufelsbündlers zurück, dem er die Tragödie um eine Kindsmörderin untermischte. Schon in diesem Handlungszusammenhang häuft der Protagonist Schuld an – Gretchens Mutter, Bruder, Kind, Gretchen selbst sind am Ende tot. Diese Perspektive wird erweitert, wo Faust im zweiten Teil zur Repräsentationsfigur für den menschlichen Anspruch auf absolute Autonomie wird. Dabei häuft er unübersehbar riesenhafte Schuld an: Die Bankrotteure am Kaiserhof sind die (mitbeteiligten, da geldgierigen) Opfer des Finanzbetrügers Faust/Mephisto, Helena und der gemeinsame Sohn entschwinden wieder, der Krieg fordert unzählige Menschenleben, schließlich

Faust als Hauptwerk von Goethes Leben

RESTAURATIONSEPOCHE: BIEDERMEIER, JUNGES DEUTSCHLAND, VORMÄRZ **19. Jahrhundert**

lässt Faust das in glücklicher Liebe gealterte Ehepaar Philemon und Baucis ermorden, da sie seinem Blick auf die eigene Schöpfung im Weg sind. Damit wird der *Faust* zum Drama der Selbstermächtigung des Menschen in der Moderne im Zeichen von Rationalität und Naturbeherrschung und gleichzeitig zur Tragödie von dessen Opfern. Formal ist *Faust II* eine unglaubliche Revue praktisch aller möglichen Versformen aus Antike, Renaissance und deutschem Spätmittelalter.

Johann Wolfgang Goethe: *Faust I*, Titelblatt der Erstausgabe (Tübingen 1808)

Der rätselhafte Roman *Die Wahlverwandtschaften* (1809) kann als größte Annäherung Goethes an die Romantik bewertet werden, insofern sich hier – deutlich antiaufklärerisch – die Weltdimension des Irrationalen, Mythischen als mächtig erweist und eine heitere, vernünftige Welt zerstört; wenig romantisch allerdings ist die erzählerisch ironisierte Hinwendung des Textes zur Scheinlegende, wenn die Trägerin des Mythischen zur Heiligen stilisiert wird. – Die Fortsetzung der *Lehrjahre*, *Wilhelm Meisters Wanderjahre* (1821/1829), ist ein eminent moderner Roman: Die Handlung um den Protagonisten wird vielfältig unterbrochen durch eingelegte Briefe, Tagebücher, Novellen und Aphorismensammlungen, der auktoriale Erzähler wird ersetzt durch einen Monteur, der Textversatzstücke aus Archiven zusammenbaut zu einem letztlich disparat erscheinenden Roman. Dass Goethe hier das Maschinenwesen des Industriezeitalters (als Bedrohung) und eine republikanische Auswandererutopie thematisiert, verstärkt diese Modernität. – In seinem autobiographischen Roman *Dichtung und Wahrheit* (1809–1833 posthum) leistet Goethe einerseits einen souveränen Blick auf die politische und literarische Epoche, der er sich verdankt; formal und inhaltlich jedoch bildet der fragmentarisch bleibende 4. Teil die Unmöglichkeit ab, das eigene Leben als exemplarisch interpretieren zu wollen.

Aufklärungskritik und skeptischer Blick in die Moderne: Goethes späte Romane

Restaurationsepoche: Biedermeier, Junges Deutschland, Vormärz | 5

Verwandt mit der autonomieästhetischen Ausrichtung der Romantik – die damit allerdings noch unmittelbarer auf die Revolution von 1789 reagierte –, doch viel stärker auf bürgerlich-gesellschaftliche Sujets als auf geschichtsphilosophische Spekulation, psychologische Finesse oder Katholizismus ausgerichtet war die zur Spätromantik teilweise gleichzeitige Literatur des *Biedermeier*.

Epochenbegriff *Biedermeier*?

171

19. Jahrhundert: Romantik bis Ästhetizismus

Mit dem umstrittenen Begriff des Biedermeier wird eine spezielle Orientierung bürgerlicher Literatur und Kultur in der Restaurationszeit nach 1815 und über die Märzrevolution von 1848 hinaus bezeichnet. Als Epochenbegriff ist Biedermeier deshalb ungeeignet, kann aber dennoch zur Kennzeichnung einer nicht unwesentlichen Unterströmung der Literatur des 19. Jh. herangezogen werden. Die Restauration hatte entschiedene Hoffnungen des Bürgertums auf eine durchgreifende Modernisierung der gesellschaftlichen Ordnung enttäuscht; nichtsdestoweniger wurden die beginnende Industrialisierung und Urbanisierung als Modernisierungsaspekte negativ wahrgenommen, so dass eskapistische Rückzugstendenzen aus der politisch wie sozial als entfremdet und sinnentleert erfahrenen Gegenwart hinein in eine einfache, dörflich-idyllische, mindestens vorindustrielle Welt oder auch in die Privatheit von bürgerlichem Haus und Familie, abgeschlossen gegen die Welt draußen, die Folge waren.

Klassizistischer Humanismus im Biedermeier: Mörike

Ästhetisch ist der Biedermeier an Traditionen v. a. des Weimarer Klassizismus orientiert – was aber nicht zur Epigonalität verurteilt, sondern ganz im Gegenteil, zuweilen in eigenen literarischen Formen, beschwörend die Reformulierung der humanistischen und ästhetischen Zielvorstellung des Klassizismus ermöglicht. So wird etwa in Eduard Mörikes kleinem Gedicht „Auf eine Lampe" (1846) in einer äußerst geschlossenen Form (eine Strophe zu zehn Zeilen) sehr resignativ und mit Blick auf den unwiederbringlichen Verlust der klassizistische Raumschmuck in einem nicht mehr genutzten, dem Verfall preisgegebenen „Lustgemach", einem Gesellschaftssaal, noch einmal gefeiert – und Resignation sowie Verlusterfahrung machen auch vor der ästhetischen Autonomie, die etwa Moritz und Schiller vor 1800 ausformuliert hatten, nicht Halt: „Selig scheint es in ihm selbst" (V. 10).

Eduard Mörike
(1804–1875)

Stifters *Nachsommer*: Scheinidyllischer Schutzraum gegen Proletarisierung, Revolution, Urbanisierung

Adalbert Stifters großer Roman *Der Nachsommer* (1857) verlegt den unheimlicherweise vollends glückenden Lebensweg seines Protagonisten nicht zufällig in die 1820er Jahre, reflektiert aber implizit und gerade mithilfe eines akribisch erzeugten und aufrechterhaltenen Schutzraums die Erschütterungen durch Urbanisierung, Industrialisierung und Revolution. Familie, Landleben, Naturverbundenheit und ihre gleichzeitige intensive Erforschung, pflegende und sammelnde Liebe zur Kunst aus Antike, Mittelalter, Weimarer Klassizismus und Romantik reformulieren nochmals das Ideal eines unentfremdeten, glückenden Lebens, des ganzen Menschen – und reflektieren gleichzeitig den nachgerade gewaltsamen Aufwand, der dafür betrieben werden muss:

Adalbert Stifter
(1805–1868)

> Es ist [...] das Gesez der Gerechtigkeit das Gesez der Sitte, das Gesez, das will, daß jeder geachtet geehrt ungefährdet neben dem Andern bestehe, daß er seine höhere menschliche Laufbahn gehen könne, sich Liebe und Bewunderung seiner Mitmenschen erwerbe, daß er als Kleinod gehütet werde, wie jeder Mensch ein Kleinod für alle andern Menschen ist. Dieses Gesez liegt überall, wo Menschen neben Menschen wohnen (Stifter [1853] 1982, 12 f.).

RESTAURATIONSEPOCHE: BIEDERMEIER, JUNGES DEUTSCHLAND, VORMÄRZ | **19. Jahrhundert**

Die eskapistische Tendenz des Biedermeier ist leicht kritisierbar, lässt sich, vor allem in ihrer bieder-bürgerlichen Idyllik vortrefflich karikieren – nichtsdestoweniger bringt die Strömung mit Annette von Droste-Hülshoff, Eduard Mörike, Franz Grillparzer, Friedrich Rückert und v. a. mit Adalbert Stifter Schriftsteller hervor, deren Produktionen zu den bedeutendsten Texten der deutschen Literatur gehören.

Josef Kriehuber: *Franz Grillparzer* (1841)

Sowohl im strengen Gegensatz zur Autonomieästhetik der Romantiker (und natürlich auch der Klassizisten) als auch in Abgrenzung von der zumindest oberflächlich apolitischen biedermeierlichen Literatur war diejenige, die unter dem literarhistorischen Begriff des *Jungen Deutschland* oder des *Vormärz* zusammengefasst wird – und die Literatur als Medium in der politischen Auseinandersetzung, als programmatisch heteronom, „mit fremder Bestimmung" also, verstand. Gerade durch den Impuls der französischen Julirevolution 1830 wurden in verschiedenen deutschen Staaten die Gegensätze zwischen konservativen und demokratischen oder sogar sozialistischen Kräften angeheizt – und die Literatur der Vormärz-Schriftsteller nimmt teil an diesen Auseinandersetzungen: Sowohl im Kampf gegen die rückständigen politischen Systeme als auch im ideellen Einsatz für die zunehmend verarmte Landbevölkerung.

Junges Deutschland, Vormärz

Die Gruppe von Autoren, die dieser politisch engagierten Literatur zuzurechnen sind, ist ziemlich inhomogen. Mit den aufgrund von Zensur und politischer Verfolgung emigrierten Heinrich Heine und Ludwig Börne verband neben ihrer grundsätzlich demokratischen politischen Einstellung die Schriftsteller Ludolf Wienbarg, Theodor Mundt oder Karl Gutzkow am ehesten, dass auch sie seit 1835 von einem Publikationsverbot betroffen waren, dass sie alle am stärksten von Heine die erzieherische Programmatik einer Loslösung von politischen, moralischen und religiösen Autoritäten übernommen hatten und ihn in ihrer Schreibweise adaptierten, dass sie als Autoren Redakteure, Zeitschriftenherausgeber, Kritiker und damit Berufsschriftsteller waren. Gerade die mannigfachen Zeitschriften waren Organe einer raschen Popularisierung der politischen Ideen (etwa Gutzkows *Phönix*, 1835).

Politische Programmatik, Zeitschriftenprojekte

Moritz D. Oppenheim: *Ludwig Börne* (ca. 1835)

Denn die Arbeit an und für Zeitschriftenprojekte war dasjenige Feld, in welchem sich die wichtigsten Programmatiker des Jungen Deutschland, Börne, Heine und Wienbarg, eine politische Ausrichtung schriftstellerischer Tätigkeit vorstellen konnten – die „schöne Literatur" war damit als Feld politischer Einmischung noch nicht erschlossen. Erst in den 1840er Jahren wurden lyrische Formen, Drama und Roman programmatisch für die Kundgabe politischer Parteilichkeit, für das Eingreifen in gesellschaftliche Auseinandersetzungen für möglich gehalten; der Lyriker Georg Herwegh gilt als der Ausgangspunkt einer solchen ‚schönen politischen Dichtung'. Parteilichkeit hieß hier nicht den Selbstanschluss an (noch gar nicht existierende) politische Parteien, sondern vielmehr, in der Dichtung die Sache des Volkes zu vertreten gegen die undemokratischen und ökonomisch desolaten Verhältnisse.

Karl Gutzkow (1811–1878)

Schöne Literatur als politisches Medium

Heinrich Heine auf dem Titelblatt der Zeitschrift *Jugend* (1906). Die Ausgabe erschien zum 50. Todestag von Heine

Heinrich Heine ist der wichtigste Exponent der nachromantischen, auch politischen Dichtung: Sein schriftstellerisches Werk ist äußerst vielgestaltig und umfangreich – literarhistorisch-polemische Traktate (*Die Romantische Schule*, 1836) stehen neben journalistischen Texten, Reisedarstellungen (die immer auch pointierte politische Beobachtungen enthaltenden *Reisebilder*, 1826–1831), scheinbar spätromantischer Lyrik im *Buch der Lieder* (1827), wo aber häufig sentimentale Klischees, in simplen Volksliedstrophen vorgeführt, durch überraschende Pointen als solche entlarvt werden. Politische Poesie

Politischer Lyrik-Zyklus: *Deutschland. Ein Wintermärchen* (1844)

über den Mangelzustand der eigenen Heimat verfasst Heine nach 12-jährigem Exil in Paris und einer Deutschlandreise mit dem großen Gedichtzyklus *Deutschland. Ein Wintermärchen* (1844); politisch ist der Zyklus aber in einem anderen Sinne als Herweghs eingreifende Lyrik: Hier werden Militarismus, Philistertum, Rheinseligkeit, deutsches Christentum als gleichsam dauerhaftere Grundbedingungen der deutschen Rückständigkeit „besungen". Unmittelbar auf einen sozialpolitischen Missstand und seine Folgen, völlige Verarmung, Ausbeutung und Pauperaufstände, bezieht sich dagegen das Gedicht „Die schlesischen Weber" (1844), das von dem Linkshegelianer und Materialisten Karl Marx im Juli 1844 in dessen Zeitschrift *Vorwärts!* abgedruckt und zusätzlich in einer Auflage von 50.000 Stück als Flugschrift unters Volk gebracht wurde. Bereits die Rezitation des Textes stand in Preußen unter Strafe.

Georg Herwegh (1817–1875; nach einem Gemälde von Conrad Hitz)

Ludwig Börne

Ludwig Börne ist für die politische wie publizistische Praxis des Jungen Deutschland von großer Wichtigkeit. Kurz nach seinem Umzug nach Paris 1830 erlebte er die Julirevolution und propagierte eine ähnliche Erhebung in Deutschland. Er ist als Korrespondent (*Briefe aus Paris*, 1831–34), Zeitschriftenherausgeber (seine restaurationskritische *Wage* wurde verboten), Kultur- und Literaturkritiker und auch als (zeitweise) enger Freund von Heine einer der zentralen Impulsgeber der Strömung.

Georg Büchner ist einerseits eine Sondererscheinung in der Geschichte der politischen Literatur vor 1848, andererseits ist seine literarische Tätigkeit in verschiedenen Hinsichten exemplarisch für die engagierte Literatur der Zeit. Büchner ist Naturwissenschaftler: Ein Jahr nach der Julirevolution schreibt er sich an der Universität Straßburg als Medizinstudent ein und erlebt ein offen-demokratisches geistiges Klima. Aus diesen Erfahrungen

Restaurationsepoche: Biedermeier, Junges Deutschland, Vormärz — 19. Jahrhundert

Georg Büchner: *Der Hessische Landbote* (Juli 1834), erste Seite (links)

Steckbrief für Georg Büchner (13. Juni 1835) (rechts)

speist sich seine politisch-revolutionäre Haltung, die 1834 in der Agitations-Flugschrift *Der Hessische Landbote* ihren ersten schriftstellerischen Ausdruck findet. Ganz offen wird hier mit der Parole „Friede den Hütten! Krieg den Palästen!" die hessische Landbevölkerung zur gewaltsamen Erhebung gegen die unterdrückenden Verhältnisse aufgefordert. – Wegen dieser „indicirten Theilnahme an staatsverrätherischen Handlungen" (so der Text des polizeilichen Steckbriefs) wurde er politisch verfolgt; im Untergrund schrieb er das vierakte Revolutionsdrama *Dantons Tod* (1835), eine kritische und weitgehend historisch-quellentreue Aufarbeitung der politischen Nachgeschichte der Französischen Revolution von 1789. Sein nur fragmentarisch überliefertes Drama *Woyzeck* (1836), das er dann im Straßburger Exil schrieb, ist viel

Innovatives Dramenfragment: *Woyzeck*

Woyzeck, Straßenszene. Zeichnung Georg Büchners

175

deutlicher Parteinahme im tagespolitischen Kontext, stellt es doch den Einzelnen, den unterprivilegierten Titelhelden, in den entwürdigenden Zusammenhängen gesellschaftlicher Unterdrückung und seelischer Deformation ins Zentrum. Vor allem der *Woyzeck* ist in ästhetischer Hinsicht äußerst innovativ: Bei aller Vorsicht, die dem von Büchner nicht fertiggestellt hinterlassenen Material gegenüber walten muss, setzt Büchner an die Stelle der tektonischen, geschlossenen Form die offene des Stationendramas, die Sprache des Textes ist Dialekt, Soziolekt; *Woyzeck* darf damit als Frühform realistischen Schreibens angesehen werden.

6 | Realismus

Epochenbegriff *Realismus*

Wie der Begriff der Romantik ist auch der des *Realismus* hochproblematisch und muss, mit Blick auf verschiedene ästhetische Programme und Schriftsteller(-Generationen) differenziert betrachtet werden. Realismus in Kunst und Literatur ist immer mit dem Nachahmungsparadigma verknüpft – und da dieses die freie Einbildungskraft des Dichters wie des Lesers bindet, wird im Kontext einer pointierten Autonomieästhetik wie etwa bei Schiller der Realismus abgelehnt: „Realism kann […] keinen Poeten machen", weil er anstelle einer wünschenswerten „Mitwirkung des Ideenvermögens" mehr die „Wirksamkeit des Verstandes" erfordert (Schiller an Goethe, 27.4.1798; *Nationalausgabe* [NA] 29, 229). Die bis zum Publikumsmisserfolg artifiziellen dramatischen Experimente, die Schiller und Goethe 1802/03 auf die Weimarer Bühne brachten, waren ausdrücklich zum Zwecke gedacht, dem schlechten Publikumsgeschmack entgegenzuwirken und „dem Naturalism in der Kunst offen und ehrlich den Krieg zu erklären" (Schillers Vorrede zur *Braut von Messina*; NA 10, 11).

Realismus vs. Autonomiepoetik

Der Begriff des Realismus scheint eine entschieden deutliche Verknüpfung des literarischen Textes mit der ihn umgebenden Welt oder gesellschaftlichen Wirklichkeit zu implizieren – die Schiller als Störpotential in einer autonom gedachten Literatur erschien, die aber andererseits in der zweiten Hälfte des 19. Jh. gerade programmatisch werden sollte. Und zwar explizit unter dem von Schiller negativ perspektivierten Begriff des Realismus: Die Schriftsteller in der zweiten Hälfte des 19. Jh. agieren ausdrücklich mit „realistischer" Absicht. Das schließt im Einzelnen ein:

► die Abkehr von metaphysischen, spekulativen, theologischen oder auch geschichtsphilosophisch-revolutionären Literaturkonzepten;

► die modifizierte Wiederaufnahme bürgerlich-mimetischer Ästhetik unter der Maßgabe einer immanenten und optimistischen Weltdeutung;

► die ästhetische Aufwertung der literarischen Thematisierung und Modellierung von gesellschaftlichem Alltag (vgl. dazu Aust 2006, 49).

Die sozioökonomische Basis dieser realistischen Programmatik bilden natürlich der Industrialisierungsschub des 19. Jh., die politische Konsolidierung und Reichsgründung, die „Erfindung" des Autors als Beruf mit den entsprechenden Publikationsmöglichkeiten in Zeitschriften und Buchverlagen und den veränderten Absatz- und Rezeptionsbedingungen: alphabetisiertes Massenpublikum, dessen Geschmack aber zu einem Gutteil die ästhetischen Entscheidungen mitlenkt. – Gesellschaftliche Wirklichkeit wird gleichsam sachlich-nüchtern beschrieben, nicht mehr unter der romantischen Maßgabe des Verlustes einer poetischen Wirklichkeitsdimension, allerdings auch nicht zum Zwecke der bloßen photographischen Verdoppelung der Realität im Text (worauf unten im Zusammenhang mit dem ‚poetischen Realismus' noch zurückzukommen sein wird). Alltägliche, normale, gesellschaftlich tätige und für Berufsgruppen oder Stände repräsentative Figuren, wie sie im wirklichen Leben vorkommen, sind jetzt die Heldinnen und Helden der Romane. Diese Annäherung an die Wirklichkeit kann, wiederum ganz im Sinne Schillers, nur positiv gewendet, als Zurücknahme der Autonomieansprüche des Literarischen gedeutet werden. Literatur steht überdies in einem Konkurrenzverhältnis zu anderen, sehr populären diskursiven oder bildlichen Aneignungsformen des Wirklichen, zu Wissenschaft, journalistischem Schreiben und Photographie, von denen Impulse aufgegriffen werden, denen gegenüber Literatur sich aber auch behaupten können will.

Industrialisierung und Massengesellschaft als sozioökonomische Bedingungen des Realismus

Wirklichkeit und Wirklichkeitsverständnis

Realistische Programmatik ist allgemein gesagt gekennzeichnet durch das Vorhaben, „eine prosaische, aus den Fugen geratene Welt in ihrer eigentlichen Gestalt sichtbar zu machen." (Aust 2006, 53). Folgende Realismus-Konzepte können unterschieden werden:

Realismuskonzepte

- Im Realismuskonzept des Kunsttheoretikers Friedrich Theodor Vischer geht vom Naturschönen in der Realität ein Impuls in Richtung der Phantasie des Künstlers aus, der dann das vage innere Bild nochmals an der Realität überprüft, um daraufhin in den Akt realistischer Nachahmung einzutreten;
- der Münchner Ästhetikprofessor Moritz Carrière formuliert das Programm eines Idealrealismus, der dem von Fontanes poetischem Realismus schon nahekommt: Ein Kunstwerk sei eine Arbeit, „die mit der Erfahrung, mit den Thatsachen der gegebenen Welt beginnen und sie so ordnen, läutern und zum Ganzen gestalten [wird,] daß aus diesem die Idee hervorleuchtet" (Carrière ³1885, I, 479), Hässliches, Störendes, Abweichendes werde so sublimiert;
- die beiden Redakteure der Wochenzeitschrift *Die Grenzboten*, Julian Schmidt und Gustav Freytag, nutzten zwischen 1848 und 1861 dieses Publikationsorgan zur Ausformulierung ihrer realistischen Programmatik. Schmidt setzt gegen die klassizistisch-romantische, aber auch gegen die jungdeutsche Tradition eine nationale Literaturidee, die patriotisch,

Friedrich Theodor Vischer (1807–1887)

versöhnlich, bürgerlich daherkommt und das Mangelhafte an gesellschaftlichen Zuständen humorvoll am Ideal misst. Freytag verbindet ebenfalls seinen Realismusbegriff mit dem der Idealisierung: Dasjenige, das „wie aus der Wirklichkeit abgeschrieben" erscheint, solle zum „Idealgebilde" transformiert werden (Freytag [1872] o. J., 627);

▶ poetischer Realismus wird begrifflich bei Otto Ludwig erstmals geprägt und meint eben nicht das bloße nachahmende, kopierende Schreiben, sondern die Vermittlung zwischen „der objektiven Wahrheit in den Dingen und dem Gesetz, das unser Geist hineinzulegen gedrungen ist" (zit. n. Aust 2006, 71). Theodor Fontane bringt 1886 in einer Romanrezension diese „verklärende" Funktion realistischen Schreibens auf eine prägnante Formel: „Darauf kommt es an, daß wir in den Stunden, die wir einem Buche widmen, das Gefühl haben, unser wirkliches Leben fortzusetzen, und daß zwischen dem erlebten und erdichteten Leben kein Unterschied ist, als der jener Intensität, Klarheit, Übersichtlichkeit und Abrundung und infolge davon jener Gefühlsintensität, die die verklärende Aufgabe der Kunst ist" (Fontane [1886] 1974, Bd. 21.2, 654). Als ästhetisches Agens dieser Verklärung kann Humor fungieren, da er den Abstand der poetischen Wirklichkeit zur eben nicht kopierten Realität außerhalb des Textes hervorhebt.

Herrmann Sprich:
Annette von Droste-Hülshoff (1838)

Binnengliederung der Epoche

Grundsätzlich wird für die deutsche Literaturgeschichte der Beginn der mit „Realismus" zu bezeichnenden Epoche auf das Jahr 1848 angesetzt – dass es realistische Schreibweisen schon früher gab (Paul Rebhun, Goethe, Lenz, Büchner), spielt hierfür keine Rolle. Ein Endpunkt ist schwierig festzusetzen – die Endphase des Realismus überschneidet sich auf jeden Fall mit den Strömungen des Naturalismus und des Ästhetizismus. Grob lässt sich das halbe Jahrhundert des Realismus in drei Phasen einteilen:

Theodor Hildebrandt:
Christian Dietrich Grabbe (1832)

▶ als *Frührealismus* wird realistisches Schreiben, also die literarisch neuartige Verarbeitung von Wirklichkeitserfahrungen zwischen etwa 1830 und 1848 bezeichnet. Beispiele hierfür sind Texte von Büchner, Annette von Droste-Hülshoff (*Die Judenbuche*, 1842), Jeremias Gotthelf (*Die schwarze Spinne*, 1842) oder auch Christian Dietrich Grabbes Drama *Napoleon oder die hundert Tage* (1831);

▶ die „*Kernzone des Realismus*" (Aust 2006, 10) reicht von 1848 bis etwa 1880 und umfasst die großen literarischen Werke Gottfried Kellers (*Der grüne Heinrich*, 1. Fassung 1854/55, Letztfassung 1879/80; *Die Leute von Seldwyla*, 1856, 1873/74), Theodor Storms (*Immensee*, 1852; *Viola tricolor*, 1874; *Pole Poppenspäler*, 1875), Wilhelm Raabes (*Die Chronik der Sperlingsgasse*, 1856; *Die schwarze Galeere*, *Der heilige Born*, *Nach dem grossen Kriege*, 1865; *Der Hungerpastor*, 1864) und Gustav Freytags (*Soll und Haben*, 1855; *Die Ahnen*, 1872–1880).

- Raabe, Keller und Storm reichen auch in den *Spätrealismus* hinein, während dessen Conrad Ferdinand Meyer (*Jürg Jenatsch*, 1876; *Gedichte*, 1882) und Theodor Fontane ihr Hauptwerk verfassen. Im Spätwerk v. a. Fontanes wird die realistische, d. h. auch verklärende Poetik nachgerade obsolet, die Überlappungen mit der frühen Moderne hinterlassen ihre Spuren. Auf einzelne Texte insbesondere Fontanes wird im Weiteren noch einzugehen sein.

Conrad Ferdinand Meyer (1825–1898)

Lyrik

|6.1

Stilistisch lässt sich die lyrische Produktion des Realismus zunächst von der Kritik klassizistischer und romantischer Lyrik aus betrachten. Die Bildersprache, Metaphernfülle und rhetorisch komplexe und anspruchsvolle Faktur der Texte entsprach weder sprachlich der angezeigten Alltagsorientierung noch ließ sich so konkrete Gegenständlichkeit darstellerisch erreichen. Nichtsdestoweniger aber gilt auch für die realistische Lyrik, bei aller Kritik, die oben skizzierte Verklärungsprogrammatik: Einerseits sollte gerade die Lyrik Gegenentwürfe oder Gegenwelten gegen die naturwissenschaftlich erklärte und industriell beherrschte Welt enthalten, also Sinnangebote bei wachsender Orientierungskrise machen. Natur wird idealisiert, ist sehnsuchtsbeladener Rückzugsraum aus den Wirren der Zeit. So besingt etwa Theodor Storm 1848 (!) die Stille der Heide in „Abseits":

Realistische Naturlyrik: Verklärung

> Es ist so still; die Heide liegt
> Im warmen Mittagssonnenstrahle,
> [...] Der Kätner lehnt zur Tür hinaus,
> Behaglich blinzelnd nach den Bienen;
> [...] Dem Alten fällt die Wimper zu,
> Er träumt von seinen Honigernten.
> – Kein Klang der aufgeregten Zeit
> Drang noch in diese Einsamkeit. (Storm [1848] 1987, 12)

Theodor Storm (1817–1888)

Friedrich Hebbels „Herbstbild" fordert „O stört sie nicht, die Feier der Natur!", und Conrad Ferdinand Meyers „Der römische Brunnen" (1882) reformuliert sogar die Klassizismus-Begeisterung aus Mörikes „Auf eine Lampe".

Realistische Balladen: Naturmagie, Schauerballade, Technikkritik

Die repräsentative lyrische Gattung des Realismus ist die Ballade, die als Schauerballade schon aus dem Sturm und Drang, von Gottfried August Bürgers „Lenore", von Goethes „Erlkönig" und aus dem Biedermeier von Annette von Droste-Hülshoffs „Der Knabe im Moor" oder Mörikes „Der Feuerreiter" geläufig war. Ludwig Uhland, der eher der schwäbischen Romantik an der Schnittstelle zum Biedermeierlichen zugerechnet werden muss, hatte eine große Zahl von Balladen hinterlassen. Realistische Balladen nehmen Impulse der naturmagischen und der Schauerballade auf – wiederum, um der naturwissenschaftlich-industriellen Perspektive auf die Natur etwas entgegen-

G. W. Morff: *Ludwig Uhland* (1818)

zusetzen. Theodor Fontanes „Die Brücke am Tay" behandelt eine Eisenbahnkatastrophe in Schottland am 28. Dezember 1879, bei der durch ein Unwetter eine Brücke zerstört wird und ein Zug in die Tiefe stürzt; perspektivisch aber sind die Sprecher der Ballade im Rahmen die Elemente, die sich gegen die Brücke verschwören: „Tand, Tand, / Ist das Gebilde von Menschenhand", nur im Mittelteil, umfangen von den Naturmächten, kommen die (zu) technikoptimistischen Menschen zu Wort. Gerade im Bild der Eisenbahn, der Leit-Technik des Industriezeitalters, wird dieser ihr naturmagisches Gegenbild entgegengehalten.

Im Wesentlichen dominierte diese idealisierende Distanz zu den Modernisierungsschüben die realistische Lyrik – offen gesellschaftskritische Literatur ist äußerst selten: Heines „Die schlesischen Weber" (1844) stifteten keine eigene Tradition politischer Lyrik. Gedichte auf Personen (Fontane: „John Maynard", „Herr von Ribbeck auf Ribbeck im Havelland") oder über historische Begebenheiten wie die Hugenottenverfolgung im Frankreich Ludwigs XIV. (Meyer: „Die Füße im Feuer") traten neben die naturidealistische Ballade.

6.2 | Drama

Realistische Dramenästhetik: Friedrich Hebbel

Karl Rahl: *Friedrich Hebbel* (1855)

Das Drama ist mitnichten die repräsentative Gattung des Realismus. Der einzige Schriftsteller, dessen dramatisches Werk mit der realistischen Programmatik in Verbindung gesehen werden kann, ist Friedrich Hebbel. Er sah sich einerseits sehr eng in der Tradition der großen Dramatik der Aufklärung und der Romantik (insbesondere Lessings und Kleists), hatte andererseits aber einen entschiedenen Begriff davon, was (realistische) Kunst zu leisten vermöchte:

> Die künstlerische Phantasie ist eben das Organ, welches diejenigen Tiefen der Welt erschöpft, die den übrigen Facultäten unzugänglich sind, und meine Anschauungs-Weise setzt demnach an die Stelle eines falschen Realismus, der den Theil für das Ganze nimmt, nur den wahren, der auch das mit umfaßt, was nicht auf der Oberfläche liegt […]. Götterhaine kennt die Geographie nicht, den Shakespearschen Sturm, denn Zauber giebt's nicht, den Hamlet und den Macbeth, denn nur ein Narr fürchtet die Geister (an Siegmund Engländer, 1. 5. 1863; Hebbel 1907, Bd. 3.7, 342 f.).

Die Argumentation richtet sich gegen das rhetorisch-ästhetische Konzept des Goetheschen Symbols wie auch gegen die romantische Zeichentheorie mit ihrer metaphysischen Spekulation; die Gegenstandsorientierung des Realisten schließt aber die Dimension der Wirklichkeit ein, die unter der Oberfläche liegt und nur durch das künstlerische Medium vermittelt werden kann. Im Zentrum von Hebbels Dramen steht zwar einerseits die Auseinandersetzung des Individuums mit der Gesellschaft, andererseits aber verzichtet Hebbels Bühnenstil ganz auf die sprachrealistische Färbung der Figurenrede (auch weil

REALISMUS **19. Jahrhundert**

er dem strengen Sprachstil des Wiener Burgtheaters verpflichtet war). Gerade in der Auseinandersetzung um die Dramensprache lässt sich sein gegen das Junge Deutschland gerichteter poetologischer Impuls deutlich erkennen: Politische Tendenzdichtung etwa im Stile Gutzkows war für Hebbel trivial und unpoetisch, da am Einzelnen nicht ein überzeitlicheres Allgemeines, das in seiner Problemstellung aber gerade einen Zeitbezug hatte, sichtbar werde.

Ablehnung politischer Tendenzen bei Hebbel

Hebbels *Maria Magdalena* (1843) steht in der Tradition des bürgerlichen Trauerspiels. Er notiert im Tagebuch (4. 12. 1843): „Es war meine Absicht, das bürgerliche Trauerspiel zu regeneriren und zu zeigen, daß auch im eingeschränktesten Kreis eine zerschmetternde Tragik möglich ist, wenn man sie nur aus den rechten Elementen, aus den diesem Kreise selbst angehörigen, abzuleiten versteht" (Hebbel 1905, Bd. 2.2, 324 f.). Und eine Woche später setzt er den Gedanken in einem Brief an Auguste Stich-Crelinger fort (11. 12. 1843):

Hebbels Fortschreibung des bürgerlichen Trauerspiels

> Wenn das Stück daher [...] ein partielles Verdienst hat, so dürfte es darin liegen, daß hier das Tragische nicht aus dem Zusammenstoß der bürgerlichen Welt mit der vornehmen [...] abgeleitet ist, sondern ganz einfach aus der bürgerlichen Welt selbst, aus ihrem zähen und in sich selbst begründeten Beharren auf den überlieferten patriarchalischen Anschauungen und ihrer Unfähigkeit, sich in verwickelten Lagen zu helfen (Hebbel 1905, Bd. 2.2, 348).

Der Titel des Dramas ist gleichsam ein biblisches Bild, auf das der ganz bürgerliche Gegenstand des Textes deutend bezogen werden soll: Das Bürgermädchen ist unverheiratet schwanger geworden, verspricht aber nach der Verhaftung des Bruders ihrem Vater, keine Schande über die Familie zu bringen. Ihre Versuche, dem Kind einen Vater zu verschaffen, scheitern auch an den Haltungen der Männer, in ihrer Verzweiflung nimmt sie sich schließlich das Leben, der haftentlassene Bruder flieht das Elend zu Hause ins Matrosendasein, der Vater mit seiner hilfsunfähigen Ehrvorstellung bleibt allein und zerstört zurück. Die tragische Ausweglosigkeit der durch patriarchale Macht durchgesetzten bürgerlichen Moral, an der die Figuren hier scheitern, wird in Hebbels *Agnes Bernauer* (1851) durch die Tragödie der unerbittlichen Übermacht gesellschaftlicher Ordnung ergänzt. Neben gesellschaftlich-aktuellen und historischen Stoffen griff Hebbel auch auf biblische und mythologische Themen zurück (*Judith*, 1840; *Die Nibelungen*, 1860/62).

Roman, epische Kleinformen – und Zeitschriftenliteratur

|6.3

Der Roman des Realismus ist einerseits vielgestaltig, changiert zwischen Abenteuer- und Reiseroman, bürgerlichem Handels- und Künstlerroman und z. T. schon tendenziell polyperspektivisch erzähltem Gesellschafts- und Konversationsroman. Andererseits ist er in nicht unerheblichem Maße abhängig von neuen Publikationsformen im Zeitschriftenmarkt, damit vom Publikumsgeschmack – dem gegenüber er sich aber auch als resistent erweisen kann,

Vielgestaltiges Genre: Der realistische Roman

181

Problematische Milieustudie des Bürgertums: Freytags Soll und Haben

Karl Stauffer-Bern: *Porträt Gustav Freytag* (1886/87)

Differenzierte Wahrnehmung der sozioökonomischen Bedingungen von Kunst: G. Kellers Der grüne Heinrich

Gottfried Keller (1885)

Analyse der Innenwelt des preußischen Staates: Fontanes Gesellschaftsromane

Theodor Fontane (1890)

ohne seinen Erfolg einzubüßen – und von den sozioökonomischen Umbewertungen im Blick auf Autor und Text. Gustav Freytags großer bürgerlicher Roman *Soll und Haben* (1855) kann in gewisser Weise als Gegenentwurf zu den Künstlerromanen um 1800 gelesen werden: Er stellt die gelungene Integration seiner Hauptfigur Anton Wohlfart ins kaufmännisch-bürgerliche Milieu dar, die ihm durch Wohlverhalten und Tugendhaftigkeit gelingt. Der Roman arbeitet die gesellschaftlichen Gruppen des ehrenhaften Bürgertums, des dem Ruin anheimfallenden Adels und der z. T. hinterhältigen, z. T. nur nach materiellem Besitz strebenden Juden als exemplarische Figuren ab, was vor allem bei den Letzteren zu hoch problematischen Klischees führt.

Dem entgegen steht Gottfried Kellers großer Künstlerroman *Der grüne Heinrich* (1854/55, Letztfassung 1879/80). Hier wird die letztlich scheiternde Künstlerkarriere der Hauptfigur Heinrich Lee erzählt, der Mutter und heimatliches Haus in der Schweiz verlässt, um sein Glück in der Kunst zu suchen. Er gerät aber einerseits nur an unterschiedlich kommerziell oder ästhetisch orientierte Lehrherrn, andererseits muss er sich damit abfinden, dass sein Talent für eine wirkliche künstlerische Karriere nicht ausreicht. In der ersten Fassung kommt er so spät ins mütterliche Hause zurück, dass er nur noch an der Beisetzung der Mutter teilnehmen kann – und stirbt schließlich aus Gram; die zweite Fassung ersetzt dies durch ein positiveres Ende. – Gottfried Keller hat in seinem Roman sehr genau die Verschiebungen eingearbeitet, die zwischen ökonomischem und literarischem System im Laufe des 19. Jh. – auf der Ebene der Wirtschaft und der Wirtschafts- und Kunsttheorie – stattfanden: Kunst wird als Ware, das Problem von Kopie und Urheberrecht als relevantes behandelt; es geht Keller nicht um eine Entgegensetzung von Ökonomie und Kunst (wie noch Goethe im *Wilhelm Meister*), sondern um Vereinigung oder Kompromissbildung zwischen Subjekt, bürgerlicher Gesellschaft und Ökonomie.

Anstelle des bürgerlichen Milieus tritt in Theodor Fontanes Romanen einerseits dasjenige der führenden Schicht der wilhelminischen Gesellschaft ins Zentrum: des Adels. Andererseits werden, wie in *Irrungen, Wirrungen* (1888), diesem Adel auch (klein-)bürgerliche Figuren entgegengestellt und zugeordnet. Hier wird allerdings, anders als in der trivialen Konvention, nicht das tragische Ende einer standesübergreifenden Liebe durch den Tod des Mädchens besiegelt, vielmehr wird der Konflikt atypisch durch eine beiderseitige Heirat aufgelöst. – In *Effi Briest* (1894/95) greift Fontane durchaus sozialkritisch einerseits die Verheiratungspraxis und Ehewirklichkeit in den Konventionsverbindungen des Kaiserreich-Adels an: Die jugendliche Effi wird an den früheren Verehrer der Mutter verheiratet, eine kurzzeitige Affäre mit einem Adligen zerstört nicht nur dessen Leben (im Duell), sondern auch ihr eigenes. Als ursächlich dafür identifiziert der Roman aber nicht etwa die moralischen Defizite des Individuums (z. B. ihres Mannes), sondern das sogenannte „tyrannisierende Gesellschaftsetwas, das nicht nach Charme und nicht nach Liebe und nicht nach Verjährung fragt", das als autoritäre Machtstruktur durch die Subjekte hindurch deren Unglück mitverursacht.

Theodor Fontanes Romane sind gewiss die ästhetisch avanciertesten des Realismus: Hier wird – exemplarisch kann dafür der späte Roman *Der Stechlin* (1897/99) stehen – eigentlich nicht mehr auktorial erzählt. Der auktoriale Gestus ist gleichsam nur noch die formale Klammer um ein Geflecht von Konversationen, die die erzählte Welt multiperspektivisch vermitteln. Damit ist im Grunde die Grenze realistischer Darstellung überschritten: Welt wird arabeskenhaft arrangiert, ihre Wahrnehmung (durch die Figuren) wird als längst ästhetisch, literarisch oder medial vorgeformt sichtbar gemacht. Die Einsprüche realistischer Programmatik gegen die Autonomieästhetik von Klassizismus und Romantik werden durch eine Reautonomisierung des realistischen Romans wieder eingeholt.

Theodor Fontane: *Effi Briest*, Originaleinband der ersten Buchausgabe (1895)

Zerfall der auktorialen Erzählweise: Fontanes *Der Stechlin*

Fontane veröffentlichte seine Romane zunächst nicht als eigenständige Buchpublikationen, sondern, viel gewinnträchtiger, als Serienpublikation in Familienzeitschriften, der *Stechlin* erscheint als Vorabdruck in der Zeitschrift *Über Land und Meer* (1897/98), *Effi Briest* in der *Deutschen Rundschau*, *Irrungen, Wirrungen* in der *Vossischen Zeitung* usw.; erst nach dem Vorabdruck in einer Zeitschrift wurde dann die eigenständige Buchpublikation ins Werk gesetzt. Dieser Vorabdruck der Romane hat einerseits für die Texte entscheidende Konsequenzen: Vielfach lassen sich zwischen Zeitschriftenprogramm und ästhetischer Faktur oder Motivik der Texte Korrespondenzen feststellen. Die bildliche Dimension der Zeitschrift drückt sich im arabesken Wirklichkeitsarrangement der Texte ab, exotische Motive in den Zeitschriften referieren auf Neugier und Kolonialismus, Fontane integriert sie verschiedentlich in seine Romane, die trivialen Erzählmuster, die die Unterhaltungsromane in den Zeitschriften kennzeichnen, werden von ihm bewusst durchbrochen, sie bleiben gleichsam resistent gegen die Typik der Unterhaltungsliteratur (die sie gleichzeitig auch sind).

Vorabdruck in Familienblättern: Ästhetische und thematische Konsequenzen

Andererseits deutet der Vorabdruck der Romane in der Familienzeitschrift auf die grundlegenden Veränderungen im Literaturbetrieb und im Publikationswesen hin: Wachsender Wohlstand im Bürgertum führte zu steigenden Ansprüchen an Unterhaltung und Massenkultur in Oper und Theater, Zeitschrift und Buch. Gerade die stereotypen Erzählmuster der Unterhaltungsromane dürfen auch als Moment der Stabilität in einer Zeit großer Dynamik und

Unterhaltungsromane, Massenliteratur

tiefgreifender Orientierungskrisen verstanden werden. Die über Zeitschriften vertriebene Massenliteratur sprach unmittelbar die bürgerliche Klasse (in ihren zum Teil neuen Interessen) an: Theater, Oper, Kunst, aber auch Militär, Sport, Mode, Familie, häusliche Arzneikunde sowie moderne technische und wissenschaftliche Errungenschaften wurden hier populär verhandelt: In gewissem Sinne waren die Zeitschriften das periodische Konversationslexikon des Zeitgeistes.

Reise- und Abenteuerromane

Im Kontext dieses Zeitgeistes ist auch das überbordende Interesse an Reise- und Abenteuerromanen zu verstehen, auf das einerseits der v. a. an die Jugend gerichtete völkerkundliche Unterhaltungsroman bei Friedrich Gerstäcker (z. B. *Der kleine Walfischfänger*, 1856; *Achtzehn Monate in Süd-Amerika*, 1862), andererseits aber das Gesamtwerk von Karl May antwortete. Hier wird das eingebildete, oft aus Konversationslexika zusammengeschriebene, aber geschickt in schein-autobiographischer Erzählform präsentierte Abenteuerleben im Vorderen Orient, in Nordamerika oder in anderen Weltgegenden, zuweilen auch in nicht uninteressanten Kriminal- oder Sozialromanen über arme Weber in Sachsen dargeboten.

Karl May als Old Shatterhand (1896)

Eigentlich biedermeierlichen Ursprungs ist die Dorfgeschichte, die, in der Nachfolge der Idyllik der letzten Jahrzehnte des 18. Jh. steht, wo an die Stelle eines angenommenen pseudoantiken Arkadiens schon die bäuerliche bzw. ländliche Lebenswelt der Gegenwart getreten war (Voß, Müller). Die Dorfgeschichte präsentiert in empfindsamem Erzählgestus eine das ländliche, einfache Leben verklärende Utopie, die gegen die städtische, modernisierte Welt gesetzt wird und in der traditionelle Werte wie Frömmigkeit, nachbarschaftlicher Zusammenhalt und Nähe zur umgebenden Natur Gültigkeit behalten haben. Heimat wird, von der Stadt aus gesehen, als Exotik im eigenen Erfahrungsraum stilisiert; damit steht die Dorfgeschichte dem Exotismus in Reiseromanen und Familienzeitschriften entgegen, in denen das weit entfernte Fremde besonders fasziniert.

Gegen die Moderne: Dorfgeschichten

Der Heimat-Bezug der entsprechenden Erzählliteratur des Biedermeier und auch des Realismus entspricht damit nicht einem wirklichen Bezug zur eigenen Herkunft oder zur Welt im realen gesellschaftlichen Umfeld, sondern dokumentiert vielmehr eine irrationale Seite derjenigen Gesellschaft, die sich objektiv auf dem Weg in die Massengesellschaft befindet. Berthold Auerbachs

Schwarzwälder Dorfgeschichten (1843–54) sind gleichsam idealtypisch für das Genre, aber auch Gottfried Kellers Novellensammlung *Die Leute von Seldwyla* (1856, 1873/74), Erzählungen Stifters aus den *Bunten Steinen* (1853) oder gar Stifters großer Roman *Der Nachsommer* (1857) haben mittelbar Anteil oder verweisen in Details auf die Gattung. Stifters Roman weist etwa den scharfen Gegensatz zwischen großstädtischer und ländlicher Existenz auf (wobei nur letztere unentfremdetes Leben gewährleisten kann), wie in der Dorfgeschichte werden menschliches Leben und Naturvorgänge oder -sachverhalte parallelisiert; in seiner großen historischen Perspektive aber und seinem höchst reflektierten Umgang etwa mit Kunst und Ästhetik Alteuropas seit der Antike überschreitet der Text die Beschränktheit der ländlichen Idylle bei weitem.

Naturalismus

Die Literatur der zweiten Hälfte des 19. Jh., insbesondere aber im letzten Jahrzehnt, ist durch eine wachsende Verselbständigung gleichzeitiger literarischer Strömungen gekennzeichnet, die grundsätzlich nicht mehr als epochale Phänomene – also als solche, die einander in einer Folge ablösten – interpretiert werden können. Vielmehr setzt hier eine Uneinheitlichkeit oder Inhomogenität des literarischen Feldes ein, die für die gesamte Literaturgeschichte seit dem Ende des 19. Jh. bestimmend bleiben wird. Chronologisch könnte man die literarischen Ereignisse allenfalls politischen Rahmendaten zuordnen, systematisch muss allerdings auch nach programmatischen Gesichtspunkten unterschieden werden – um den Preis des Verlustes zeitlicher Abfolge. Literaturgeschichte kann eigentlich nur mehr als partielle Gleichzeitigkeit bzw. Folge literarischer Strömungen, Gruppierungen und poetischer Programme den Daten der Realgeschichte bzw. der Jahresfolge zugeordnet werden.

Naturalismus, Ästhetizismus oder Symbolismus, Expressionismus, Spätrealismus und die Werkbiographien vieler Autoren, die sich nicht einfach diesen Strömungen zuordnen lassen, verlaufen von 1890 an teilweise parallel, überschneiden einander zeitlich. Nichtsdestoweniger stellt der 1. Weltkrieg eine scharfe literarhistorische Grenze für die Spätphase des „langen" 19. Jh. dar.

Die Bewegung des *Naturalismus* lässt sich grundsätzlich als ein an die Großstadt (Berlin, München) gebundenes Gruppenphänomen in den letzten anderthalb Jahrzehnten des 19. Jh. begreifen. 1885 ist das Initiationsjahr der Bewegung: In München wird die Zeitschrift *Die Gesellschaft* gegründet, Arno Holz publiziert die programmatische Gedichtsammlung *Buch der Zeit* und seine *Lieder eines Modernen*; „Moderne" wird zu einem zentralen Programmbegriff, wie auch der Titel des naturalistischen Lyrik-Bandes *Moderne Dichter-Charaktere* anzeigt.

Ende 1886 veröffentlichte der naturalistische Debattierclub „Durch" zehn Thesen im von Karl Bleibtreu herausgegebenen *Magazin für die Litteratur des*

Arno Holz (1905)

Karl Bleibtreu
(1859–1928)

Gegen gründerzeitlichen Klassizismus: Moderne als Begriff

Technisierung und moderne Naturwissenschaft als Orientierungspunkte

Literatur als Experiment

Arno Holz: Kunst = Natur – x

In- und Auslandes. Hier wird erstmals die Epochenbezeichnung *Die Moderne* verwendet, die eigene Zeit wird auf dem Hintergrund naturwissenschaftlicher und sozialer Entwicklungen als ganz und gar neuartig interpretiert. Gegen die pompös-klassizistischen Selbstinszenierungen kaiserlicher oder bürgerlicher Herrschaft und Macht im Wilhelminismus setzten die Thesen die Orientierung an der Moderne, die an die Stelle der vermeintlichen Antike zu treten hat, kaiserzeitlicher Konservatismus sollte durch Fortschrittsorientierung ersetzt werden.

Diese speiste sich fundamental aus den neuesten wissenschaftlichen Errungenschaften. Industrieproduktion, die durchgreifende Technisierung des gesellschaftlichen Lebens in Verkehr und Kommunikation (Eisenbahn, Telegraphie, Gasbeleuchtung, Elektrifizierung) und die naturwissenschaftliche Durchdringung der Welt führten einerseits zur Ablehnung traditioneller idealistischer Weltdeutungsmuster, andererseits markierten sie den fortschrittlichen Geist, an dem Literatur sich orientieren sollte. Empirisch-experimentelle Naturwissenschaft (Auguste Comte), positivistisch begründete Rassen- und Milieutheorie (Hippolyte Taine) und die darwinistische Abstammungslehre auf der Basis einer Annahme vom Kampf ums Dasein sollten die Darstellungsverfahren und Sujets der neuen Kunst beeinflussen.

Grundsätzlich ist damit einer Ästhetik des Schönen eine Absage erteilt: Nichts in Natur und Gesellschaft könne für sich als hässlich, niedrig, gemein aufgefasst – und deswegen etwa als Gegenstand literarischer Darstellung ausgeschlossen werden. Literatur wird im Sinne der experimentellen Naturwissenschaft (Emile Zola: *Le roman expérimental*, 1879) selbst als Experimentalraum verstanden, innerhalb dessen einerseits Figuren äußeren Bedingungen ausgesetzt und in ihren Reaktionen beobachtet werden, der andererseits aber auch die politische Intention der Veränderung der experimentell simulierten Wirklichkeit zum Ziel hatte. Naturalismus als literarische Bewegung war in ganz Europa präsent: Dostojewski, Tolstoj, Ibsen, Maupassant, die Brüder Goncourt und vor allem Emile Zola beeinflussten die Naturalisten in Deutschland.

Zolas Formel: „*L'œuvre d'art est un coin de la nature, vu à travers un tempérament*" („Das Kunstwerk ist ein Stück Natur, gesehen durch ein Temperament") wird 1891 bei Arno Holz zum für den deutschen Naturalismus fundamentalen ‚Kunstgesetz' umformuliert (*Die Kunst. Ihr Wesen und ihre Gesetze*) – in Gestalt einer mathematischen Formel: „Kunst = Natur – x" (Holz 1962, Bd. 5, 14). Einerseits reformuliert Holz hier konsequente Nachahmungsästhetik: Kunst als Abbild des (natürlichen oder gesellschaftlichen) Gegenstandes. Die Unbekannte x, die Differenzgröße zwischen Kunst und Gegenstand, könne zwar, so Holz, niemals gleich null sein, solle aber möglichst klein gehalten werden. In dieser Größe reflektiert die Formel die „Reproduktionsbedingungen [der Natur – B. J.] und deren Handhabung" (ebd.) auf Seiten des Künstlers: Der Eigenwert des künstlerischen Materials (bei Literatur: die Sprache) schafft

NATURALISMUS **19. Jahrhundert**

immer eine Differenz, die Subjektivität des Künstlers im Blick auf den Gegenstand soll strikt aus dem Reproduktionsvorgang ausgeschieden bleiben. – Die Tatsache, dass Holz hier von „Reproduktion" spricht, Kunstherstellung in einer mathematisch scheinenden Formel fasst, markiert den wissenschaftlichen Anspruch der naturalistischen Ästhetik. Gleichzeitig gilt Holz' Formel, die mit dem subjektiven Anteil auch die mögliche politische Intention des Schriftstellers verabschiedet, als Ausdruck für den sogenannten „konsequenten Naturalismus", der Anfang der 1890er Jahre die Neubestimmung der Bewegung ablöste (vgl. Fähnders 1998, 32).

Naturalistische Lyrik bestimmt ihren Eigenwert zunächst aus provokativer Opposition zur Liederbuch-Lyrik des Bildungsbürgertums. Die Gedicht-Anthologie *Moderne Dichter-Charaktere* (1885) betont in ihren beiden Vorreden genau diesen oppositionellen Gestus, wie deren Titel schon zeigen: Hermann Conradi: „Unser Credo", Karl Henckell: „Die neue Lyrik". Einerseits artikuliert die Sammlung den Anspruch, anstelle eines gesellschaftlich beliebig gewordenen Dichterbildes wieder dasjenige einzusetzen, das dem Schriftsteller eine maßgebliche Rolle im gesellschaftlichen Kommunikationszusammenhang zugesteht; andererseits werden hier, im Sinne der oben skizzierten naturwissenschaftlich-milieutheoretischen Umorientierung, neue Gegenstände für die Literatur hinzugewonnen: Großstadt und soziale Frage. Insbesondere Berlin, wohin die meisten naturalistischen Schriftsteller gezogen waren, ist Ort eines kulturellen Schocks, ist Stätte von Elend, Schmutz und Laster – und wird, als Großstadt, zumeist der Natur negativ entgegengesetzt oder in Naturbildern, in anthropomorphen Maschinenbildern zu bewältigen versucht.

Naturalistische Lyrik: Neue Dichterrolle, neue Sujets

Damit erweist sich die naturalistische Großstadtlyrik insgesamt als nicht in der Lage, der Geschwindigkeit der Industrialisierung, der neuen Techniken, Verkehrsformen und Medien angemessen zu begegnen, sie entdeckt gleichsam die Brisanz von Milieu und Sujets der Großstadt, verbleibt aber in ihrer lyrischen Rede anachronistisch weitgehend im traditionellen Naturzusammenhang befangen. Insofern darf die Lyrik des Naturalismus, wie Leo Berg 1900 polemisch resümierte, als „nur dem Inhalt, nicht der Form nach neu" aufgefasst werden (*Jahrhundertwende* 1981, 73). – Allerdings können die Annäherungsversuche naturalistischer Lyrik an Dia- und Soziolekte sowie die Versuche in Prosarede schon als formale Modernisierungserscheinungen gedeutet werden, die dem formalen Traditionalismus der Lyrik entgegenstehen.

Großstadtlyrik: Neue Themen, alte Formen

An die Stelle der Lyrik, die in der Frühphase des Naturalismus als für die neue Literatur wichtigste poetische Form galt, traten in den 1890er Jahren schnell Epik und Dramatik. Das Nachahmungspostulat von Holz' Kunstformel spiegelt sich in der naturalistischen Prosa formal im sogenannten „Sekundenstil" wider: Vor dem Erfahrungshintergrund der Erfindungen von Photographie und Phonograph, also der exakten technischen Reproduzierbarkeit von visueller und akustischer „Natur" in modernen Medien, will die Prosa „Sekunde für Sekunde Zeit und Raum" schildern (Hanstein 1900, 157).

Naturalistische Prosa: Sekundenstil, Dialekt, Jargon

Präziseste, detailgenaue Beschreibung und Wiedergabe von Geräuschen, von Dialogen, Monologen und Gedankenrede, Wiedergabe von Dia- und Soziolekt sowie von Jargon, Interjektionen und Wortfetzen und demzufolge eine Umkehr des normalen zeitraffenden Erzählgestus bis hin zur Überdehnung der Erzählzeit gegenüber der erzählten Zeit sind die wichtigsten Charakteristika dieses Prosastils (vgl. Mahal 1996, 202 ff.). Gerhart Hauptmanns Erzählung *Bahnwärter Thiel* (1888) initiiert die naturalistisch-präzise Narrativik ebenso wie die Innenschau der Gedankenrede.

Entwicklung des inneren Monologs

Für die Wiedergabe der Gedankenrede entwickelte die Prosa der 1890er Jahre die Technik des inneren Monologs: Hier wird, mit naturhafter Exaktheit, der innere Vorgang des Denkens nachgeahmt; die psychische Realität tritt damit neben die äußere der gesellschaftlichen Wirklichkeit. Dass damit die Erzählperspektive mit auktorialem Gestus (also zentralperspektivisch kommentierend und allwissend) durch die beschränkte personale Erzählperspektive ersetzt wurde, ist notwendige Konsequenz: Damit allerdings wird die ‚Abbildung der Wirklichkeit' – wie schon annäherungsweise im Konversationsroman Fontanes – gleichsam aus der Hand gegeben und rutscht in die Blickwinkel der Figur; bei Perspektivenwechsel im Roman zerfällt damit die erzählte Welt in ihre multiperspektivische Wiedergabe, die naturalistische Technik der Gedankenrede befördert also die Nicht-mehr-Darstellbarkeit der Welt im Roman.

Im Schatten Fontanes, Heinrich und Thomas Manns: Der naturalistische Roman

Emil Orlik: *Felix Hollaender* (um 1920)

Die prekären neuen Milieus der Großstadt, der Proletarier und Fabrikarbeiter werden zum Thema des naturalistischen Romans: Allerdings wird in der konfliktgenerierenden Konstellation von bürgerlich-intellektuellen, zwar engagierten Helden und proletarischen Heldinnen die problematische Parteinahme meist nicht-proletarischer Schriftsteller selbst zum ästhetischen Problem (Felix Hollaender: *Jesus und Judas*, 1891; Wilhelm Bölsche: *Die Mittagsgöttin*, 1891; Wilhelm Hegeler: *Mutter Bertha*, 1893). Insgesamt jedoch kann der naturalistische Roman nicht aus dem Schatten der großen realistischen Romane Theodor Fontanes heraustreten, die frühen Werke Heinrich und Thomas Manns, die einerseits durchaus noch im Gestus realistischen Erzählens arbeiteten, andererseits auf komplexere Weise vielerlei Strömungen und Tendenzen des Jahrhundertendes aufnahmen, überlagerten die Wirkung der naturalistischen Texte bei weitem. Darüber hinaus erschien der Roman als Gattung, zumal in Verbindung mit dem Anspruch auf höchste Genauigkeit und Sekundenstil, nicht als die geeignetste: erzählerische Kleinformen, Novelle oder Kurzerzählung, Studie oder Skizze erfreuten sich viel größerer Beliebtheit (wie im Realismus).

Naturalistisches Drama: Gerhart Hauptmann

Das naturalistische Drama konnte, weit über die exakten Nachahmungsgesten der Prosa hinaus, den Abbildungsanspruch von Holz am besten erfüllen. Sowohl die überdetaillierten Bühnenanweisungen als auch die konsequente Verwendung von Dia- und v. a. Soziolekt dienten der möglichst genauen, mimetischen Abbildung sozialer Milieus. Idealtypisch für das naturalistische

ABKEHR VOM NATURALISMUS | 19. Jahrhundert

Drama sind die Texte von Gerhart Hauptmann: Das Drama *Die Weber* (1892) thematisiert den Aufstand der schlesischen Weber 1844 in bestechendem Realismus – allerdings wirkungsästhetisch ganz traditionell im Gestus der Lessingschen Mitleidsästhetik. Seine Komödie *Der Biberpelz* (1893) setzt wiederum Unterprivilegierte ins Zentrum, allerdings, der Gattung entsprechend, listig gegenüber den herrschenden Verhältnissen und Klassen. Gerade bei Hauptmann führt das Drama Gesellschaft als determinierende Umwelt des Menschen vor, die positivistischen und milieutheoretischen wissenschaftlichen Grundlagen des Naturalismus werden hier auf der Bühne weniger experimentell als abbildend umgesetzt.

Gerhart Hauptmann (1862–1946)

Emil Orlik: Werbeplakat (1897) für Gerhart Hauptmanns Drama *Die Weber*

Abkehr vom Naturalismus | 8

Der Naturalismus musste sich schon in der Spätphase der 1890er Jahre scharfe Kritik gefallen lassen: Das Drama feiert auf den Bühnen noch Erfolge, doch sowohl die naturwissenschaftliche Ausrichtung als auch die ästhetische Programmatik werden im Verlaufe des Jahrzehnts mit literarisch-programmatischer Konkurrenz sowie mit radikal verunsichernden Begleiterscheinungen der fortschreitenden Modernisierung konfrontiert, so dass von einer Überwindung des Naturalismus zugunsten jener Vielzahl von „Ismen" gesprochen werden muss, die das Jahrhundertende ausmacht. An die Stelle der politischen Parteinahme für das Proletariat in den Großstädten tritt eine antisozialistische bzw. antiproletarische Haltung, Objektivität als ästhetisches Credo der früheren Naturalisten wird durch die „Parole Individualität" (Johannes Schlaf)

Vielzahl von „Ismen": Symbolismus, Ästhetizismus, Jugendstil, *Décadence, Fin de siècle*

189

ersetzt; einander z. T. widersprechende oder zueinander disparate Konzepte wie Symbolismus, Ästhetizismus, Neuromantik und Jugendstil, Stimmungen und Haltungen von *Décadence-* und *Fin-de-siècle*-Gefühl verdrängen den Naturalismus.

Die Gründe für diese unübersichtliche Gemengelage sind vielfältig – aufgrund verschiedener philosophischer, medizinischer und naturwissenschaftlicher Erkenntnisse muss von einer tiefgreifenden Orientierungskrise der Subjekte gesprochen werden.

Orientierungskrise um 1900

Friedrich Nietzsche (um 1875)

Nietzsche: Relativität von ‚Wahrheit'

Einstein: Relativitätstheorie

▶ Im philosophischen Werk von Friedrich Nietzsche spricht sich ein grundsätzlicher Zweifel an allen Erkenntnisgewissheiten aus, der einerseits den Formen naturwissenschaftlich-positivistischer Wissenschaft entgegensteht (also dem Kern naturalistischer Selbstauffassung), der andererseits auf einer radikalen, nihilistischen Umwertung aller Werte beruht. Nietzsche beschreibt die Abkunft von Wissensbeständen aus vorgängigen Denktraditionen oder bloß -gewohnheiten und entlarvt damit die scheinbar sicheren Wissensbestände als nur relational zustande gekommen. „Wahrheit" ist abhängig von den instabilen, wechselnden Beziehungen der Dinge und Begriffe im Denksystem zueinander, ist niemals absolut; Erkenntnis ist prinzipiell unscharf und relativ zur eingenommenen Perspektive;

▶ Raum und Zeit als fundamentale Kategorien der Weltaneignung werden mit der Relativitätstheorie Albert Einsteins nachhaltig erschüttert: Auch hier macht sowohl der Perspektivpunkt, der Standpunkt des Betrachters als auch seine Bewegung die Wahrnehmung von Raum und Zeit aus, die also mitnichten stabil, sondern relativ zum Betrachterstandpunkt ist;

▶ das Ich wird unsicher: Der österreichische Physiker Ernst Mach beschreibt das Ich als bloße Illusion, die zwischen Reizen und Sinnesempfindungen des Menschen eine bloß scheinbar stabile Verbindung herstelle. Der Philosoph Hermann Bahr markiert diese Ich-Instabilität als Unrettbarkeit: „Das Ich ist unrettbar. Es ist nur ein Name. Es ist nur eine Illusion. Es ist ein Behelf, den wir praktisch brauchen, um unsere Vorstellungen zu ordnen. Es gibt nichts als Verbindung von Farben, Tönen, Wärmen, Drücken, Räumen, Zeiten" (Bahr 1968, 190 f.). Der Psychologe Otto Weininger bezeichnete dementsprechend das Ich als „bloßen Wartesaal für Empfindungen" (*Die Wiener Moderne* 1990, 146); der Wiener Arzt und Psychoanalytiker Sigmund Freud (*Die Traumdeutung*, 1900) fügt das Ich als fragilste psychische Instanz ein in ein Gegeneinander von übermächtigem, triebhaftem Es und Dominanz beanspruchendem Über-Ich;

Sigmund Freud (um 1900)

Großstadterfahrung

▶ die Massen- und Beschleunigungserfahrung v. a. der Großstadt wird von Zeitgenossen als reizvolle, aber auch problemgenerierende „Steigerung des Nervenlebens" wahrgenommen. Diese Formulierung des Soziologen Georg Simmel (*Die Großstädte und das Geistesleben*, 1903) entstammt aus seinen Studien zum Autonomiegewinn, den die Großstadt für den Bürger durch Geldwirtschaft und durchgreifende Rationalität einerseits berge, wo der Mensch andererseits allerdings nur noch auf seine Rolle als Funktionsträger reduziert, daher entfremdet werde. Gerade in der Großstadt würden menschliche Verhältnisse radikal abstrakt, der Einzelne erfahre sich nicht mehr als Handelnder, sondern als jemand, an dem gehandelt werde, sein Ich drohe zu zerfallen (Ich-Dissoziation);

▶ schon Nietzsche hatte die Möglichkeit grundsätzlich bezweifelt, mit der Sprache tatsächlich etwas über die Welt außerhalb der Sprache sagen zu können (*Wahrheit und Lüge im außermoralischen Sinne*, 1872). Der Schweizer Sprachtheoretiker Ferdinand de Saussure radikalisierte in seinem *Cours de linguistique générale* (1916, posthum) diese Auffassung durch seine Aussage, dass zwischen den sprachlichen Zeichen und den Dingen außerhalb der Sprache in der Regel eine willkürliche Beziehung herrsche und die Bedeutungen der Sprachzeichen einzig durch ihre Bezüge innerhalb des Sprachsystems konstituiert werden (vgl. Busch/Stenschke 2007, 21 f.). Damit verliert, literarisch gewendet, Sprache jedwede Möglichkeit, verlässlich über etwas Außenliegendes, Welt, Seele, Gefühle, zu sprechen. Hugo von Hofmannsthal lässt diese grundstürzende Sprachskepsis vom fiktiven Autor seines ‚Chandos'-Briefs formulieren:

Georg Simmel (um 1914)

Sprachskepsis und Sprachzweifel

> Es gelang mir nicht mehr, sie mit dem vereinfachenden Blick der Gewohnheit zu erfassen. Es zerfiel mir alles in Teile, die Teile wieder in Teile, und nichts mehr ließ sich mit einem Begriff umspannen. Die einzelnen Worte schwammen um mich; sie gerannen zu Augen, die mich anstarrten und in die ich wieder hineinstarren muß: Wirbel sind sie, in die hinabzusehen mich schwindelt, die sich unaufhaltsam drehen und durch die hindurch man ins Leere kommt. (Hofmannsthal [1902] 1991, Bd. 31, 49).

Hugo von Hofmannsthal (1874–1929)

Der Zweifel an den Ausdrucksmöglichkeiten der Sprache führt zu einer neuen Sprache, einer Sprache, die mit sich selbst zu spielen beginnt, die auf einen (vermeintlichen) Wirklichkeits- oder Gesellschaftsbezug verzichten muss oder will, dafür aber in neuartiger Bildlichkeit mit dem eigenen, nur noch sprachlichen Material jongliert.

Ästhetizismus

|9

Der Begriff des *Ästhetizismus* wurde nicht programmatisch von den Zeitgenossen selbst gesetzt, sondern aus der Rückschau von Literaturhistorikern als Oberbegriff den wichtigen antinaturalistischen und antirealistischen Strömungen der Literatur der Jahrhundertwende zugeordnet. Auf der Basis der schon von Nietzsche vorgetragenen Skepsis gegenüber Wahrheitsansprüchen wissenschaftlicher, philosophischer und literarischer Diskurse, auf der Basis einer ebenfalls von Nietzsche (*Die Geburt der Tragödie aus dem Geiste der Musik*,

Ästhetizismus: Begriff und Programmatik

1872) geforderten „ästhetischen Weltanschauung", auch auf der Basis der sich an de Saussure anschließenden Sprachskepsis wird eine Kunst gefordert, die auf jede funktionale Bestimmung verzichten kann. Ästhetizismus ist damit radikal ausformulierte Autonomieästhetik – freilich ohne das letztlich doch politisch ausgerichtete Konzept der Kunstautonomie bei Friedrich Schiller.

Stellte der Naturalismus seine Kunst noch in den Dienst der (möglichst getreuen) Abbildung von Natur und Gesellschaft sowie in den Dienst politischer Wirklichkeitsveränderung, löst sich ästhetizistische Literatur ganz vom Nachahmungszwang und beansprucht vollständige Zweckfreiheit. Kunst dient nicht einem moralischen oder politischen Zweck, sie ist ganz für sich selbst da – in Frankreich wird in diesem Kontext die Formel *l'art pour l'art* geprägt, die schon 1899 von Richard Schaukal in der *Wiener Rundschau* in die deutschsprachige Diskussion importiert wird. Dass Literatur sich damit den rationalistischen und utilitaristischen Ideologiezusammenhängen bürgerlicher Gesellschaft entzieht und ästhetische Gegenwelten beschwört, gehört zum impliziten politischen Gehalt der ästhetizistischen Texte.

Radikale ästhetische Autonomie: l'art pour l'art

Für den Ästhetizismus in Deutschland steht vor allem Stefan George. In seiner Lyrik-Sammlung *Algabal* (1892) wird eine „wirkliche Welt" durch künstliche, künstlerische, ästhetisch erzeugte Welten ersetzt: Kunst spielt hier mit Kunst, Natur wird ganz ins Künstliche übersetzt: „Mein garten bedarf nicht luft und nicht wärme / Der garten den ich mir selber erbaut / Und seiner vögel leblose schwärme / Haben noch nie einen frühling geschaut". George versammelte in München einen Kreis Gleichgesinnter um sich, deren ästhetizistische Programmatik in einer Zeitschrift (*Blätter für die Kunst*, 1892–1919) publiziert wurde. Hier wurde nicht nur antinaturalistische Lyrik abgedruckt, sondern die Zeitschrift insgesamt war als Wort-, Bild- und Druckkunstwerk typographisch gestaltet im Sinne einer selbstbezüglichen Ästhetisierung des Mediums; Lesungen im George-Kreis waren durchgestaltete Inszenierungen der Klangdimensionen der Gedichte. So wie in Georges Lyrik wird auch in vielen Gedichten Hugo von Hofmannsthals („Ein traum von grosser magie" „Die verwandlungen"), Max Dauthendeys, in Christian Morgensterns *Galgenliedern* (1905) und Rainer Maria Rilkes *Neuen Gedichten* (1907/08) mit künstlichen Welten, mit Klang, Lautmalerei, Alliteration gespielt. Morgenstern geht so weit, dass er nur noch mit stummen Zeichen „dichtet": - etwa mit den metrischen Zeichen für Hebung und Senkung für das stumme Konzert in „Fisches Nachtgesang".

Stefan George (1910)
Inszenierung des Sprachkunstwerks

Christian Morgenstern: „Fisches Nachtgesang" aus den *Galgenliedern* (1905)

Stefan George inszenierte sich gleichsam als Seher oder „Führer" seines Kreises – das Apolitische des antinaturalistischen Impulses der frühen ästhetizistischen Lyrik geriet im Verlaufe der ersten Jahrzehnte des 20. Jh. mindestens in Schieflage zu den Verhältnissen in Deutschland. Die elitäre Selbstverkultung Georges und das Insistieren auf der *poésie pure* können später mindestens als Antimodernismus ausgelegt werden, der bis in die Begründungszusammenhänge des Faschismus in Deutschland reicht. – Die extreme Figuration ästhetizistischer Existenz im literarischen Text ist der „Dandy", der einerseits unendlich verfeinert das eigene Leben zum Kunstwerk formt, andererseits aber ein Endzeitgefühl, eine durchgreifende *Décadence* (s. u.) nicht ablegen kann (Oscar Wilde).

Poésie pure – Dandytum

Auch wenn Ästhetizismus als Oberbegriff für eine nicht homogene Mehrzahl an Strömungen und Richtungen fungiert, muss dennoch, um der Komplexität der Verhältnisse gerecht zu werden, diese Pluralität dargestellt werden. Begriffe, die Haltungen und Einstellungen (auch außerhalb Deutschlands und erst mit Zeitverzug hier nachwirkend) um die Jahrhundertwende wiedergeben, stehen neben Begriffen, die bestimmte poetologische Programme, Konzepte, Strömungen oder Gruppierungen bezeichnen: *Fin de siècle, Décadence, Symbolismus, Impressionismus, Jugendstil.*

Vielzahl von Strömungen um 1900

► *Fin de siècle* war zunächst der Titel eines überaus erfolgreichen Bühnenstücks auf dem Pariser Boulevardtheater 1884 (Micard, Jouvenot, Cohen; vgl. Fähnders 1998, 95) – und avancierte schnell und über Frankreich hinaus zum Namen für eine Haltung: Der Ausblick auf das Jahrhundertende versetzte, allem wissenschaftlichen und industriell-technischen Fortschrittsoptimismus zum Trotz, in eine Endzeit- oder Untergangsstimmung;

Fin de siècle

► in deren Kontext ist eine Verfallssymptomatik und -bildlichkeit auszumachen, die als Krankheit, Todesverfallenheit, Niedergangsszenario, Fäulnis die Bilderwelten literarischer Texte markiert – und die eigentlich älter ist als die Rede vom *Fin de siècle*, aber in dessen Kontext neuartige Pointierung gewinnt. Dekadente Künstlichkeit (etwa des Dandy-Daseins) steht neben den Szenarien von eigenem Tod, Ich-Verlust und Weltverlust; Motive und Figurenkonzepte reichen von Inzest und Androgynie, Hysterie und *femme fatale*, starken, doch morbiden Künstlerfiguren bis hin zu Esoterik und der Faszination des Bösen. Insofern können *Fin de siècle* und *Décadence* als Reaktionsformen des literarischen Systems auf den Orientierungsverlust und die Umwertung aller Werte verstanden werden;

Décadence

► als *Symbolismus* kann eine der oben beschriebenen Lyrik des Ästhetizismus sehr verwandte ästhetische Programmatik bezeichnet werden: Von Frankreich ausgehend wird hier das im literarischen Text konstituierte, Welt und Ich, als nur sprachlich erzeugt aufgefasst. 1910 bringt die Schriftstellerin Margarete Susman dies auf den Begriff: Sie „erfindet" die Bezeichnung des

Symbolismus

Lyrisches Ich

lyrischen Ich. Das Ich im Gedicht wird als Rollenspiel des Autors bzw. der Autorin entlarvt im künstlerischen Medium, es ist nicht mehr identifizierbar mit dem historisch-biographischen Ich – ebenso wenig wie die Welt des Gedichts mit der außerhalb seiner. Die (selbstbezügliche) Bildwelt des Gedichts sowie seine synästhetischen Qualitäten ersetzen den Außenbezug, fast hermetische Bilder treten an die Stelle von Alltagsbegriffen;

Impressionismus

▶ mit *Impressionismus* (der als „Schule" in der bildenden Kunst existiert: Monet, Manet, Pissarro u. a.) ist in der Literaturgeschichte wiederum eher eine Haltung als eine Bewegung bezeichnet, die kritisch gegen einen utilitaristisch aufgefassten naturwissenschaftlichen Positivismus steht und die Momente von Relativismus und Ich-Problematik dagegensetzt;

Jugendstil

Frank Wedekind: *Frühlings Erwachen*, Einband der Originalausgabe (1891)

▶ im Gefolge von Wilhelm Diltheys Lebensphilosophie und der Betonung des *élan vital* bei Henri Bergson avancierte das emphatisch genutzte Wort „Leben" zum Programmbegriff einer neuartigen, „jugendlichen" Natur- oder Lebensorientierung, die Erlebnis, Authentizität und Unmittelbarkeit zu versprechen schien. Ästhetisch findet dies Ausdruck in einem floral ornamentalen Darstellungsstil, der einerseits bis in die Möbel- und Alltagsästhetik reichte, andererseits aber in der Literatur sichtbare Spuren hinterließ (Frank Wedekind: *Frühlings Erwachen*, 1891).

Wiener Moderne

Arthur Schnitzler (1862–1931)

▶ Hugo von Hofmannsthal und Arthur Schnitzler waren Exponenten der ‚Wiener Moderne'. V. a. auf der Basis der von Sigmund Freud begründeten Psychoanalyse entwickelte Schnitzler mit seiner Novelle *Leutnant Gustl* (1901) die Erzähltechnik des inneren Monologs weiter – der Text besteht aus einem einzigen, zeitdeckend erzählten Gedankenstrom und ermöglicht Einblicke in die Strukturen menschlicher Bewusstseinsvorgänge (vgl. auch Schnitzlers Erzählung *Fräulein Else*, 1924).

Vom Naturalismus an haben die bisher dargestellten Strömungen und Bewegungen gleichsam positiv auf die Moderne reagiert – wenngleich, im Falle von *Décadence-* und *Fin-de-siècle-*Literatur mit einer sichtbar morbiden Ästhetik. Dagegen stehen implizit oder dezidiert antimoderne Bewegungen: *Neuromantik, Neuklassik, Heimatkunst* und *katholische Literaturbewegung*. Die

Neuromantik ist mit dem irrationalen Gestus des Jugendstils sowie mit dem Impressionismus verwandt; sie buchstabiert in ihrer jugendstilhaften Bildlichkeit und mit synästhetischen Figuren allerdings nicht die relativistischen Tendenzen der Zeit aus, sondern reformuliert den frühromantischen Gedanken der Identität von Natur und Kunst, Ich und Welt und Geschichte (Rilke: *Larenopfer*, 1896). Dieser Antimodernismus wird in *Neuklassik*, *Heimatkunst* und *katholischer Literaturbewegung* verschärft: Programmatisch greifen mittlerweile völlig unbekannte Schriftsteller wie Paul Ernst oder Samuel Lublinski in ihren Dramen auf den Weimarer Klassizismus oder auf Hebbel zurück; die Heimatkunst eines Gustav Frenssen oder Hermann Löns beschwört regressiv Heide- oder Holsteinische Idylle; Adolf Bartels prägte den Begriff der „Heimatkunst" und lieferte selbst, mit Julius Langbehn, konservativ-katholische Werke. Frenssen wurde später einer der Helden der nationalsozialistischen Literaturpolitik, Bartels Literaturgeschichtsschreibung ist völkisch-nationalistisch ausgerichtet.

Das Ende des langen 19. Jh. zeigt also eine vielgestaltige Gleichzeitigkeit unterschiedlichster Strömungen und Bewegungen, die auf je verschiedene Weise auf die krisenhafte Erfahrung von aufbrechender Moderne reagieren. Die technischen und formalen Herausforderungen von Großstadt, modernster Industrieproduktion, Medienentwicklung und Verkehrswesen werden eigentlich erst von den Avantgarden, vom Expressionismus, im unmittelbaren Umfeld der Initialkatastrophe des 20. Jh., des 1. Weltkrieges, in ästhetische Potenz umgesetzt.

Antimoderne Bewegungen: Neuromantik, Neuklassik, Heimatkunst

Rainer Maria Rilke (1875–1926)

Literatur

Eichendorff, Joseph Freiherr von: *Sämtliche Werke. Historisch-kritische Neuausgabe.* Bd. 10: *Politische und historische Schriften.* Tübingen 2007.
Fontane, Theodor: *Sämtliche Werke.* München 1959 ff.
Freytag, Gustav: *Aufsätze zur Politik, Literatur und Kunst* [1872]. Leipzig o. J.
Hebbel, Friedrich: *Sämtliche Werke. Historisch-Kritische Ausgabe.* Hrsg. von Richard Maria Werner. Berlin 1901–1907.
Hofmannsthal, Hugo von: *Sämtliche Werke. Kritische Ausgabe.* Hrsg. von Rudolf Hirsch u. a. Frankfurt am Main 1983 ff.
Holz, Arno: *Werke.* Hrsg. von Wilhelm Emrich und Anita Holz. Neuwied 1961–1964.
Novalis: *Schriften.* Bd. 3: *Das philosophische Werk II.* Hrsg. v. Richard Samuel u. a. Darmstadt ³1983.
Schiller, Friedrich: *Schillers Werke. Nationalausgabe* (NA). Weimar 1943 ff.
Schlegel, Friedrich: „Das Gespräch über die Poesie". In: *Kritische Friedrich-Schlegel-Ausgabe.* Hrsg. von Ernst Behler u. a. Bd. 2: *Charakteristiken und Kritiken 1 (1796/1801).* München 1967.

|10

Zitierte Werke

Stifter, Adalbert: *Werke und Briefe. Historisch-Kritische Ausgabe*. Hrsg. von Alfred Doppler und Wolfgang Frühwald. Stuttgart u. a. 1978 ff.

Storm, Theodor: Sämtliche Werke. Frankfurt am Main 1987.

Aust, Hugo: *Realismus*. Stuttgart und Weimar 2006.

Bahr, Hermann: *Zur Überwindung des Naturalismus. Theoretische Schriften 1887–1904*. Ausgewählt, eingeleitet und erläutert v. Gotthart Wunberg. Stuttgart 1968.

Benjamin, Walter: Der Erzähler. Betrachtungen zum Werk Nikolai Lesskows. In: W. B.: *Gesammelte Schriften* Bd. II.2 (Werkausgabe Bd. 5). Frankfurt am Main 1980, 438–465.

Busch, Albert/Stenschke, Oliver: *Germanistische Linguistik. Eine Einführung*. Tübingen 2007.

Carrière, Moritz: *Aesthetik. Die Idee des Schönen und ihre Verwirklichung im Leben und in der Kunst*. Leipzig ³1885.

Ehlert, Klaus: „Realismus und Gründerzeit". In: Beutin, Wolfgang u. a. (Hrsg.): *Deutsche Literaturgeschichte von den Anfängen bis zur Gegenwart*. Stuttgart ⁴1992, 259–303.

Fähnders, Walter: *Avantgarde und Moderne 1890–1933*. Stuttgart, Weimar 1998.

Hanstein, Adalbert von: *Das jüngste Deutschland. Zwei Jahrzehnte miterlebter Literaturgeschichte (1900)*. Leipzig ²1901.

Helmstetter, Rudolf: *Die Geburt des Realismus aus dem Dunst des Familienblattes. Fontane und die öffentlichkeitsgeschichtlichen Rahmenbedingungen des Poetischen Realismus*. München 1998.

Jahrhundertwende. Manifeste und Dokumente zur deutschen Literatur 1890–1910. Hrsg. von Erich Ruprecht und Dieter Bänsch. Stuttgart 1981.

Kremer, Detlef: *Romantik*. Stuttgart und Weimar 2003.

Mahal, Günther: *Naturalismus*. 3. Auflage München 1996.

Die Wiener Moderne. Literatur, Kunst und Musik zwischen 1890 und 1910. Hrsg. von Gotthard Wunberg. Stuttgart 1990.

Die Wiener Moderne. Ergebnisse eines Forschungsgesprächs der Arbeitsgemeinschaft Wien um 1900 zum Thema „Aktualität und Moderne". Hrsg. von Emil Brix u. Patrick Werkner. Wien und München 1990.

Grundlegende Literatur

MacInnes, Edward/Plumpe, Gerhard (Hrsg.): *Bürgerlicher Realismus und Gründerzeit*. (= *Hansers Sozialgeschichte der deutschen Literatur vom 16. Jahrhundert bis zur Gegenwart* Bd. 6). München 1996.

Mix, York-Gothart (Hrsg.): *Naturalismus, Fin de siècle, Expressionismus*. (= *Hansers Sozialgeschichte der deutschen Literatur vom 16. Jahrhundert bis zur Gegenwart* Bd. 7). München 2000.

Schulz, Gerhard: *Deutsche Literatur zwischen Französischer Revolution und Restauration 1789–1830. Bd. 2: Das Zeitalter der napoleonischen Kriege und der Restauration 1806–1830* (= de Boor, Helmut/Newald, Richard: *Geschichte der deutschen Literatur von den Anfängen bis zur Gegenwart*, Bd. 7.2). München 1989.

Sengle, Friedrich: *Biedermeierzeit. Deutsche Literatur zwischen Restauration und Revolution. 1815–1848. Bd. 1: Allgemeine Voraussetzungen, Richtungen, Darstellungsmittel; Bd. 2: Formenwelt; Bd. 3: Die Dichter*. Stuttgart 1971–1980.

Sprengel, Peter: *Geschichte der deutschsprachigen Literatur 1870–1900. Von der Reichsgründung bis zur Jahrhundertwende. 1830* (= de Boor, Helmut/Newald, Richard: *Geschichte der deutschen Literatur von den Anfängen bis zur Gegenwart*, Bd. 9). München 1998.

Wehler, Hans-Ulrich: *Deutsche Gesellschaftsgeschichte.* Bd. 1: *Vom Feudalismus des Alten Reiches bis zur Defensiven Modernisierung der Reformära 1700–1815.* Bd. 2: *Von der Reformära bis zur industriellen und politischen Deutschen Doppelrevolution 1815–1845/49.* München 1987.

Ziolkowski, Theodore: *Das Amt der Poeten. Die deutsche Romantik und ihre Institutionen.* München 1994.

20. Jahrhundert:
Vom Expressionismus bis zur Gegenwart

Die Literaturgeschichte seit dem 1. Weltkrieg lässt sich, wie dies schon für das 19. Jh. zumindest in seiner Endphase galt, unmöglich als Abfolge literarhistorischer Epochen darstellen. Einzelpersonen wie Thomas Mann, Bertolt Brecht, Gottfried Benn, Johannes R. Becher u. a. prägen viele Jahrzehnte über die deutschsprachige Literatur entscheidend mit – ohne dass sie, wie etwa Thomas Mann, auch nur einer Strömung, Gruppierung oder literarischen Programmatik zuzuordnen wären. Letzteres gilt auch für viele Schriftsteller, deren Werk zwar zeitlich deutlich konzentrierter liegt, die sich aber jeder Zuordnung entziehen (Franz Kafka u. a.). Spätestens mit den Avantgarden um den 1. Weltkrieg herum ist die Geschichte der Literatur nur noch beschreibbar als zeitliches Miteinander, oft programmatisches Gegeneinander, als Überschneidung oder Abfolge von literarischen Gruppierungen, Strömungen, Konzepten und Programmen, die sogar innerhalb ihrer selbst nicht als homogene Stilrichtungen beschreibbar sind.

Literaturgeschichte des 20. Jahrhunderts: Nebeneinander von literarischen Gruppierungen, Strömungen, Konzepten und Programmen

Die historischen Ordnungsdaten der Literatur des 20. Jh. (bis zur Gegenwart) lassen sich nur aus der realpolitischen Geschichte des deutschsprachigen Raumes ableiten: 1. Weltkrieg, Weimarer Republik, die nach dem 1. Weltkrieg sichtbar werdende Differenz zwischen deutscher, österreichischer und schweizerischer Literatur, Nationalsozialismus und antifaschistische Exile, Literatur der BRD und der DDR sowie die Literatur nach der Wende 1989. Weil diese realpolitischen Daten einerseits selbst so komplex sind und wiederum nicht als zusammenhängende Geschichte des 20. Jh. erzählt werden können und andererseits so vielfältige literarische Phänomene im einzelnen realpolitischen Epochenzusammenhang wichtig werden, sollen im Folgenden die genannten historischen Zusammenhänge und die Geschichte der jeweiligen literarischen Medien, Programmatiken und Texte in zusammengehörigen Blöcken dargestellt werden.

Realpolitische Daten des 20. Jahrhunderts

Erster Weltkrieg – Weimarer Republik – Nationalsozialismus – Exil | 1

Der 1. Weltkrieg (1914–1918) war eine realpolitische Epochenschwelle von ungeheurer Bedeutung: Über Europa hinaus waren Territorien in Asien und Afrika in die Auseinandersetzung einbezogen, Kolonien waren Kriegsgegenstand und -teilnehmer, Truppen der USA griffen ein: 25 Staaten waren letztlich beteiligt. Das Resultat war die Zerstörung der alten politischen Ordnung Europas (und der besetzten Kolonialgebiete); Luft- und Gaskrieg bedeuteten einerseits den massenhaften Einsatz der großindustriell hergestellten Vernichtungswaffen, dessen Folge andererseits etwa zehn Millionen Opfer waren,

1. Weltkrieg

von den Verheerungen der Infrastruktur, den Verletztenzahlen usf. ganz zu schweigen.

1. Weltkrieg: Die dritte Schlacht von Ypern (Belgien 1917)

Oktoberrevolution in Russland

Die Revolution in Russland 1917 führte zu einer gravierenden Umwälzung in der größten europäischen Monarchie, die in der Ermordung der Zarenfamilie 1918 gipfelte. Eine gewaltige Funktionärsdiktatur wurde im Namen einer (in Russland noch nicht nennenswerten) Arbeiterschaft und mit brutaler Rücksichtslosigkeit gegenüber der zumeist analphabetischen bäuerlichen Bevölkerung aufgebaut; allerdings strahlte das Sowjet-Experiment gerade auf die Intellektuellen und die Arbeiterbewegungen Zentraleuropas aus und löste so die proletarischen Umsturzversuche in Deutschland unmittelbar nach dem Ende des Krieges aus. In ähnlichem Maße wie das russische Gesellschaftsexperiment übte auch die industrielle Rationalisierung in den USA im Blick auf Technisierung der modernen Welt und demokratische Hoffnungen große Faszination aus. Mit dem Schlagwort des Fordismus wird einerseits die Idee Henry Fords bezeichnet, vermittels standardisierter (fließbandgestützter) Produktionsverfahren Waren des alltäglichen Bedarfs (auch Automobile) in großer Stückzahl herzustellen, die dadurch aber, unterstützt durch eine gewisse Partnerschaftsstruktur zwischen Arbeitnehmern und Kapitaleignern, tatsächlich auch für viele erwerbbar würden. Massenfertigung und Massenkonsum bedingen sich gegenseitig.

Massenfabrikation, Fließband, Fordismus

Die Begeisterung für die junge Sowjetunion ebbte nach den desillusionierenden Erfahrungen des gewaltsamen Bürgerkriegs in Russland bei einem Großteil der Intellektuellen wieder ab; nichtsdestoweniger ist die Hinwendung zur Arbeitswelt in der Literatur der 1920er Jahre und v. a. die Entstehung einer Literatur der Arbeitswelt bzw. einer eigenen proletarisch-revolutionären Literatur ohne den Bezug auf die Sowjetunion nicht denkbar. – Amerikanismus war nicht Begeisterung für ein politisches System, sondern gleichsam Synonym für eine technisch-industrielle Moderne, deren massenkulturellen Begleiterscheinungen wie Sportbegeisterung (insbesondere Boxen), Jazz u. Ä. von der Unterhaltungskultur der Großstädte schnell adaptiert wurden.

Sowjetbegeisterung und Amerikanismus

Für die Unterhaltungskultur der Weimarer Republik waren zwei neue technische Medien von großer Bedeutung: der Film und das Radio. Der Film beeinflusste mit Schnitt- und Montagetechniken und der Perspektivführung der Kamera die Entwicklung neuer literarischer Verfahrensweisen: Personales Erzählen, Montage- und Schnitttechnik im Roman (z. B. Alfred Döblin: *Berlin Alexanderplatz*, 1929) griffen filmische Erzähltechniken auf; das Radio verbreitete einerseits neue Gattungen wie das Hörspiel oder die Rundfunkreportage, andererseits erschien es als Demokratisierungsmedium par excellence, insofern es Kunstprodukte in die Wohnungen brachte und damit die Kluft zwischen Kunst und Alltag tilgen konnte. In diesem Zusammenhang wurde aber die Unterscheidung zwischen Unterhaltungskultur und Elitenkultur sehr deutlich greifbar. Literatur stand gegenüber Film und Radio verstärkt in einer Konkurrenzbeziehung.

Neue Medien: Film und Radio

Alfred Döblin (ca. 1939)
© Deutsches Literaturarchiv Marbach

Expressionismus

| 1.1

Der *Expressionismus* setzte etwa ein halbes Jahrzehnt vor dem 1. Weltkrieg ein, überdauerte diesen aber und entwickelte im und nach dem Krieg spezifische Reaktionsformen auf die Kriegswirklichkeit. Er war allerdings entscheidend geprägt von der Großstadterfahrung und ihren kommunikativen und sozialpsychologischen Bedingungen, von moderner Medienwelt und der gesteigerten Erfahrung der Ich- und Welt-Zertrümmerung.

Mit dem Begriff des Expressionismus wird eine literarische Bewegung nach der Jahrhundertwende, insbesondere im zweiten Jahrzehnt des 20. Jh., bezeichnet, die – wie wenige „Epochen"-Phänomene – diesen Begriff zur Ausflaggung ihres Selbstverständnisses in Manifesten und programmatischen Traktaten und theoretischen Selbsterklärungen exponiert hatte. Der Expressionismus stand in Opposition zu den antimodernistischen Strömungen der Jahrhundertwende, wandte sich allerdings auch von der *Décadence*-Dichtung ab. Die Strömung selbst war inhomogen, vereinigte Welthaltungen wie Technikbegeisterung und Zivilisationskritik, futuristischen Erlösungsglauben und Entfremdungsangst, Pathos der Verkündigung wie stilistische Reduktion, Orientierung an traditionellen lyrischen Formen und freie Rhythmik und Strophenform. Damit reagierte der Expressionismus in spezifischer Weise auf das Großstadtleben und die Beschleunigung der Technik- und Medienentwicklung.

Expressionismus: Epochenbegriff und Programmatik

20. Jahrhundert: Vom Expressionismus bis zur Gegenwart

Brücke zwischen Ästhetizismus und Expressionismus: Rilkes *Malte*

Schon in Rilkes großem Roman *Die Aufzeichnungen des Malte Laurids Brigge* (1910) wird die Großstadt in ihrer verunsichernden, in Einzelbilder zerfallenden, zentrierte Erzählperspektivik auflösenden Wirkung zum Handlungs- oder eher Betrachtungsraum. Rilke beschreitet hier gleichsam die Brücke zwischen Ästhetizismus und Expressionismus. Längere Parisaufenthalte (v. a. 1902/03 und 1905/06) bilden den Hintergrund dieses Textes, der auf die schockartige Metropolenerfahrung mit expressionistischen Bildern ebenso reagiert wie mit dem Zerfall der Erzählerstimme in eine Vielheit von Stimmen. Fragmentarisch organisiert der Text die insgesamt 72 Aufzeichnungen, die Großstadtwahrnehmung, oft traumatische Kindheitserinnerungen und historische Sachverhalte betreffen, aber keine einheitliche Handlung ergeben. Technisierung und Beschleunigung der Stadt geraten in den genauen Blick des Betrachters, die Wahrnehmung jedoch ist synästhetisch: Gerüche stehen neben den Farben und Verfallssymptomen der Welt wie auch der überbordenden Geräuschkulisse.

Jakob van Hoddis (um 1910)

Expressionistische Lyrik: van Hoddis, Heym, Benn

Als Initialzündung expressionistischer Lyrik gelten Jakob van Hoddis' Gedicht „Weltende" („Dem Bürger fliegt vom spitzen Kopf der Hut, / In allen Lüften hallt es wie Geschrei. / Dachdecker stürzen ab und gehn entzwei / Und an den Küsten – liest man – steigt die Flut", 1910), Georg Heyms Lyriksammlung *Der ewige Tag* (1911) und Gottfried Benns „Der Arzt II" („Die Krone der Schöpfung, das Schwein, der Mensch", 1912). Hier werden wesentliche Stilmerkmale und Aussagemodi expressionistischer Lyrik sichtbar: Das tendenzielle Verschwinden des lyrischen Ich (Trakl, van Hoddis), schockartige und provokante Bilder und Sujets des Hässlichen, Toten, Zerstörten (Benn), Reihungsstil und Simultaneität.

Georg Heym (um 1900)

„O Mensch"-Pathos

Programmatisch ist die pathetische wie provokante Ausrufung eines neuen Menschen in Herwarth Waldens Zeitschrift *Der Sturm* (1910–32) sowie in Franz Pfemferts *Die Aktion* (seit 1911). Gegen die moderne Zivilisation, aber auch gegen die Philisterexistenz der bürgerlichen Gesellschaft werden rauschhafte, ekstatische Momente ins Feld geführt; Johannes R. Becher und Franz Werfel sind die Protagonisten einer pathetischen „O Mensch"-Lyrik, die ihre Botschaft von einem neuen Menschen herausschreien: „Motivisch ist dies eine Lyrik, die Jugend, Aufbruch, Wandlung, den ‚Neuen Menschen', den Bruder, das Volk und den verkündenden Dichter, den Menschen, die Brüderlichkeit, das Wir, die Gemeinschaft, das Weltall und Gott besingt, sich schließlich des Krieges erinnert und emphatisch die Revolution feiert" (Fähnders 1998, 167). Formal wird hier zwar einerseits die metrische und strophische Tradition gebrochen, allerdings entwickelt sich andererseits aus diesem Bruch keine neue lyrische Sprache – nur der Bruch selbst steht für den Anspruch auf Neues, die Bildersprache lässt sich als „klappernde Metaphorik" (Vietta/Kemper 1975, 190) bezeichnen.

Franz Werfel (1940)

Dem entgegen steht eine zweite expressionistische lyrische Richtung, die die Lebensbedingungen und Erfahrungszusammenhänge der Großstadt in einer neuartigen Sprache auszudrücken versucht: Ein mannigfaltiges, zerstreutes wie zerstreuendes Nebeneinander von gleichzeitigen Eindrücken soll simultan, in paratakischer Reihung wiedergegeben werden. Der Herausgeber der bedeutendsten und für das Selbstverständnis und die Rezeption der Expressionisten wirkungsmächtigsten Anthologie expressionistischer Lyrik, der *Menschheitsdämmerung* (1919/20) von Kurt Pinthus, hat als Muster dieses Stils das Gedicht „Weltende" von Jakob van Hoddis an den Beginn der Sammlung gesetzt. Technische Verfahren der Medien- und Industrieproduktion, Schnitt und Montage, die Auflösung größerer Zusammenhänge, Visionen von Weltuntergang, Raum und Apokalypse (Georg Trakl, Georg Heym), die schockierende Welt der Gerichtspathologie in Gottfried Benns Zyklus *Morgue* (1912) vertauscht Menschliches mit Tierischem, Belebtes und Unbelebtes oder Ding in den Bilderwelten miteinander – und erzeugt sezierend neue Bilder.

Die Aktion, Titelblatt mit einer Illustration von Egon Schiele zum Tode Charles Péguys (1914)

V. a. mit dem Simultanstil gelingt es dem Expressionismus, der Entdeckung des Großstadtsujets (durch den Naturalismus, der allerdings in traditionellsten Formen sprach) auch die angemessene Formensprache hinzuzufügen. Die Doppelbödigkeit der Großstadterfahrung begründet auch einen guten Teil der programmatischen Inhomogenität des Expressionismus selbst: Die Großstadt ist Lebensbedingung und -hintergrund der Dichter selbst, ihre Vielfältigkeit, Geschwindigkeit, „Modernität" in Verkehr, Medien, Kommunikation fasziniert und lässt auf die Zukunft blicken – und ist Ort der Vereinsamung, Verstörung, Zerstreuung, Entfremdung und des Ich-Verlusts.

Stilistik expressionistischer Lyrik

Gottfried Benn (ca. 1925), Photographin: Frieda Rieß © Deutsches Literaturarchiv Marbach

Das Drama des Expressionismus lässt sich formal grundsätzlich als Stationendrama beschreiben, das, in der Tradition August Strindbergs, an die Stelle der tektonischen Bauform die offenere, eben nicht mehr auf psychologischer oder kausaler Konsequenz basierende Sequenz von Bildern oder Handlungselementen setzt. Die Stationentechnik wiederholt strukturell die paratakische Reihung des Simultanstils in der Lyrik; den Auftakt für diese technische Innovation bildet Reinhard Sorges Drama *Der Bettler* (1912), das jenseits der traditionellen Aktgliederung schon stationenorientiert war und typisierte Figuren der Großstadt vorführte. Die Schritte des Protagonisten in Ernst Tollers Drama *Die Wandlung* (1919) lassen sich, zwischen der Ausgangsstation des freiwilligen Kriegseintritts und dem Schlussbild des Helden,

Reinhard Sorge (um 1914)

Drama des Expressionismus: Stationendrama, Wandlungsdrama, Messianismus der als Pazifist in die Gesellschaft eingreifen will, ganz im Sinne der Stationentechnik beschreiben. Motivisch oder vom Handlungsmodell her liegt hier ein paradigmatisches Wandlungsdrama vor, das die Wandlung oder auch die Erlösung des Protagonisten zum (neuen) Menschen zum Gegenstand hat. Die modellartige Wandlung ist Motor oder Anlass der Verkündigungspraxis des expressionistischen Theaters, das sich als Funktion politischer Veränderung, der Aufrüttlung des Menschen versteht. Wandlungsdramen sind etwa Walter Hasenclevers *Der Sohn* (1914), Ernst Barlachs *Der arme Vetter* (1918) oder Arnolt Bronnens *Die Geburt der Jugend* (1924). Wandlung als Läuterung, die radikale, letztlich nicht notwendige Opferbereitschaft für die Gesellschaft zur Folge hat, ist Gegenstand des dreiaktigen Verkündigungsdramas *Die Bürger von Calais* von Georg Kaiser (1914); hier nimmt der neue Mensch des Expressionismus messianische Züge an.

Wandlungsparadigma und Verkündigung haben Anteil am „O Mensch"-Pathos – Ich-Verlust und Vereinsamung in der Großstadt werden aber nicht unterschlagen. Kaisers Stationendrama *Von morgens bis mitternachts* (1916) führt experimentartig desillusionierend die antiutopische Seite expressionistischer Welthaltungen vor. Vor allem Krieg und Technikangst dominieren etwa Reinhard Goerings *Seeschlacht* (1917) oder Kaisers *Gas* (1918–20). – Es mag an den zu Beginn des 1. Weltkrieges herrschenden Bedingungen im Theaterbetrieb des Kaiserreichs und dann an den Auflösungserscheinungen dieses Betriebs am Ende des Krieges und zu Beginn der Weimarer Republik gelegen haben, dass das expressionistische Drama erst zeitlich versetzt auf den Bühnen reüssieren konnte; vor allem Max Reinhardt am Deutschen Theater in Berlin nahm sich experimentierfreudig dieser Dramatik an.

Zeitversetzte Publikation aufgrund des 1. Weltkrieges

Expressionistische Prosa liegt überwiegend in kleineren Erzählformen vor, die inhaltlich darstellerischen Aspekte der Lyrik – die Dissoziation des Ichs und der Zerfall der Wirklichkeit(swahrnehmung) in bloße Fragmente – herrschen auch hier vor. Assoziatives Schreiben dominiert etwa die Rönne-Novellen Gottfried Benns (*Gehirne*, 1916), in denen die Rausch- und Traumwelt an die Stelle des entfremdenden Alltags des Mediziners Rönne gesetzt wird. Die kleinen Erzähltexte, die Carl Einstein in seinem *Bebuquin oder die Dilettanten des Wunders* (1912) versammelt, verstoßen bewusst gegen die Kausalitäts- und Chronologieregeln traditionellen Erzählens; die Adaption filmischer Darstellungsästhetik wird in Alfred Döblins kleiner Erzählung *Ermordung einer Butterblume* (1913) umgesetzt.

Stilistik expressionistischer Erzählliteratur

Der Expressionismus als literarische Programmatik löst sich zu Beginn der 1920er Jahre auf: Die zum großen Teil zu Beginn der Strömung jungen Schriftsteller entwickeln sich, wenn sie nicht früh sterben (Heym, Trakl), unter dem Eindruck der politischen Veränderungen in sehr unterschiedliche Richtungen – Johannes R. Becher etwa zum Sozialismus, Gottfried Benn eher in die Richtung des Nationalsozialismus.

Georg Trakl (um 1910)

Dada

1916 ging von Zürich unter dem Namen *Dada* eine zwar wirkungsmächtige, aber kurzlebige (bis zum Beginn der 1920er Jahre) Avantgardebewegung aus. Die Bezeichnung Dada hatten Hugo Ball, Richard Huelsenbeck und Tristan Tzara nach dem Markennamen einer Seife zunächst für eine Sängerin ausgewählt, wegen des Anklangs an kindlich-unausgebildetes Sprechen aber sofort übernommen, um damit die Spielgestik des dadaistischen Umgangs mit Sprache zu markieren. Die Bewegung konzentrierte sich auf einige Städte innerhalb Deutschlands – Berlin, Hannover, Köln –, Dadaismen gab es aber auch außerhalb des deutschsprachigen Raums, etwa in New York oder Paris.

Dada: Herkunft des Namens

Plakat „DADA siegt" (Köln 1920)

So inhomogen die gesamte Bewegung auch war, so kann doch von einer gemeinsamen Basis aller Dadaismen ausgegangen werden: Die Abtrennung der Kunst vom Leben, die den bildungsbürgerlichen – und auch den ästhetizistischen – Kunstbegriff prägte, die traditionelle abendländische Kultur, deren Zusammenbruch in der Katastrophenerfahrung der Materialschlachten des Weltkrieges sichtbar wurde, ja sogar der Begriff des künstlerischen Werkes waren Gegenstand radikaler Ablehnung. Das Prinzip der Verunsicherung scheinbar allgemeingültiger Aussagen oder Annahmen, die Verweigerung gegenüber dem pseudoreligiösen Pathos traditioneller Kunst, die Überschreitung der Grenzen verschiedener Kunstformen bis hin zur Nicht-Wahrnehmbarkeit der Scheidelinie zwischen künstlerischer Aktion und Alltagssituation sollten tendenziell die Grenze zwischen Kunst und Leben überschreiten, anders gesagt:

Verhältnis zum etablierten bürgerlichen Kunstbetrieb und Überschreitung der traditionellen Gattungsgrenzen mit durchaus politischer Absicht sollten vom Kunstwerk aus die gesellschaftlichen Lebensverhältnisse umgestaltet werden.

1918 verfasste Huelsenbeck das sogenannte *Dadaistische Manifest*, das die wichtigsten Berliner und Züricher Dadaisten mit unterzeichneten und in dem die dialektische Selbstbestimmung der Bewegung sichtbar wurde: Einerseits lehnt Dada Kunst und Kunstwerk, wie sie bisher existierten, ab – fordert aber Kunstwerke, die Stellung beziehen zu den „tausendfachen Probleme[n] der Zeit": „Die besten und unerhörtesten Künstler werden diejenigen sein, die stündlich die Fetzen ihres Leibes aus dem Wirrsal der Lebenskatarakte zusammenreissen, verbissen in den Intellekt der Zeit, blutend an Händen und Herzen" (*Manifeste* 1995, 145). Das „O Mensch"-Pathos und das Wandlungsparadigma des Expressionismus werden einerseits scharf abgelehnt, andererseits ist der Dadaismus als Reaktionsform der Literatur auf die Schockerfahrungen der Großstadt, die Ich-Auflösung in der Moderne dem frühen Expressionismus auch verwandt.

Theo van Doesburg und Kurt Schwitters: *Kleine Dada-Soiree* (1922)

Ablehnung des Expressionismus, Umsetzung der Großstadtproblematik

Dies zeigt sich auch stilistisch: Dada adaptiert das Simultaneitätsprinzip expressionistischer Lyrik; darüber hinaus werden die sprachlichen Einheiten Wort und Satz destruiert, Laute, Buchstaben und andere Schriftzeichen treten an deren Stelle. Die Überschreitung von Wort- zu Bildkunst wird in Montage- oder Collage-Verfahren sichtbar, die Transgression von Wort- zu Aktionskunst in stilisierten Happening-Formen, in denen bis zur (etwa kubistischen) Kostümierung des Sprechers jede auch außersprachliche Handlung mitinszeniert wurde. Anstelle einer intentionalen Sprechhandlung wird die Textproduktion dem Zufallsprinzip überlassen. Damit brechen Eckpfeiler des traditionellen Literaturbegriffs ein: Autor und Autorintention sind mindestens suspekt oder verschwinden hinter dem Zufall; Kunst wird machbar, der Künstler wird nicht länger als Originalgenie betrachtet; Material der „Literatur" ist auch das vorgefundene

Dadaistische Aktionskunst

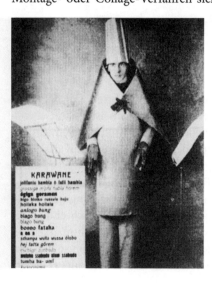

Hugo Ball im Cabaret Voltaire (Zürich, 1916)

nicht-sprachliche Objekt (Collage), Werk und Inszenierung sind offen gegenüber der gesellschaftlichen Umwelt.

Nichtsdestoweniger produzieren Dada-Künstler Kunstwerke – sie lassen sich, entsprechend den ästhetischen Verfahren, zu „Gattungen" oder Formen gruppieren: Laut- und Buchstabengedichte (Hugo Ball: *Karawane*, 1917; Kurt Schwitters: *Ursonate*, 1923–32), Bild- oder Plakatgedichte, Collagen (John Heartfield, Schwitters: *Merz*, 1923) oder theatrale Inszenierungsformen wie Kunstaktionen oder Kabarett. Dass mit der Überschreitung der Kunst ins Politische hinein auch die seit dem Weimarer Klassizismus hochgehaltene Autonomie der Kunst absichtlich abgelehnt oder „hintergangen" wird, trennt Dada substantiell von den ästhetizistischen Sprachkünstlern um die Jahrhundertwende.

Ablehnung ästhetischer Autonomie und Überschreitung der Kunst ins Politische hinein

Neue Sachlichkeit

|1.3

Programmatisch für eine ästhetische Neuorientierung in den 1920er Jahren war eine Ausstellung in der Mannheimer Kunsthalle 1925: Der dortige Direktor Gustav Friedrich Hartlaub präsentierte Gemälde aus den Jahren seit 1917, deren Gegenstand Kriegsende und Nachkriegszeit waren und denen er einen doppelten Titel gab: „Die Neue Sachlichkeit. Deutsche Malerei nach dem Expressionismus". Einerseits wird hier, gleichsam vorausgreifend auf das Auslaufen expressionistischer Tendenzen zu Beginn der 1920er Jahre, deren Ende vorweggenommen, andererseits prägt Hartlaub ein Schlagwort, unter dem sich eine neue literarische und ästhetische Orientierung versammeln konnte. Aus sozialhistorischer Sicht spricht vieles dafür, dass die neusachliche Tendenz in einem engen Zusammenhang steht mit der relativen Stabilisierung der ökonomischen und politischen Lage in der zweiten Hälfte der 1920er Jahre.

Neue Sachlichkeit: Herkunft und Geschichte des Begriffs

Architektur der Neuen Sachlichkeit: I.G.-Farben-Haus in Frankfurt, heute Johann Wolfgang Goethe-Universität Frankfurt a. M. © 2008 Jürgen Matern, http://www.juergen-matern.de

„Sachlichkeit" war zunächst als entschieden anti-expressionistischer Abwehrbegriff gemeint, das Jahr 1920 wird als Wendejahr der Abkehr aufgefasst, die Merkmale neusachlicher Kunst – in Malerei und Literatur – sind Gegenständlichkeit und Gegenstandstreue, Darstellung alltäglicher, auch hässlicher Gegenstände, Thematisierung der Dingwelt, aber auch der Verdinglichung des Menschen in der Moderne; der künstlerische Blick soll präzise und nüchtern

Anti-Expressionismus, programmatische Nüchternheit

sein, das Objekt aus seinen gewohnten Bezügen isoliert werden, die Erfahrung der Dingwelt bleibt partikular: Auf die künstlerische Simulation einer organischen Ganzheit soll verzichtet werden. Der Herstellungsprozess des Kunstwerks selbst soll nicht mehr sichtbar sein.

Präzisionsästhetik: Der Schriftsteller als politischer Akteur

Präzision ist ebenso Charakteristikum moderner industrieller Fertigung wie des neusachlichen Erzählens: In einem programmatischen Aufsatz in der nicht zufällig in der Ruhrgebiets- und Montanindustriestadt Essen erscheinenden Zeitschrift *Der Scheinwerfer* (1927–1933) fordert Erik Reger moderne *Präzisionsästhetik*: Der Schriftsteller wird als politischer Akteur verstanden, der genaueste Kenntnisse gesellschaftlicher Tatsachen aufweisen – und seine Gegenstände ebenso präzise darstellen soll: Literatur wird in einem emphatischen Sinne als Nachahmung, als exakte Abbildung der Wirklichkeit verstanden. Reger liefert mit seinem Industrieroman *Union der festen Hand* (1931) sowie mit einer Romansatire auf die Verbindungen zwischen Großindustrie, provinzieller Kommunalpolitik im Ruhrgebiet und beginnendem Faschismus (*Das wachsame Hähnchen*, 1932) selbst Beispiele für diese Ästhetik, wobei umstritten ist, inwieweit narrative Präzision in traditioneller Metaphorik verschwindet (vgl. Schütz/Uecker 1995, 98).

Neue Sachlichkeit: Themen und Formen

Literatur der Neuen Sachlichkeit ist v. a. Prosaliteratur – und zwar über die Grenzen der fiktionalen Literatur hinweg: Reportage und andere dokumentarische Formen, Sachbuch, auch Biographie und Autobiographie sind die bevorzugten Gattungen. Die Sujets sind vielfältig – und an zentralen Aspekten oder Konfliktherden der modernen Gesellschaft orientiert: Arbeitswelt, Technik und Industrie (Reger; Egon Erwin Kisch: *Der rasende Reporter*, 1924; *Hetzjagd durch die Zeit*, 1926, Reportagen), das Angestelltenmilieu (Siegfried Kracauer: *Die Angestellten*, 1930; Hans Fallada: *Kleiner Mann, was nun?*, 1932), Sport und Freizeitkultur (Marieluise Fleißer: *Eine Zierde für den Verein*, 1931; Kisch), die Entwicklung eines neuen Frauenbildes (Irmgard Keun: *Das kunstseidene Mädchen*, 1932; Fleißer) sowie die Anonymisierung und entfremdende Durchrationalisierung der Gesellschaft (Erich Kästner: *Fabian. Die Geschichte eines Moralisten*, 1931). – Natürlich existieren auch neusachliche Lyrik und Dramatik: Zahlreiche lyrische Texte etwa von Erich Kästner zeichnen sich durch Versachlichung, Entsubjektivierung und Lakonismus aus (z. B. „Sachliche Romanze", 1928), ebenso wie Gedichte Bertolt Brechts (*Aus einem Lesebuch für Städtebewohner*, 1930); die Anwendung dokumentarischer Techniken auf dem Theater (etwa bei Erwin Piscator) und seine durchgreifende Technisierung der Bühne zeigen auch für die dramatische Literatur Anschlüsse an die Neue Sachlichkeit.

Historischer Ort der Neuen Sachlichkeit

Insgesamt lässt sich Neue Sachlichkeit verstehen als Ausdruck einer vollzogenen Synchronisationsbewegung zwischen technischer Entwicklung und Auffassung ästhetischer Verfahren: Während die anderen Avantgarden sich abarbeiten an den Verwerfungen und den Umbruchskosten der industriell-großstädtischen Moderne, ist Neue Sachlichkeit der Versuch eines „Ausgleich[s] von künstlerischer Praxis und technisch-industriell bestimmtem Alltag" (Fähnders 1998, 235). Gleichzeitig scheint das Nachahmungspostulat einer Präzisionsästhetik schlichtweg naiv zu sein, denn sowohl für das dokumentarische Material als auch für die narrativ exakte Darstellung der „Sache" muss nach den Hierarchien und Kausalitäten „hinter den Dingen" gefragt werden.

Kabarett, Satire, Kritik

|1.4

Das Kabarett war im wilhelminischen Kaiserreich eher Amüsierstätte, unter den Bedingungen der Zensur gehörte es zur modern-großstädtischen Unterhaltungskultur – politische Satire oder Parteinahme war äußerst selten. Nach dem Ende des 1. Weltkrieges spaltete sich das politisch-satirische Kabarett vom Unterhaltungstheater ab und wurde, v. a. in Berlin, zu einer wichtigen Institution literarischer Kritik an den politischen Verhältnissen. Dieses Kabarett bot vielen linken oder liberalen Schriftstellern Publikations- und Verdienstmöglichkeiten bzw. die Chance, vermittels literarischer Texte in politische Auseinandersetzungen einzugreifen: Erich Kästner als Gedicht- und Chanson-Autor, Friedrich Hollaender als Texter und Komponist, Erich Mühsam als Textdichter.

Kabarettkultur

Frank Wedekind (1864–1918)

Neben dem Kabarett bildete sich in der Weimarer Republik (wiederum v. a. in Berlin) eine reiche Kultur satirischer Zeitschriften: Der *Simplicissimus*, der, immer wieder behindert durch Zensurprozesse, seit 1896 die bürgerlich-philisterhafte Kultur und die Politik des Kaiserreichs begleitet hatte, war schon für Schriftsteller der Jahrhundertwende wie Frank Wedekind oder Hugo von Hofmannsthal Publikationsorgan gewesen; nachdem er im Krieg für diesen eingetreten war, konnten in den 1920er Jahren wiederum kritische oder pazifistische Schriftsteller wie Erich Kästner und Kurt Tucholsky hier veröffentlichen. – Tucholsky war einer der wichtigsten Mitarbeiter der wöchentlich erscheinenden Zeitschrift *Die Weltbühne* (1905–1933) seines Freundes Siegfried Jacobsohn. Unter vier Pseudonymen, die jeweils Figuren unterschiedlichen Temperaments und intellektuellen Zuschnitts auf den Leib

Simplicissimus, Titelblatt (1910)

Satirische Zeitschriften: *Simplicissimus*, *Die Weltbühne*

Kurt Tucholsky
(Paris 1928)

geschrieben waren, verfasste er Satiren, Rezensionen, politische Lyrik und Kabaretttexte.

In Wien erschien schon seit 1899 die von Karl Kraus herausgegebene Zeitschrift *Die Fackel* (1899–1936). Die Vorkriegsgesellschaft der k.u.k.-Monarchie ist ebenso Ziel seiner Gesellschaftskritik wie die Praxis der bürgerlichen Presse. Besonderheit der *Fackel* ist, dass Kraus vom Jahr 1912 an der alleinige Autor der Originalbeiträge zur Zeitschrift ist. – Der Höhepunkt von Kraus' satirisch-politischer Publizistik ist seine szenische Satire *Die letzten Tage der*

Die Weltbühne,
Titelblatt (Dezember 1930) (links)

Karl Kraus:
Die Fackel, Band 1, Titelblatt (1899) (rechts)

Karl Kraus (um 1914)

Menschheit (1919/22), mit der er auf den Weltkrieg reagiert und die Montage von dokumentarischem Material mit unzähligen Anspielungen auf die literarische Tradition (*Faust* u. v. a. m.) vermischt. Mehr als tausend Sprecher treten mit zum Teil kürzesten Rollen in mehr als 200 Szenen auf: Historische Personen, Dichter, Politiker, Journalistenkollegen, aber auch vielerlei erfundene Gestalten.

1.5 | Volksstück

Carl Zuckmayer,
Marieluise Fleißer

Neben dem expressionistischen Drama, der Aktionskunst des Dada, den Unterhaltungs- oder politischen Revuen des Kabaretts und den verschiedenen Spielarten des entschieden linken Theaters war das Volksstück eine literarische Form, die auf das gleichnamige Genre des 19. Jh. zurückgriff (Nestroy u. a.), dieses aber mit sozial- und gegenwartskritischen Aspekten anreichern wollte. In Carl Zuckmayers *Der fröhliche Weinberg* (1925) werden in derber, volkstümlicher Sprache an Negativfiguren Korrumpiertheit, Nationalismus und Antisemitismus, an Positivfiguren vitalistische Werte, Natürlichkeit, Ursprünglichkeit modelliert. Die Dramen Marieluise Fleißers dagegen sind im Blick auf die Verfasstheit der Gesellschaft sowie in ihrer Kleinbürgerkritik viel differenzierter: In *Fegefeuer in Ingolstadt* (1924) und *Pioniere in Ingolstadt* (1928) wird die Unterprivilegiertheit der Abhängigen einerseits vor Augen geführt, Provinzialität und (intellektuelle) Beschränktheit aber werden andererseits selbst als Symptom und Ursache der entfremdenden sozialen Verhältnisse sichtbar gemacht.

Explizit dem Genre des Volksstücks ordnet der Wiener Schriftsteller Ödön von Horváth seine Dramen zu (*Italienische Nacht*, 1931; *Geschichten aus dem Wiener Wald*, 1931; *Kasimir und Karoline*, 1932). Er liefert darüber hinaus auch eine theoretische Auffassung der Gattung:

Ödön von Horváth
(1901–1938)

> Nun besteht aber Deutschland, wie alle übrigen europäischen Staaten zu neunzig Prozent aus vollendeten oder verhinderten Kleinbürgern, auf alle Fälle aus Kleinbürgern. Will ich also das Volk schildern, darf ich natürlich nicht nur die zehn Prozent schildern, sondern als treuer Chronist meiner Zeit, die große Masse. Das ganze Deutschland muss es sein! […] Mit vollem Bewusstsein zerstöre ich nun das alte Volksstück, formal und ethisch – und versuche die neue Form des Volksstückes zu finden (von Horváth 1970, 662 ff.).

Der innere Zustand der kleinbürgerlichen Familie, die sexuelle Unterdrückung der Frau, die mentale Verfasstheit der Klasse mit ihrer Absturzangst vor der Proletarisierung, ihre Spießbürgerlichkeit sowie ihre politische Indifferenz und Gefährdetheit für Nationalismus und autoritären Charakter lassen die Stücke als Dokument der Vorbereitungsphase der nationalsozialistischen Machtübernahme erscheinen.

Literatur der Arbeitswelt, Arbeiterliteratur | 1.6

Dort, wo die Literatur der Neuen Sachlichkeit Technik, Industrie und Berufswelt thematisiert, berührt sie sich mit der *Literatur der Arbeitswelt* und der *Arbeiterliteratur*. Erik Regers Romane über das Industrierevier an der Ruhr sowie Egon Erwin Kischs Reportagen über die Allgegenwart der Industriebarone in den Ruhrstädten („Essen, das Nest der Kanonenkönige") belegen dies deutlich.

Nichtsdestoweniger muss von dieser bloßen (wenn auch durchaus parteinehmenden) Thematisierung der Arbeitswelt die Arbeiterliteratur unterschieden werden, die einerseits tatsächliche Literatur von Arbeitern (Autobiographien o. Ä.), andererseits Literatur der Arbeiterbewegung war, die ihr Schreiben als Ausdrucks- und Kampfmittel in der Klassenauseinandersetzung verstand. 1928 wurde der „Bund proletarisch-revolutionärer Schriftsteller" (BPRS) gegründet, der die Profilierung eines proletarischen Klassenbewusst-

Literatur als Medium politischer Auseinandersetzungen

seins mithilfe für die Masse erschwinglicher Literatur bewirken wollte (*Rote Eine-Mark-Romane*) sowie in einer Zeitschrift (*Die Linkskurve*, 1929–1932) die Programmatik proletarischer Literatur diskutierte.

Beispielhaft für Autorentypus und Genre ist Willi Bredel, der als Arbeiter und Arbeiterkorrespondent reportageartige Romane schrieb (*Maschinenfabrik N&K*, 1930; *Die Rosenhofstraße*, 1931), die zwar tatsächlich eine idealtypische Ausbildung des proletarischen Klassenbewusstseins vorführen, ästhetisch aber völlig in traditionellen Erzählweisen bzw. in naivem Pseudorealismus verharren. Dass dieser Rückfall hinter die Avantgarden aber nicht zufällig erfolgte, zeigt der sogenannte *Expressionismusstreit*, innerhalb dessen sich der linksgewendete Ex-Expressionist Johannes R. Becher und Gottfried Benn über die (Un-) Angemessenheit der Formensprache der avantgardistischen Literatur auseinandersetzen. Der mittlerweile auch zur historisch-materialistischen Kulturphilosophie übergewechselte Georg Lukács vertritt in dem Streit die These, nicht die sich in Formexperimenten tendenziell auflösenden Kunstrichtungen dürften als avantgardistisch bezeichnet werden, sondern diejenigen, die sich dem (sozialistischen) Fortschritt der Gesellschaft widmeten. Ästhetische Modernität wird damit durch inhaltliche Parteinahme ersetzt – Lukács' Position wird dogmatisiert und führt zur Kunstauffassung des *sozialistischen Realismus*.

Formalismusstreit

Bereits 1920 hatte Erwin Piscator das „Proletarische Theater" als „Bühne der revolutionären Arbeiter Groß-Berlins" übernommen, unter Mitwirkung von Mitstreitern des Berliner Dada wurden bis zum Verbot der Bühne im April 1921 etwa 50 Aufführungen realisiert – und zwar in den Arbeitervierteln, nicht in einem eigenen Haus. Im „Deutschen Arbeiter-Theater-Bund" sind die Arbeiterbühnen der Republik organisiert, bei Tagungen wird die optimistisch-kämpferische Programmatik (auch gegenüber den Sozialdemokraten!) verhandelt, die v. a. die Bühne als Waffe im Klassenkampf versteht.

Piscators „Proletarisches Theater"

1.7 | Politisches Theater: Bertolt Brecht

Mit seinem Dramenerstling *Baal* (1918) hatte Bertolt Brecht schon Distanz gesucht gegenüber dem „O-Mensch-Pathos" des Expressionismus, das Drama *Im Dickicht der Städte* (1923) thematisierte bereits die Großstadtwirklichkeit der kapitalistischen Supermetropolen Nordamerikas (Chicago), nahm die neusachliche Faszination für den Sport (Boxen) vorweg, lag aber noch vor der marxistischen Wende Brechts. Erst in der zweiten Hälfte der 1920er Jahre erarbeitete er sich zusammen mit dem Philosophen Karl Korsch die Gesellschaftsanalyse des Marxismus und entwickelte daraufhin ein pointiertes Konzept des *politischen Theaters*.

Eingreifendes Denken: *Episches Theater*

Einerseits soll dieses Theater *episch* sein: Es soll immer wieder darauf verweisen, dass es nur zeigt, nur erzählt, dass die auf der Bühne dargestellte Handlung Simulation ist und nicht Gegenstand der Einfühlung. Die Illusion soll immer wieder durchbrochen werden durch strategisch präzis kalkulierte Verfremdungen: Songs, Projektionen, Zeitsprünge und Erzählerfiguren, Heraustreten der Schauspieler aus der Rolle u. a.; anstelle der Einfühlung soll eingreifendes Denken treten: die Frage danach, aufgrund welcher gesellschaftlichen Bedingungen die gezeigte Handlung zustande kommt, die Frage nach sozialen Lösungsmöglichkeiten.

Das Berliner Theater am Schiffbauerdamm, das Brechts „Berliner Ensemble" beheimatete

Andererseits entsteht damit das Konzept des *Lehrstücks*: Gespielte Handlung soll nicht, im Gestus traditionell bildungsbürgerlicher Abtrennung der Kunst vom Leben, mit der Aura des Kunstwerks versehen, sondern als Anweisung zum Denken, Reden und Handeln aufgefasst werden. Nicht das Sehen, sondern das Spielen steht im Lehrstück im Vordergrund. Reflexion und Diskussion über präsentierte Modelle der Wirklichkeit sind die Hauptprinzipien des Konzepts – es ist aber fataler weise der (letztlich bürgerliche) Intellektuelle, der den (proletarischen) Zuschauern die Welt erklärt. Beispiele für diese dogmatische Form des politischen Theaters sind das *Badener Lehrstück vom Einverständnis* (1929) und *Die Maßnahme* (1930).

Brechts *Lehrstück*-Konzept

Weniger im strengen Gestus des Lehrstücks, aber grundsätzlich nach den Prinzipien des epischen Theaters politisch konzipiert sind die Theaterprojekte Brechts, die sowohl die sozialen und ideologischen Begründungsdimensionen realer Verhältnisse offenlegen als auch das bürgerliche Kunstverständnis unterlaufen oder offen provozieren. Die Anti-Oper *Aufstieg und Fall der Stadt Mahagonny*, mit der Musik von Kurt Weill 1930 uraufgeführt, destruiert und verstört alles traditionelle Opernverständnis ebenso wie sie auf die (letztlich kriminelle) Grundverfasstheit kapitalistischer Ökonomie und ihre entmenschlichenden Konsequenzen hinweist. Die scharf gebrochene Schiller-Adaption *Die heilige Johanna der Schlachthöfe* (1929–31) führt in die Großschlachtereien Chicagos zur Zeit der Weltwirtschaftskrise und konterkariert das (aus einem völligen Missverständnis resultierende Pathos) der nur vage adaptierten Vorlage.

Provokation bildungsbürgerlichen Kunstverständnisses: Anti-Oper und Schiller-Adaption

Kriegsliteratur

|1.8

Erst am Ende der 1920er Jahre beginnt die Geschichte der Kriegsliteratur: Betroffene, Soldaten des 1. Weltkrieges, haben etwa ein Jahrzehnt benötigt,

Zeitverzögerung: Literarische Aufarbeitung des Traumas 1. Weltkrieg

um über die Traumatisierungen durch den Krieg zumindest so weit zu verfügen, dass darüber literarisch gesprochen werden kann.

> Das lange Intervall zwischen den Kriegsmemoiren und dem Friedensschluß ist nicht zufällig: es legt Zeugnis ab von der mühsamen Rekonstruktion der Erinnerung, der in all jenen Büchern etwas Ohnmächtiges und selbst Unechtes gesellt bleibt, gleichgültig durch welche Schrecken die Berichtenden hindurchgingen. […] Sowenig der Krieg Kontinuität, Geschichte das ‚epische' Element enthält, sondern gewissermaßen in jeder Phase von vorn anfängt, so wenig wird er ein stetiges und unbewußt aufbewahrtes Erinnerungsbild hinterlassen. Überall, mit jeder Explosion, hat er den Reizschutz durchbrochen, unter dem Erfahrung, die Dauer zwischen heilsamem Vergessen und heilsamem Erinnern sich bildet. Das Leben hat sich in eine zeitlose Folge von Schocks verwandelt. (Adorno 1951, 88 f.).

Erich Maria Remarque: Im Westen nichts Neues, Erstausgabe mit Original-Schutzumschlag (1929)

Erich Maria Remarques Roman *Im Westen nichts Neues* (1929) basiert zwar nicht auf unmittelbar autobiographischem Erleben, die eigenen Erfahrungen an der Westfront 1917/18 aber bedingen die radikal pazifistische Tendenz des Werkes. Am Beispiel eines jungen Soldaten werden die chauvinistisch angeheizte Kriegseuphorie der jungen Generation v. a. 1914 sowie die vielfältigen Grausamkeiten, Entstellungen und seelischen Traumatisierungen durch die Kriegserlebnisse geschildert. – Ludwig Renns Roman *Krieg* (1928) sowie etwa Ernst Glaesers *Jahrgang 1902* (1926) und der Roman *Heeresbericht* von Edlef Köppen (1930) stehen der rechtskonservativen, Kampf, Kriegstechnik und Heroismus verherrlichenden Literatur entgegen, die schon früher nach dem Kriegsende erscheinen konnte – und die auch nicht von einfachen Soldaten, sondern von ehemaligen Offizieren geschrieben worden war (Ernst Jünger: *In Stahlgewittern*, 1920; *Der Kampf als inneres Erlebnis*, 1922).

Remarque, Renn, Köppen

Ernst Jünger als Offizier im 1. Weltkrieg

1.9 | Abseits der Programme: Prosaerzählungen und Romane

In entschiedenem Sinne als politischer bzw. satirischer Schriftsteller kann Heinrich Mann aufgefasst werden. Seine Satire auf das wilhelminische Gymnasium und auf peinliche bürgerliche Doppelmoral im Roman *Professor Unrat* erschien bereits 1905. Der erst 1918 publizierte, aber bereits 1914 fertiggestellte, aufgrund der Zensur zurückgehaltene Roman *Der Untertan* ist ein scharfsichtiges Soziogramm der wilhelminischen Gesellschaft, ebenso wie er ein Psychogramm des autoritären Charakters ist. Hier, im vom Kaiserreich geprägten autoritären Typus, werden schon die mentalen Grundstrukturen nationalsozialistischer Gewalt angelegt. Der Roman ist gleichsam als Karikatur angelegt: Familie, Schule, Militär und Studentenverbindung werden als Produktionsstätten des autoritären Charakters vorgeführt, der die gesellschaftliche Hierarchie ganz verinnerlicht hat, der nach unten tritt, nach oben devot ist, dessen Gefühlsleben deformiert erscheint bis zur perversen Doppelmoral. Dass Diederich Heßling Unternehmer ist, denunziert in seiner Person die kapitalistische Unternehmerschaft des Kaiserreichs, dass er sich mit seinem Kaiser bis zum Ich-Verlust identifiziert, denunziert diesen ebenfalls als ichschwach, als ebenso abhängig vom autoritären Staat wie den Untertan. Die chauvinistisch-nationalistischen Züge des Protagonisten sowie sein Antisemitismus machen ihn als Vorwegnahme eines idealtypischen Nationalsozialisten lesbar.

Gesellschaftssatire im Kaiserreich: Heinrich Mann

Heinrich und Thomas Mann (um 1900)

Heinrich Manns jüngerer Bruder Thomas hatte bereits im Jahre 1901 mit seinem Generationenroman *Die Buddenbrooks* ein vielgestaltiges Panorama der bürgerlichen Epoche im 19. Jahrhundert vorgelegt. Am Beispiel von vier Generationen einer Lübecker Kaufmannsfamilie werden sowohl die innere Verfasstheit der bürgerlichen Klasse, ihre sich wandelnde ökonomische Mentalität, die Sozialgeschichte der Kleinfamilie wie auch die Dekadenzsymptomatik zum Ende des Jahrhunderts hin aufgegriffen. Stilistisch hat der Roman weniger teil an den ästhetizistischen Bewegungen der Jahrhundertwende, sein Realismus wiederum ist aber im Grunde ganz personal vermittelt, die Innenweltperspektive der Figuren rückt in den Vordergrund, ebenso wie die Welt des Romans in die Figurenperspektiven zerfällt.

Generationenroman des Bürgertums im 19. Jahrhundert: Th. Manns *Buddenbrooks*

Der zweite große Roman Thomas Manns thematisiert, ohne sich inhaltlich unmittelbar darauf beziehen zu können, die unendliche Kluft, die die Welt nach dem Weltkrieg von der vor ihm abtrennt. *Der Zauberberg* (1924) versetzt seinen jungen Helden, Hans Castorp, in eine noble Tuberkulose-Heilanstalt in Davos, wo er auf eine Gesellschaft aus Mitgliedern verschiedener europäischer Eliten trifft, etwa russischer Adel neben deutschem oder italienischem Bildungsbürgertum und holländischem Geldadel. Die Isolation der Sanatoriumsexistenz sowie die morbiden Vergnügungen der Schwerkranken, die Irritationen beim Helden und die ausufernden philosophischen Gespräche mit einem rationalistischen Philosophen und seinem jesuitisch-jüdischen Gegenspieler erweisen sich als modellhaftes Bild jener europäischen bürgerlich-adligen Elitengesellschaft, die ihrer Selbstauflösung im Weltkrieg entgegenstürzt – in den hinein der Held schließlich entlassen wird. Erzähltechnisch ist der Roman sowohl im Blick auf die Zeitstruktur des Erzählens als auch im Blick auf die (von Richard Wagner abgeschaute) Leitmotivik für das gesamte epische Schaffen Manns wegweisend.

Rückblick auf eine verfallende Epoche: *Der Zauberberg*

Robert Walser: Prosa

Robert Walser (um 1900)

Franz Kafka (1906)

Franz Kafka: Entfremdete Sprache

Franz Kafka: *Die Verwandlung*, Titelblatt der ersten Auflage

Die Prosa des Schweizers Robert Walser steht ziemlich isoliert neben den großen Werken der Zeitgenossen. Eigene desillusionierende Erfahrungen flossen in seine frühen, in Berlin entstandenen Romane *Geschwister Tanner* (1907), *Der Gehülfe* (1908) und *Jakob von Gunten* (1909) ein, die ihn, zumal er in dem angesehenen Berliner Verlag Bruno Cassirers veröffentlichte (dessen Lektor Christian Morgenstern war), zu einem Geheimtipp in der literarischen Szene machten. In den 1920er Jahren verfasste er, nachdem er schon im Jahrzehnt zuvor mehrere Bände kleiner Prosastücke publiziert hatte, seine sogenannten *Mikrogramme*, in mikroskopisch kleiner Schrift verfasste, oft Textversatzstücke der Realität einmontierende Prosaskizzen, die erst zwischen 1985 und 2000 entziffert und ediert werden konnten.

Das epische Werk Franz Kafkas entzieht sich nahezu vollständig einer Zuordnung zu den literarischen Konzepten im ersten Drittel des 20. Jh. Die Wirkung seiner literarischen Arbeit war äußerst beschränkt, da zu seinen Lebzeiten nur wenige Prosatexte im Druck erschienen; erst nach seinem Tod 1924 veröffentlichte sein Freund Max Brod gegen Kafkas testamentarisch verfügten Willen den großen Nachlass. Kafka war als Versicherungsangestellter in Prag nirgends Teil der literarischen Dispute vor und nach dem Weltkrieg, lediglich die Freundschaft zum Redakteur des *Prager Tageblatts* Max Brod verhalf ihm vor seinem Tod zu einer kleinen Öffentlichkeit. Dass er diese sehr genau wahrnahm, zeigen die Anleihen an den Expressionismus in der *Beschreibung eines Kampfes* (1904–1906).

Kafkas Erzählungen und Romane setzen das Individuum auf vielfältige Weise in familiäre oder gesellschaftlich-institutionelle Bezüge, die nicht durchschaubar

werden und dadurch ihre beklemmende Wirkung auslösen. In der 1912 entstandenen Erzählung „Die Verwandlung" wird die familiale und soziale Isolation und Entfremdung eines Individuums in der seltsamen Verwandlung in ein großes insektenartiges Tier verbildlicht, Kunstgenuss verbleibt als einzige positive Dimension des Lebens, kann aber den Tod letztlich nicht verhindern. Die Erzählung ist, wie auch die im gleichen Jahr entstehende „Das Urteil", vor dem Hintergrund von Kafkas problematischem Verhältnis zu seinem übermächtigen Vater interpretiert worden. In den Romanen *Der Process* (1914, publ. 1925) und *Das Schloß* (1922, publ. 1926) wird jeweils ein Protagonist K. (Josef K. bzw. der Landvermesser K.) mit einer undurchschaubaren, völlig vom Menschlichen abgelösten institutionellen Macht konfrontiert, die im *Process* lesbar ist hin auf die notwendige Loslösung aus der inneren Fixierung auf autoritäre Strukturen; im *Schloß* wird die selbstbezügliche, anonyme und hermetisch abgeschlossen erscheinende Bürokratie zum Widersacher des Subjekts. – Das erzählerische Werk Kafkas wird ergänzt durch Tagebücher und Briefe, die vielfach in Bezug auf die literarischen Texte gelesen werden können.

Neben den eher als Reflex des Bildungsromans angelegten Romanen *Peter Camenzind* (1904) und *Unterm Rad* (1906), die ähnlich wie die Hanno-Erzählung in Thomas Manns *Buddenbrooks* oder die ersten Passagen in Heinrich Manns *Untertan* die seelischen Verheerungen der Schule zum Gegenstand haben, ist das große spätere Romanwerk Hermann Hesses in einem gewissen Sinne durchaus in die Nähe Kafkas zu rücken. Harry Haller, der Protagonist in *Der Steppenwolf* (1927), ist von auffälliger Ich-Dissoziation gekennzeichnet, auch hier legt der Roman die Begründungszusammenhänge in frühkindlich-familiale Traumatisierung. In seinem fünf Jahre früher erschienenen Roman *Siddharta* (1922) hatte Hesse allerdings sowohl der Ich-Dissoziation Hallers als auch der Traumatisierung des Helden in *Unterm Rad* ein scheinbar positives Selbstfindungsmodell entgegengesetzt, das nach den entfremdenden Instanzen moderner bürgerlicher Welt, die bildlich vorgeführt werden, in fernöstlich-buddhistischer Esoterik begründet ist. Die Wunden, die die Modernisierung schlägt, werden hier regressiv kompensiert – was sich auch in der stark traditionell verfahrenden Erzählweise Hesses äußert.

Hermann Hesse:
Tendenziell regressiv

Hermann Hesse (1925)

Die Grenzen traditionellen Erzählens werden überschritten in den großen Romanen Hermann Brochs, Robert Musils und Alfred Döblins. Alfred Döblin hatte mit seinem *Wallenstein* (1920) und auch mit *Berge, Meere und Giganten* (1924) zwei stilistisch stark vom Expressionismus geprägte Romane verfasst – einen historischen und einen dystopischen, der letzte nimmt in der Bildersprache und den Architektur- und Technik-Visionen stark die Filmsprache von Fritz Langs *Metropolis* (1927) vorweg. In *Berlin Alexanderplatz* (1929) wendet sich Döblin inhaltlich der Großstadtwirklichkeit, der Entfremdung des Individuums und deren gesellschaftlicher Produziertheit zu, formal adaptiert er die neuartige Erzählweise von James Joyce' *Ulysses* (1922) und John Dos Passos' *Manhattan Transfer* (1925): (vom Film übernommene) Montagetechnik, Dokumentarismus (Einbau von Werbesprüchen, Liedern, Wahlslogans usf.), Bewusstseinsstrom. Der Protagonist des Romans, Franz Biberkopf, beschäftigungs- und bindungslos, gerät in Gefängnis und Irrenanstalt, wird verstümmelt und zurechtgebogen durch die moderne Großstadt und ihre Institutionen.

Moderne Großstadt- und Filmästhetik: *Berlin Alexanderplatz*

Heinrich Zille:
Berlin – Bahnhof Alexanderplatz

Rückblick auf eine verfallende Epoche: Hermann Brochs Romane

Hermann Brochs Romantrilogie *Die Schlafwandler* (1932) ist einerseits eine großangelegte Rückschau auf die vergangenen Phasen der jüngeren deutschen Geschichte: Die Vorkriegsmentalität am Ausgang des 19. Jh. wird im ersten Roman (*Pasenow oder die Romantik 1888*) unter dem Siegel romantischer Verklärung und Blindheit gegenüber den realen Verfallssymptomen einer Wertordnung erarbeitet; der zweite Roman (*Esch oder die Anarchie 1903*) führt seinen Protagonisten, einen entlassenen Angestellten in der anarchischen, orientierungsfreien Welt des neuen Jahrhunderts vor; Held des dritten Teils (*Huguenau oder die Sachlichkeit 1918*) ist ein Deserteur, der nach dem Krieg durch Amoralität Karriere und Selbsterhalt sichert (Betrug, Mord). Über das großangelegte Panorama des letztvergangenen Halbjahrhunderts hinaus überschreitet der Roman formal die Grenzen der Gattung: Broch streut in den Roman essayistische Einzeltexte ein, die einen reflexiven Kommentar zur dargestellten Verfallsgeschichte bilden – aber eben nicht mehr episch integriert werden können.

Robert Musil (1901) © Archiv der Arbeitsstelle für Österreichische Literatur & Kultur. Robert-Musil-Forschung | Universität des Saarlandes

Ähnliches ist der Fall in Robert Musils *Der Mann ohne Eigenschaften* (1930–43). Auch hier, wie in Brochs *Schlafwandlern* oder in Manns *Zauberberg*, hinterschreitet der Text die Epochenschwelle des 1. Weltkrieges. Organisatorisches Zentrum des Romans sind die Vorbereitungen zum 70. Thronjubiläum des habsburgischen Kaisers Franz Josef I.; der Protagonist Ulrich, ein Mathematiker, der sich in verschiedenen beruflichen Rollen ausprobiert, steht im Schnittpunkt gesellschaftlicher Beziehungen, die durch durchgreifende Rationalisierung, Urbanisierung und Entfremdung geprägt sind. Die sogenannte Handlung tritt aber in den Hintergrund gegenüber Exkursen, Reflexionen, Essays und anderen Einschüben, die einerseits dem vorläufigen Charakter des Fragment gebliebenen Romans (von dem nur der erste von geplanten drei Bänden 1930 und der Beginn des zweiten 1933 erschienen) geschuldet sind, andererseits aber die Auflösung der geschlossenen Prosaform und ihre Vermischung mit den modernen Formen der Sachprosa anzeigen.

Joseph Roth (Ende der 1920er Jahre)

In gewisser Weise ähnlich wie in Thomas Manns *Buddenbrooks* und *Der Zauberberg* projiziert der aus Galizien stammende jüdisch-österreichische Feuilletonist und Romancier Joseph Roth, der seit 1933 im Pariser Exil lebte, den Niedergang der Habsburger Doppelmonarchie bis zum 1. Weltkrieg in seinem Roman *Radetzkymarsch* (1932). Roth hatte zunächst durchaus im Gestus der Neuen Sachlichkeit (*Flucht ohne Ende*, 1927) oder eingreifend in aktuelle politische Debatten (*Rechts und links*, 1929) geschrieben und war im Nachkriegswien einer der bedeutendsten Feuilletonisten; sein später Roman *Radetzkymarsch* erzählt den Verfall der Monarchie in Form eines Generationenromans; die bestimmenden Dimensionen des verfallenden Kaiserreichs, die bis in die Familie hineinreichende autoritäre Struktur des politischen Systems, der moralische Verfall der Figuren stehen der letztlichen Verklärung der vergangenen Welt des galizischen Schtetls ebenso wie des Vielvölkerstaats Österreich-Ungarn entgegen.

Nationalsozialismus

| 1.10

Nach der Machtergreifung der Nationalsozialisten am 30. Januar 1933 wurden handstreichartig innerhalb eines Jahres alle rechtlichen und politischen Institutionen der Weimarer Republik usurpiert, die Verfolgung liberaler, sozialdemokratischer und kommunistischer Politiker, Parteiangehöriger und Journalisten, Intellektueller und Schriftsteller und der jüdischen Bevölkerungsteile setzte ein und hatte zur Folge, dass ein großer Teil der literarischen Intelligenz verhaftet, interniert oder/und ins Exil getrieben wurde. Avantgardistische Kunst der vergangenen anderthalb Jahrzehnte wurde als „entartet" verfolgt, den propagandistisch perfekt vorbereiteten Bücherverbrennungen am 10. Mai 1933 fielen die Werke der meisten bedeutenden Schriftsteller und Journalisten der Weimarer Republik zum Opfer.

Bücherverbrennung in Berlin durch Nationalsozialisten (10. Mai 1933)

Die Kulturpolitik des Reiches war ausgerichtet auf totale Gleichschaltung: Ein ungeheurer Apparat zentraler Institutionen regelte Theater-, Kultur- und Schrifttumspolitik, Reichskulturkammer und Reichsschrifttumskammer unterstanden der Weisung von Goebbels Propagandaministerium. Ausschluss jüdischer und andersdenkender Schriftsteller aus den Berufsverbänden, Berufs- und Veröffentlichungsverbote, der Zwang zum Treueglöbnis auf den faschistischen Staat und zum Nachweis „arischer" Abstammung sowie schärfste und mit brutaler Konsequenz durchgesetzte Zensurbestimmungen waren die unmittelbare Folge.

Nationalsozialistische Kulturpolitik

In der genuin nationalsozialistischen Literatur werden faschistische Ideologie, Führerkult und Gewalt schlichtweg verherrlicht wie in Wilfried Bades *Die SA erobert Berlin* (1933). Alfred Weidenmanns *Jungzug 2* (1936) ist jenseits der Abschilderung einer HJ-Gruppe in der Darstellungsweise an die Verfahren der avantgardistischen Montage angelehnt, womit ein Präsentationstypus linksgerichteter Literatur adaptiert wurde. Erwähnt seien zudem die *Thingspiele*, welche die gesamtkunstwerkhafte Politikinszenierung der Nationalsozialisten übernahmen und so das Publikum in gewaltigen Massen (mit ebenfalls gewaltigen Massen von Schauspielern) vollständig gefangen nahmen (Richard Euringer: *Deutsche Passion 1933*; Kurt Heynicke: *Der Weg ins Reich*, 1935). Sie passten damit ganz in die Propagandamaschinerie der Faschisten, wie die Aufführung eines Thingspiels von Eberhard Wolfgang Möller bei den Olympischen Spielen 1936 belegt.

Faschistische Literatur

Literatur aus den 1920er Jahren, die mit völkischem Pathos oder schon im Blick auf die imperialistischen Visionen Hitlers in die Vorbereitungsphase

Völkische Ideologie

der Machtergreifung gehört, hatte in der faschistischen Kulturpolitik hohe Konjunktur. Hans Grimms *Volk ohne Raum* (1926) heroisiert ungebrochen den Landraub. Blut-und-Boden-Ideologie, die Glorifizierung von Weltkrieg und Gewalt, Antimodernismus, Antidemokratismus, die revanchistische Aufarbeitung der narzisstischen Kränkung durch den Versailler Vertrag und die Modellierung einer arisch-germanischen Herrenrasse sind Bestandteile oder intentionale Ziele dieser Literatur.

1.11 | Innere Emigration

Innere Emigration: Begriffsgeschichte

Der Terminus *innere Emigration* ist einerseits ein nicht unproblematischer Selbstschutzbegriff derjenigen, die aus der Rückschau der Zeit nach 1945 auf das eigene Verbleiben in Nazi-Deutschland oder gar die Verstrickung in den nationalsozialistischen Terror blickten. Andererseits macht er aber auch jene Autoren beschreibbar, die, aus welchen individuellen Gründen auch immer, im Land blieben, nicht verfolgt waren, ggf. sogar veröffentlichen durften – und die sich entweder mit ihren Texten nicht der herrschenden Ideologie unterordneten oder sogar auf versteckte Weise Widerstand zu artikulieren versuchten.

Rückzüge: Kästner, Huch, Barlach

Obwohl seine Werke bei den Bücherverbrennungen mit auf den Scheiterhaufen geworfen worden waren, obwohl er als mindestens linksliberaler Intellektueller von der Gestapo mehrfach vernommen wurde, obwohl er für seine Chansons und satirischen Schriften keinerlei Publikationsmöglichkeit mehr fand – blieb Erich Kästner in Deutschland. Die Romane, die er jetzt veröffentlichte, sind heiter amüsante, aber unpolitische Unterhaltungsromane (*Drei Männer im Schnee*, 1934; *Die verschwundene Miniatur*, 1935; *Der kleine Grenzverkehr*, 1938). – Ricarda Huch und Ernst Barlach entziehen sich der faschistischen Vereinnahmung in der Reichsschrifttumskammer und der literarischen Öffentlichkeit, eher religiös geprägte Schriftsteller wie Ernst Wiechert oder Werner Bergengruen nehmen für ihre widerständige Haltung viele Repressionen in Kauf. Wiechert musste eine mehrmonatige Haftzeit in einem Konzentrationslager 1938 erdulden, über die er in seinem Romanbericht *Der Totenwald* 1946 Rechenschaft ablegt.

Ricarda Huch (vor 1930)

Kritik aus dem Abseits: Bergengruen

Bergengruen wurde 1937 aus der Reichsschrifttumskammer ausgeschlossen und publizierte fortan eher im Ausland. Sein Roman *Der Großtyrann und das Gericht* (1935) kaschiert im historischen Gewand eine deutliche Kritik an Hitler und an dessen widergöttlicher Machtanmaßung, gleichzeitig thematisiert er das schuldhafte Versagen des Einzelnen, allerdings enthistorisierend als anthropologische Konstante. Ebenfalls historisch maskiert sich der Roman *Am Himmel wie auf Erden* (1940), in dem im Berlin des frühen 16. Jh. anlässlich einer ungünstigen Planetenkonstellation die Weltuntergangsprophezeihung einer wendischen Frau eine ungeheure und für viele tödliche Massenhysterie auslöst. Der Roman erschöpft sich bei weitem nicht in der sehr gut recherchierten und spannenden historischen Darstellung, sondern legt in der kurzen Nachschrift über die identische Planetenkonjunktion im Sommer 1940 die Deutung nationalsozialistischer Massenhysterie sowie des Krieges als drohenden ‚Weltgerichts' nahe.

Exil

| 1.12

Literatur im antifaschistischen Exil muss differenzierend betrachtet werden: Bürgerlich-liberale Schriftsteller wie Heinrich und Thomas Mann, Döblin und Feuchtwanger waren in den USA, kommunistische Verfolgte und Widerständler zumindest zeitweise in Moskau (wobei Stalins Politik für viele nicht lange tatsächlich einen Fluchtpunkt bot), wiederum andere hielten sich zeitweise in neutralen Ländern wie der Schweiz oder (z. T. vorübergehend) in Schweden auf, so dass nicht von einer homogenen Exilliteratur gesprochen werden kann.

Grundsätzliche Konsequenz der Exilierung ist der Verlust der genuinen literarischen Öffentlichkeit, mit der ein eminenter Funktionsverlust verbunden ist. Darüber hinaus zwingt das Exil, die eigene Sprache, die immerhin Gestaltungsmaterial der eigenen Arbeit ist, aufzugeben – zumindest innerhalb der Öffentlichkeit des Fluchtlandes. Nicht zuletzt deswegen waren Österreich, die Tschechei und die Schweiz die Zentren des frühen Exils. Natürlich kommt zu diesem Sprach- und Funktionsverlust der Autoren noch der Schock über die Zerstörung der kulturellen Grundlagen im eigenen Land durch die Barbarei, der Verlust der Identifikationsfähigkeit mit der eigenen Kultur. Exilzeitschriften und Exilverlage in Amsterdam oder New York versuchten diesen Entwicklungen und Bedrohungen entgegenzuwirken; die während des Krieges relativ eng zusammenhaltende (elitäre) Exilantengruppe in Santa Monica (Kalifornien) um Thomas Mann, Adorno u. a. zeigt auch, dass der personale Zusammenhalt die Traumatisierung teilweise kompensieren sollte.

Exil: Verlust von Öffentlichkeit, öffentlicher Funktion, Sprache, Kulturzusammenhang

Hatte Bertolt Brecht in seiner *Hauspostille* (1927) die Formen seiner frühen Lyrik als anarchische, antibürgerliche Überwindung einer traditionellen Gedichtsprache ausprobiert, markieren die *Svendborger Gedichte* (1939) die Exilierung wie die Exilsituation gleichermaßen. Im Gegensatz zur frühen Sammlung erweist sich Brecht hier als fleißiger Schüler des Historischen Materialismus (vgl. den 3. Teil, die „Chroniken", in denen Brecht Geschichte bis hin zur Aufhebung der Klassengesellschaft utopisch modelliert); vom Exil aus, unter dem „dänischen Strohdach" Svendborgs wird der Faschismus als konsequente Folge der Klassengesellschaft selbst interpretiert.

Bertolt Brecht (Schweden 1938)
© Deutsches Literaturarchiv Marbach

Brechts Exildramen

Literatur als Reflexions- und Artikulationsorgan für eine eigene, marxistisch geschulte Theorie des Faschismus prägt auch die Hitler-Persiflage in *Die Rundköpfe und die Spitzköpfe oder Reich und Reich gesellt sich gern* (1931–1934), satirisch schärfer in *Der aufhaltsame Aufstieg des Arturo Ui* (1941), wo der Faschismus (wie in *Mahagonny* ungehemmter Kapitalismus) als vollendete Gangsterherrschaft interpretiert wird. Der analytische Blick von außen auf das nazistische Deutschland prägt auch die szenische Collage

Furcht und Elend des Dritten Reiches (1935–1939), die aber zeigt, wie intensiv Brecht sich vom Exil aus mit der Realität im Faschismus auseinandersetzte. – Im *Leben des Galilei* (1938/39) reflektiert Brecht sowohl die Bedingungen von Wissenschaft im Zeichen eines barbarischen Wahrheitsunterdrückungssystems als auch, in der Figur Galilei, die Möglichkeiten und Grenzen des Widerstands. Mit seinem Stationendrama *Mutter Courage und ihre Kinder* (1939) thematisiert er Entstehungszusammenhänge des Krieges und ihre Beziehung zu den kleinen Leuten – die immer die Opfer darstellen.

Humane Gegenwelt: Heinrich Manns *Henri Quatre* (1935/38)

Heinrich Mann stellte im Exil seinen schon seit 1925 geplanten, 1932 begonnenen Roman über den französischen König Heinrich IV. von Frankreich und Navarra (1553–1610) fertig; der erste Teil, *Die Jugend des Königs Henri Quatre*, erschien 1935, der zweite, *Die Vollendung des Königs Henri Quatre*, 1938 im Exil-Verlag Querido in Amsterdam. Mit *Henri Quatre* modelliert Mann, auch gegen die historische Quellenlage, gleichnishaft einen guten und humanen König, den er der Unterdrückung der Humanität in der Gegenwart entgegenhält. Geschichte wird hier zwar einerseits als Zufluchtsort vor der eigenen Gegenwart, gleichzeitig aber auch als Instrument in der politischen Auseinandersetzung gebraucht.

Thomas Mann im Exil (1937)

Blick von außen auf die faschistische Unkultur: Thomas Manns *Doktor Faustus* (1947)

Anders Thomas Mann: Sein Roman *Doktor Faustus. Das Leben des deutschen Tonsetzers Adrian Leverkühn, erzählt von einem Freunde* (1947) führt erstens mitten hinein in das Kriegsdeutschland. Der erzählende Freund des Protagonisten sitzt während der Bombenangriffe der Alliierten im 2. Weltkrieg in einem Keller, die fatale Lebensgeschichte seines Komponistenfreundes aufzeichnend. Dessen Lebensphase umschließt ebenso die Zeit des heraufziehenden Faschismus wie die seines Untergangs – nach mehr als zehnjähriger geistiger Umnachtung stirbt Leverkühn 1943. Zerstörung und Verlust der Vernunft, eine stärker werdende Konjunktur des Irrationalen werden als Begründungszusammenhang der Entstehung des Nationalsozialismus sichtbar gemacht; problematisch allerdings ist die Koppelung von Leverkühns „Teufelspakt" mit der neuen Musik (der seriellen Musik etwa Arnold Schönbergs). Diese lässt die Krise Leverkühns als Krise der Kunst erscheinen, was zur Diagnose der gesellschaftlichen Krise, deren Höhepunkt die nationalsozialistische Machtergreifung war, nicht ausreichen dürfte.

Thomas Mann: *Doktor Faustus*, Einband der Erstausgabe (1947)

Nach 1945: BRD – Schweiz – Österreich – DDR | 2

Als Hitler-Deutschland am 8. Mai 1945 endgültig und bedingungslos kapitulierte, hinterließ der Krieg ein in vielfältiger Hinsicht zerstörtes Land: Städte, Infrastruktur und Industrie waren zerbombt, die politischen und gesellschaftlichen Institutionen zusammengebrochen, Familien zerrissen durch Gewaltherrschaft, Bombardements und Flucht, um ihre Väter, Brüder, Söhne beraubt, sofern diese gefallen oder in Gefangenschaft geraten waren. Der NS-Staat hatte mit dem Glauben an den „Führer" und die eigene, nationale Vormachtstellung eine eminent wichtige Position im psychischen Haushalt besetzt, so dass die totale Niederlage einer starken narzisstischen Kränkung gleichkam. Die Kapitulation konfrontierte mit einem Schuldzusammenhang ungeheuren Ausmaßes: Zur Verantwortung für den vom Zaun gebrochenen, im Kern imperialistischen Krieg mit insgesamt 60 Millionen Toten kam die ungeheuerliche Schuld am Völkermord an den europäischen Juden, deren Deportation jeder in der eigenen Nachbarschaft erlebt hatte, deren Ermordung in den Konzentrationslagern jedem bekannt war.

Berlin, Potsdamer Platz (1945)

Kapitulation, Zusammenbruch, narzisstische Kränkung

Die nationalsozialistische Propaganda hatte praktisch sämtliche Positionen des kulturellen Systems besetzt, so dass nach dem Zusammenbruch des Reiches auch hier ein Vakuum klaffte. Die Tradition der klassischen Moderne – in der bildenden Kunst wie in der Literatur – war mit den Bücherverbrennungen und der Gleichschaltung faschistischer Kulturpolitik seit 1933 abgerissen, der größte Teil der wissenschaftlichen und literarischen Intelligenz im Exil oder ermordet.

Verlust kultureller Kontinuität

Zwischen 1945 und 1949 versuchten die Siegermächte, durch Umerziehungs- (*re-education*) und Entnazifizierungsmaßnahmen entweder nach amerikanischem Vorbild freiheitlich-individualistische oder antifaschistisch-sozialistische Tugenden zu vermitteln – und prägten mit ihren Überwachungsinstitutionen alle Bereiche der Kultur vom Film und Rundfunk bis zu Musik, Literatur und Theater. Bibliothekssäuberungen sollten nationalsozialistische Literatur entfernen, Zeitschriftengründungen mussten von der jeweiligen Siegermacht lizenziert sein. In den Westzonen wurde politisch ein letztlich sehr erfolgreiches und stabiles bürgerlich-parlamentarisches System errichtet, ökonomisch, nach den Demontagen der ersten Nachkriegszeit, eine kapitalistische Wirtschaftsform wiederhergestellt, die unter den günstigen Rahmenbedingungen der sogenannten Wiederaufbaujahre („Wirtschaftswunder") eine soziale Marktwirtschaft ausprägen konnte – also die (relative) Teilnahme vieler am gesellschaftlich produzierten Reichtum.

Kulturpolitik in den Besatzungszonen

Obwohl die Kapitulation Hitler-Deutschlands eine scharfe historische Zäsur darstellte, kann dennoch nicht von einem „Nullpunkt" für die neue Literatur gesprochen werden. Dafür gab es zu viele Kontinuitäten – auch außerhalb der Literatur: Die Entnazifizierung misslang (auch in der DDR), in Schule und Universität, Rechtssystem, Verkehrssystem, Verwaltung und Wirtschaft konnten alte Nazis schnell wieder aufsteigen. Schriftsteller der inneren Emigration hatten Texte aus dem letzten Jahrzehnt zurückgehalten und publizierten diese jetzt nach dem Krieg. Die deutschsprachigen Schriftsteller im Exil hatten durchgängig publiziert, standen nun aber, bei einer Rückkehr nach Deutschland, vor ungeahnten Problemen: Sie wurden mit dem infamen Vorwurf konfrontiert, den Nazi-Terror ja nicht miterlebt zu haben, hatten jetzt, gegenüber einem deutschen Publikum, den Nachteil, die Erfahrung von Gewaltherrschaft, Krieg, Kapitulation und Not der unmittelbaren Nachkriegszeit nicht teilen zu können. Schließlich waren die nicht-emigrierten Schriftsteller ihnen ökonomisch vielfach überlegen, da sie sich besser mit den Strukturen und Instanzen der literarischen Öffentlichkeit der Besatzungszonen auskannten.

Die jüngste Generation derer, die vom Abitur direkt in Krieg und Gefangenschaft gerieten, war kulturell weitgehend ohne Kenntnis der verbotenen und als entartet diffamierten klassischen Moderne aufgewachsen. Die Gefangenenlager der Westzonen aber machten sie mit neuerer amerikanischer oder französischer Literatur bekannt (Faulkner, Hemingway, Saroyan; Camus, Sartre), so dass hier – bis in die Gattungen der Nachkriegsliteratur hinein wirkungsmächtig – neue Traditionslinien gebildet wurden. Darüber hinaus setzte v. a. die amerikanische Besatzungsmacht Literatur auch als Mittel der Umerziehung der Bevölkerung ein. – Ganz pragmatisch litt die Produktion von Literatur unmittelbar nach dem Krieg unter Rohstoff- und Papiermangel.

Die westdeutsche, österreichische und schweizerische Literatur der Nachkriegszeit kann grob in mehrere Phasen eingeteilt werden. Nach der *Trümmer- und Heimkehrerliteratur* der unmittelbaren Nachkriegszeit sind zwei politische Phasen der Literatur zu beobachten: *Kritische Begleitung der Wirtschaftswunder-BRD* und der Aufbauphase; *Aufarbeitung der NS-Vergangenheit* im Kontext der Revolte gegen die Vätergeneration in der Studentenbewegung der 1960er Jahre. Die Kritik dieser politischen Ausrichtung führte, etwa bei Peter Handke, zu einer Rückkehr zum Innerlichen, eine Art *Neue Subjektivität* löste die politische Ausrichtung der Literatur ab. Die in den späten 1970er Jahren sich allerdings abzeichnende Desillusionierung der im Sinne von Jürgen Habermas schon in der Aufklärung konzipierten ‚Projekte' einer Moderne haben den problematischen „Epochenbegriff" der *Postmoderne* heraufgebracht: Alle geschichtsoptimistischen Vorstellungen einer – vor allem in der gesellschaftlichen Organisation menschlichen Zusammenlebens wirksam werdenden – fortschreitenden Vernunft werden spätestens durch die Erfahrung der totalitären Systeme des 20. Jh. höchst problematisch. Ob Postmoderne tatsächlich Abschied von politischer Zielsetzung, tatsächlich ästhetische

Marginalien:

Entnazifizierung und Kontinuität der Eliten in Ost und West

Verlorene Jugend: Die jüngste Soldatengeneration; Literatur im Gefangenenlager

Phasengliederung der BRD-Literatur

Postmoderne: Problematischer Begriff

224

und inhaltliche Beliebigkeit bedeuten muss, wird die weitere Geschichte der Literatur zeigen.

BRD – Schweiz – Österreich | 2.1

In einem der amerikanischen Kriegsgefangenenlager gründeten Alfred Andersch und Hans Werner Richter die Lagerzeitschrift *Der Ruf* (1945), die von 1946 bis 1949 auch außerhalb des Lagers weiter produziert wurde. In der sowjetischen Besatzungszone gab der „Kulturbund zur demokratischen Erneuerung Deutschlands" seit 1946 die Zeitschrift *Der Aufbau* heraus, die nationale und soziale Programmatik schließt an die der KPD vor 1933 an.

Die aus dem *Ruf* 1947 hervorgegangene *Gruppe 47* ist von großer Bedeutung für die Entwicklung der Literatur in den Westzonen. Hans Werner Richter initiierte die Gründung mit dem Hauptaugenmerk auf „politisch engagierter Publizist[ik] mit literarischen Ambitionen" (Richter 1962, 28). Ziel der Gruppe war einerseits die Förderung junger Literatur, junger Autoren, inhaltlich aber die Auseinandersetzung mit der Vergangenheit der letzten anderthalb Jahrzehnte und die politische Bestimmung der eigenen Position. Der Schriftsteller wird damit gleichsam zu einer Instanz im politischen oder gesamtgesellschaftlichen System erhoben. Die Gruppe 47 konnte für ihre Treffen tatsächlich praktisch die gesamte junge Schriftstellergeneration gewinnen (Ilse Aichinger, Ingeborg Bachmann, Heinrich Böll, Günter Grass, Wolfgang Hildesheimer, Martin Walser u.v.m.), sie ist der Ort, an dem für die Westzonen bzw. die frühe Bundesrepublik entscheidende literarische Trends gesetzt werden. Nachdem 1967 die Gruppe zunehmend als alt gewordene Institution des Literaturbetriebs in der BRD in die Kritik geraten war, löste sie sich nach zehn Jahre andauerndem Dahinsiechen 1977 auf.

Gruppe 47

Für die westdeutsche Literatur unmittelbar nach dem Kriegsende sind Günter Eich und Wolfgang Borchert paradigmatisch. Günter Eichs kleines Gedicht „Inventur" realisiert die radikale Rückführung des Kriegsgefangenen auf ganz basale Bedürfnisse: In schlichter Aufzählung wird der verbliebene Besitz geordnet: „Dies ist meine Mütze, / dies ist mein Mantel, / hier mein Rasierzeug / im Beutel aus Leinen." So wie sich das Ich angesichts der Kapitulation seiner nackten Existenz versichert, tastet es nach einer Sprache, die blieb, um Ich und Habe zu sichern. Diese aber ist die Habe eines Dichters: „Die Bleistiftmine / lieb ich am meisten: / Tags schreibt sie mir Verse, / die nachts ich erdacht". – Wolfgang Borchert war Angehöri-

Trümmer- und Heimkehrerliteratur

Trümmerfrauen im kriegszerstörten Berlin (3. Juli 1945)

ger jener Generation, die unmittelbar nach dem Gymnasium in den Krieg geschickt wurde. Sein Heimkehrerdrama bzw. -hörspiel *Draußen vor der Tür* (1947) thematisiert die hoffnungs- und zukunftlose Rückkehr eines Soldaten in eine vollkommen zerstörte gesellschaftliche Welt, innerhalb derer für einen wie ihn kein Platz mehr bereitgehalten wird.

H. Böll: Protokoll der Zerstörung, Visionen heiler Welt

So wie Borchert gehört auch Heinrich Böll zur jüngsten Kriegsteilnehmer- und -gefangenengeneration. Seine frühen Erzählungen zählen wie Borcherts Drama und Erzählungen zur Heimkehrer- oder Trümmerliteratur, sie buchstabieren das Grauen der Kriegserfahrung, die Sinnlosigkeit des Krieges ebenso aus wie die Trostlosigkeit der zerstörten Städte, Familien und Lebensläufe. Eindrucksvoll etwa ist die Perspektive des jungen Soldaten, der, schwerverletzt und todgeweiht, in „seine" Schule, die als Lazarett dient, hineingetragen wird und im nicht zu Ende geschriebenen Vers an der Tafel das Abreißen der eigenen Lebensgeschichte wie die Nichtigkeit klassischer Bildung vor diesem Grauen reflektiert („Wanderer kommst du nach Spa…", 1950). An die Stelle des hier desillusionierenden Schlusses treten bei Böll allerdings schon in den frühen Erzählungen und Romanen Visionen heiler Familienwelt, das Teilen eines Stückes Brot oder einer Zigarette kommt dem aus dem Alltag herausgehobenen Vollzug eines Sakraments neuer Humanität gleich, an die Stelle der zerstörten Familien der Nachkriegszeit treten bald neukonstituierte Familien aus Wahl (*Haus ohne Hüter*, 1954).

Wieland Förster: *Heinrich Böll*, Denkmal in Berlin

H. Böll: Kritik am CDU-Staat, Katholizismuskritik

Literatur als Instrument des Eingreifens in den politischen Diskurs ist v. a. für Heinrich Böll in den 1950er und 1960er Jahren zentraler Ansatzpunkt der eigenen Poetik. Gerade bei Böll wird die Literatur sogar zu einer (nicht unproblematischen) Instanz, die stellvertretend für die Gesellschaft, die sich am Wirtschaftswunder berauscht und die eigene Verstrickung in die nationalsozialistische Barbarei in diesem Rausch ertränkt, Erinnerung übt. Literatur ist das Gedächtnis an die Opfer, wiederholt die eigene Schuld an Völkermord und Krieg – ihr kommt damit nach Böll höchste Verantwortung in einer Epoche nichtssagender Politik, Kirche und Gesellschaft zu. In seinem kleinen essayartigen „Brief an einen jungen Katholiken" (1958) greift Böll scharf die Doppelmoral und den politischen Opportunismus in der katholischen Kirche und deren enge Verbandelung mit der CDU-Macht an – eine Katholizismusschelte, die er in den Romanen *Und sagte kein einziges Wort* (1953) und viel schärfer in den *Ansichten eines Clowns* (1963) erneuerte. Kritik an der Verdrängungs- und Restaurationsmentalität der Wiederaufbaujahre übt er im *Clown* wie insbesondere in *Billard um halbzehn* (1959), einem Roman, mit dem Böll erstmals die traditionellen Erzählweisen hinter sich lässt und eine aus Bruchstücken personaler Perspektiv-Erzählungen zusammengesetzte, von großen Erinnerungspassagen durchzogene Romanwelt präsentiert. In *Gruppenbild mit Dame* (1971) zeigt er in der Protagonistin Leni Gruyten eine Figur, die sich ganz der bundesrepublikanischen Mentalität entzieht und sich dem gesellschaftlichen Ausgeschlossenen zuwendet; *Die verlorene Ehre der*

Katharina Blum (1974) arbeitet nicht mehr zentral die verdrängte Geschichte auf, sondern die höchst problematische Rolle der *Bild-Zeitung*, deren Stellvertreterin im Roman hier eine bisher unbescholtene Frau zum Mord an einem zudringlichen Reporter treibt.

Wolfgang Koeppen gehört zu denjenigen Autoren der frühen BRD, die nicht der ganz jungen Schriftstellergeneration angehörten; er hatte schon 1934/35 zwei Romane im niederländischen Exil veröffentlicht. Mit einer Roman-Trilogie protokolliert er literarisch die politische Geschichte der jungen BRD auf dem Hintergrund ihrer Vorgeschichte im Nationalsozialismus und mit analytischem Blick auf das parlamentarische „Treibhaus" Bonn und die Restaurationstendenzen der Nachkriegszeit (*Tauben im Gras*, 1951; *Das Treibhaus*, 1953; *Der Tod in Rom*, 1954).

Wolfgang Koeppen (1906–1996) © Isolde Ohlbaum

Wolfgang Koeppen: Chronist der jungen BRD

Das eindringlichste Panorama deutscher Geschichte zwischen der Weimarer Republik und dem Ende der Nazi-Herrschaft stellt Günter Grass' Roman *Die Blechtrommel* (1959) dar. In Gestalt eines modernen Schelmen- und parodierten Bildungsromans wird aus der Perspektive des gewollt kleinwüchsig bleibenden Oskar Matzerath sowohl die Teilhabe des Kleinbürgers als auch seine schlitzohrige Widerständigkeit gegenüber dem Nationalsozialismus dargestellt. Die Intentionen der *Blechtrommel* liegen darin, erstens „Geschichte literarisch aufzubewahren […] als eine […] fortwirkende Kraft" und zweitens „die Beziehung der restaurativen Gegenwart zu eben jener Vergangenheit" (Vogt 1980, 128) zu problematisieren. – Aufarbeitung der NS-Vergangenheit leisten auch Siegfried Lenz' Romane *Es waren Habichte in der Luft* (1951) und *Deutschstunde* (1968).

Der Kleinbürger im Nationalsozialismus: Oskar Matzerath

Günter Grass (2004) © Florian Kienetz

Martin Walsers Romanerstling, *Ehen in Philippsburg* (1957), zielt kritisch, ähnlich wie Bölls Romane der späteren 1950er Jahre, auf die bundesrepublikanische Wiederaufbaumentalität und Karrieregesellschaft, auf korrumpierte Moral und zerfallende soziale Beziehungen. Walsers Romanheld Anselm Kristlein (*Halbzeit*, 1960) ist die don-quijoteske Karikatur des bundesdeutschen Philisters und Anpassungshelden. Die heikle Zerbrechlichkeit bürgerlicher Verhältnisse – ebenso wie die stark psychologisch dominierte Erzählweise Martin Walsers – steht auch im Zentrum der Novelle *Ein fliehendes Pferd* (1978).

Martin Walser

Das sprachliche Herantasten an eine nicht mehr heimische Welt demonstriert beispielhaft der aus dem schwedischen Exil schreibende Peter Weiss. Sein 1952 verfasster, erst 1960 publizierter Kleinroman *Der Schatten des Körpers des Kutschers* präsentiert einen Erzähler, der sich einerseits scheinbar sinnlosen Tätigkeiten und Ortswechseln hingibt, andererseits aber mithilfe von Imaginationsexperimenten das reiche Ergebnis seiner Vorstellungskraft an die Stelle der entfremdeten Realität setzt sowie im Schreiben dessen Bedingungen wie auch dessen Fortschritt mitschreibt. Stärker als in seinen eher autobiographisch geprägten Romanen *Abschied von den Eltern* (1961) und *Fluchtpunkt* (1962) ist der *Schatten* der Versuch, eigene Prosakunst an die

Prosaexperimente: Peter Weiss

avancierteste, aus Frankreich stammende Technik des *nouveau roman* anzuschließen.

Johnsons *Mutmassungen über Jakob*: Roman der beiden Deutschland

Dieser Ausprägung der Gattung gehört neben Bölls *Billard um halbzehn* auch der Roman *Mutmassungen über Jakob* (1959) des jungen, gerade in den Westen gegangenen DDR-Schriftstellers Uwe Johnson an. Der als „Roman der beiden Deutschland" gefeierte, äußerst komplex erzählte Roman organisiert ein vielstimmiges Erinnerungs- und Mutmaßungsgewirr über einen Eisenbahner in einer ostdeutschen Großstadt, der soeben mit dem Interzonenzug aus Düsseldorf zurückgekommen war und jetzt auf dem eigenen Bahnhof von einem Zug überfahren wurde. Mit der Thematisierung der Nichteinlösung der sozialistischen Utopie, v. a. angesichts der Niederschlagung des Ungarn-Aufstandes 1956, und der verbleibenden Entfremdung des Individuums sieht sich Johnson in der DDR gefährdet; brillant in narrativem Verfahren und Sprache schreibt er sich in die Spitzengruppe deutscher Romanschriftsteller hinein.

Arno Schmidt (um 1960), Photographin: Alice Schmidt © Arno Schmidt Stiftung

Gewissermaßen eine Randexistenz im westdeutschen Literaturbetrieb wie auch in der Poetik des Romans spielt Arno Schmidt. Seine Zurückgezogenheit wird in der z. T. ungeheuren Hermetik seiner Texte gespiegelt, in *KAFF auch Mare Crisium* (1960) testet er ein simultan zweisträngiges Erzählen, sein nur im Typoskript publizierbares Hauptwerk *Zettels Traum* (1970) vervielfältigt diese Mehrsträngigkeit, neben den drei Handlungs- bzw. Bezugsdimensionen öffnet sich der „Roman" durch eine Vielzahl von Zitaten, Verweisen und anderweitigen Notizen einer phantasievoll-offenen, niemals kontrollierten Lektüre. – Kein Roman der Bundesrepublik ist eigentlich Elias Canettis *Die Blendung*. Er entstand in den frühen 1930er Jahren, blieb nach zwei Veröffentlichungen 1936 in Wien und 1948 in München praktisch unentdeckt und erst die Neupublikation 1963 machte Text und Autor bekannt. Im Zentrum des Romans steht die Mentalität und Haltung des Kleinbürgertums auf der Schwelle zum Faschismus, zum Aufgehen des Einzelnen in der Vermassung; ästhetisch darf er mit den großen Werken Joyce', Musils und Kafkas in einem Atemzuge genannt werden (vgl. Schnell 2003, 328). Canettis dreibändige Autobiographie vollzieht die eigene Lebensgeschichte im Bann der europäischen Geschichte zwischen 1905 und 1937 erinnernd und das Individuelle rettend nach (*Die gerettete Zunge*, 1977; *Die Fackel im Ohr*, 1980; *Das Augenspiel*, 1985).

Elias Canetti (1905–1994), Zeichnung: Stefan Stefanov © Internationale Elias Canetti Gesellschaft

Analyse männlicher Macht: Ingeborg Bachmann

Die Texte der österreichischen Lyrikerin und Erzählerin Ingeborg Bachmann sind, neben dem Insistieren auf der Aufarbeitung der historischen Katastrophe des Nationalsozialismus, der Korrumpiertheit der Nachkriegsgesellschaft, gekennzeichnet von einem entschieden politischen Anspruch auf Veränderung der Welt, durch die im Werkverlauf immer stärker sichtbar werdende Thematisierung von gesellschaftlich bestimmten Geschlechterverhältnissen und Geschlechterbildern und durch die Selbstreflexion des literarischen Schreibens. Der Roman *Malina* (1971) sollte ein Bestandteil des größeren *Todesarten*-Zyklus sein: Die Ich-Erzählerin problematisiert ihre Identität(en) als Frau und als Schreibende – in beiden Identitäten aber erscheint sie an Männer gebunden: den Vielleicht-Geliebten Ivan und den (phantasierten?) Malina. Diese Männerbindung wird psychologisch fundiert in den von Männern verübten Greueln des Nationalsozialismus und des Krieges; schließlich verschwindet die Erzählerin buchstäblich im phantasierten Gespräch mit Malina. Der Roman problematisiert komplex das Verhältnis von weiblicher schriftstellerischer Identität und männlich dominiertem Schreiben; prekäre weibliche Identität sollte auch Gegenstand der anderen Teile des *Todesarten*-Zyklus sein (*Der Fall Franza, Requiem für Fanny Goldmann,* 1978 posthum).

Als Lyriker, Dramatiker und Prosaerzähler hinterließ Thomas Bernhard eines der umfangreichsten literarischen Œuvres der Nachkriegszeit. Nach ersten Gedichtbänden seit 1957 (*Auf der Erde und in der Hölle,* 1957; *in hora mortis,* 1958; *die rosen der einöde,* 1959) trat er vor allem mit seinen dramatischen und epischen Texten in die Öffentlichkeit. In seiner autobiographischen Tetralogie werden vermittels der nationalsozialistischen Erziehungsinstitution und der nachhaltigen Traumatisierungen durch Krankheit, Todeserfahrung und Isolation in der Kindheit und Jugend die Grundlinien für Bernhards zynisch-pessimistischen wie schonungslosen Umgang mit der österreichischen NS-Vergangenheit und ihrem langen Nachleben vorgezeichnet (*Die Ursache. Eine Andeutung,* 1975; *Der Keller. Eine Entziehung,* 1976; *Der Atem. Eine Entscheidung,* 1978; *Die Kälte. Eine Isolation,* 1981). In der Entwicklung seiner Prosa probiert Bernhard Verfahren der insistierenden Wiederholung gleicher oder ähnlicher Vorwürfe und Figuren, der (scheinbaren) Relativierung des Erzählten oder der Erzählermacht in mehrfach verschachtelter indirekter Rede aus, die sich eindrucksvoll etwa in dem späten Roman *Auslöschung. Ein Zerfall* (1986) zu hoher Kunst entwickelt haben: Die Aufarbeitung der fatalen Koalition zwischen österreichischer Provinzialität, Katholizismus und Nationalsozialismus dominiert auch diesen Roman.

Thomas Bernhard (1931–1989) © Thomas Bernhard Nachlaßverwaltung

Eigenständiges erzählerisches Verfahren und Geschichtsaufarbeitung bei Thomas Bernhard

Die vermutlich gewichtigsten Romane der Nachkriegszeit sind Uwe Johnsons *Jahrestage* (1970–1983) und Peter Weiss' *Ästhetik des Widerstands*. In drei Bänden (1975, 1978, 1981) schreibt Weiss in einer autobiographischen Form, in die zusätzlich zu dem hohen Anteil fiktiver Ereignisse das Substrat der eigenen Erfahrung der Flucht der Familie vor den Nazis und die daraus resultierenden seelischen Traumatisierungen einfließen, von den Möglichkeiten, proletarisches Klassen- und Geschichtsbewusstsein angesichts des (europäischen) Faschismus im Berliner Widerstand und im Spanischen Bürgerkrieg mit der Wahrnehmung der großen Kunst der (auch) bürgerlichen Tradition zu vermitteln. Der Roman ist Geschichtserzählung und -reflexion sowie kunsthistorischer und ästhetisch-theoretischer Essay. – Uwe Johnsons vierbändiger Roman *Jahrestage. Aus dem Leben von Gesine Cresspahl* spinnt die Lebensgeschichte einer der Hauptfiguren aus Johnsons erstveröffentlichtem Roman *Mutmassungen über Jakob* fort. In tagebuchartiger Form werden über ein ganzes Jahr zwischen dem 21. August 1967 bis zum 20. August 1968 die

Peter Weiss (1982)

Geschichts- und Kunstreflexion im Roman: P. Weiss' *Ästhetik des Widerstands*

Doppeltes Panorama deutscher Geschichte: Johnsons *Jahrestage*

Uwe Johnson (1963), Photographin: Erica Loos © Deutsches Literaturarchiv Marbach

Kindheits- und Jugenderinnerungen an Faschismus, Sowjetische Besatzungszone (SBZ) und frühe DDR reflektiert, die Gesine ihrer (und Jakobs) Tochter Marie erzählt. Eingemischt in diese große Geschichtsreflexion ist die zum Teil dokumentarische (über Originalausschnitte aus der *New York Times*), zum Teil individuelle Wahrnehmung von Gesines Wohnort New York, dem neuen Heimatland USA, den Rassenunruhen, dem Vietnamkrieg, der jüdischen Bevölkerung New Yorks u. v. a. m. Über dieses doppelte Geschichtspanorama (Deutschland zwischen 1933 und 1956 *und* die USA 1967/68) hinaus enthält der Roman eine äußerst differenzierte, an Hannah Arendt geschulte Theorie der totalitären Systeme des 20. Jh. sowie eine Ebene der Reflexion von Konstitutionsbedingungen individueller Erinnerung und der innerliterarischen Reflexion des Erzählvorgangs selbst, so dass der Roman als eine bewusste Antwort Johnsons auf Marcel Prousts Jahrhundertroman *A la recherche du temps perdu* (1913–1927) gelesen werden kann.

Väter-Literatur

Eine spezifische Themenstellung hatte eine Gruppe erzählerischer Texte am Übergang zu den 1980er Jahren: Die Beschäftigung mit und z. T. die autobiographische Aufarbeitung der faschistischen Existenz des eigenen Vaters. In Bernward Vespers Roman *Die Reise* (1977 posthum), Christoph Meckels *Suchbild. Über meinen Vater* (1980) und Peter Brückners *Das Abseits als sicherer Ort* (1980) wird in beklemmender Analyse die traumatische Erfahrung behandelt, den eigenen Vater als Unmenschen zu entdecken. Alfred Anderschs Roman *Der Vater eines Mörders* (1980) dreht die Darstellungsperspektive um: Die inhumane Unterrichtspraxis des Oberstudiendirektors Himmler, des Vaters von Heinrich Himmler, zeigt im Kleinen, im schulischen Bereich, Ursachen und Veranlagungen für Totalitarismus und Völkermord – und steht damit neben den älteren ‚Schulgeschichten des autoritären Charakters' wie etwa Heinrich Manns *Untertan*.

Postmoderner Roman: P. Süskind: Das Parfum (1985)

Als Beginn des postmodernen Romans gilt Patrick Süskinds spektakulärer Text *Das Parfum. Die Geschichte eines Mörders* (1985). Das Leben und die „Karriere" des exzentrischen, exzeptionell begabten Individuums – hier eines selbst geruchslosen Duft-Genies und Parfumeurs, der des idealen Duftes wegen skrupellos mordet – wird als düstere Parodie eines Künstlerromans dargeboten. Dieser dient allerdings nicht mehr, wie etwa Thomas Manns *Doktor Faustus*, zur versuchsweisen Analyse und Aufarbeitung von Geschichte – die historische Dimension des Romans, Frankreich in der Mitte des 18. Jahrhunderts, ist bloße interessante, reizvolle Staffage, der Held ein Monster um seiner selbst willen.

Parabeldramen: Max Frisch – Friedrich Dürrenmatt

War die Dramatik der frühesten Bundesrepublik bei Borchert stark gebunden an das unmittelbare Kriegs- und Rückkehrerlebnis, arbeiten die Schweizer Max Frisch und Friedrich Dürrenmatt die NS-Vergangenheit systematischer in parabelartigen Theaterstücken auf. Frischs *Biedermann und die Brandstifter* (1958; als Hörspiel 1955) ebenso wie *Andorra* (1961) thematisieren die Entstehungszusammenhänge des NS-Regimes als Konsequenz einer vermeidbaren politischen Katastrophe bzw. als Effekt einer allgemeinmenschlichen Vorurteilsstruktur. Friedrich Dürrenmatts *Der Besuch der alten Dame* (1956) rückt die späten Folgen sozialer und moralischer Stigmatisierung ins Zentrum, mit seinem Stück *Die Physiker* (1962) problematisiert er den Umgang mit (natur-)wissenschaftlicher Erkenntnis im politisch-militärischen Feld. Thematisch steht Dürrenmatts Stück damit neben Brechts *Galilei* und dem Dokumentardrama *In der Sache J. Robert Oppenheimer* von Heinar Kipphardt (1964), in dem es zentral um die wissenschaftlichen Möglichkeiten zur Erzeugung von mächtigen Vernichtungswaffen wie der Wasserstoffbombe geht.

Max Frisch (1959)
© Max Frisch-Archiv Zürich

Die Konzepte der Parabeldramen sind ebenso als Reaktionsformen des deutschsprachigen Dramas auf Brechts Innovationen des epischen Theater und des Lehrstücks zu verstehen wie das dokumentarische Theater in seiner politischen Zielsetzung. Rolf Hochhuth arbeitete in sein oberflächlich sehr traditionell aussehendes, fünfaktiges Drama *Der Stellvertreter* (1963) vielfältiges Material über Schweigen und Mitschuld der Papstkirche gegenüber dem Holocaust ein. Das aus Umfanggründen fast nicht aufführbare Drama organisiert eine positive wie eine negative Heldenlinie: Der Jesuitenpater Riccardo Fontana und der SS-Mann Kurt Gerstein (ein Schaf im Wolfspelz) sind die positiven Figuren, der Doktor aus Auschwitz das Böse selbst. Neben dieser typologischen Anlage ist an dem Text vor allem die, nur theoretisch durch lange Bühnenanweisungen und Begleittexte unterlaufene, Einfühlungsästhetik des Dramas problematisch: Der fünfte Akt führt nach Auschwitz, die aus den früheren Akten bekannten Deportierten, Täter und Gutmenschen werden unwahrscheinlicher Weise zusammengeführt; das nicht Darstellbare des Grauens soll hier auf die Bühne gebracht werden.

Friedrich Dürrenmatt (1989)
© Elke Wetzig

Aufarbeitung der Vergangenheit. Dokumentarisches Theater: Rolf Hochhuth, Peter Weiss

Als schwedischer Journalist akkreditiert beim Frankfurter Prozess gegen die mittleren Chargen der SS in Auschwitz fasst Peter Weiss den Plan, ein ursprüngliches Dante-Projekt zur Aufarbeitung von Völkermord und Prozess umzuwandeln: In *Die Ermittlung* (1965) werden die Aussagen von vielen hundert Zeugen, Angeklagten, Gerichtspersonen topographisch nach der Anlage des Lagers von der Rampe bis zu den Verbrennungsöfen gruppiert, die elf Stationen heißen Gesänge, sind jeweils dreiteilig; der Berichtston der Aussagen ist eben nicht pathetisch, sondern erschreckend lakonisch, lediglich die Angeklagten reagieren emotional, als lachender oder protestierender Chor. Weiss untertitelt die *Ermittlung* mit „Oratorium" und zielt damit auf die episch distanzierende, Leidensgeschichte darstellende, rezitativisch und chorisch organisierte Form der Passionen (etwa J. S. Bachs). Insgesamt will er mit seinem dokumentarischen Theater nicht nur die historische Wirklichkeit des Faschismus ins Bewusstsein zurückholen, vielmehr soll die Bühne Erklärungsansätze entwickeln, Geschichte analytisch aufzuarbeiten.

Neben dem dokumentarischen Theater knüpfen die bundesrepublikanischen Autoren des politischen Volksstücks ebenfalls bei Brecht und Piscator an: Die Enge und kleinbürgerlich-provinzielle Philisterhaftigkeit bundesdeut-

Politische Volksstücke

Peter Handke (2006)
© Peter Stojanovic

Theater im Westen in den 1980er Jahren

scher Realität, die Verfolgung und Stigmatisierung von Außenseitern und die Brutalität der bürgerlich-kapitalistischen Ökonomie sind Themen in Martin Sperrs *Jagdszenen aus Niederbayern* (1966), in Rainer Werner Fassbinders *Katzelmacher* (1970), ebenso bei Peter Turrini (*Rozznjogd*, 1971) und Franz Xaver Kroetz (*Wildwechsel*, 1973). – Die programmatische Verabschiedung von Brecht ebenso wie von der Gruppe 47, also von zwei wichtigen, gleichsam hegemonialen „Institutionen" der ersten Jahrzehnte der Nachkriegsliteratur, wird bei Peter Handke am sichtbarsten. In seiner *Publikumsbeschimpfung* (1966) probiert er die Gestik des Sprechstücks aus, das sich kritisch und reflexiv auf das Formenrepertoire theatralen Sprechens insgesamt bezieht; auch in Handkes *Kaspar* (1968) steht die Sprache im Vordergrund, nicht eine Welt außerhalb von Theater und Sprache, auf die diese zeigte.

Nach den politisch bewegten 1960er und auch 70er Jahren ist das „westdeutsche Drama im Übergang zu den achtziger Jahren [...] gekennzeichnet vor allem durch Reproduktionen. Die alten Stoffe werden erneut durchgespielt, bekannte Motive variiert, erprobte dramaturgische Techniken verfeinert, vertraute Sprachmuster wiederholt" (Schnell 2003, 408). Tankred Dorst folgt etwa in *Auf dem Chimborazo* (1974) bei der psychologischen Darstellung von Familienkonflikten im Wesentlichen traditioneller Dramaturgie, sein großes Drama *Merlin oder Das wüste Land* (1981) buchstabiert überlieferte wie bekannte Momente von Sagen- und Märchenüberlieferung nach. Sprachlich brillant, aber „eine Welt der unablässigen Wiederholung, eine Spätzeit ohne Geschichte, ohne Verbindlichkeiten, ohne Orientierungsmöglichkeiten" darstellend (Schnell 2003, 408 f.), ist das Drama bei Botho Strauß (*Trilogie des Wiedersehens*, 1976; *Kalldewey, Farce*, 1981). Als Chronist bundesrepublikanischen Alltags begreift sich Franz Xaver Kroetz: Arbeitslosigkeit ist Konfliktauslöser in *Nicht Fisch noch Fleisch* (1981); in *Furcht und Hoffnung der BRD* (1984) greift er mit dem Titel zumindest auf Brechts *Furcht und Elend des Dritten Reiches* (1935–1939) zurück. Abseits der insistierenden Thematisierung des ‚katholisch-nationalsozialistischen' Österreichs und seiner historischen Schuld (*Elisabeth II.*, 1987; *Heldenplatz*, 1988) ist das Drama Thomas Bernhards gekennzeichnet von einer desillusionierten Weltsicht: Ausweglosigkeit, Monotonie, Misanthropismus kennzeichnen seine Helden, seine Handlungsführung (*Einfach kompliziert*, 1986). – Politisches Theater überlebt am ehesten dort, wo historische Realität und Nachleben des Nationalsozialismus auf der Bühne verhandelt werden: In Rainer Werner Fassbinders *Der Müll, die Stadt und der Tod* (1975/76), vor allem aber in der auch aus eigenem traumatischen Erleben gespeisten Faschismus-Thematisierung bei George Tabori: *Mein Kampf* (1985), *Nathans Tod* (1991).

Erfolgreiche Provokationen: Elfriede Jelinek

Das dramatische Werk der auch als Romanschriftstellerin erfolgreichen Österreicherin Elfriede Jelinek (Montageroman: *wir sind lockvögel baby!*, 1970; Roman über das westliche Wirtschaftswunder: *Die Ausgesperrten*, 1980; lebendiger Faschismus in männlichem Dominanzverhalten: *Lust*, 1989) darf neben demjenigen von Thomas Bernhard zum provozierendsten deutschen Theater der Gegenwart gezählt werden. Sie greift gegenwärtige politische Probleme auf: die Folgen der „Wende" 1989/90 in Europa (*Totenauberg*, 1991), Fremdenfeindlichkeit, Ausgrenzung und Verfolgung von Minderheiten (*Stecken, Stab und Stangl*, 1995) oder auch die Entstellung des eigenen Körpers durch Medikamente und pervertiertes Krafttraining (*Sportstück*, 1999). In ihrem Drama *Ulrike Maria Stuart* (2006) liefert sie eine Engführung der Lebensläufe der schottischen Königin Maria Stuart und der RAF-Terroristinnen Ulrike Meinhof und Gudrun Ensslin, fokussiert auf die Eingriffs(un)möglichkeiten insbesondere von Frauen in die Geschichte.

Das lyrische Werk Paul Celans thematisiert am eindringlichsten die Ungeheuerlichkeit des Völkermords an den europäischen Juden. In meist hermetischen Bildern, die sich so gegen die Verstehbarkeit abschließen, wie Auschwitz und die Shoa unbeschreibbar und unverstehbar sind, spricht sich hier historische Erfahrung aus der Perspektive der Opfer aus. Selten ist die bildhafte Rede der Gedichte so eindeutig identifizierbar in ihrer Referenz auf den Holocaust wie in der „Todesfuge" (1945): „Dein aschenes Haar Sulamith wir schaufeln ein Grab in den Lüften da liegt man nicht eng". Sprachlich-rhetorisch lässt Celan die Metapher absolut werden, dasjenige, worauf das Bild sich beziehen soll, wird nicht mehr, wie bei Vergleich oder Metapher, mitgegeben.

Paul Celan: Lyrik nach Auschwitz

Politisch engagiert im Rückblick auf den Völkermord an den europäischen Juden, im kritischen Blick auf die restaurative Wiederaufbaugesellschaft des „Wirtschaftswunders" sind die frühen lyrischen Zyklen von Ingeborg Bachmann (*Die gestundete Zeit*, 1953; *Anrufung des Großen Bären*, 1956). Der erste Lyrikband des zunächst als Feuilletonist und Essayist publizierenden Hans Magnus Enzensberger (*verteidigung der wölfe*, 1957) stand gattungs- und stilgeschichtlich in der Tradition von Brechts Lyrik; hiermit, mit seinen beiden folgenden Lyrikbänden (*landessprache*, 1960; *blindenschrift*, 1964) und als politischer Essayist (*Einzelheiten*, 1962) wurde Enzensberger zu einem der wichtigsten Protagonisten einer gesellschaftlich engagierten Literatur v. a. der 1960er Jahre. Die Begründung seiner Zeitschrift *Kursbuch* (1965 ff.) bestätigt diese politisch eingreifende Auffassung von der Aufgabe des Intellektuellen und Schriftstellers.

Politische Lyrik: Ingeborg Bachmann, Hans Magnus Enzensberger

Hans Magnus Enzensberger (2006) © Mariusz Kubik

Abseits dieses gleichsam politischen Engagements in Poesie entsteht schon in den 1950er Jahren eine experimentelle Lyrik, die in gewisser Weise anschließt an die Tradition des Figurengedichts aus dem Barock bzw. an die Sprachspiele von *poésie pure* und Dada. In Stuttgart versammeln sich um Max Bense etwa Eugen Gomringer, Helmut Heißenbüttel und Ludwig Harig, in Wien um Ernst Jandl z. B. Friederike Mayröcker und H. C. Artmann: Lyrik wird zum Spiel mit Sprache – die losgelöst wird von den Aussagemodi ihrer nationalsozialistischen Funktionalisierung, die zum Material wird, das zerlegt und neukomponiert, als Klang organisiert, als Bild geformt werden kann (vgl. etwa Jandl: *laut und luise*, 1966; *die bearbeitung der mütze, gedichte*, 1978).

Konkrete Poesie: Gomringer, Jandl

2.2 | DDR

Die Literatur der DDR ist in ihrer frühen Phase einerseits geprägt von der Kulturpolitik der sowjetischen Kommandantur in der SBZ, in der vorrangig kommunistischen Autoren ein Betätigungsfeld eingeräumt wird. Andererseits wird sie bestimmt von zurückkehrenden Emigranten, die in einer mehr oder weniger distanzierten Weise ihre literarische Arbeit für die Sache des Sozialismus einsetzen (wollen): Johannes R. Becher, Anna Seghers, Arnold Zweig, Bertolt Brecht – um nur die wichtigsten zu nennen.

Kulturpolitik der SED

Während des 5. Plenums des Zentralkomitees der Sozialistischen Einheitspartei Deutschlands (SED) am 17. März 1951 fasste die Staatsführung der DDR einen für die nähere Zukunft der DDR-Literatur entscheidenden

Formalismusstreit

Beschluss: Im „Kampf gegen Formalismus in Literatur und Kunst für eine fortschrittliche deutsche Kultur" dekretierte der Ministerpräsident der DDR, Otto Grotewohl die grundsätzliche Unterordnung von Kunst und Literatur unter die „Marschrichtung des politischen Kampfes"; zugunsten einer Ästhetik des *sozialistischen Realismus*, wie er 1932 in der stalinistischen Sowjetunion verordnet worden war, wird aus im Prinzip antimodernistischer Regung die künstlerische Formensprache der klassischen Moderne (Abstraktion, Ungegenständlichkeit) abgelehnt. Die klassische Moderne in Literatur und Kunst wird als Niedergangssymptom bürgerlicher, kapitalistischer Kunst interpretiert; die Heroisierung der Arbeitswelt, der Durchsetzung sozialistischer Modernisierung, Technikbegeisterung, eine naive Abbild-Ästhetik sowie die Orientierung an den einheitstiftenden großen Formen der Tradition (Roman, Epos) waren in der Sowjetunion die Merkmale des sozialistischen Realismus.

Durch die sogenannte „Bitterfelder Konferenz" von DDR-Autoren im Frühjahr 1959 wurde eine Ausrichtung des literarischen Schaffens in der DDR vorgegeben, die die Verbindung zwischen Literatur und Arbeitswelt im Sozialismus gleichsam obligatorisch machte: Schriftsteller sollten die Arbeiter in den Betrieben aufsuchen, den Wert der Arbeit selbst und der Werte loben, für die die selbstbewusste Arbeiterklasse im real existierenden Sozialismus

Bitterfelder Weg

stehe („Bitterfelder Weg"). Vor allem die Reportage sollte als journalistisch-literarische Gattung Anwendung finden, Literatur wurde insgesamt in den Dienst der ideologischen Unterstützung des parteigelenkten Wirtschafts- und Denkprozesses im sozialistischen Staat genommen. Unter dem Motto „Greif zur Feder, Kumpel, die sozialistische National-Kultur braucht dich!" wurden Arbeiter selbst animiert, Realität der Arbeitswelt aus eigenem Blickwinkel literarisch umzusetzen, Konflikte sollten, falls überhaupt, als durch Vernunft und Solidarität lösbar dargestellt werden, Optimismus war oberste Arbeiterpflicht. Die Kulturpolitik der DDR hat in der Folge der Bitterfelder Konferenz Schulungszirkel ins Leben gerufen, in denen Arbeiter zu Schriftstellern herangebildet wurden – sowohl im Hinblick auf die Kenntnis gewisser literarischer

Normen als auch im Hinblick auf den „richtigen" Blick auf die gesellschaftliche Wirklichkeit.

Der Eingriff der Bitterfelder Konferenz in die Autonomie der Autoren schlug aber letztlich fehl: Die genuin literarischen Autoren der DDR, Intellektuelle, nicht Arbeiterschriftsteller, entwickelten jenseits des Bitterfelder Weges sowohl ästhetisch als auch inhaltlich Ausdrucksformen und Darstellungsweisen, die die DDR-Literatur zumindest implizit wieder für Formexperimente wie für andere Sujets öffneten.

Der Verlust der Wirkmächtigkeit der verordneten Literatur- und Kulturpolitik dokumentiert deutlich die politische Geschichte der DDR, insofern sie als Ausdruck des Verfalls der Idee einer realisierten Utopie verstanden werden kann. Die politische Empfindlichkeit des Systems zeigte sich in der Überreaktion auf Wolf Biermanns Köln-Konzert 1976, die Angreifbarkeit in den letzten anderthalb Jahrzehnten der DDR war begründet durch eine durchgreifende ökonomische Krise. Die Energiekrise der frühen 1970er Jahre schlug sich auf die wirtschaftliche Entwicklung nieder, dem von den technologischen Entwicklungen im Westen (Datenverarbeitung, Hochtechnisierung auch im industriellen Sektor) ausgehenden Modernisierungsdruck hatte die ohnehin schwache Ökonomie der DDR kaum etwas entgegenzusetzen. Milliardenkredite auch aus dem Westen, dem die DDR sich seit der sozialliberalen Koalition Willy Brandts deutlich hatte annähern können, konnten diese Lücke nicht füllen. – Die restriktive und letztlich antimoderne Kulturpolitik stellte faktisch den Versuch dar, an die Stelle einer kritischen Auseinandersetzung mit der Krise des Systems die Heroisierung oder Romantisierung der Arbeitswelt zu setzen. Die Schriftsteller, denen ohnehin Publikationsmöglichkeiten und ökonomische Sicherheit vorenthalten oder offen verweigert wurden, reagierten entweder durch Emigration in den Westen oder, in seltenen Fällen, durch die Eroberung einer ästhetischen Nische (ohne dass Publikation oder wirtschaftlicher Erfolg damit verbunden gewesen wären). Vor allem nach der Ausbürgerung Biermanns 1977 verließen viele der bedeutendsten DDR-Autoren den Staat. Dass dies vielfältige Anpassungsprobleme mit sich brachte, dass vor allem die Frage nach der zukünftigen Wahrnehmung der DDR-Literatur eine virulente Frage sein sollte, zeigte sich zumal an Christa Wolf unmittelbar nach der Wende.

Johannes R. Becher, ehemaliger Expressionist und in den 1920er Jahren zum sozialistischen Schriftsteller gewandelt, ist für die Geschichte der DDR-Literatur insofern von großem Gewicht, als er gleichzeitig Kulturpolitiker und Dichter war. Er war Volkskammerabgeordneter, von 1954 bis 1958 Kulturminister der DDR und hatte maßgeblichen Anteil an der Durchsetzung des sozialistischen Realismus. Schon 1947 hat er in einer Rede auf dem 1. Deutschen Schriftstellerkongress die Gemeinsamkeit zwischen (ehemaligen) Emigranten und Daheimgebliebenen betont, um eine gemeinschaftliche Literatur beider Gruppierungen zu ermöglichen. Gleichzeitig ist er einer der wichtigsten Lyri-

Ökonomische und politische Krise in der DDR

Ausbürgerung Wolf Biermanns

Lyrik der jungen DDR: Johannes R. Becher

ker der frühen DDR. Neben der Nationalhymne der DDR („Auferstanden aus Ruinen und der Zukunft zugewandt") veröffentlichte er Gedichte, die in einem angenommenen Volkston parteiliches, nationales und sozialistisches Pathos verbreiten wollen; nur selten treten Selbstreflexion oder Selbstzweifel ins Wort.

Vor allem für die Lyrik der DDR war Peter Huchel, später auch Chefredakteur der Poetik-Zeitschrift *Sinn und Form*, eine prägende Gestalt. Er hatte bereits vor 1933 veröffentlicht, war „innerer Emigrant", Soldat, sowjetischer Kriegsgefangener und nimmt mit seiner Verbindung traditionell erscheinender Landschafts- und Naturlyrik mit Bildern von tätigen Menschen, von Armut eine gewisse Sonderstellung in der DDR-Lyrik ein, insofern als er sein lyrisches Programm nicht zugunsten von Sujets moderner Arbeitswelt und sozialistischer Großstadt aufgibt (*Chausseen, Chausseen. Gedichte*, 1963; *Die neunte Stunde. Gedichte*, 1979).

Peter Huchel (1903–1981) © Peter-Huchel-Haus

Anna Seghers entschied sich einerseits bewusst für den Weg in das sozialistische Deutschland, da sie sich hier größere Wirksamkeit versprach; andererseits entzog sie sich in ihrem Schreiben doch der Instrumentalisierung durch die herrschende Partei; das Pathos des sozialistischen Neuaufbaus blieb ihr fremd, nichtsdestoweniger „glaubt" sie an einen letztlichen Sieg der sozialistischen Revolution (ohne diese unbedingt mit dem Staat DDR zu identifizieren). Ihr Roman *Das siebte Kreuz* (1938–1942 im Exil verfasst und publiziert) hatte die Flucht von sieben Insassen eines Konzentrationslagers dargestellt (einer von ihnen kann tatsächlich nicht gefasst werden); ihr 1949 in der DDR publizierter Roman *Die Toten bleiben jung* löst einen eminent wichtigen Streit über die Kennzeichen sozialistischer Literatur aus: Die typenhafte Zeichnung der Arbeiterfiguren im Roman wirft die Frage auf, wie „individuell" und „interessant" Protagonisten in sozialistischen Romanen überhaupt zu sein hätten (Paul Rilla, Alexander Abusch).

Bertolt Brecht sah in der DDR den natürlichen Ort für seine politisch intendierte Literatur – schätzte die Kulturpolitik Ost-Berlins jedoch völlig falsch ein. Einerseits sind dramatische Produktionen, seine Arbeit am 1949 gemeinsam mit Helene Weigel gegründeten „Berliner Ensemble" von größter Bedeutung für die Kulturgeschichte der DDR, andererseits sah Brecht sich von Seiten der sozialistischen Kulturbürokratie des Staates mit „Formalismus"-Vorwürfen konfrontiert – die Antioper *Mahagonny*, das Stationendrama wie in *Mutter Courage* erscheinen aus der Perspektive der Literaturpolitik obsolet, die Traditionalisten wie Becher und auch der ungarische Kulturminister Georg Lukács setzen sich politisch durch. Brechts spätes lyrisches Werk ist von einer Rückzugstendenz und von wachsender Distanz zum parteioffiziellen Sozialismus gekennzeichnet; in den *Buckower Elegien* (1953) thematisiert er etwa die Niederschlagung des Arbeiteraufstandes am 17. Juni 1953 auf das Schärfste, sämtliche demokratische Legitimation der herrschenden Kaste der DDR erscheint ihm weggebrochen.

Rückzug aus der DDR-Politik: Der späte Brecht

NACH 1945: BRD – SCHWEIZ – ÖSTERREICH – DDR 20. Jahrhundert

Stephan Hermlin veröffentlichte seinen ersten Gedichtband schon 1945 – im schweizerischen Exil. Der zum Kommunismus konvertierte Unternehmersohn, nach politischem Untergrund, Emigration nach Palästina und Exil, wurde in der DDR schnell zum Vizepräsidenten des Schriftstellerverbandes; der Widerstand gegen den Faschismus – und gegen das Wettrüsten der politischen Systeme im Kalten Krieg – sind Themen seines schmalen lyrischen Werks. Hermlin ist Repräsentant der bürgerlichen Tradition der DDR-Literatur. – Auch Stefan Heym, einer der wichtigsten Romanciers der DDR, ist bürgerlicher Herkunft: Der Sohn eines jüdischen Kaufmanns ging 1933 nach Prag ins Exil, emigrierte 1935 in die USA, engagierte sich als antifaschistischer Redakteur, als Soldat auf US-Seite im 2. Weltkrieg – und zog 1952 nach Ostdeutschland. Antifaschismus und durch die USA-Erfahrungen gespeiste Kapitalismuskritik prägen seine Texte (*Goldsborough*, 1953). Die Möglichkeiten von Revolution (*Die Papiere des Andreas Lenz*, 1963; *Lassalle*, BRD 1969; DDR 1974) und Bilder einer konkreten sozialistischen Gesellschaft (*Ahasver*, 1981) haben auf reflektierte Weise teil an der literarischen Modellierung der kommunistischen Utopie. Im Kontext der Vereinigung der beiden deutschen Staaten tritt er für einen Erhalt der DDR ein, skeptisch betrachtet er die Illusionen der Ostdeutschen angesichts der Wiedervereinigung (*Auf Sand gebaut*, 1990).

> Bürgerliche Herkunft, Exil, DDR-Literatur: Stephan Hermlin, Stefan Heym

Der 1926 in Hamburg geborene Hermann Kant gehört zu denjenigen Schriftstellern der DDR, die keinen Emigrationshintergrund hatten, die erst in der DDR zu schreiben begannen. Sein Roman *Die Aula* (1965) reflektiert durchaus authentische Erlebnisse in einer DDR-typischen Nachkriegsbildungs-Institution, der Arbeiter- und Bauernfakultät, und vermittelt so ein differenziertes und auch ironisches Bild der frühen DDR. In dem Roman *Das Impressum* (1972) zeichnet er „die DDR-typische Sozialisation eines sozialistischen Intellektuellen nach und schildert zugleich Arbeit und Selbstverständnis dieses Intellektuellen im sozialen Gefüge der DDR" (Schütz/Vogt 1980, 98). Kants Romane verhalten sich affirmativ zur politischen, sozialen und mentalen Realität der DDR; als Funktionär im Schriftstellerverband der DDR, dessen Vorsitz er von 1978 bis 1990 innehatte, sowie als Mitglied im ZK der SED hatte er Teil am politischen System.

> Affirmation: Die Romane Hermann Kants

Im Unterschied dazu vermochte der Essayist und Erzähler Franz Fühmann, zumal in seinem späteren Werk, eine intellektuelle Distanz zur offiziellen Kulturpolitik aufzubauen und zu erhalten. Sein episodischer Erzähltext *Das Judenauto* (1962/1979) arbeitet die nationalsozialistische Vergangenheit auf und modelliert idealtypisch die Wandlung des Subjekts zum Marxisten und aktiven Mitarbeiter am Aufbau des Sozialismus. Nach und nach reflektiert er auch die Defizite dieser scheinverwirklichten Utopie (*Zweiundzwanzig Tage oder Die Hälfte des Lebens*, 1973); das politische Diktat einer sozialistisch-realistischen Kunst unterläuft er mit dem Insistieren auf der Eigenständigkeit der Literatur.

> Wachsende Distanz zu System und Kulturpolitik: Franz Fühmann

237

Aufarbeitung des Nationalsozialismus: Apitz, Becker

Bruno Apitz' *Nackt unter Wölfen* (1958) erzählt auf der Basis autobiographischer Erfahrung die Selbstbefreiung des Konzentrationslagers Buchenwald bei Weimar – und entspricht, allerdings ohne sich der offiziellen Politik direkt anzudienen, der Heroisierung des kommunistisch-antifaschistischen Widerstands. Jurek Beckers *Jakob der Lügner* (1970) greift ebenfalls die historische Thematik des „Widerstands" gegen die nationalsozialistische Gewaltherrschaft anhand der humanen, hoffnungstiftenden Funktion einer Lüge auf: Jakob, der im Polizeirevier des Ghettos zufällig im Radio hört, dass die Rote Armee nicht mehr weit entfernt sei, erfindet die Existenz eines eigenen Radioapparats und Nachrichten von der näherrückenden Befreiung. Die Lüge ermutigt die Ghettobewohner zum Durchhalten – der Erzähler lässt offen, ob sich dies am Ende auszahlt: In einer Version werden Jakob und die anderen Juden deportiert; in der anderen stirbt Jakob kurz vor der Befreiung des Ghettos.

Problematisierung der DDR-Identität: Christa Wolf

Christa Wolf (2007) © Andre Eckardt

Christa Wolf ist diejenige Schriftstellerin in der DDR, die sich am frühesten (abgesehen von den Widerständen etwa Brechts) der ästhetischen Doktrin verweigert. Ihre Erzählung *Der geteilte Himmel* (1963) thematisiert offen die Spaltung Deutschlands und fordert die Entscheidungsmöglichkeit für einen der beiden Staaten ein. Der Roman *Nachdenken über Christa T.* (1968) missfällt politisch schon aufgrund seiner offenen, „formalistischen" Struktur und seiner politischen Uneindeutigkeit v. a. hinsichtlich des politisch verordneten Auf- und Abarbeitens der faschistischen Vergangenheit. Der Formalismusvorwurf trifft auch den Roman *Kindheitsmuster* (1976). Diskontinuierlich rekonstruiert hier eine Erzählerin namens Nelly die eigene Vergangenheit, Kindheit im Nationalsozialismus, Aufarbeitung der Traumatisierungen durch Kapitulation und Flucht, Weiterleben in der DDR, die Allgegenwart des Vergangenen wird eminent betont: „Das Vergangene ist nicht tot; es nicht einmal vergangen." Mit dem Roman *Kassandra* (1983) beginnt Christa Wolf eine intensive Arbeit an und mit mythologischen Themen, die sie auch nach der Wende mit *Medea. Stimmen* (1996) fortsetzt. Im mythologischen Stoff der Kassandra-Überlieferung modelliert Wolf gleichzeitig die Problematik der Wissenden (Intellektuellen) gegenüber dem Volk, wie später in *Medea* werden die patriarchalischen Zurichtungen weiblicher Figuren in mythologischer Überlieferung dekonstruiert.

Christoph Hein

Christoph Heins erster Roman *Horns Ende* (der erst 1985 erschien), hatte, Geschichte rekonstruierend, die Vorgeschichte auch der DDR im nationalsozialistischen Deutschland, Euthanasieproblematik und Stigmatisierung des ‚Erinnerungsarbeiters' Horn in der DDR erzählerisch aufgearbeitet. Seine Novelle *Drachenblut* (BRD: 1983; DDR: 1982 als *Der fremde Freund*) ist eine Abrechnung mit deutscher Geschichte, mit autoritären Strukturen, die sich eben auch in der DDR als Unterdrückungssystem etabliert haben, aber darüber hinaus als Entfremdungszusammenhänge moderne Gesellschaft kennzeichnen.

Grundsätzlich scheint gerade die Lyrik – seit der Ausdifferenzierung des Literatursystems und seiner Autonomsetzung gleichsam *die* idealtypische

Gattung subjektiver Expression – Rückzug oder Beschwörung einer Gegenwelt zu ermöglichen. Wo offene Kritik oder nur explizite Rede über die gesellschaftlichen Verhältnisse und über die zutage tretenden Legitimationskrisen des sozialistischen Staates verboten ist, bietet sich die Bildlichkeit lyrischen Sprechens als verborgene Rede an. Die Abwesenheit politischer Sujets markiert alleine schon die oppositionelle Differenz zur offiziellen (Kultur-) Politik.

Johannes Bobrowski hatte bereits in Zeitschriften seit 1955 einzelne lyrische Gedichte veröffentlicht, als 1961 sein erster Gedichtband (allerdings im Westen!) erschien (*Sarmatische Zeit*). Hier werden Natur und Landschaft, die scheinbar im Vordergrund der Texte stehen, zum Träger geschichtlicher Spuren, die die Katastrophen des 20. Jh. hinterlassen haben. Bobrowskis lyrischer Stil erinnert an Celan, bewusst stellt er sich in die Tradition Klopstocks, dessen Umkehrungen und Brüche der normalen Satzfolge er etwa adaptiert. Ebenfalls als Romancier erarbeitet er sich die Geschichte des Raums, in dem er aufgewachsen ist, des Mischraums von Slawen, Deutschen und Juden an der Memel, der zweite Roman allerdings wird posthum veröffentlicht (*Levins Mühle. 34 Sätze an meinen Großvater*, 1964; *Litauische Claviere*, 1966).

Johannes Bobrowski

Neben Adolf Endler, Elke Erb und Rainer Kirsch ist es beispielsweise die Lyrik von Sarah Kirsch (*Landaufenthalt*, 1967; *Zaubersprüche*, 1973; *Rückenwind. Gedichte*, 1976; *Katzenkopfpflaster*, 1978), die auf den ersten Blick Naturlyrik, Liebeslyrik zu sein scheint. Doch sind „die Naturzustände, die Landschaften, die Tierwelten, aber auch die Beziehungen der Menschen, von denen diese Lyrik spricht, immer schon gestörte Beziehungen, irritiert durch geschichtliche Prozesse, technologische Entwicklungen, soziale Erosionen […]" (Schnell 2003, 425). Intensive Intimität von Liebesbeziehungen wird als Schutzraum („Meine Finger zärtlich baun Kirchen auf deiner Hand") inszeniert; freie Rhythmik, Reimlosigkeit, Zeilensprung und reiche poetische Bildlichkeit zeichnen ihre Texte aus.

Scheinbar unpolitisch: Natur- und Liebeslyrik

Die Lyriker Volker Braun und Wolf Biermann verhalten sich in unterschiedlicher Weise oppositionell zu Politik und verordneter Ästhetik. Volker Brauns Gedichte (*Gegen die symmetrische Welt*, 1974; *Training des aufrechten Gangs*, 1979) sind durchaus noch vom Impetus einer politischen Wirkung gekennzeichnet, verweigern sich aber durch die starke Betonung des Subjektiven, Individuellen den Kollektivierungsansprüchen des SED-Staats. Er distanzierte sich von der Sozialismus-Panegyrik, die die Kulturpolitik verlangte. – Wolf Biermanns Lieder und Gedichte verhalten sich offen oppositionell gegenüber dem System. Schon 1963, als Liederdichter durch die Schule Hanns Eislers gegangen, den er 1960 kennengelernt hatte, erhielt er Auftrittsverbot, Publikationen konnten nur im Westen erscheinen, die erste Langspielplatte *Chausseestraße 131* (1968) wurde (Titel!) in der eigenen Wohnung in Ostberlin aufgenommen. Seine Lieder erheben vehementen Einspruch gegen die Drangsalierungen durch die Stasi, gegen die Unterdrückung von Meinungs-

Unterschiedliche Widerstandsmodelle: Braun, Biermann

Wolf Biermann (2003) © Hans Weingartz

20. Jahrhundert: Vom Expressionismus bis zur Gegenwart

freiheit – sind aber von einem ungebrochenen Glauben an einen möglichen menschlichen Sozialismus getragen (der nur in der DDR gar nie realisiert werden konnte). Nach einem Konzert in Köln am 13. November 1976, das wenig später auch durch die ARD übertragen wurde und damit in weiten Teilen der DDR wahrgenommen werden konnte, wurde Biermann ausgebürgert und musste im Westen bleiben.

Die jüngste Generation DDR-Lyriker bildete seit dem Ende der 1970er Jahre auf dem Prenzlauer Berg in Ost-Berlin eine Art alternativer Subkultur gemeinsam mit bildenden Künstlern, Filmemachern, Zeitschriftenredakteuren u. a. So formte sich eine subversive Gegenöffentlichkeit zur offiziellen Kulturpolitik der SED, die durchaus Kontakte zur westdeutschen alternativen Szene unterhielt; sie übte allein durch das Spiel mit der Sprache der offiziellen Verlautbarungen und leergedroschenen Polit-Phrasen Kritik – und war immer Gegenstand der Stasi-Überwachung. In ihrer Experimentierfreude holten die Lyriker vom Prenzlauer Berg die Moderne nach, die die politisch diktierte Ästhetik seit 1949 untersagt hatte. Dass die Szene am „Prenzelberg" selbst die inoffiziellen Mitarbeiter bereitstellte, welche die Stasi über die politische Opposition informierten (etwa Sascha Anderson, Rainer Schedlinski), gehört ebenso zur irritierenden Geschichtlichkeit dieser jungen DDR-Opposition wie das Zusammentreffen ihrer Kritik an der sozialistischen Verlautbarungs-Unkultur mit jener der Westberliner alternativen Szene an derjenigen der kapitalistischen Konsumgesellschaft.

Subversive Alternativkultur auf dem Prenzlauer Berg

Für die Dramatik der DDR ist, in der Abarbeitung des großen Vorbilds und Lehrers Brecht sowie in der Modellierung eines zunächst noch sozialismusnahen, letztlich aber sehr eigenständigen Theaters, Heiner Müller von unübertroffener Wichtigkeit. Sein erstes Stück *Der Lohnabdrücker* (1956) thematisiert ein „inneres" Problem der DDR-Arbeiterschaft: die Differenz zwischen bürgerlich-kapitalistisch bestimmtem Arbeiterbewusstsein und den sozialistisch umgewälzten Produktionsverhältnissen. Auch in weiteren Dramen der DDR-Literatur spielen Probleme des sozialistischen Alltags eine große Rolle (z. B. Ulrich Plenzdorf: *Legende vom Glück ohne Ende,* 1979). In Volker Brauns *Die Übergangsgesellschaft* (1987) wird die soziale und politische Ordnung der DDR auch im Lichte des Verfalls und Missbrauchs sozialistischer Ideale sehr kritisch betrachtet. Das in die mittelalterliche Artusepik hineinversetzte politische Parabelstück *Die Ritter der Tafelrunde* (Christoph Hein, 1989) reflektiert fast polemisch, indem die Helden die eigene Biographie als Suche nach dem Gral – also nach dem „richtigen Leben", dem Schlüssel zu einer besseren Gesellschaftsordnung – auf ihren Sinn hin befragen, die Geschichtsmächtigkeit des einzelnen Subjekts und der Gattung Mensch.

Dramen über den sozialistischen Alltag

Brechts Konzept des Lehrstücks, in dem das Publikum mitzuagieren hat – also beteiligt ist an der Produktion des Theaterereignisses und des gesellschaftlichen Wissens, das vermittelt werden soll –, wird für Heiner Müller zu einem

Überschreitung jeder verordneten Ästhetik: Heiner Müller

Vorbild (*Mauser*, 1970). Gerade mit dem Aufgreifen mythologischer Stoffe oder älterer literarischer Figurentraditionen (*Philoktet*, 1958/64; *Sophokles: Oedipus Tyrann*, 1967; *Prometheus*, 1967/68; *Verkommenes Ufer Medeamaterial Landschaft mit Argonauten*, 1983; *Die Hamletmaschine*, 1977) – Texten, die z. T. nur im Westen publiziert werden konnten – konzipiert Müller zusehends seine Dramen als autonome Literatur, die mit den Vorgaben der Kulturpolitik keinesfalls vereinbar waren.

Heiner Müller (1929–1995)

1989 und die Folgen

Die „Wende" 1989 ist einerseits Höhepunkt der Erosionen, die sowohl die DDR als auch den Staatenverbund des real existierenden Sozialismus politisch schon seit den Arbeiteraufständen in der DDR, der Niederschlagung der Oppositions- oder Liberalisierungsbewegungen in Ungarn 1956 und Prag 1968, ökonomisch spätestens seit der Ölkrise gezeichnet hatten. Andererseits war die „Wende" aktuell überraschendes Resultat der Fluchtbewegung einer größeren Zahl „Ausreisewilliger" aus der DDR vor allem über Ungarn. Der Zusammenschluss der beiden deutschen Staaten 1990 war nicht das Handlungsziel der DDR-Oppositionellen aus der Vor-Wende-Zeit, sondern eher das Ergebnis einer bewussten Politik der damaligen Bundesregierung. Der schon in Gorbatschows Glasnost-Politik sich abzeichnende Zusammenbruch des Staatssozialismus, der zur Auflösung der militärischen Blöcke führte, kann als Ende der ideologischen Systeme bzw. großen geschichtsphilosophischen Utopien verstanden werden. Der Begriff eines nachideologischen Zeitalters ist allerdings nicht unproblematisch, insofern natürlich im marxistischen Sinne auch die bürgerlich-kapitalistische Weltdeutung gerade eine Ideologie ist.

Der November 1989 hat in der deutschen Literatur einerseits eine Krise des Selbstverständnisses der literarischen Intelligenz in Ost und West ausgelöst: Die Krise des Sozialismus, die „Volksbewegung", die letztlich auch gegen die ursprünglichen Ziele der Protestbewegung der DDR auf die staatliche Vereinigung abzielte, der Vereinigungsprozess selbst liefen so rasant ab, dass intellektuelle Begleitung und Reflexion auf jeden Fall zu spät kamen. Mit der Überwindung der staatlichen Teilung Deutschlands waren die Folgen des 2. Weltkriegs zumindest auf dieser Ebene verschwunden, die „Nachkriegsliteratur" ging endgültig zu Ende. Die Debatte, die sich 1990 unmittelbar an die staatliche Vereinigung und die Veröffentlichung von Christa Wolfs Erzählung „Was bleibt?" angeschlossen hatte, zeigt in der Thematisierung der Beteiligung vieler DDR-Schriftsteller am Spitzelsystem der Stasi und auch in der Problematisierung der Zukunftsfähigkeit der Literaturgeschichte der DDR die Dimension dieser Debatte an.

Literatur, die sich inhaltlich mit der Wende auseinandersetzte, mit dem politischen Prozess selbst, mit den virulenten Entfremdungsphänomenen

Die „Wende"

Ende der Nachkriegsliteratur

Wenderomane

zwischen den Menschen und Kulturen in Ost und West, den neugewonnenen Chancen und zerronnenen Hoffnungen, macht in den 1990er Jahren einen Gutteil der aktuellen Literatur aus.

> Der Themenkomplex ‚Deutsche Einheit' hat eine kaum mehr überschaubare Vielfalt von Aspekten und Verarbeitungsformen hervorgebracht. Comics und autobiographische Texte gehören dazu, Dokumente aus der Umbruchsphase, Fotosammlungen, historische und biographische Quellen und Tagebuchaufzeichnungen aus der DDR, Chroniken, Gespräche, Interviews, Text-/Bild-Collagen, Erfahrungsberichte aus dem Westen und Reiseberichte aus dem Osten, Literatur für Kinder, Auseinandersetzungen mit der Stasi, Satiren, Prosa- und Lyrikanthologien, Polemiken, Pamphlete, Lexika und Wörterbücher (Schnell 2003, 529).

Ingo Schulze (2004) © Caren Müller

Thomas Brussigs Wende-Roman *Helden wie wir* (1995) parodiert in grotesker Übertreibung die Beteiligung des Einzelnen an der historischen Umwälzung – und dekonstruiert gleichsam individuelle Mythen der Geschichtsmächtigkeit; Ingo Schulzes *Simple Stories* (1998) versammeln in schmucklosen Prosaskizzen eine disparate Mischung unterschiedlichster Haltungen, Gefühlslagen, Selbsttäuschungen und Selbstaufmunterungen angesichts der neuartigen Situation; Möglichkeiten des Scheiterns im verwirrt-vereinten Deutschland lotet Reinhard Jirgl mit *Hundsnächte* (1997) aus, Günter Grass' *Ein weites Feld* (1995) räsoniert über die fragile Demokratie nach der Vereinigung.

Reflexion des Umbruchsprozesses

Aus der Leipziger oder (Ost-)Berliner Alternativszene sind es vor allem Uwe Kolbe und Thomas Rosenlöcher (die beide schon vor der Wende im Westen veröffentlichten), die in ihrer Lyrik die (Enttäuschungs-)Erfahrungen des Umbruchsprozesses begleiten; Durs Grünbein dekonstruiert in seiner Lyrik die ideologisch-geschichtsphilosophischen Prämissen der DDR. Die 2003 erschienene Anthologie *Lyrik von jetzt* präsentiert zwischen Popliteratur und Lautpoesie, Großstadtwahrnehmung und subjektiver Weltsicht von insgesamt 74 jungen Autoren ein breites Spektrum der Lyrik der Jahrtausendwende, die in ihrer Nähe zu jugendlichen Subkulturen (Pop, Slam), zur Event-Kultur der Großstadt und zur Performance anstelle der traditionellen literarischen Öffentlichkeit ihr kleinstes Gemeinsames hat.

Popliteratur

Der Begriff der Popliteratur geht sowohl auf eine literarische Bewegung in den USA der 1940er Jahre (William S. Burroughs, Allen Ginsberg) als auch auf eine Gegenbewegung zur sich selbst zu ernst nehmenden Gruppe 47 am Ende der 1960er Jahre zurück: Der Essay „Cross the Border – Close the Gap" (1968) von Leslie Fiedler forderte, die Kluft zwischen hoher und populärer Kultur zu negieren. Der Lyriker Rolf Dieter Brinkmann wurde im Kontext der studentenbewegten Jugendkultur Zentrum einer Auffassung, die „Popkultur" als positiven Gegenbegriff zur etablierten Elitenkultur einsetzte. In den 1990er Jahren waren es vor allem Benjamin von Stuckrad-Barre, Christian Kracht, Alexa von Hennig-Lange und auch Rainald Goetz, die als Exponenten der neuen

Pop-Literaten Geltung beanspruchten. Ein Zusammentreffen im traditionsreichen Berliner Hotel *Adlon* wurde, selbstironisch genug, in dem Band *Tristesse Royale. Das popkulturelle Quintett* (1999) programmatisch stilisiert. Medienwelt, Lifestyle, Musikkultur, Fernsehen, Internetkultur – und die Inszenierung von Literatur in einem durchgestalteten künstlerischen Lebensentwurf sind Merkmale dieser literarischen Strömung. Der Übergang dichterischer Produktion in popkulturelle Alltagswelten (von Jugendlichen), wie er in Poetry-Slam-Veranstaltungen zu beobachten ist, gehört mit in diesen Kontext.

Dass politisch engagierte Literatur jenseits des Oberflächen-Phänomens der Popliteratur nicht vollends verloren hat, zeigen sowohl jüngste Erzähltexte, die wiederum die nationalsozialistische Vergangenheit problematisieren: Ruth Klügers beeindruckender autobiographischer Bericht *weiter leben. Eine Jugend* (1992), Marcel Beyers *Flughunde* (1995) oder auch der zur Schullektüre gewordene Roman *Der Vorleser* von Bernhard Schlink (1995). Christoph Ransmayrs große Romane *Die Schrecken des Eises und der Finsternis* (1984) und *Die letzte Welt* (1988) interpretieren schonungslos und düster deutsche Geschichte als unabsehbare Folge von Katastrophen, sein Roman *Morbus Kitahara* (1995) erzählt die alternative Geschichte Mitteleuropas (Deutschland, Österreich) nach der Umsetzung eines dem Morgenthau-Plan ähnlichen Konzeptes nach dem 2. Weltkrieg, die Zwangsumwandlung in eine einfache Agrarwirtschaft. – Mit Autoren aus verschiedenen Herkunftsländern, v. a. im Umfeld der zweiten Generation der nach Westdeutland eingewanderten Industriearbeiter aus der Türkei entwickelte sich eine eigenständige *Migrantenliteratur*, die teils die gesellschaftlichen Probleme der Bevölkerungsgruppe thematisiert, teils in der Sprachvermischung zu neuartigen sprachlichen Kunstwerken abhebt (Feridun Zaimoglu: *Kanak Sprak. 24 mißtöne am Rande der Gesellschaft*, 1995).

Die mediale Innovation des Internet ermöglicht eine neuartige Literatur, innerhalb derer die traditionellen Kategorien von Autor und Werk verwischt werden. Texterzeugungsmechanismen kollektiver Art sind möglich geworden, das Fortschreiben des Textes eines anderen im Netz macht den Text zu einem unendlich offenen, hypertextuell vielverschachtelten Objekt, das sowohl in Substanz und Struktur nicht mehr endlich beschreibbar ist als auch, von der Rezeptionsseite her, die Vieldeutigkeit literarischer Texte potenziert. Prominente Beispiele für solche Projekte sind etwa das interaktive Gedicht *Looppool vom süßen Leben* des Rap-Dichters Bastian Böttcher (1997) oder auch die aus mehreren Netz-basierten Quellen sich speisende Text-Erzeugungs-Maschine *plaintext.cc* von Florian Cramer (2004).

Politische Literatur der Gegenwart

Christoph Ransmayr (2007) © Mariusz Kubik

Feridun Zaimoglu (2006) © Hans Weingartz

20. Jahrhundert: Vom Expressionismus bis zur Gegenwart

4| Literatur

Zitierte Werke

Horváth, Ödön von: „Gebrauchsanweisung". In: Ö. v. H.: *Gesammelte Werke*. Bd. 4. Frankfurt am Main 1970, 662 ff.

Adorno, Theodor W.: *Minima Moralia. Reflexionen aus dem beschädigten Leben*. Frankfurt am Main 1951.

Fähnders, Walter: *Avantgarde und Moderne 1890–1933*. Stuttgart, Weimar 1998.

Manifeste und Proklamationen der europäischen Avantgarde (1909–1938). Hrsg. von Wolfgang Asholt. Stuttgart, Weimar 1995.

Richter, Hans-Werner (Hrsg., in Zusammenarbeit mit Walter Mannzen): *Almanach der Gruppe 47 1947–1962*. Reinbek bei Hamburg 1962.

Schnell, Ralf: *Geschichte der deutschsprachigen Literatur seit 1945*. Stuttgart, Weimar 2003.

Schütz, Erhard/Uecker, Mattihas: „Präzisionsästhetik?". Erik Regers *Union der festen Hand*. Publizistik als Roman. In: *Neue Sachlichkeit im Roman*. Hrsg. von Sabina Becker und Christoph Weiß. Stuttgart, Weimar 1995, 89–111.

Schütz, Erhard/Vogt Jochen (Hrsg.): *Einführung in die deutsche Literatur des 20. Jahrhunderts*. Bd. 1: *Kaiserreich*. Opladen 1977. Bd. 2: *Weimarer Republik, Faschismus und Exil*. Opladen 1978. Bd. 3: *Bundesrepublik und DDR*. Opladen 1980.

Vietta, Silvio/Kemper, Hans-Georg: *Expressionismus*. München 1975.

Grundlegende Literatur

Barner, Wilfried (Hrsg.): *Geschichte der deutschen Literatur von 1945 bis zur Gegenwart* (= de Boor, Helmut/Newald, Richard: *Geschichte der deutschen Literatur von den Anfängen bis zur Gegenwart*, Bd. 12). München 1994.

Briegleb, Klaus (Hrsg.): *Gegenwartsliteratur seit 1968* (= *Hansers Sozialgeschichte der deutschen Literatur vom 16. Jahrhundert bis zur Gegenwart* Bd. 12). München 1992.

Fischer, Ludwig (Hrsg.): *Literatur in der Bundesrepublik Deutschland bis 1967* (= *Hansers Sozialgeschichte der deutschen Literatur vom 16. Jahrhundert bis zur Gegenwart* Bd. 10). München 1986.

Schmitt, Hans-Jürgen (Hrsg.): *Die Literatur der DDR* (= *Hansers Sozialgeschichte der deutschen Literatur vom 16. Jahrhundert bis zur Gegenwart* Bd. 11). München 1983.

Schnell, Ralf: *Die Literatur der Bundesrepublik. Autoren, Geschichte, Literaturbetrieb*. Stuttgart 1986.

Weyergraf, Bernd (Hrsg.): *Literatur der Weimarer Republik*. (= *Hansers Sozialgeschichte der deutschen Literatur vom 16. Jahrhundert bis zur Gegenwart* Bd. 8). München 1995.

Ausblick: Mit welchem Ziel studiert man im Bachelor Neuere deutsche Literaturgeschichte?

Jeder Bachelor-Studiengang der Germanistik – ja selbst der Neueren deutschen Literaturwissenschaft, wenn es ihn denn gäbe – kann literarhistorisches Wissen nur exemplarisch vermitteln. Das Studium macht bestenfalls mit kleinen Ausschnitten der Neueren deutschen Literaturgeschichte intensiv vertraut, der große „Rest" wird höchstens überblicksartig gestreift. Im günstigsten Falle hat man sich am Ende des Bachelor-Studiengangs ein Überblickswissen über einen großen Zeitraum der Literaturgeschichte verschafft, mit einzelnen Vertiefungs- oder Schwerpunkten bei einer Epoche, einer Autorin oder einem Autor o. Ä.

Im Gegensatz dazu erlaubt bzw. „erzwingt" ein Master-Studiengang (mindestens ein *Master of Arts*, zum *Master of Education* unten mehr) in Germanistik oder in Neuerer deutscher Literaturwissenschaft ggf. die intensivere Einarbeitung in die Thematik von Literaturgeschichte und Literaturgeschichtsschreibung. Module des Master-Studiums oder – je nach Universität oder Institut – ein gesamtes Master-Studium können literarhistorisch ausgerichtet sein. Der Master-Studiengang kann schon vom Namen her die literarhistorische Spezialisierung anzeigen: Er heißt etwa gar nicht mehr „Germanistik" oder „Neuere deutsche Literaturwissenschaft", sondern beispielsweise „Germanistische Renaissancestudien" o. Ä.; dass damit eine entschiedene Vertiefung eines einzelnen literarhistorischen Abschnitts angezeigt ist, versteht sich von selbst.

Optionen literarhistorischer Spezialisierung im Master-Studiengang

Das (universitätsspezifische) Studien- und Forschungsprofil eines Masterstudiengangs kann literarhistorisch spezialisiert sein – etwa auf die Literatur der Frühen Neuzeit, der Aufklärung, der Literatur von Weimarer Republik und Exil oder anderer Epochen; natürlich ist dann in Lehre und Forschung (also in Vorlesungen, Seminaren und Forschungskolloquien oder -modulen) die intensive (nicht mehr nur exemplarische) Vertiefung gerade dieses literaturgeschichtlichen Bereiches die Konsequenz.

Epochenspezialisierung

Das (universitätsspezifische) Studien- und Forschungsprofil eines Masterstudiengangs kann gattungspoetologisch spezialisiert sein, also etwa die Geschichte des Romans in der Frühen Neuzeit oder des Trauerspiels im 18. Jh. zum Schwerpunkt von Lehre und Forschung im Master machen. Kein Text, keine literarische Reihe ist verstehbar ohne die geschichtliche Seite des Gattungskonzepts oder die verschiedenen Ausprägungen der Gattungen und unterschiedlichen historischen Bedingungen.

Gattungspoetologische Spezialisierung

AUSBLICK

Reflexion und Theorie der Literaturgeschichtsschreibung

Jeder *Master (of Arts)*-Studiengang zielt ab auf wissenschaftliche Arbeit; jede literarhistorische Spezialisierung wird begleitet durch Module oder Lehreinheiten, die die theoretische Problematisierung von Literaturgeschichtsschreibung oder die Begriffsgeschichte und ggf. Dekonstruktion von Epochenbegriffen (vgl. etwa Barock, Weimarer Klassik) zum Gegenstand haben. Darüber hinaus sind die historisch wie methodisch verschiedenen Konzepte der Literaturgeschichtsschreibung sowie die unterschiedlichen literarhistorischen Darstellungsoptionen (Sozialgeschichte, Evolutionsgeschichte des Systems Literatur, die verschiedenen Referenzsysteme der Bezeichnung von Epochen u. v. a. m.) Gegenstand des akademischen Unterrichts sowie der Forschung.

Kulturwissenschaftliche Kontextualisierung

Im Fall eines literarhistorisch spezialisierten Germanistik-Masters, aber auch in nicht-germanistischen Spezial-Master-Studiengängen (*Gender-Studies* o. ä.) oder breiter angelegten, allgemeineren Studiengängen (Kultur- und Medienwissenschaften, Vergleichende Literatur- oder Kulturwissenschaft) liefert literaturgeschichtliches Basiswissen die Grundlage für eine breite Kontextualisierung kultureller Phänomene: Gesellschafts-, Ideen-, Mentalitäts-, Medien-, Technik- und Diskursgeschichte sind ebenso unverzichtbar wie die Verortung des betrachteten kulturellen Phänomens im Zusammenhang der Künste – Malerei, Skulptur, Musik, Film, Photographie, Literatur; mindestens die europäische, ggf. sogar die globale Kultur- und Literaturgeschichte müssen als grundsätzlicher Referenzrahmen mit thematisierbar sein.

Begriff von Literatur und Literaturgeschichtsschreibung

Jeder Master-Studiengang der Neueren deutschen Literaturwissenschaft beschäftigt sich u. a. mit dem (historisch unterschiedlichen) Selbstverständnis von Literatur, von Literaturwissenschaft und Literaturgeschichtsschreibung: Die historische Perspektive ist dabei schon insofern unverzichtbar, als Literaturgeschichte – gleichgültig, wie detailliert und ausdifferenziert oder skizzenhaft – Texte und Kontexte, Autorinnen und Autoren und ihre geschichtlichen Rahmenbedingungen erinnernd zur Verfügung hält. Literaturgeschichte erzählt damit aber immer auch eine Evolutionsgeschichte der Kultur selbst: Die jahrhundertelange Auseinandersetzung etwa über den Vorrang der antiken Kunst, die Diskussion über extern bestimmte Funktion oder Selbstbestimmung der Literatur (Heteronomie und Autonomie), die Ausdifferenzierung der Künste bzw. speziell der Literatur als eigenen Systemen im gesellschaftlichen Kommunikationszusammenhang oder aber die Rolle, die Literatur und Literaturrezeption im Kontext historisch spezifischer Gesellschaftszustände zugekommen ist. Damit erzählt die Literaturgeschichte immer auch die Vorgeschichte der Gegenwart und ihrer Kultur, deren Verständnis sie somit befördert.

Literaturgeschichte im Schulunterricht

Im Lehramtsstudium (*Master of Education*) sind zwar in der Regel keine spezifisch literarhistorischen Module ausdifferenziert. Nichtsdestoweniger sind literaturgeschichtliches Grundwissen und erweitertes Kontextwissen unabdingbar: Die Literatur des Mittelalters sowie die der Frühen Neuzeit, der

246

Reformation, des Barocks und der Frühaufklärung sind selbstverständlich unterrichtsfähig; zukünftige Lehrerinnen und Lehrer müssen über intensive Kenntnisse der Geschichte der deutschen Literatur von ihren Anfängen an verfügen.

Literatur bewahrt ein spezifisches Wissen auf: In einer ganz eigenen Darstellungsform – sprachlich zwar, aber eben im ästhetischen Abstand zu der Sprache des Alltags und dadurch bildhaft, mehrdeutig, interpretationsbedürftig – wird ein Wissen über den Menschen, seine Kultur und seine Gesellschaft, über die Vorstellungen vom Individuum wie von der Welt, der Natur, vom Göttlichen, von der Liebe, der Macht, vom moralisch Guten wie Bösen, vom Unbewussten wie von der Vernunft, von Kommunikation und Selbstreflexion u. v. a. m. unter jeweils ganz besonderen historischen Bedingungen überliefert. Und Literatur tradiert dieses Wissen, wie es keine andere sprachliche, künstlerische oder wissenschaftliche Überlieferung könnte: Sie greift in vielem den wissenschaftlichen Diskursen voraus, ist ihnen letztlich überlegen, da sie nicht dem Zwang zum Begriff oder zur Logik unterliegt – und unterscheidet sich von bildenden Künsten und Musik doch dadurch, dass sie Wortkunst ist.

Literaturgeschichtsschreibung versucht, literarische Texte wie Kontexte in Zusammenhängen untereinander zu sehen. Diese sind, wie zu Beginn dieses Bandes schon betont, immer das Ergebnis von komplexen Prozessen der Selektion, Hierarchisierung und Kanonisierung, der Konstruktion synthetischer Einheiten wie „Ereignis" und „Epoche", der Abstraktion wie auch der Sinnstiftung. Nichtsdestoweniger sind diese (gestifteten) Zusammenhänge notwendig: einerseits, um dem erweiterten Kollektivgedächtnis, das Literaturgeschichte darstellt, überhaupt eine Ordnung zu geben, andererseits, um das spezifische Wissen, das (nur) die Literatur überliefert, überhaupt noch verstehbar zu halten. Denn nur im Kontext der Gattungsgeschichte, in dem der zeitgenössischen Gesellschaftsgeschichte, der Vorstellungen vom Menschen, von Sozialbeziehungen, von Kunst u. v. a. m. bleibt ein einzelner Text überhaupt verstehbar. Damit werden (fast schon vergessene) literarische Texte nicht nur dem gelegentlichen Wiedererinnern zur Verfügung gestellt, sondern erhalten eine spezifische Position in der kollektiven Erinnerung einer Kultur zugeschrieben, da sie etwas sagen, überliefern, das nur sie, an ihrem historischen Ort, sagen konnten.

Personenregister

Adorno, Theodor W. (1903–1969)   214, 221
Agricola, Johannes (1494–1566)   75
Aichinger, Ilse (*1921)   225
Aischylos (525–456 v. Chr.)   106
Albertinus, Aegidius (1560–1620)   93
Alemán, Mateo (1547–nach 1614)   93
Anakreon (550 oder 580 – 495 v. Chr.)   123
Andersch, Alfred (1914–1980)   225, 230
Anderson, Sascha (*1953)   240
Anton Ulrich, Herzog von Braunschweig-Wolfenbüttel
    (1633–1714)   90 f.
Apitz, Bruno (1900–1979)   238
Arendt, Hannah (1906–1975)   230
Ariosto, Ludovico (1474–1533)   144
Aristophanes (vor 445–385 v. Chr.)   75
Aristoteles (384–322 v. Chr.)   58, 61, 107, 110, 120, 130,
    132
Arndt, Ernst Moritz (1769–1860)   151
Arndt, Johann (1555–1621)   57
Arnim, Achim von (1781–1831)   151, 165
Artmann, Hans Carl (1921–2000)   233
Äsop (ca. 600 v. Chr.)   137, 138
Auerbach, Berthold (1812–1882)   184
Augustenburg, Friedrich Christian von (1765–1814)   117
Aurel, Mark (121–180)   80
Ayrer, Jakob (1544–1605)   24, 26, 84, 167

Babeuf, François Noël (1760–1797)   100
Bach, Johann Sebastian (1685–1750)   231
Bachmann, Ingeborg (1926–1973)   225, 228 f., 233
Bahr, Hermann (1863–1934)   190
Ball, Hugo (1886–1927)   205 f., 207
Barclay, John (1582–1621)   88 f.
Barlach, Ernst (1870–1938)   204, 220
Bartels, Adolf (1862–1945)   195
Batteux, Charles (1713–1780)   114
Baumgarten, Alexander Gottlieb (1714–1762)   109 f.
Becher, Johannes R. (1891–1958)   199, 202, 204, 212,
    234–236
Becker, Jurek (1937–1997)   238
Beer, Johann (1655–1700)   94
Beheim, Michael (1416–1474)   18
Benjamin, Walter (1892–1940)   156
Benn, Gottfried (1886–1956)   199, 202–204, 212
Bense, Max (1910–1990)   233
Berg, Leo (1862–1908)   187
Bergengruen, Werner (1892–1964)   220 f.
Bergson, Henri (1859–1941)   194
Bernhard, Thomas (1931–1989)   229, 232 f.
Beyer, Marcel (*1965)   243
Bidermann, Jacob (1578–1639)   41, 75
Biermann, Wolf (*1936)   235, 239
Birken, Sigmund von (1626–1681)   90
Bismarck, Otto von (1815–1898)   154

Blanckenburg, Christian Friedrich von (1744–1796)   138,
    142
Bleibtreu, Karl (1859–1928)   185 f.
Bobrowski, Johannes (1917–1965)   239
Boccaccio, Giovanni (1313–1375)   23, 27, 32
Bodmer, Johann Jacob (1698–1783)   105, 107–111
Böhmer, Caroline (1763–1809)   168
Boileau, Nicolas (1636–1711)   104
Böll, Heinrich (1917–1985)   225–227
Bölsche, Wilhelm (1861–1939)   188
Borchert, Wolfgang (1921–1947)   225 f., 230
Börne, Ludwig (1786–1837)   173 f.
Bote, Hermann (ca. 1450–ca. 1520)   26
Böttcher, Bastian (*1974)   243
Brandt, Willy (1913–1992)   235
Brant, Sebastian (1457–1521)   22, 33 f.
Braun, Volker (*1939)   239 f.
Brecht, Bertolt (1898–1956)   199, 208, 212 f., 221 f.,
    231–234, 236, 240
Bredel, Willi (1901–1964)   212
Brehm, Alfred Edmund (1829–1884)   159
Breitinger, Johann Jacob (1701–1776)   105, 107–111, 124
Brentano, Clemens (1778–1842)   165 f.
Brinkmann, Rolf Dieter (1940–1975)   242
Broch, Hermann (1886–1951)   217 f.
Brockes, Barthold Hinrich (1680–1747)   123
Bronnen, Arnolt (1895–1959)   204
Brückner, Peter (1922–1982)   230
Brussig, Thomas (*1965)   242
Bucholtz, Andreas Heinrich (1607–1671)   90
Büchner, Georg (1813–1837)   174–176, 178
Bürger, Gottfried August (1747–1794)   116, 124, 179
Burroughs, William S. (1914–1997)   242

Calvin, Johannes (1509–1564)   63
Camerarius, Joachim (1500–1574)   34
Camus, Albert (1913–1960)   224
Canetti, Elias (1905–1994)   228
Carrière, Moritz (1817–1895)   177
Celan, Paul (1920–1970)   233, 239
Celtis, Conrad (1459–1508)   31, 33
Cervantes, Miguel de (1547–1616)   93, 141
Chamisso, Adelbert von (1781–1838)   166
Chaucer, Geoffrey (1343–1400)   144
Chodowiecki, Daniel (1726–1801)   142, 146
Christian IV. von Dänemark (1577–1648)   53
Cicero, Marcus Tullius (106–43 v. Chr.)   37
Comte, Auguste (1798–1857)   186
Condorcet, Marie Jean Antoine Nicolas Caritat, Marquis de
    (1743–1794)   163
Conradi, Hermann (1862–1890)   187
Corneille, Pierre (1606–1684)   82, 126
Cramer, Florian (*1969)   243
Cranach, Lukas d. Ä. (1472–1553)   34

Anhang

Creuzer, Friedrich (1771–1858)   165
Cromwell, Oliver (1599–1658)   77–79

Dach, Simon (1605–1659)   67
Daguerre, Louis Jacques Mandé (1787–1851)   157
Dahn, Felix (1834–1912)   158
Dauthendey, Max (1867–1918)   192
Descartes, René (1596–1650)   103, 105
Döblin, Alfred (1878–1957)   201, 204, 217, 221
Doesburg, Theo van (1883–1931)   206
Dorst, Tankred (*1925)   232
Dos Passos, John (1896–1970)   217
Dostojewski, Fjodor M. (1821–1881)   186
Droste-Hülshoff, Annette von (1797–1848)   173, 178 f.
Dürer, Albrecht (1471–1528)   22, 30, 33
Dürrenmatt, Friedrich (1921–1990)   230 f.

Eck, Johann (1494–1554)   37
Eich, Günter (1907–1972)   225
Eichendorff, Joseph Freiherr von (1788–1857)   151, 164, 166
Einstein, Albert (1879–1955)   190
Einstein, Carl (1885–1940)   204
Eisler, Hanns (1898–1962)   239
Endler, Adolf (*1930)   239
Engel, Johann Jakob (1741–1802)   122
Enzensberger, Hans Magnus (*1929)   233
Erb, Elke (*1938)   239
Ernst, Paul (1866–1933)   195
Euringer, Richard (1891–1953)   219
Euripides (ca. 480–406 v. Chr.)   106

Fairfax, Thomas (1612–1671)   79
Fallada, Hans (1893–1947)   208
Fassbinder, Rainer Werner (1945–1982)   232
Faulkner, William (1897–1962)   224
Ferdinand II. (1578–1637)   52
Feuchtwanger, Lion (1884–1958)   221
Fichte, Johann Gottlieb (1762–1814)   122, 165
Fiedler, Leslie (1917–2003)   242
Fischart, Johann (1546–1591)   42, 88
Fleißer, Marieluise (1901–1974)   208, 210
Fleming, Paul (1609–1640)   61, 71
Folz, Hans (1435/40–1513)   18–20
Fontane, Theodor (1819–1898)   158 f., 177 f., 179 f., 182 f., 188
Fontenelle, Bernard le Bovier de (1657–1757)   104, 106, 108
Ford, Henry (1863–1947)   200
Fouqué, Friedrich de la Motte (1777–1843)   166
Frankfurter, Philipp (15. Jh.)   26
Frauenlob (Heinrich von Meißen) (ca. 1250–1318)   18
Frenssen, Gustav (1863–1945)   195
Freud, Sigmund (1856–1939)   190, 194
Freytag, Gustav (1816–1895)   158, 177 f., 182
Friedrich V. (1596–1632)   52
Friedrich Wilhelm IV. (1795–1861)   154
Frisch, Max (1911–1991)   230 f.
Fühmann, Franz (1922–1984)   237

Gellert, Christian Fürchtegott (1715–1769)   100, 129, 137, 138, 140
Gengenbach, Pamphilus (ca. 1480–ca. 1524)   23, 26
George, Stefan (1868–1933)   192 f.
Gerhardt, Paul (1607–1676)   57, 61, 65, 67 f.
Gerstäcker, Friedrich (1816–1872)   184
Gervinus, Georg Gottfried (1805–1871)   13
Geßner, Salomon (1730–1788)   138
Ginsberg, Allen (1926–1997)   242
Glaeser, Ernst (1902–1963)   214
Gleim, Johann Wilhelm Ludwig (1719–1803)   123 f., 138
Gnaphaeus, Gulielmus (1493–1568)   74
Goebbels, Joseph (1897–1945)   219
Goethe, Johann Wolfgang (von) (1749–1832)   8, 10 f., 13, 97, 101–103, 105, 111–113, 116, 120, 122–124, 125, 129, 132–134, 136–138, 141–146, 162, 164 f., 167–171, 176, 178 f., 182
Goetz, Rainald (*1954)   242
Goeze, Johann Melchior (1717–1786)   131
Gomringer, Eugen (*1925)   233
Goncourt, Edmond de (1822–1896)   186
Goncourt, Jules de (1830–1870)   186
Gorbatschow, Michail (*1931)   241
Görres, Joseph von (1776–1848)   13, 48, 165 f.
Gotthelf, Jeremias (1797–1854)   178
Gottsched, Johann Christoph (1700–1766)   9, 11 f., 92, 101, 105–108, 110–112, 125–128, 131, 137 f.
Gottsched, Luise Adelgunde Victorie (1713–1762)   100, 127 f.
Grabbe, Christian Dietrich (1801–1836)   178
Grass, Günter (*1927)   225, 227, 242
Greiffenberg, Catharina Regina von (1633–1694)   61
Grillparzer, Franz (1791–1872)   173
Grimm, Jacob (1785–1863)   13, 163, 165
Grimm, Wilhelm (1786–1859)   13, 163, 165
Grimmelshausen, Hans Jakob Christoffel von (1622–1676)   56, 93, 94
Grotewohl, Otto (1894–1964)   234
Grünbein, Durs (*1962)   242
Gryphius, Andreas (1616–1664)   61 f., 64–69, 73 f., 76–80, 82–87, 129, 167
Guarini, Giovanni Battista (1538–1612)   92
Günzburg, Johann Eberlin von (ca. 1470–1533)   39, 41
Gustav II. Adolf (1594–1632)   53
Gutenberg, Johannes (1400–1468)   35
Gutzkow, Karl (1811–1878)   173, 181

Habermas, Jürgen (*1929)   224
Hagedorn, Friedrich von (1708–1754)   123, 137
Haller, Albrecht von (1708–1777)   123
Handke, Peter (*1942)   224, 232
Harig, Ludwig (*1927)   233
Harsdörffer, Georg Philipp (1607–1658)   61, 68 f.
Hartlaub, Gustav Friedrich (1884–1963)   207
Hasenclever, Walter (1890–1940)   204
Hauptmann, Gerhart (1862–1946)   188 f.
Heartfield, John (1891–1968)   207
Hebbel, Friedrich (1813–1863)   179–181, 195
Hegel, Georg Wilhelm Friedrich (1770–1831)   141, 174

249

PERSONENREGISTER

Hegeler, Wilhelm (1870–1943)   188
Hein, Christoph (*1944)   238, 240
Heine, Heinrich (1797–1856)   173 f., 180
Heinrich von Mügeln (ca. 1319–ca. 1380)   18
Heinsius, Daniel (1580–1655)   58
Heißenbüttel, Helmut (1921–1996)   233
Heliodor (3. Jh. n. Chr.)   89, 139
Hemingway, Ernest (1899–1961)   224
Henckell, Karl (1864–1929)   187
Hennig-Lange, Alexa von (*1973)   242
Herder, Johann Gottfried (1744–1803)   13, 48, 101, 105,
    111, 122, 124, 163
Hermlin, Stephan (1915–1997)   237
Herwegh, Georg (1817–1875)   173 f.
Hesse, Hermann (1877–1962)   217
Hessus, Eobanus (1488–1540)   34
Heym, Georg (1887–1912)   202–204
Heym, Stefan (1913–2001)   237
Heynicke, Kurt (1891–1985)   219
Heyse, Paul (1830–1914)   158
Hildesheimer, Wolfgang (1916–1991)   225
Hitler, Adolf (1889–1945)   223 f.
Hochhuth, Rolf (*1931)   231
Hochstraten, Jacob van (ca. 1460–1527)   30 f.
Hoddis, Jakob van (1887–1942)   202 f.
Hoffmann von Hoffmannswaldau, Christian
    (1616–1679)   61, 71–73
Hoffmann, Ernst Theodor Amadeus (1776–1822)   164, 166
Hofmannsthal, Hugo von (1874–1929)   191 f., 194, 209
Hölderlin, Friedrich (1770–1843)   169 f.
Hollaender, Felix (1867–1931)   188
Hollaender, Friedrich (1896–1976)   209
Holz, Arno (1863–1929)   185–188
Homer (8. Jh. v. Chr.)   106, 122
Horaz (Quintus Horatius Flaccus) (65–8 v. Chr.)   58, 61 f.,
    67, 88, 106, 137
Horváth, Ödön von (1901–1938)   211
Huch, Ricarda (1864–1947)   220
Huchel, Peter (1903–1981)   236
Huelsenbeck, Richard (1892–1974)   205 f.
Humboldt, Wilhelm von (1767–1835)   122, 150
Hume, David (1711–1776)   103
Hunold, Christian Friedrich (1680–1721)   92
Hutten, Ulrich von (1488–1523)   31, 34, 37, 38

Ibsen, Hendrik (1828–1906)   186

Jacobi, Friedrich Heinrich (1743–1819)   122
Jacobsohn, Siegfried (1881–1926)   209
Jandl, Ernst (1925–2000)   233
Jean Paul (Johann Paul Friedrich Richter)
    (1763–1825)   143 f., 168 f.
Jelinek, Elfriede (*1946)   232 f.
Jirgl, Reinhard (*1953)   242
Johnson, Uwe (1934–1984)   228–230
Joyce, James (1882–1941)   217, 228
Jünger, Ernst (1895–1998)   214

Kafka, Franz (1883–1924)   199, 216 f., 228

Kaiser, Georg (1878–1945)   204
Kant, Hermann (*1926)   237
Kant, Immanuel (1724–1804)   103, 113, 115, 119, 121
Karl I. Stuart (1600–1649)   77–79
Karl II. (1630–1685)   78
Karsch, Anna Louisa (1722–1791)   100
Kästner, Erich (1899–1974)   208 f., 220
Kaufmann, Christoph (1753–1795)   132
Keller, Gottfried (1819–1890)   178 f., 182, 185
Keun, Irmgard (1905–1982)   208
Kipphardt, Heinar (1922–1982)   231
Kirchhof, Hans Wilhelm (ca. 1525–1605)   26
Kirsch, Rainer (*1934)   239
Kirsch, Sarah (*1935)   239
Kisch, Egon Erwin (1885–1948)   208, 211
Klaj, Johann (1616–1656)   61
Kleist, Ewald Christian von (1715–1759)   123, 138
Kleist, Heinrich von (1777–1811)   151, 165, 169, 180
Klinger, Friedrich Maximilian (1752–1831)   132
Klopstock, Friedrich Gottlieb (1724–1803)   100 f., 111,
    124, 144, 237
Klopstock, Meta (1728–1758)   100
Klüger, Ruth (*1931)   243
Koeppen, Wolfgang (1906–1996)   227
Köppen, Edlef (1893–1939)   214
Kolbe, Uwe (*1957)   242
Körner, Christian Gottfried (1756–1831)   115
Körner, Theodor (1791–1813)   151
Kotzebue, August von (1761–1819)   151
Kracauer, Siegfried (1889–1966)   208
Kracht, Christian (*1966)   242
Kraus, Karl (1874–1936)   210
Kroetz, Franz Xaver (*1946)   232

La Roche, Sophie von (1730–1807)   101, 140
Landsberg, Herrad von (ca. 1125–1195)   28
Lang, Fritz (1890–1976)   217
Langbehn, Julius (1851–1907)   195
Leibniz, Gottfried Wilhelm (1646–1716)   103, 105 f., 108
Lenz, Jakob Michael Reinhold (1751–1792)   132, 178
Lenz, Siegfried (*1926)   227
Lessing, Gotthold Ephraim (1729–1781)   102, 110 f., 120,
    127, 129, 130, 131, 133, 134, 138, 180
Lichtwer, Magnus Gottfried (1719–1783)   138
Lipsius, Justus (1547–1606)   79
Lobwasser, Ambrosius (1515–1585)   42
Locke, John (1632–1704)   103
Loen, Johann Michael von (1694–1776)   139
Lohenstein, Daniel Casper von (1635–1683)   76, 80–83,
    90 f., 167
Löns, Hermann (1866–1914)   195
Lublinski, Samuel (1868–1910)   195
Ludwig XIV. (1638–1715)   104
Ludwig XVI. (1754–1793)   100, 117
Ludwig, Otto (1813–1865)   178
Lukács, Georg (1885–1971)   212, 236
Lukian (120–180)   37
Luther, Martin (1483–1546)   30 f., 34–37, 41, 63, 74 f.

Anhang

Mach, Ernst (1838–1916)   190
Macropedius, Georgius (1487–1558)   40, 74
Malingre, Claude (1580–1653)   80
Manet, Édouard (1832–1883)   194
Mann, Heinrich (1871–1950)   188, 214 f., 217, 221 f., 230
Mann, Thomas (1875–1955)   188, 199, 215, 217 f., 221 f., 230
Manuel, Niklaus (1484–1530)   23, 26
Marie Antoinette (1755–1793)   100
Marx, Karl (1818–1883)   174
Masaniello, Tommaso (1623–1647)   83
Maupassant, Guy de (1850–1893)   186
Maximilian I. von Bayern (1573–1651)   52, 166
May, Karl (1842–1912)   184
Mayröcker, Friederike (*1924)   233
Meckel, Christoph (*1935)   230
Melanchthon, Philipp (1497–1560)   30, 34
Mendelssohn, Moses (1729–1786)   114, 131, 168
Mesmer, Franz Anton (1734–1815)   162
Metternich, Klemens Wenzel von (1773–1859)   151
Meyer, Conrad Ferdinand (1825–1898)   179 f.
Meyer, Johann Heinrich (1760–1832)   122
Miller, Johann Martin (1750–1814)   11
Milton, John (1608–1674)   109
Molière (Jean-Baptiste Poquelin) (1622–1673)   127
Möller, Eberhard Wolfgang (1906–1972)   219
Monet, Claude (1840–1926)   194
Montalbán, Juan Perez de (1602–1638)   80
Montemayor, Jorge de (ca. 1520–1561)   92
Montesquieu, Charles de Secondat (1689–1755)   99
Morgenstern, Christian (1871–1914)   192
Mörike, Eduard (1804–1875)   172 f., 179
Moritz, Karl Philipp (1756–1793)   112–116, 118, 121, 137, 142, 147, 164, 172
Möser, Justus (1720–1794)   163
Mühsam, Erich (1878–1934)   209
Müller, Adam Heinrich (1779–1829)   151, 165
Müller, Friedrich (Maler Müller) (1749–1825)   138
Müller, Heiner (1929–1995)   240 f.
Mundt, Theodor (1808–1861)   173
Murner, Thomas (1475–1537)   31, 38, 41
Musil, Robert (1880–1942)   217 f., 228
Muskatplüt (ca. 1375–nach 1438)   18

Naogeorg, Thomas (1511–1563)   41, 75
Napoleon Bonaparte (1769–1821)   100, 149–151, 169
Neuber, Friederike Caroline (1697–1760)   125, 126
Neukirch, Benjamin (1665–1729)   72
Nicolai, Friedrich (1733–1811)   110
Nicolai, Philipp (1556–1608)   57
Niépce, Joseph (1765–1833)   157
Nietzsche, Friedrich (1844–1900)   190–192
Novalis (Friedrich von Hardenberg) (1772–1801)   162–165, 167 f.

Opitz, Martin (1597–1639)   46, 51, 58–62, 65 f., 70 f., 76, 88–90, 92, 94, 147
Oxenstierna, Axel (1583–1654)   53

Pauli, Johannes (ca. 1455–ca. 1530)   26
Perrault, Charles (1628–1703)   104, 106
Petrarca, Francesco (1304–1374)   27, 31, 32, 58, 61, 70
Pfefferkorn, Johannes (1469–ca. 1523)   30
Pfemfert, Franz (1879–1954)   202
Pico della Mirandola, Giovanni (1463–1494)   30
Pindar (522/518–nach 446 v. Chr.)   67, 77
Pinthus, Kurt (1886–1975)   203
Pirckheimer, Willibald (1470–1530)   37
Piscator, Erwin (1893–1966)   208, 212, 231
Pissarro, Camille (1830–1903)   194
Plato (427–347 v. Chr.)   37, 59
Plautus, Titus Maccius (ca. 254–ca. 184 v. Chr.)   75
Plenzdorf, Ulrich (1934–2007)   240
Plutarch (ca. 45–ca. 125)   169
Proust, Marcel (1871–1922)   230

Quintilian (Marcus Fabius Quintilianus) (ca. 35–ca. 100)   35
Quistorp, Johann Theodor (1722–1776)   127

Raabe, Wilhelm (1831–1910)   158, 178 f.
Rabelais, François (ca. 1494–1553)   42
Racine, Jean (1639–1699)   126
Ransmayr, Christoph (*1954)   243
Rebhun, Paul (ca. 1505–1546)   39 f., 75, 178
Reger, Erik (1893–1954)   208, 211
Reimmann, Jacob Friedrich (1668–1743)   12
Reinhardt, Max (1873–1943)   204
Remarque, Erich Maria (1898–1970)   214
Renn, Ludwig (1889–1979)   214
Reuchlin, Johannes (1455–1522)   30 f., 34
Reuter, Christian (1665–ca. 1712)   87, 91 f., 139
Richardson, Samuel (1689–1761)   140
Richter, Hans Werner (1908–1993)   225
Rilke, Rainer Maria (1875–1926)   192, 195, 202
Rist, Johann (1607–1667)   68
Ronsard, Pierre de (1524–1585)   58
Rosenlöcher, Thomas (*1947)   242
Rosenplüt, Hans (ca. 1400–1460)   23, 167
Roth, Joseph (1894–1939)   218
Rotth, Albrecht Christian (1651–1701)   61
Rousseau, Jean-Jacques (1712–1778)   99
Rückert, Friedrich (1788–1866)   173

Sachs, Hans (1494–1576)   18, 20, 22–26, 32, 36–38, 40, 167
Salmasius, Claudius (1588–1653)   79
Saroyan, William (1908–1981)   224
Sartre, Jean-Paul (1905–1980)   224
Saussure, Ferdinand de (1857–1913)   191
Scaliger, Julius Caesar (1484–1558)   58 f.
Schaukal, Richard (1874–1942)   192
Schede, Paul Melissus (1539–1602)   41
Schedlinski, Rainer (*1956)   240
Schelling, Friedrich Wilhelm Joseph (1775–1854)   165 f.
Scherer, Wilhelm (1841–1886)   13
Schiller, Friedrich (von) (1759–1805)   8, 13, 101 f., 105, 113, 115–122, 125, 128 f., 133, 135–137, 162 f., 165, 168–170, 172, 176 f., 192, 213

251

Schlaf, Johannes (1862–1941) 189
Schlegel, August Wilhelm (von) (1767–1845) 13, 162, 165, 167 f.
Schlegel, Dorothea (von) (1763/64–1839) 168
Schlegel, Friedrich (von) (1772–1829) 3 f., 13, 161–163, 165, 168
Schlegel, Johann Elias (1719–1749) 10, 127–129, 131 f.
Schleiermacher, Friedrich (1768–1834) 168
Schlink, Bernhard (* 1944) 243
Schmidt, Arno (1914–1979) 228
Schmidt, Julian (1818–1886) 177 f.
Schnabel, Johann Gottfried (1692–1751/58) 139, 167
Schnitzler, Arthur (1862–1931) 194
Schulze, Ingo (* 1962) 242
Schwitters, Kurt (1887–1948) 206 f.
Seghers, Anna (1900–1983) 234, 236
Seneca, Lucius Annaeus (ca. 4–65) 106
Shaftesbury, Anthony Ashley Cooper, 3. Earl of (1671–1713) 108, 111
Shakespeare, William (ca. 1564–1616) 24, 47, 84 f., 87, 111 f., 129, 132, 144, 164, 167
Sidney, Philip (1554–1586) 92
Simeons, Joseph (1595/96–1671) 77
Simmel, Georg (1858–1918) 190 f.
Sophokles (496–406/5 v. Chr.) 106, 169
Sorel, Charles (ca. 1602–1674) 92 f.
Sorge, Reinhard (1892–1916) 203
Spee von Langenfeld, Friedrich (1591–1635) 65 f., 71
Sperr, Martin (1944–2002) 232
Stich-Crelinger, Auguste (1795–1865) 181
Stifter, Adalbert (1805–1868) 172 f., 185
Stinde, Julius (1841–1905) 158
Stoppe, Daniel (1697–1747) 137
Storm, Theodor (1817–1888) 178 f.
Strauß, Botho (* 1944) 232
Strich, Fritz (1882–1963) 51
Strindberg, August (1849–1912) 203
Stuckrad-Barre, Benjamin von (1975) 242
Sturm, Johannes (1507–1589) 75
Süskind, Patrick (* 1949) 230
Susman, Margarethe (1874–1966) 193
Swift, Jonathan (1667–1745) 105

Tabori, George (1914–2007) 232
Taine, Hippolyte (1828–1893) 186
Talbot, William Fox (1800–1877) 157
Tasso, Torquato (1544–1595) 92, 134, 144
Temple, William (1628–1699) 105
Terenz (Publius Terentius Afer) (185/184–159/158 v. Chr.) 75
Theokrit (ca. 310–ca. 250 v. Chr.) 138
Thüring von Ringoltingen (ca. 1415–1483) 48
Tieck, Ludwig (1773–1853) 162, 164–166
Tilly, Johann t'Serclaes von (1559–1632) 52, 53
Toller, Ernst (1893–1939) 203
Tolstoj, Leo (1828–1910) 186
Trakl, Georg (1887–1914) 202–204

Triller, Daniel Wilhelm (1695–1782) 137
Tucholsky, Kurt (1890–1935) 209 f.
Turrini, Peter (* 1944) 232
Tzara, Tristan (1896–1963) 205

Uhland, Johann Ludwig (1787–1862) 179
Urfé, Honoré d' (1568–1625) 92
Uz, Johann Peter (1720–1796) 124

Varnhagen van Ense, Rahel (1771–1833) 168
Vehe, Michael (1485–1539) 36
Veit, Dorothea (1764–1839) 168
Vergil (Publius Vergilius Maro) (70–19 v. Chr.) 106, 138
Vesper, Bernward (1938–1971) 230
Vilmar, August Friedrich Christian (1800–1868) 13
Vischer, Friedrich Theodor (1807–1887) 177
Voltaire (d. i. François Marie Arouet) (1694–1778) 126
Voß, Johann Heinrich (1751–1826) 138, 144

Wackenroder, Wilhelm Heinrich (1773–1798) 165
Walden, Herwarth (d. i. Georg Levin) (1878–1941) 202
Waldis, Burkard (ca. 1490–1556) 23 f., 26, 39
Wallenstein, Albrecht Wenzel von (1583–1634) 53
Walser, Martin (* 1927) 225, 227
Walser, Robert (1878–1956) 216
Walter, Johann (1496–1570) 35
Walther von der Vogelweide (ca. 1170–ca. 1230) 18, 26
Wedekind, Frank (1864–1918) 194, 209
Weidenmann, Alfred (1916–2000) 219
Weigel, Helene (1900–1971) 236
Weininger, Otto (1880–1903) 190
Weise, Christian (1642–1708) 83, 87
Weiss, Peter (1916–1982) 227–229, 231
Weiße, Michael (1488–1534) 36
Werfel, Franz (1890–1945) 202
Wickram, Jörg (ca. 1505–ca. 1562) 22 f., 26, 45–48, 88
Wiechert, Ernst (1887–1950) 220
Wieland, Christoph Martin (1733–1813) 101 f., 105, 138, 140 f., 143 f., 147, 161
Wienbarg, Ludolf (1802–1872) 173
Wilde, Oscar (1854–1900) 193
Winckelmann, Johann Joachim (1717–1768) 112 f., 169
Wolf, Christa (* 1929) 235, 238, 241
Wolff, Christian (1679–1754) 103, 105 f.
Wolfram von Eschenbach (ca. 1170/80–ca. 1220) 18, 26
Wotton, William (1666–1727) 105

Young, Edward (1683–1765) 111

Zaimoglu, Feridun (* 1964) 243
Zesen, Philipp von (1619–1689) 90, 92
Zigler und Kliphausen, Heinrich Anselm von (1663–1696) 91, 139
Zola, Emile (1840–1902) 186
Zonaras, Joannes (12. Jh. n. Chr.) 77
Zuckmayer, Carl (1896–1977) 210
Zweig, Arnold (1887–1968) 234
Zwingli, Ulrich (1484–1531) 63

Albert Busch
Oliver Stenschke

Germanistische Linguistik

Eine Einführung

bachelor-wissen
2., durchgesehene und korrigierte
Auflage 2008
VII, 256 Seiten
€[D] 14,90/SFr 26,00
ISBN 978-3-8233-6414-6

Mit diesem Band liegt erstmals eine Einführung in die Germanistische Linguistik vor, die speziell für die neuen modularisierten Studiengänge konzipiert wurde. Das Buch ist in 14 Einheiten gegliedert, die sich an einem typischen Semesterplan orientieren und somit direkt für Lehrveranstaltungen im Rahmen eines „Basismoduls Germanistik" bzw. „Germanistische Linguistik" verwendet werden können. Die einzelnen Einheiten dienen zum einen der Vermittlung von Basiswissen, zum anderen dem Erwerb der Kompetenz, dieses Wissen selbständig anzuwenden. Auf der begleitenden Homepage www.bachelor-wissen.de finden sich zudem *bonus tracks*, ergänzende Angebote, mit denen die Kompetenzen vertieft werden können.

„Das Buch bietet für Anfangssemester eine sehr gut verständliche Einführung." *ekz-Informationsdienst*

 Narr Francke Attempto Verlag GmbH + Co. KG
Postfach 25 60 · D-72015 Tübingen · Fax (0 7071) 97 97-11
Internet: www.narr.de · E-Mail: info@narr.de

Gerhard Kaiser
Aufklärung, Empfindsamkeit, Sturm und Drang

UTB 484
6., erweiterte Auflage 2007
VIII, 376 Seiten
€[D] 14,90 / SFr 26,00
ISBN 978-3-8252-0484-6

Gerhard Kaisers erfolgreiche Darstellung umfaßt die Aufklärung ab Gottsched, die Empfindsamkeit und den Sturm und Drang. Sie legt besonderen Wert darauf, die epochalen Konstanten herauszuarbeiten und eine gründliche, in sich gerundete historische Interpretation der wichtigsten Werke zu liefern.
Aufklärung, Empfindsamkeit, Sturm und Drang – ein germanistisches Standardwerk in sechster Auflage.

„Gerhard Kaisers Forschung und Lehre ist nie zum System oder Methodentraktat geronnen.
Sie liegt vor in einer Fülle individueller Auslegungen, die wie die interpretierten Texte selber zum Wiederlesen da sind."
Friedrich Kittler, FAZ

Narr Francke Attempto Verlag GmbH + Co. KG
Postfach 2560 · D-72015 Tübingen · Fax (07071) 9797-11
Internet: www.francke.de · E-Mail: info@francke.de

Gudrun Loster-Schneider /
Gaby Pailer (Hrsg.)

Lexikon deutschsprachiger Epik und Dramatik von Autorinnen

(1730–1900)

2006, XII, 492 Seiten + CD-ROM, geb.
€ 128,00/SFR 203,00
ISBN 13: 978-3-7720-8189-7

Das Lexikon deutschsprachiger Epik und Dramatik von Autorinnen macht ein größtenteils vergessenes Korpus älterer deutschsprachiger Literatur der wissenschaftlichen Rezeption wieder oder leichter zugänglich.
Die Auswahl der behandelten Werke konzentriert sich gattungsspezifisch auf Dramen und Prosa und zeitlich auf die modernisierungsgeschichtlich zentrale Phase von der Frühaufklärung bis zum Fin de siècle. Die einzelnen Autorinnen sind mit möglichst unterschiedlichen Genres und Stoffen vertreten, bevorzugt mit Titeln, die an gender-, kultur- und literarhistorischen »Meisterdiskursen« und Schlüsselfeldern teilhaben.
Der Artikelaufbau ist dreiteilig: nach einer informationsdichten Inhaltsangabe und Formbeschreibung folgt eine Einordnung in den gattungs-, diskurs- und soziohistorischen Kontext, abschließend eine knappe Bibliographie zu Werkausgaben und Sekundärliteratur.

Narr Francke Attempto Verlag GmbH + Co. KG
Postfach 25 60 · D-72015 Tübingen · Fax (0 7071) 97 97-11
Internet: www.francke.de · E-Mail: info@francke.de